자원봉사, 사회공헌 및 나눔활동의 이론과 실제

현대 자원봉사론

현 외 성

창지사

머리말

저자는 2004년에 『자원봉사론 강해』를 출판하고 2010년에 그 책의 제2판을 출판한 바 있다. 자원봉사는 한때 유행처럼 전국과 전 지구촌에 확산되고 활발하게 전개되었다. 당시 초중고등학교 교육개혁의 일환으로 봉사활동이 교과활동에 포함되어 오늘날에 이른다. 자원봉사는 자원봉사 대상자의 유익을 위해 필요한 것이기도 하지만 봉사활동을 하는 봉사자에게도 유익이 있음이 확실하게 증거되고 있다. 그만큼 자원봉사가 개인적 · 집단적 · 사회적으로 유용하다는 것이다.

그래서 서구의 선진복지국가에서 교양 있는 민주시민은 누구나 자원봉사의 경험이 있고 자원봉사를 통해 건전한 인격과 책임을 함양하고 있음은 잘 알려져 있다. 특히, 1980년대 복지국가의 재편 이후 민영화와 함께 자조운동 혹은 자원봉사는 국가 정책적 중요 사업의 일환으로 전개되기 시작하였다. 즉, 전문 사회복지의 활동을 중심으로 자원봉사자가 참여하면서 모든 사회분야에 자원봉사자가 지원하는 형태를 보였다.

한편, 존 듀이의 경험교육, 실험학습의 한 연장선상에서 자원봉사가 교육의 새로운 영역으로 활용되기도 하였는데, 그것은 봉사학습(service learning)이라는 학습방식으로 미국 대학에서 도입되었다. 거의 모든 전공영역에 자원봉사를 연계시켜 자원봉사활동을 하면서 전공의 역량을 현실감 있고 세련된 수준으로 개선시키는 학습방식으로 활용하기 시작하였다.

21세기는 국가 간 관계가 긴밀해지고 국내외 여행이 빈번해지고 손쉬워지는 환경에서 지구촌을 배경으로 국제 자원봉사도 활발해지고 있는 추세이다. 특히, 기업, 대학, 군조직, 공무원조직 등 모든 분야의 조직이 자원봉사를 통해 조직의 발전과 성숙을 도모하는데, 자원봉사가 중요한 기능을 할 수 있음을 인식하고 자원봉사를 다양한 방법으로 활용하고 있다.

사회복지학과에서는 이상과 같은 일반적인 자원봉사의 수준을 넘어 사회복지기관과 시설에서 자원봉사를 적절하게 활용할 수 있는 프로그램을 개발하며, 자원봉사자의 모집, 교육, 배치, 유치, 평가, 기획 등에 관한 보다 전문적인 자원봉사 조정자(volunteer coordinator) 혹은 관리자(volunteer manager)가 요구된다. 사회복지 현장에서 자원봉사자를 적절하게 교육, 훈련시켜 적재적소에 맞는 장소와 분야에 배치시키고 지도 감독하며, 자원봉사자와 그 대상자 혹은 도움을 받는 현장이 상호 유익할 수 있도록 조정, 관리하는 능력은 이미 전문적인 영역으로 분화, 확립되어 있다.

본서에서는 일반교양으로서 자원봉사활동을 적절하게 하는 방법을 알 수 있을 뿐 아니라 전문가로서, 자원봉사 조정자 혹은 관리자로서 역량을 함양할 수 있도록 내용을 구성하였다. 특히, 2004년에 나온 본서의 제1판과 2010년의 제2판에서는 없었던 사회공헌활동과 나눔활동이 첨가되었다. 최근에 오면서 자원봉사와 함께 보다 광범위한 사회공헌과 나눔이 점진적으로 정착되어가는 현실에서 자원봉사의 연장선상에서 이 두 가지 활동을 첨가해 보았다.

갈수록 치열해지는 개인 · 조직 · 국가 간 경쟁 속에서 다른 한편으로는 상호 협력하고 공생해야 하는 환경 속에서 자원봉사활동, 사회공헌활동, 나눔활동은 같은 이념과 정신을 공유하는 활동으로 간주하여 본서에서 새롭게 첨가하였다.

본서를 일반 교양교재 혹은 전문 자원봉사 교재로 그동안 널리 사용해 주신 대학 교수, 학생, 자원봉사 현장 및 사회복지 현장의 실무자들께 감사드린다. 여러분의 지속적인 지원과 관심으로 10여 년 넘게 보완하면서 대학교재로 발전할 수 있었음을 생각하면서 고마움을 전한다. 마지막으로 본서가 최근 내용으로 보완하고 새롭게 출발할 수 도움을 주신 창지사 사장님께 깊은 감사를 드린다.

2017년 7월

생명과 평화의 바다, 가고파의 고향, 바다가 보이는 마산의 恩宅에서

현외성

차례

■ 머리말_3

서 장 21세기 현대사회의 변화와 자원봉사 9

1. 21세기 현대사회의 변화_9
2. 시민사회의 성장과 자원봉사_14
3. 사회공헌활동과 나눔활동의 출현_17
4. 국내외 자원봉사교육 동향_18

PART 01. 자원봉사의 이론적 기초

Chapter 01 자원봉사의 개념과 의미 31

1. 자원봉사의 개념_31
2. 자원봉사 관련 개념_33
3. 자원봉사의 특성_40
4. 자원봉사와 사회복지의 연관성_43

Chapter 02 자원봉사의 기능 47

1. 자원봉사 대상에 대한 자원봉사의 기능_47
2. 자원봉사 주체에 대한 자원봉사의 기능_50
3. 자원봉사 조직과 기관에 대한 자원봉사의 기능_53

Chapter 03 자원봉사자의 역할과 동기 55

1. 자원봉사자의 역할_55
2. 자원봉사자의 동기_58
3. 자원봉사자의 권리와 의무_66

Chapter 04 봉사학습과 자원봉사 74

1. 봉사학습의 개념 _ 74
2. 효과적인 봉사학습 _ 76
3. 봉사학습의 유용성 _ 77
4. 봉사학습의 사례 _ 80

Chapter 05 자원봉사의 조정과 관리 83

1. 자원봉사의 구성체계 _ 83
2. 조정과 관리의 개념 _ 87
3. 자원봉사 조정자 및 관리자의 역할 _ 91

PART 02. 자원봉사 관리와 프로그램 개발

Chapter 06 자원봉사자의 모집 103

1. 자원봉사자 모집 개관 _ 103
2. 자원봉사자의 모집 _ 105
3. 자원봉사자의 면접과 선발 _ 109

Chapter 07 자원봉사자의 교육 및 훈련 112

1. 개념과 모형 _ 112
2. 자원봉사자 교육 및 훈련의 내용 _ 120
3. 자원봉사자 교육 및 훈련 방법과 평가 _ 124

Chapter 08 자원봉사자의 배치 129

1. 배치의 개념과 의미 _ 129
2. 자원봉사자의 배치상담 _ 132
3. 자원봉사자 배치의 실제: 배치과정 _ 134

Chapter 09 자원봉사의 평가 136

1. 평가의 개념과 내용 _ 136
2. 평가방법, 평가자 및 결과의 활용 _ 141

Chapter 10 자원봉사 유지와 인정 149

1. 유지_149
2. 인정과 보상_157

Chapter 11 자원봉사 프로그램 개발 162

1. 프로그램 개발의 의미_162
2. 프로그램 개발과정_171

PART 03. 자원봉사 환경과 조직관리

Chapter 12 자원봉사의 법적 · 행정적 환경 177

1. 자원봉사의 법적 환경_177
2. 자원봉사의 행정적 환경: 자원봉사센터_184

Chapter 13 자원봉사조직의 기금 및 재정관리 191

1. 기금관리_191
2. 재정관리_197

Chapter 14 자원봉사조직의 갈등관리와 리더십 205

1. 갈등관리_205
2. 리더십_215

PART 04. 자원봉사의 영역: 실천 주체와 대상

Chapter 15 자원봉사의 실천 주체 225

1. 자원봉사의 실천 주체_225
2. 사회복지기관_229
3. 학교_240
4. 종교기관_244
5. 기업_249
6. 시민사회단체_258

Chapter 16 자원봉사의 대상과 분야 261
1. 자원봉사 대상 및 분야의 의미와 유형 _ 261
2. 아동 · 청소년 _ 263
3. 노인 _ 270
4. 장애인 _ 276
5. 지역사회 일반 _ 279

PART 05. 사회공헌활동과 나눔활동

Chapter 17 사회공헌활동 291
1. 사회공헌활동의 의미와 배경 _ 291
2. 사회공헌활동의 동향과 미래 _ 298

Chapter 18 나눔활동 305
1. 나눔활동의 의미와 배경 _ 305
2. 나눔활동의 현황 _ 309
3. 나눔활동의 미래 _ 315

종 장 성공적인 자원봉사와 관리 322
1. 성공적인 자원봉사 _ 322
2. 성공적인 자원봉사 관리 _ 325

보 론 대학의 자원봉사 337
1. 대학의 본질과 사회봉사 _ 337
2. 대학 사회봉사교육의 의미와 유형 _ 344

- 부록 _ 359
- 찾아보기 _ 369
- 참고문헌 _ 374
- 저자소개 _ 379

서장

21세기 현대사회의 변화와 자원봉사

01 21세기 현대사회의 변화

1) 세계화

오늘날 세계화는 학문과 생활에 중요한 개념이다. 세계화는 국가 간의 경계가 허물어지고 교류가 빈번하게 이루어지는 것을 말하는데, 이는 경제시장이 가장 먼저 영향을 받는 것으로 보인다. 즉, 자본과 노동력의 이동이 자유롭게 되고, 정보와 통신이 발달하여 특정 국가의 문화가 다른 나라에 유포되는 것을 말한다.

세계화는 긍정적인 면과 부정적인 면이 있다. 문제는 세계화의 영향력을 개별 국가, 기업, 개인이 어떻게 대처하느냐에 따라 그 영향력이 이익이 될 수 있고 손해가 될 수도 있다는 것이다. 우리가 관심을 가지고 있는 자원봉사 역시 국내의 자원봉사를 넘어 국제적으로 다른 나라의 어려움을 해소하기 위해 활동할 수 있는 기회와 여건이 확대되고 있다. 특히, UN에서는 2001년을 '세계자원봉사의 해'로 선언하였고, 국제사회는 어려운 국가에 대한 자원봉사활동과 더불어 지구촌의 문제들-문맹, 질병, 환경오염, 약물남용, HIV/AIDS 등-을 함께 해결하기를 천명하였다.

세계화는 우리의 생활에 직접 영향을 끼친다. 직업상 해외파견을 가게 되거나, 다른 국가의 대학에 유학하거나 기술을 배우기 위해 체류하기도 하고, 반대로 우리나라에 다양한 외국인들이 유학 오거나 기술 전수를 받기 위해 방문하는 경우도 늘고 있다. 특히, 탈북자, 외국인 노동자, 결혼을 위해 우리나라에 온 외국인 여성과 다문화 가정의 가족들 등은 일상생활에서 자주 접촉하게 된다. 이러한 사람들을 대상으로 우리나라에서도 각종 자원봉사활동이 이루어지는 것은 이미 흔한 일이 되었다. 그만큼 세계화는 자원봉사에 중요한 영향을 미치는 환경으로 작용하고 있다.

2) 탈산업사회

탈산업사회로의 진전은 국가마다 새로운 사회현상을 만들어 낸다. 새로운 정보와 기술의 생산과 유포에 따라 국가, 기업 및 개인은 빠르게 쏟아지는 변화에 적응하는데 어려움을 가진다. 끊임없이 변화하는 사회 속에서 경쟁력을 갖지 못한 기업은 도태되고, 새로운 정보와 기술을 가진 기업이 생겨난다. 따라서 노동자는 새로운 기술과 정보 습득에 열중하게 된다. 소위 전직 현상이 일반화되고 이에 따라 기술 훈련과 전직에 따른 사회보장제도가 중요한 영역으로 대두되고 있으며, 상시적인 실업문제가 사회적 문제로 확대되고 있다.

특히, 탈산업사회의 특성 중 하나인 정보와 기술을 기반으로 한 산업의 확대는 여성의 사회진출을 촉진하였으며, 이로 인해 여성이 참여할 수 있는 직업 영역이 확대되고 있다. 또한, 20세기 후반부터 시작된 여권 신장은 여성의 사회진출을 촉진하고 사회경제적으로 능력 있는 여성은 남성의 직업 영역을 잠식시키고 남성과 대등하게 경쟁하게 되었다.

반면, 탈산업사회는 산업사회에서처럼 고도 경제성장이 어렵고 일자리 창출이 쉽게 이루어지지 않는 특징을 갖는다. 또한, 청년실업이 증가하는 경향이 있다. 특히, 탈산업사회의 이러한 속성은 세계화와 맞물려 비정규직, 임시직 노동자 집단을 양산하는 경향이 있다.

이와 같은 사회적 배경은 저임금, 빈곤, 실업, 가족해체, 사회적 일탈현상이 늘어날 수 있는 요인을 제공한다. 국가와 사회는 이러한 문제를 해결하기 위해 노력하고 NGO, 노동조합 등에서도 이러한 문제에 대해 자원봉사활동을 전개하고 있다. 탈산업사회에서는 산업사회에서 생각할 수 없었던 새로운 사회적 위험(new social risks)이 발생하게 되었는데, 이는 사회적 대응책이 마련되는 동시에 민간조직에서 자원봉사활동이 활발하게 전개되는 요인으로 작용한다.

〈표 서-1〉 종래의 사회적 위험(OSR)과 새로운 사회적 위험(NSR)의 비교

	OSR	NSR
사회적 토대	• 제조업 중심의 완전 고용	• 지식·정보 중심의 단절적 고용
	• 핵가족화에 기초한 남성 부양자 모델	• 양소득자 모델의 부상, 한부모가족의 증가
형태	• 산재, 실업, 질병, 노령, 폐질 등에 의한 소득의 중단이나 상실	• 아동 및 노인에 대한 케어 • 단절적이고 불안정한 고용 • 비정형적인 직업 경력
위험의 담지자	• 남성 산업 노동자	• 여성 노동자, 저숙련·비숙련 노동인구, 청년실업자, 아동, 노인, 편모

출처: Taylor-Gooby(2004); 김철주 · 박보영(2006, 재인용).

테일러-구비(Taylor-Gooby, 2004)는 탈산업사회에 의해 새로운 사회적 위험이 등장하였다고 하였다. 그는 다음과 같은 4가지 측면에서 새로운 사회적 위험의 도래 과정을 설명하였다. ① 여성의 노동시장 참여 확대로 남성 부양자 모델이 침식되고 양소득자(dual-earner) 모델이 부상하게 된다. ② 인구의 고령화로 사회적 케어비용(연금, 건강, 케어 등)의 증대 문제가 발생하게 된다. ③ 노동시장이 정보와 전문 기술과 저임금, 비정규직 등으로 양극화되고, 이 중에서 비정형적인 직업 경력은 불충분한 사회보장이 발생한다. ④ 새로운 사회적 위험을 보장할 공적 복지제도 발전이 점차 어렵게 된다.

결국, 복지국가는 축소지향적인 경향을 보이는데, 공적 복지제도나 복지정책은 새로운 위험에 대응하는 것이 쉽지 않은 까닭에 민간 부문의 활동과 자원봉사가 중시된다. 더욱이 우리나라의 경우는 이러한 선진국의 탈산업사회의 도래에서 비롯

된 복지국가의 재조정, 혹은 현대화라는 세계사적인 조류에 직면함과 동시에 고전적 복지국가의 체제를 갖추어야 하는 점에서 이중의 문제를 경험하고 있다(현외성, 2008)는 사실이 한층 어려움을 가중시킨다. 이와 같은 여러 가지 요인에 의해 자원봉사의 필요성 및 그 기능이 현대사회에서 중시된다.

3) 고령사회

20세기 중반 이후, 세계는 '고령화 쇼크'를 경험하고 있다. 이제 인류는 평균수명의 연장과 함께 고령인구의 증가에 따라 정치적 · 경제적 · 사회적으로 중대한 변화를 맞이하였다. UN 인구국에서는 1956년 이래 정기적으로 인구변동과 그에 따른 파급효과 및 추이를 조사, 연구하고 있다. 특히, 고령인구의 변동, 규모, 특성 등을 국가별, 지역별로 연구해 오고 있다. 2007년에 발표된 UN 연구보고서에서는 고령인구의 변동과 관련하여 4가지 주요한 사실이 발견되었다.

첫째, 고령인구는 전 세계의 그 어떤 역사에서도 찾아볼 수 없을 정도로 유례없이 증가하고 있다. 또한, 고령인구의 증가와 함께 15세 이하의 아동인구가 줄어들고 있으며, 동시에 15세 이상 59세 이하의 노동활동 인구 역시 급격하게 감소하고 있다. 2047년에는 전 세계를 통틀어 60세 이상 노인인구가 아동인구를 처음으로 넘어서는 해가 될 것으로 전망된다.

둘째, 고령인구의 증가는 전 세계적인 추세다. 앞서 언급하였듯이 이는 출산율의 감소와 밀접한 관련이 있는데, 이 현상 역시 전 세계적으로 공통적이다. 이는 결국 연령계층마다 같은 연령집단 내에서의 형평과 유대감에 영향을 미치며, 그 결과로 사회 전체의 기반을 흔드는 파급효과를 가져온다.

셋째, 고령인구의 증가는 인류 사회 전반에 중요한 영향을 미치며, 또한 심각한 시사점을 던져 준다. 고령인구의 증가는 경제성장, 저축, 투자, 소비, 노동시장, 연금, 세금 및 세대 간 이전 등에 심대한 영향을 미친다. 사회적 영역에서 고령인구의 증가는 인구 구성, 생활의 기구 및 장치, 주택 수요, 이민 형태, 질병 및 보건의료 서비스 욕구 등에 영향을 미친다. 정치적 영역에서 인구고령화는 투표 양식, 정치적 표현 등에 중대한 파급효과를 가져온다.

넷째, 고령인구 증가는 지속적이다. 1950년 이래 고령인구 비율은 점차 증가해 왔으며, 증가율은 1950년 8%에서 2007년에는 11%, 2050년에는 22%에 이를 전망이다. 출산율과 사망률의 저하는 고령인구를 지속적으로 증가시킬 것이다(현외성, 2010).

이러한 배경에서 UN을 비롯한 세계 각국은 고령화에 대한 여러 가지 대응책을 강구하고 있는데, 그중에서 노인의 사회적 참여와 역할이 중시되고 있다. 장수 노인의 수가 많으므로 사회적으로 긍정적인 역할을 수행해야 하며, 그에 대해 자원봉사활동을 권유하고 있다. 따라서 노인을 대상으로 한 자원봉사가 증가하고 있다. 노인은 건강한 상태부터 거동이 불편한 장애노인, 치매노인, 와상노인 및 쇠약노인 등에 이르기까지 점진적이고 장기적으로 케어를 제공해야 하는 대상이며, 그 숫자도 매우 증가하고 있다. 국가의 공식적인 제도적 장치만으로는 이러한 증가에 대응하는 데 한계가 있어 자원봉사의 필요성이 더욱 증대된다.

4) 여성시대

미래학자들은 21세기를 흔히 감성(feeling), 가상(fiction), 여성(female)의 3F의 시대라고 표현하며, 특히 섬세함, 유연함, 창의성 및 조화와 균형이 무엇보다도 필요하다고 한다. 육체노동과 힘으로 유지되던 남성 위주의 20세기의 산업사회와는 달리 정보기술, 감성지능 및 감성 마케팅이 중요해지는 21세기는 여성의 역할이 절대적이며, 그에 따라 여성의 사회적 영향력이 증대하고 있다. 이렇듯 21세기가 여성적인 것을 요구하고 있는 가운데, 인적 자원이 핵심인 현대사회에서 여성의 역할에 대한 필요성이 국가적 과제로 등장할 정도로 여성의 역할이 중요하다.

여성의 권리 신장, 여성교육의 일반화, 그리고 탈산업사회, 정보 지식사회의 도래에 따라 여성의 일자리가 늘어나고 있다. 감수성과 순발력, 세밀함이 요구되는 사회에서 그에 따른 직종이 늘어나자 한편에서는 비정규직, 임시직에 적절한 여성인력이 필요해졌고, 전체적으로 여성의 사회진출이 증가하고 있다.

이에 따라 전통적으로 가정에서 여성의 기능으로 여겨졌던 육아, 노인 부양, 질병자의 간호 등은 이를 대신하는 사회적 장치들에 넘겨지고 있다. 소위 사회적 서비스 직종이라고 하는 직업이 늘어나고, 이러한 직업에 적합한 여성이 많이 활동하게 되었다. 동시에 자원봉사활동 역시 여성봉사자의 역할이 중시되고, 그 영역도 여성친화적인 것이 늘고 있다. 따라서 자원봉사의 상당 부분이 여성자원봉사활동이고, 여성 자원봉사자의 역할이 매우 중요하다.

02 시민사회의 성장과 자원봉사

1) 시민사회의 성장, NGO와 자원봉사

(1) 시민사회의 성장

시민사회란 중세의 신분사회에서 탈피하여 자유롭고 평등한 개인, 즉 시민으로 이루어진 사회를 말한다. 시민은 이성적 · 합리적 능력을 가지고 있으며, 법 앞에서 자유롭고 평등한 권리를 가진 사람이다. 시민사회의 경제적 기반은 자유경제체제이며, 정치적으로는 민주주의를 지향한다. 시민사회는 중세 봉건질서를 무너뜨린 시민혁명을 거치면서 이루어졌으며, 자본주의와 민주주의의 발전과 함께 상호작용하며 성장하였다.

정치적으로는 절대주의 국가가 위기에 직면하고, 경제적으로는 산업자본주의가 점차 확산됨에 따라 부르주아 세력이 부상하면서 사회는 분화과정을 겪게 되었다. 이러한 과정에서 국가와 시민사회의 분리라는 역사적 현상이 나타나게 되었는데, 국가라는 공적인 권위에 대항하는 순수한 민간의 자율적 영역으로서 서구시민사회가 등장하면서 근대적 의미의 시민사회가 시작되었다.

그러나 이러한 근대적 의미의 시민사회는 20세기에 접어들면서 다시 강화되기 시작한 정부의 역할에 의해 행정과의 상호작용 영역에서 상당 부분 영향력을 상실하였다. 행정국가화의 경향에 따라 강화된 정부의 권한 때문에 시민사회는 상호작용의 한 주체로서의 역할을 상실하게 되었으며, 거대해진 관료제의 역기능으로 말미암아 사회가 부정적 현상에 처하게 되었다. 그 결과 이에 대한 대안으로 20세기 말 신자유주의의 등장 및 참여 민주주의의 확산과 함께 부활한 것이 현대적 의미의 시민사회다.

오늘날 현대시민사회는 비정부기구(NGO)를 중심으로 공공서비스의 생산, 민주주의적 가치의 재생산, 인간 소외의 극복 등의 문제와 밀접하게 관련되어 있어서 각종 사회문제에 대한 진단과 해결 대안을 제시하는 데 없어서는 안 될 주된 구성요소로 등장했다.

(2) NGO와 자원봉사

국내외적으로 다양한 사회문제를 해결하고 사회를 긍정적으로 변화시키려는 노력으로 NGO 혹은 민간비영리단체(Non-Profit Organization: NPO)활동이 활발하게 전개되고 있다. 결국, 현대사회에서 국가 혹은 정부의 역할만으로는 시시각각으로 변화하는 사회 상황과 사회문제에 대처하는 데 한계가 있고, 정부와 시장의 실패라는 이론적 · 경험적 배경에서 NGO 혹은 NPO의 필요성이 요구되었다고 할 수 있다.

오늘날 NGO의 활동은 전 세계적으로 활발하게 이루어지고 있는데, 『전통총연(電通總硏)』(제진수 역, 2000)은 그 배경을 다음과 같이 다섯 가지로 요약하였다. 이러한 내용은 결국 자원봉사활동으로 연결되어 국가 및 사회적으로 중요한 기능을 수행하는 것으로 이해할 수 있다.

첫째, 복지국가의 위기다. 복지국가의 위기에 따라 국가의 재정부담 문제, 이념의 문제로서 '정부의 실패'를 지적하면서 신보수주의, 신자유주의로의 회귀를 촉구하였다. 이러한 배경에서 민간 부문의 NGO활동과 자원봉사활동이 활성화되기 시작하였다.

둘째, 사회복지 부문의 행정체제 변화다. 정부 주도의 복지국가 및 행정체제는 효율성이 떨어져 민간의 활력을 불어넣어야 한다는 주장이 제기되었다. 소위 사회복지 서비스의 민영화 정책이 활발하게 전개되었다.

셋째, 지방행정의 변화와 NGO다. 각국은 중앙집중화에서 지방분권화로 복지정책을 전환하면서 지방정부의 과세권 및 지출에 강력한 제한을 가하였다. 사회복지서비스는 외주화되거나 민간기업이 공공서비스의 일부를 위탁사업 형태로 떠맡기도 하였다. 이 과정에서 NGO는 위탁사업을 떠맡거나 혹은 정부와 협력관계를 이루어 공공서비스를 수행하는 역할을 맡게 되었다.

넷째, 상호부조다. 복지국가의 위기 이후 장애인과 고령자를 특수시설에 수용하기보다는 공동체 내에서 일상적인 생활을 할 수 있도록 배려하는 것이 바람직하다는 관점이 사회복지나 인도적인 관점에서 합의를 이끌어내었다. 결국, 가족, 지역사회 및 NGO 등이 공동체 역할의 상당 부분을 떠맡게 되었다.

다섯째, 자원봉사활동의 새로운 흐름이다. 사회변혁에 무관심하던 주부가 1960년대 이후 사회변혁과 관계하여 환경문제, 식품안전, 국제문제 등에 주요한 참여자로 등장하였다. 특히, 한편으로는 주부가 남성의 사회변혁활동에 참여하면서 주부만의 '자조활동'도 활발하게 전개하였다.

2) 시민의 권리와 책무로서 자원봉사

시민사회는 국민국가의 형성, 산업사회의 발전 등과 교류하면서 점진적으로 복지국가로 발전하는 데 기여하였다. 1970년대 중반 이후 복지국가의 위기와 재편의 과정에서 시민권은 기본적 권리를 중시하고 권리를 확장하는 것에서 점차 시민으로서의 의무를 강조하는 쪽으로 변화되고 있다.

1950년대 후반부터 1970년대 중반까지 이른바 '복지국가의 황금시대'에는 시민권이 점진적으로 확장의 길을 걸었다. 마샬(Marshall)은 일찍이 시민권이 기본적 인권으로서 역사적으로 확대 변천하여 왔다고 주장하였다. 마샬은 시민권의 요소를 법 앞에서의 자유와 평등과 같은 공민적(civil), 참정권과 같은 정치적(political), 그리고 복지권과 같은 사회적(social) 요소로 분류하면서 시민권의 변천을 진화론적인 입장에서 분석하였다. 즉, 과거의 인류역사로 거슬러 올라갈수록 시민권의 미분화 현상이 현저해지는데, 영국의 경우 공민권은 18~19세기에 걸쳐 확립되었고, 정치권은

19~20세기에, 그리고 사회권의 기반은 20세기 중반까지 조성된 것으로 보고 있다.

이렇게 진화론적으로 확장, 변천되어 온 시민권이 1980년대 이후 시민으로서, 사회구성원으로서 가져야 할 책무를 중시하는 방향으로 강조되는 경향을 발견할 수 있다. 즉, 사회경제적으로 어려운 시기에 사회적 부담을 나누어 가져야 할 사회적 책임을 강조하여 사회복지서비스 급여에 의존하여 살기보다는 자조, 자립의 의무를 강조하여 근로활동을 고무하고, 서비스 자격 요건을 엄격하게 적용하여 급여 대상자를 줄이는 노력을 강화하며, 지역사회의 문제를 해결하기 위하여 자원봉사활동에 참여하는 것을 권유하는 것 등이 새롭게 시민권의 책무로 강조되고 있다. 긴축의 시대에 국가 및 사회의 어려움에 동참하고 나눔의 활동에 참여하는 의미로서 자원봉사의 의미는 한층 확장, 강화되고 있다.

03 사회공헌활동과 나눔활동의 출현

1) 사회공헌활동과 나눔활동의 출현 배경

사회공헌활동에 대한 사회적 관심은 공공복지의 한계 혹은 복지국가의 어려움에 따른 민영화 또는 혼합복지가 대두되는 것과 맥락을 같이 한다. 자원봉사 역시 오랜 역사적 전통을 가지고 사회복지에 앞서서 전개되었으나, 사회복지와의 연관성을 가지고 제도적 · 정책적으로 자원봉사활동을 사회복지에 연계시키게 된 역사적 배경은 아이로니컬하게도 공공복지의 한계를 노정시킨 시대적 요청에 따른 것이다. 자원봉사활동을 공식화하고 제도적 장치화하여 사회복지정책과 제도로 전문화 · 성장시켰으나, 다시 공식적 복지, 특히 공공복지의 한계로 인하여 민간 부문의 복지활동을 공공복지 분야에 접목시키지 않을 수 없는 시대적 요청에서 자원봉사활동이 주목받게 되었던 것으로 해석된다.

이것은 복지혼합 혹은 공사역할분담, 또는 제3의 길과 같은 수사학적 미사여구로

포장되어 나타났으나, 그 본질은 공공복지와 민간복지를 합친 총복지 수준을 높이려는 데 정책목표가 있고, 이 배경에서 다시 자원봉사활동이 각광을 받게 되었던 것이다.

2) 자원봉사와의 연관성과 의미

사회공헌활동과 나눔활동도 자원봉사와 같은 맥락에서 바라볼 수 있는데, 기존의 자원봉사활동이 인력자원에 중점을 둔 것이라면 사회공헌활동과 나눔활동은 물질적 자원과 생명자원까지도 포함하는 포괄적인 자원 배분에 관심을 가진 것이다. 또한, 사회공헌활동의 주된 주체는 기업을 포함하는 것인 만큼 사회복지가 국가 주체, 공공 주체이던 데서부터 기업 주체의 복지영역을 확장하는 것이고, 나눔활동은 사회를 구성하는 국가 이외의 다양한 주체가 다양한 자원을 배분하고 나누는 활동을 의미하게 되었다.

따라서 사회공헌활동과 나눔활동은 사회복지와 자원봉사활동의 연장선상에서 바라볼 수 있고, 공공복지의 한계를 극복하고자 하는 목적에서, 또 다른 한편에서는 자원 배분의 방식을 기존의 국가 혹은 공공제도적 차원을 넘어 그 대안으로서 사회 구성원 사이의 자유로운 배분과 나눔체계를 만들어 가는 기초로써 나눔활동을 바라보기도 한다. 결국, 사회공헌활동과 나눔활동은 21세기 복지국가, 사회복지제도의 한계를 극복하는 다양한 방법의 하나로서 자원봉사활동과 함께 중요한 사회활동, 장치로 이해할 수 있다.

04 국내외 자원봉사교육 동향

성공적인 자원봉사는 무엇보다 교육과 훈련이 중요하다. 그래서 각국은 자원봉사활동에 앞서 자원봉사교육 및 훈련을 강화하고 있다. 자원봉사교육과 관련된 국제적 권고로는 2001년 8월 56회 UN 총회 보고서의 권고사항이 있다. 보고서의 제47조 자원봉사 관리자 교육에 대한 권고에는 다음과 같은 내용이 규정되어 있다. "자원봉사활동을 증진시키는 일은 다른 전문 분야와 마찬가지로 일련의 기술이 요구된다. 정부는 자원봉사 관리자에 대한 인증제를 공식적으로 도입하거나, 자원봉사기관 내에 교육센터를 건립하고 공공 분야 자체적으로 부처의 교육프로그램에 자원봉사 관리자 교육을 포함시킬 것을 권고한다."

또한, 유럽자원봉사센터에서도 2003년 6월에 자원봉사교육에 대하여, "자원봉사는 평생교육의 수단이 되어야 하며, 직업훈련의 기회도 되어야 한다."라고 권고하였다(한국자원봉사협의회, 2003).

이러한 권고사항을 유념하면서 국내외에서 실행되는 자원봉사교육에 대해 교육내용을 중심으로 살펴보면 〈표 서-2〉와 같다.

〈표 서-2〉 자원봉사교육 내용 개관

영역	교과목의 예시
박애주의와 제3섹터	• 제3섹터에 대한 이해 • 비영리조직에 대한 이해 • 박애주의의 관점
옹호, 공공정책과 지역사회조직	• 박애주의의 윤리와 가치 • 공공정책, 옹호와 협력 • 사회정책과 지역사회서비스 • 이익단체 활동과 대표성 • 사회계획론
기금모금, 마케팅, 홍보	• 기금모금과 개발 • 캠페인 조직화 • 기금모금의 전문성과 실천 • 멤버십 캠페인
자원봉사 관리기술(비영리관리기술)	• 비영리조직 관리의 이론과 실천 • 비영리조직을 위한 정보 시스템 • 프로그램 개발 및 평가
재정관리, 재정과 회계	• 비영리조직을 위한 재정관리 • 비영리조직을 위한 회계

영역	교과목의 예시
인적 자원 관리	• 비영리조직에서의 인적 자원 관리 • 자원봉사자 관리 • 비영리조직 관리 • 리더십 이슈
영역 간 교과목	• 전략적 계획 • 비영리 영역의 기업가 • 박애주의의 법적 측면

1) 국외 자원봉사교육

미국 대학의 경우 자원봉사교육은 여러 기관에서 다양한 수준 및 목적으로 이루어지고 있다. 〈표 서-3〉은 자원봉사 관리를 중심으로 시행하고 있는 교육과정을 정리한 것이다. 6개의 영역에서 각각 세분화된 여러 교과목이 가르쳐지고 있다.

〈표 서-3〉 미국 대학의 자원봉사 관리(비영리조직 관리) 교육과정

자원봉사 관리 교육과정	2000년도
대학 내 비학점 교과목	66
사회교육원 과정	53
대학에서 1개 이상 교과목 개설	83
American Humanics	76
대학원에서 1개 이상 교과목 개설	49
대학원 학위과정	97

출처: Mirabella & Wish(2001);한국자원봉사협의회(2003, 재인용).

자원봉사 관리를 위해서는 자원봉사에 관한 사항은 물론 자원봉사활동이 이루어지는 지역사회와 관련 정책을 이해해야 하고, 더 나아가 자원봉사기관의 리더십과 조직관리에 대한 사항, 기금모금, 마케팅, 재정관리, 인적 자원 관리 등도 함께 알아야 한다.

〈표 서-4〉에서 볼 수 있듯이, 영국의 자원봉사 관리자 교육과정은 미국의 내용과

유사한데, 기관관리, 자기관리, 회의기술과 보고서 작성, 의사소통, 관련 법, 프레젠테이션 기술 등 실무 관련 및 현장 관련 내용도 많이 포함되어 있다.

〈표 서-4〉 영국의 자원봉사 관리자 교육과정의 내용

교육과정	사례 수
기금모금	426
자원봉사 관리 및 슈퍼비전 기술	419
운영관리	291
인사관리	274
재정관리	241
조직개발	234
자원봉사자 관리	183
자기관리	158
기관관리	156
회의기술 및 보고서 작성	142
마케팅	130
의사소통기술	126
교육훈련기술	107
긴급원조	102
프레젠테이션 기술	95
법	85
작업기술	68
식품안전	30

출처: Masteron & Pinnock(2002); 한국자원봉사협의회(2003, 재인용).

2) 국내 자원봉사교육

우리나라의 자원봉사교육은 자원봉사단체와 관련 기관 등에서 실행하는 교육과 대학에서 실행하는 교양과목이나 전공과목 교육으로 나눌 수 있다. 또한, 자원봉사

교육 내용에 있어서 일반 자원봉사자를 위한 기초적인 자원봉사교육부터 중간관리자나 고급관리자 등을 위한 자원봉사자교육 등 그 수준과 내용이 다양하다.

한국자원봉사단체협의회에서 수행하고 있는 자원봉사 중간지도자 교육과정의 내용은 〈표 서-5〉와 같다. 일반 자원봉사자를 인도하고 지도하는 관리자로서 이해하고 실천할 수 있는 것과 관련된 내용을 주로 교육하고 있는데, 지도력, 인간관계, 집단지도, 슈퍼비전, 프로그램 기획 및 전략 등이 주요 교과목으로 선정되었다.

〈표 서-5〉 한국자원봉사단체협의회의 자원봉사 중간지도자 교육과정

교육 명칭	교육 대상	교육 시간	교과목 및 교육 내용
자원봉사 중간지도자 팀리더교육 (1차)	• 자원봉사 실무경력 2년 이상인 자 • 자원봉사 업무를 지속적으로 실행할 지도자	17시간	• 지도력 • 미래사회의 대안 자원봉사 • 프로그램 전략
자원봉사 중간지도자 지도력교육 (2차)		20시간	• 지도력 Ⅰ/Ⅱ/Ⅲ/Ⅳ/Ⅴ/Ⅵ • 인간관계 • 프로그램 시작
자원봉사 중간지도자 교육	• 한국자원봉사단체협의회 1, 2차 자원봉사 중간지도자 교육 수료자	12시간	• 21세기 사회의 특징과 자원봉사 • 자원봉사 관리자 과정 • 자원봉사 집단지도 실천이론 • 자원봉사 집단지도력 • 기술 • 팀 형성과 유지
여성자원봉사 중간관리자 교육	• 자원봉사 실무경력 3년 이상 경험자 • 자원봉사 지도자 실무 1년 이상 경험한 공무원 및 관계자	20시간	• 여성자원봉사 지원정책 추진 방향 • 자원봉사 기본 철학과 가치 창조 목표 • 지도력 • 자원봉사자의 효율적 관리 • 자원봉사의 프로그램 기획 • 자원봉사의 슈퍼비전

출처: 한국자원봉사협의회(2003).

〈표 서-6〉은 전국에 흩어져 있는 자원봉사센터의 자원봉사 관리자 교육 내용을 조사한 내용이다. 자원봉사센터의 자원봉사 관리자 교육 내용도 약간 유사한데, 자원봉사의 효율적 관리, 팀 관리, 지속성과 활성화 방안, 지역사회 네트워크 유지, 갈등관리, 프로그램 기획 등이 주요 교육 내용이다. 그리고 한국자원봉사연합회의 자원봉사 관리자 교육과정 역시 이와 유사한 과정으로 구성되어 있다(표 서-7 참조). 다만, 욕구조사, 워크숍, 자원봉사 관리 사례발표 등이 추가되어 있다.

〈표 서-6〉 자원봉사센터의 자원봉사 관리자 교육 내용

교과목 및 교육 내용	사례 수(개소)	비율(%)
자원봉사 전문 분야 이해	7	22.6
자원봉사 팀관리 및 팀관리 기법	7	22.6
자원봉사 효율적 관리	3	9.7
기타(직장예절, 출판, 홍보)	3	9.7
행정실무교육(사무관리, 회계, 예산)	2	6.5
자원봉사 프로그램 기획	2	6.5
자기개발 전략	2	6.5
자원봉사활동의 상호관계와 갈등관리	1	3.2
자원봉사활동의 지속성과 활성화 방안	1	3.2
지역사회 네트워크	1	3.2
상담기법	1	3.2
인간관계 훈련	1	3.2
총계	31	100

주: 복수응답임.
출처: 한국자원봉사협의회(2003).

〈표 서-7〉 한국자원봉사연합회 자원봉사 관리자 교육과정

교육 명칭	교육 대상	교육 시간	교과목 및 교육 내용
코디네이터 교육	• 자원봉사 1년(200시간) 이상 경험자 • 자원봉사기관(단체) 6개월 이상 근무자	주 6회 4시간씩/ 총 24시간	• 자원봉사 지도자론 • 국내외 자원봉사 동향 • 인간관계 훈련 • 자원봉사 상담 및 면접 기법 등
자원봉사 관리자 자격과정	• 고졸 이상의 학력 및 자원봉사 2년(200시간) 이상 경험자 • 본 코디네이터교육 이수자로서 자원봉사 1년(200시간) 이상 경험자 • 교사, 사회복지사로 자원봉사 담당 경력자 • 자원봉사기관(단체)의 자원봉사 담당 1년 이상 경력자	13주간/ 총 76시간	• 현대사회와 사회문제 • 자원봉사 관리의 원리 • 자원봉사 네트워킹 • 지역사회 욕구조사 방법 • 우리나라 자원봉사 정신의 뿌리 • 자원봉사 프로그램 기획과 평가 • 영역별 자원봉사 관리 • 사회복지와 자원봉사 • 자원봉사 워크숍(5개 주제) • 프로그램 디자인 • 영역별 자원봉사 관리 사례발표 등
교원 직무연수	• 초중고 교원	10일/ 62시간	• 청소년 자원봉사 관리기법
실무자 보수교육	• 초중고 교원	주 2회/ 4시간	• 업무 관련 상호정보 교류 • 자원봉사 관련 주제 심층토의 연구
자원봉사 전문관리사 자격과정	• 자원봉사 2년 이상 경험자로서 본 연합회나 자원봉사단체의 지도자교육 수료자	주 1회 5시간씩/ 총 15주간	• 현대사회와 사회문제 • 자원봉사 관리의 원리 • 자원봉사 네트워킹 • 지역사회 욕구조사 방법 • 우리나라 자원봉사 정신의 뿌리 • 자원봉사 프로그램 기획과 평가 • 영역별 자원봉사 관리 • 사회복지와 자원봉사 • 자원봉사 워크숍(5개 주제) • 프로그램 디자인 • 영역별 자원봉사 관리 사례발표 등

출처: 한국자원봉사협의회(2003).

3) 대학의 자원봉사교육 방향

전문대학이나 4년제 대학에서 강의하는 자원봉사론에 대한 교과목을 분석하면 좋겠으나 자료의 접근이 어려우므로 차선으로 현재 시중에 출판된 교재 중 몇 권의

대학교재를 간략하게 정리해 보고자 한다. 먼저 각 대학에서 이루어지고 있는 자원봉사교육의 전반을 간략하게 살펴보고, 교재의 내용을 살펴본다.

첫째, 대학에서의 자원봉사교육은 대학의 설립 목적이나 학과의 운영 방침에 따라 매우 다양하지만, 크게 교양과목으로서 자원봉사를 가르치거나 혹은 전공과목의 하나로서 자원봉사를 교수하는 것으로 나뉜다. 교양과목은 학교에 따라 2~3학점으로 운영되거나 아예 1학점으로 하여 자원봉사활동을 중심으로 운영하는 학교도 있다. 자원봉사를 전공과목으로 설치·운영하는 학과는 주로 사회복지학과인데, 사회복지학과에서는 사회복지 현장에서 자원봉사자의 모집과 배치 등 자원봉사 관련 업무가 사회복지사가 수행하는 업무 중 중요한 영역이기 때문으로 이해할 수 있다.

둘째, 대학에서 자원봉사교육은 이론과 실천이 함께 이루어지는 경향이 많다. 학생들은 자원봉사활동을 수행하면서 자원봉사 학습을 하는 혼합형이 많다. 다만, 현장에서 자원봉사활동을 몇 시간 정도 하는가는 대학마다, 그리고 담당교수마다 다양하다. 이러한 형태로 자원봉사교육이 이루어지므로 강의식 학습보다는 자원봉사활동을 수행하면서 경험한 사항을 개인이나 집단적으로 토의하고 발표하는 수업이 동시에 이루어진다. 이러한 맥락에서 사례발표는 중요한 학습방식으로 활용된다.

셋째, 수업 형태에서 인터넷이나 각종 비디오나 동영상을 활용하고, 자원봉사와 관련된 다양한 비디오나 인터넷 자료를 적절하게 활용하고 있다. 관련 자원봉사기관의 소개는 물론 사회단체의 자원봉사활동 자료도 유용하게 활용되고 있다. 특히, 해외 자원봉사 관련 자료를 적절하게 활용하고 있다.

넷째, 경우에 따라서는 자원봉사기관이나 현장을 견학하기도 한다. 국내는 물론 특별하게는 국외 자원봉사기관을 방문하기도 한다.

다섯째, 대학에서 사용하는 교재를 분석하면 〈표 서-8〉과 같다. 간략히 비교해 보고자 교재의 저자 및 제목은 생략하고, 교재 내용만을 비교한다. 현재 시중에 출판되어 대학교재로 사용되는 책의 내용은 거의 비슷한 초점과 목적으로 구성되어 있다. 대부분 자원봉사에 관한 일반적인 이론과 지식을 먼저 이해하고 자원봉사자를 조정·관리하는 데 필요한 전문지식을 습득하게 하고, 그것을 바탕으로 하여 자원봉사활동의 실제적인 내용을 서술하는 형태다.

〈표 서-8〉 자원봉사 관련 대학교재 분석

	A교재	B교재	C교재	D교재	E교재
출판연도	2015. 3.	2015. 9.	2017. 1.	2015. 7.	2006. 9.
대분류	• 이론적 배경 • 자원봉사 관리 및 프로그램 개발 • 인적 자원 개발 • 자원봉사활동 실제	• 자원봉사의 개관 • 자원봉사 조정의 실제 • 자원봉사의 방향과 과제	• 자원봉사의 이해와 역사 • 자원봉사관리의 실제 • 자원봉사의 새로운 경향	• 현대사회와 자원봉사 • 자원봉사 관리과정 • 자원봉사의 쟁점과 주요 분야	• 자원봉사의 이론적 기초 • 자원봉사 관리와 프로그램 개발 • 자원봉사의 실천주체와 대상
소분류	• 자원봉사활동과 사회복지 • 외국의 자원봉사활동 역사 및 실태 • 우리나라 자원봉사활동의 현황과 과제 • 자원봉사자의 동기와 권리 • 자원봉사자의 역할과 자세 • 자원봉사 관리자의 개념과 역할 • 자원봉사 관리과정 • 자원봉사 프로그램 개발 • 자원봉사활동과 갈등관리 및 위험관리 • 청소년의 자원봉사 • 노인의 자원봉사 • 장애인의 자원봉사 • 대학의 자원봉사 • 기업의 자원봉사 • 시민단체의 자원봉사 • 종교계의 자원봉사 • 전문직의 자원봉사 • 아동을 위한 자원봉사활동 • 청소년을 위한 자원봉사활동	• 사회복지와 자원봉사 • 자원봉사의 이해 • 자원봉사의 발전과정 • 자원봉사의 현황 • 자원봉사의 추진체계 • 자원봉사 조정자의 이해 • 클라이언트에 대한 조정 • 자원봉사 조정의 준비단계 • 자원봉사 조정의 실행단계 I • 자원봉사 조정의 실행단계 II • 자원봉사 조정의 평가단계 • 주체별 자원봉사 활동의 실제 • 자원봉사의 방향과과제	• 자원봉사의 이해 • 우리나라 자원봉사의 역사 • 외국의 자원봉사 역사와 현황 • 대상별 자원봉사 활동 • 자원봉사 관리의 실제1: 프로그램 기획, 업무설계 • 자원봉사 관리의 실제2: 모집, 선발 및 면접 • 자원봉사 관리의 실제3: 오리엔테이션, 훈련 및 역량 강화 • 자원봉사 관리의 실제4: 슈퍼비전 체계 • 자원봉사 관리의 실제5: 자원봉사자와 직원의 관계 • 국제시민사회의 구성원으로서 국제자원봉사 • 기업의 자원봉사 • 새로운 자원봉사 패러다임	• 자원봉사의 이해 • 자원봉사활동의 특성 • 영국과 미국 자원봉사활동의 발전과정 • 일본과 한국 자원봉사활동의 발전과정 • 자원봉사 프로그램 기획과 직무개발 • 자원봉사자 모집, 선발과 면접 • 자원봉사자 오리엔테이션·훈련, 수퍼비전과 동기부여 • 자원봉사자에 대한 인정과 보상, 자원봉사자 프로그램 평가와 피드백 • 자원봉사활동과 갈등 • 자원봉사센터 • 시민단체(NGO)와 자원봉사 • 다문화사회와 자원봉사활동	• 자원봉사의 개념과 의미 • 자원봉사의 기능 • 자원봉사자의 역할과 동기 • 봉사학습과 자원봉사 • 자원봉사의 구성체계 • 자원봉사 조정과 관리 • 자원봉사자의 모집 • 자원봉사자의 교육 및 훈련 • 자원봉사자의 배치 • 자원봉사의 평가 • 자원봉사 유지와 인정 • 자원봉사 프로그램 개발 • 자원봉사의 실천주체 – 사회복지기관 – 공공기관 – 학교 – 종교기관 – 기업 – 시민사회단체

소분류	• 노인을 위한 자원봉사활동 • 장애인을 위한 자원봉사활동 • 병원에서의 자원봉사활동 • 사회복지기관및 시설에서의 자원봉사활동 • 국제 자원봉사활동			• 재난관리와 민관자원봉사 네트워크 • 주제별 자원봉사와 활동 분야별 자원봉사 I • 주체별 자원봉사와 활동 분야별 자원봉사 II • 「자원봉사활동 기본법」의 제정과 향후 과제 그리고 전망	• 자원봉사의 대상과 분야 – 아동청소년 – 노인 – 장애인 – 지역사회 일반

주: 편의상 대분류 및 소분류의 형식을 통일함.

외국의 자원봉사교육과 관련하여 국내의 교재에서 발견할 수 있는 부분은 자원봉사의 이해와 자원봉사자 관리 문제에만 몰두하지 말고 자원봉사활동이 이루어지고 있는 지역사회와 기관이 놓여 있는 환경을 적절하게 이해해야 한다는 학습목표가 내재되어 있다는 것이다. 예를 들어, 박애주의, 제3섹터, 공공정책과 지역사회조직, 기금모금, 마케팅, 재정관리, 리더십 등이 미국, 영국 및 호주 등 외국의 자원봉사교육에는 포함되어 있다.

물론, 외국의 문화적 · 경제적 · 사회적 상황과 우리나라의 그것이 다를 수 있고, 자원봉사자나 자원봉사기관, 그리고 자원봉사활동을 규정하는 법적 · 행정적 규범이 다를 수 있다. 이러한 차이점을 인정한다고 하더라도, 이제 대학에서 자원봉사교육을 가르칠 경우 포함되어야 하는 교육 내용이 어느 정도 포괄적이고 전문성을 더욱 요구하는 것으로 풀이할 수 있다.

이와 같은 내용을 반영하여 본서에서는 그 내용을 〈표 서-9〉와 같이 구성하고자 한다.

〈표 서-9〉 본서의 개요

서 장 21세기 현대사회의 변화와 자원봉사

제 1 부 자원봉사의 이론적 기초
제1장 자원봉사의 개념과 의미
제2장 자원봉사의 기능
제3장 자원봉사자의 역할과 동기
제4장 봉사학습과 자원봉사
제5장 자원봉사의 조정과 관리

제 2 부 자원봉사 관리와 프로그램 개발
제6장 자원봉사자의 모집
제7장 자원봉사자의 교육 및 훈련
제8장 자원봉사자의 배치
제9장 자원봉사의 평가
제10장 자원봉사 유지와 인정
제11장 자원봉사 프로그램 개발

제 3 부 자원봉사 환경과 조직관리
제12장 자원봉사의 법적·행정적 환경
제13장 자원봉사조직의 기금 및 재정관리
제14장 자원봉사조직의 갈등관리와 리더십

제 4 부 자원봉사의 영역: 실천 주체와 대상
제15장 자원봉사의 실천 주체
제16장 자원봉사의 대상과 분야

제 5 부 사회공헌활동과 나눔활동
제17장 사회공헌활동
제18장 나눔활동

종 장 성공적인 자원봉사와 관리

보 론 대학의 자원봉사

PART 01

자원봉사의 이론적 기초

Chapter 01 자원봉사의 개념과 의미
Chapter 02 자원봉사의 기능
Chapter 03 자원봉사자의 역할과 동기
Chapter 04 봉사학습과 자원봉사
Chapter 05 자원봉사의 조정과 관리

Chapter 01

자원봉사의 개념과 의미

01 자원봉사의 개념

1) 어의적 개념

자원봉사활동이 최근 활발하게 전개됨에 따라 '자원봉사'라는 말은 우리 주위에서 널리 사용되고 있다. 이렇게 흔하게 사용되는 '자원봉사'의 의미를 내포한 사람들의 행위와 활동은 이미 오랜 역사를 가진다. 어의적으로, '자원봉사(自願奉仕)'란 '자원'과 '봉사'의 합성어다. 『우리말 사전』은 '자원(自願)'을 "일정한 일을 자기 스스로 원함"(신기철 · 신용철, 1990: 2796)이라고 풀이하고 있다. 또 '봉사(奉仕)'는 "(1) 남의 뜻을 받들어 섬김, (2) (국가나 사회 또는 남을 위하여) 자기 이해를 돌보지 않고 노력이나 힘을 들여 친절하게 보살펴 주거나 일함"(신기철 · 신용철, 1990: 1508)으로 서술되어 있다. 그러므로 자원봉사란 '자기 스스로 원하여 다른 사람이나 사회를 위해 도움을 제공하는 활동'이라고 할 수 있다. 이렇게 볼 때, 그 용어의 차이는 다소 있다 하더라도 인간사회가 존재하면서부터 이미 자원봉사는 함께 존재하였다고 보아도 무방할 것이다.

사실 요즈음 사용되고 있는 자원봉사라는 말은 외국에서 들어온 volunteer(자원봉사자), volunteerism(자원봉사활동) 등에서 따온 것으로 볼 수 있다. 그런데 이는 라틴어의 voluntas(자유의지)'와 'eer(사람)'의 복합어에서 비롯된 것으로 이해된다. 따라서 자원봉사자는 '자유의지를 가지고 강제 받지 않는 상태에서 자기 스스로 다른 사람이나 사회를 위해 헌신하는 사람'이라는 의미를 지닌다. 그리고 자원봉사활동은 이러한 자원봉사자의 개인적 · 집단적 행위와 활동의 모두를 일컫는다.

자원봉사활동은 이렇게 오랜 역사적인 배경을 가지고 인간사회에 존재해 왔다. 다만, 현대사회에 와서는 그 어느 사회 및 시대와도 다르게 사회봉사활동이 중요한 사회적 행위 혹은 제도적 요청으로서 주목받게 되었다는 것이다.

2) 자원봉사 개념의 용례

오늘날, 자원봉사활동 개념은 각 국가와 사회, 학자 혹은 활동 분야에 따라 다양한 의미를 지닌 채 사용된다.

먼저, 전미사회사업가협회(NASW)가 출판한 『사회사업사전(*Encyclopedia of Social Work*)』은 자원봉사자를 "대개 경제적 보상 없이 자신의 자유의지로 서비스를 제공하는 사람"이라고 정의하였다.

영국의 자원봉사센터는 자원봉사활동을 자신이나 직접적인 혈연관계가 아닌 다른 사람을 위해 직접적인 보상 없이, 그리고 국가나 기관에 의해 요구된 것이 아닌 자유로운 선택에 의해 수행되는 활동이라고 정의하였다.

일본의 오사카 자원봉사협회는 자원봉사자란 자진해서 사회문제의 해결을 위해 활동을 지원하는 사람이라고 정의하였다.

다빌과 먼데이(Darvil & Munday)는 자원봉사자란 자신의 친족이 아닌 사람을 위하여 자발적으로 무보수로 서비스하는 사람으로서, 일반적으로는 비공식적인 이웃과의 만남을 통해서라기보다는 어떤 공식조직을 통해서 서비스하는 사람이라고 정의하였다.

발독(Baldock)은 자원봉사자를 민간기관, 공공기관, 사회행동, 사회복지 문제에 관련된 자조집단 등에 무상으로 그리고 규칙적으로 자신의 시간, 에너지를 기여하는 사람으로 정의하였다.

스미스(Smith)는 자원봉사자를 보건, 복지, 주택, 교육, 레크리에이션, 재활 등의 분야에서 직접 다른 사람을 돕기 위해 그들의 시간을 기여하는 사람이라고 정의하였다.

이와 같은 개념정의들을 볼 때, 자원봉사란 '물질적인 반대급부 없이 자발적으로 개인이나 사회를 위해 도움을 제공하는 사람의 다양한 분야의 활동'을 의미한다.

02 자원봉사 관련 개념

자원봉사와 관련하여 유사 용어들이 저마다 특징적인 목적과 기능을 가진 채 사용되고 있다. 여기서는 몇 가지 대표적인 자원봉사 관련 용어들에 대해 알아보고자 한다.

1) 사회봉사

사회봉사활동과 자원봉사활동은 봉사활동이라는 맥락에서 거의 같은 개념으로 보아도 무방할 것 같다. 일단 봉사활동에 대한 물질적 · 경제적 반대급부를 기대하지 않는다는 면에서 유사한 개념이다. 다만, 자원봉사활동은 봉사활동을 실천하는 사람의 자발성 혹은 무급성 등의 개인적 주체로서 가지는 의도에 초점이 맞추어진 개념인 반면, 사회봉사활동은 봉사활동을 실행하는 장소나 현장 혹은 대상을 강조하는 개념으로 생각할 수 있다. 따라서 이 두 가지 개념은 강조하는 초점의 차이일 뿐이지 의미상으로는 유사한 개념으로 파악해도 무방할 것이다.

그런데 사회봉사는 그 낱말이 가지고 있는 의미가 그러하듯이, 자신의 유익을 벗어난 사회 전반에 방향 지어진 봉사활동임을 강조할 필요가 있다. 그리고 사회봉사는 자원봉사와는 달리 자발성이 약하거나 혹은 의무감, 강제성이 가미된 의미를 지닌다.

(1) 종교기관의 사회봉사

종교기관의 자원봉사활동은 종교기관 안팎으로, 즉 지역사회나 국제적으로 이루어지고 있다. 개신교, 가톨릭, 불교 등 다양한 종교기관이 다양한 형태의 자원봉사활동을 전개하고 있다. 각 종교의 교리상 봉사활동은 당연하고 필수적으로 수용된다. 특히, 종교기관에서 수행하는 지역사회나 국제사회에 대한 자원봉사활동을 '사회봉사'라고 부르는 경향이 있는데, 이는 자원봉사활동의 대상에 강조점을 둔 용어의 선택이라고 볼 수 있다. 즉, 종교기관이 섬겨야 하는 대상으로 '사회', '지역사회' 혹은 '지역주민' 등을 강조함으로써 자원봉사보다는 사회봉사라는 용어를 선호한다는 것이다 .

예를 들어, 기독교인의 자원봉사와 사회봉사의 의미는 사실 동일하다고 보아도 좋을 것이다. 그것은 기독교인으로서 마땅히 가져야 할 사회적 책무로서 사회봉사가 요청되는 것이고, 또 강제성이 없다는 측면에서 자원봉사라고 해도 무방하다. 이 경우 기독교인이 실천하는 사회봉사나 자원봉사 등의 봉사활동은 물리적 강제성이나 종교적 구원의 문제라기보다는 개인의 종교적 의무이며 동시에 개인적 상급에 관한 것이기 때문이다.

(2) 대학의 사회봉사

대학의 사명은 연구 혹은 학문의 추구, 교육 그리고 지역사회 봉사라고 할 수 있다. 상아탑으로서 대학은 사회와 일정한 거리를 두면서 학문과 교육에 전념하는 곳으로서 오랫동안 그 역할을 수행하여 왔다. 학문활동은 일정 기간 집중적이고 일관성 있게 매진해야 하므로 사회와 일정 거리를 두는 것이 바람직하다는 생각에서 상아탑이란 말이 생겨났다.

그러나 근대 이후 대학은 사회를 이끌고 변화시켜야 하는 사명을 가지게 되었고,

사회의 문제를 고민하고 해결해야 하는 기능을 사회적 의무로 수용하게 되었다. 더 나아가 사회를 발전시키고 미래를 위해 계획하고 준비해야 하는 곳으로 대학의 사회적 책무가 주어졌다.

더욱이 우리나라에서와같이 대학이 학생을 모집하고 가르치는 데 치열한 경쟁을 해야 하는 상황에서 대학의 사회적 이미지 관리를 위해, 또는 지역사회와의 친밀한 관계를 유지하기 위해 대학은 지역사회에 대한 사회봉사를 필수적으로 수행하게 되었다.

다른 한편, 현대사회의 복잡성과 빠른 변화에 대해 대학생의 현장체험의 기회가 필요한 것 역시 대학 사회봉사의 중요한 요인이라고 볼 수 있다. 봉사학습으로서 대학생의 사회봉사는 오늘날 매우 유용하게 활용된다. 기업이 신입사원을 채용할 때 사회봉사활동 경험에 중요한 인센티브를 주는 것은 그들이 사회봉사활동을 통해 미리 사회를 경험하여 전공 분야를 알고, 인간관계 훈련, 리더십 훈련 등을 체득하였으리라는 기대감에서다.

이와 같은 맥락에서 대학에서는 사회봉사라는 용어를 선호하는 경향을 드러내는데, 이것 역시 자원봉사와 유사한 용어로 생각해도 좋을 것이다. 대학 설립의 이념에 따라 사회봉사를 1학점 혹은 2학점의 교양과목으로 편성하여 수업과 병행하거나 아예 봉사활동 중심으로 교과과정을 운용하는 경우도 있다. 이 경우 선택 학점으로 하거나 혹은 모든 대학생이 1학점 이상의 사회봉사 교과목을 이수해야 하는 대학도 있는 것 같다. 이처럼 대학은 사회봉사의 중요성을 인식하고 교과목으로 활용하고 있다.

(3) 기업의 사회봉사

대부분의 기업 역시 최근 사회봉사를 실행하고 있다. 기업 본래의 존재 목적은 이윤추구다. 기업은 오랜 역사적 경험을 통해 이윤추구 외에, 노동자 및 그 가족의 복지증진을 위한 투자, 지역사회 학생에게 장학금 지급 등의 교육사업에의 투자, 지역사회복지기관에의 지원과 복지 대상자에 대한 관심과 지원, 그리고 종사자의 사회봉사활동 등 다양한 형태의 사회공헌활동으로 변화, 확장되어 왔다. 기업은 상생하는 조직으로서 사용자, 피용자 그리고 지역주민이 함께 유익을 추구해야 함을 인식하게 되었다.

이러한 배경에서 오늘날 기업은 사회공헌이라는 보다 넓은 개념으로 다양한 활동을 기업에 따라 선택하여 수행하고 있다. 그중에서 사회봉사는 중요한 분야로 실천되고 있다. 기업의 사회봉사가 종사자의 사기를 진작시키고 생산성을 향상시킨다는 연구결과는 이미 잘 알려져 있다. 또한, 기업의 사회봉사가 사회적 이미지를 향상시켜 기업활동에 유익하다는 것도 그러하다. 따라서 기업은 지역사회, 기업의 외부인 사회에 강조점이 있으므로 사회봉사라는 용어를 선호한다.

2) 봉사활동

봉사활동 개념은 초중고등학교에서 주로 사용되고 있다. 2006년도 서울시교육청 자료는 학생봉사활동의 특성을 다음과 같이 서술하고 있다. "봉사활동은 완전한 자발성과 충분한 지속성을 갖춘 활동으로, 학생이 성인이 되어 실현해야 할 과제다. 아직 미성숙하고 성장과정에 있는 학생에게 봉사활동은 완전한 의미의 봉사활동이라기보다 봉사활동을 통한 학습, 곧 '봉사학습'의 개념에 더 가깝다. 봉사학습은 학습자의 주체성을 존중하고 올바르게 육성하기 위한 사회체험학습이다. 자아발견과 지역사회에 대한 이해가 학교교육의 중요한 한 영역이라고 한다면, 봉사학습의 궁극적인 목적은 '서로 돕고 배우는 것'이라고 말할 수 있다. 따라서 학생이 하는 봉사활동은 그 활동과정을 통해 습득되는 인성의 발달에서 더 큰 의미를 찾을 수 있다." (서울시교육청, 2006: 6)

즉, 봉사활동은 초중고등학교 학생이 교육과정의 일환인 봉사학습의 한 형태로 이루어지는 활동으로, 일반적인 자원봉사활동처럼 봉사활동을 수행하지만, 그 근본적인 취지는 다른 사람이나 지역사회를 돕는 활동을 통해 학생이 습득하게 되는 교육적 목적이 중요하다는 것이다. 그러므로 일반적인 자원봉사활동이나 사회봉사활동과 유사하면서도 봉사자의 학습에 주요한 초점이 있고, 따라서 자발성이 약간 약화되는 측면이 있다. 이러한 맥락에서 접두어인 '자원'이나 '사회'를 생략하고 '봉사활동'이라고 명명한 것으로 풀이된다.

3) 사회봉사명령

사회봉사명령이란 유죄가 확정된 범죄자를 구금하지 않고 사회 내에서 정상적으로 활동하도록 하면서 원칙적으로 무보수 · 공익적 활동에 종사할 것을 명령하는 것을 말한다(오영근, 2007: 47). 「소년법」, 「형법」, 「성폭력범죄의 처벌 등에 관한 특례법」, 「가정폭력범죄의 처벌 등에 관한 특례법」 그리고 「성매매알선 등 행위의 처벌에 관한 법률」 등에서 봉사명령제가 시행되고 있다. 즉, 「보호관찰 등에 관한 법률」 제3조 2항에서는 사회봉사 · 수강명령의 대상자로 "1. 「형법」 제62조의 2에 따라 사회봉사 또는 수강을 조건으로 형의 집행유예를 선고받은 사람, 2. 「소년법」 제32조에 따라 사회봉사명령 또는 수강명령을 받은 사람, 3. 다른 법률에서 이 법에 따른 사회봉사 또는 수강을 받도록 규정된 사람"으로 규정하고 있다. 제3호의 다른 법률로는 「성폭력범죄의 처벌 등에 관한 특례법」, 「가정폭력범죄의 처벌 등에 관한 특례법」 그리고 「성매매알선 등 행위의 처벌에 관한 법률」 등이 있다. 이에 관하여 알아보면 다음과 같다. 「소년법」 제32조 보호처분의 결정에 의하면 소년부 판사는 심리결과 보호처분을 할 필요가 있다고 인정하면 결정으로써 여러 가지 처분을 할 수 있다. 감호 위탁, 수강명령, 사회봉사명령, 보호관찰 등이 그것이다. 이 중에서 사회봉사명령은 14세 이상의 소년에게 내려질 수 있으며, 200시간 이상을 초과할 수 없도록 법으로 규정되어 있다. 또한, 사회봉사명령을 집행할 경우에 본인의 정상적인 생활을 방해하지 아니하는 범위에서 이루어지도록 하고 있다.

둘째, 「형법」상의 사회봉사명령이다. 「형법」 제62조의 2 제1항은 "형의 집행을 유예하는 경우에는 보호관찰을 받을 것을 명하거나 사회봉사 또는 수강을 명할 수 있다"라고 규정하고 있다. 이는 1995. 12. 29. 개정형법에 의해 새로이 도입되고, 1996년 7월 1일부터 시행된 것으로서, 소년범에 대해서만 인정되던 사회봉사명령을 성인범에게도 확대한 것이다. 사회봉사시간은 500시간 이내에서 법원이 정한다(「보호관찰 등에 관한 법률」 제59조 제1항).

셋째, 「성폭력범죄의 처벌 등에 관한 특례법」상의 사회봉사명령이다. 2010년 4월 법 제정으로, 동법 제16조(형벌과 수강명령 등의 병과)의 제4항에는 "법원이 성폭력범죄를 범한 사람에 대하여 형의 집행을 유예하는 경우에는 제2항에 따른 수강명령 외에 그 집행유예기간 내에서 보호관찰 또는 사회봉사 중 하나 이상의 처분을 병과할 수 있다" 라고 규정하고 있다."라고 규정하고 있다.

넷째, 「가정폭력범죄의 처벌 등에 관한 특례법」에 의한 사회봉사명령이다. 1998년 제정된 「가정폭력특별법」은 2007년 「가정폭력범죄의 처벌 등에 관한 특례법」으로 개정되어 2008년부터 시행되고 있다. 동법 제40조(보호처분의 결정 등)에 따르면, 가정폭력범죄자에 대하여 판사는 심리의 결과 보호처분이 필요하다고 인정하는 경우에는 결정으로 다음 각 호에 해당하는 처분을 할 수 있다.

1. 가정폭력행위자가 피해자 또는 가정구성원에게 접근하는 행위의 제한
2. 가정폭력행위자가 피해자 또는 가정구성원에게 「전기통신기본법」 제2조 제1호의 전기통신을 이용하여 접근하는 행위의 제한
3. 가정폭력행위자가 친권자인 경우 피해자에 대한 친권 행사의 제한
4. 「보호관찰 등에 관한 법률」에 따른 사회봉사 · 수강명령
5. 「보호관찰 등에 관한 법률」에 따른 보호관찰
6. 「가정폭력방지 및 피해자보호 등에 관한 법률」에서 정하는 보호시설에의 감호위탁
7. 의료기관에의 치료위탁
8. 상담소 등에의 상담위탁

또한, 동법은 제1항 각 호의 처분은 이를 병과할 수 있다고 하였으며, 제41조(보호처분의 기간)에서 사회봉사 · 수강명령의 시간은 200시간을 각각 초과할 수 없다고 규정하고 있다.

다섯째, 「성매매알선 등 행위의 처벌에 관한 법률」은 2011년 1월 1일 시행된 법률로서, 성매매를 한 자에 대하여 처벌규정 등을 예거하고 있다. 동법 제14조(보호처분의 결정 등) 제1항에 따르면 판사는 심리의 결과 보호처분이 필요하다고 인정할 때에는 결정으로 다음 각 호의 어느 하나에 해당하는 처분을 할 수 있다.

1. 성매매가 이루어질 우려가 있다고 인정되는 장소나 지역에의 출입금지
2. 「보호관찰 등에 관한 법률」에 따른 보호관찰
3. 「보호관찰 등에 관한 법률」에 따른 사회봉사 · 수강명령
4. 「성매매방지 및 피해자보호 등에 관한 법률」 제10조에 따른 성매매피해상담소에의 상담위탁
5. 「성폭력방지 및 피해자보호 등에 관한 법률」 제27조 제1항에 따른 전담의료기관에의 치료위탁

그리고 동법 제2항에는 제1항 각 호의 처분은 이를 병과할 수 있다고 규정하고 있다. 또한, 동법 제15조(보호처분의 기간)에서는 사회봉사 · 수강명령은 100시간을 각각 초과할 수 없다고 규정하고 있다.

이상과 같이 범법행위로 인하여 혹은 사회적 일탈로 인하여 처벌과 교정수단으로써 강제적으로 사회봉사를 수행하도록 명령하는 제도가 바로 사회봉사명령제다. 이런 의미에서 사회봉사명령제는 자원봉사와는 다른 의미로 사용되고 있음을 이해하여야 한다. 즉, 사회봉사명령에 대한 개념적 의미는 국가마다 다르지만, 일반적으로 법원이 유죄가 인정되어 자유형이 선고되어야 할 범죄자에 대하여 자유형을 대신하여 일정 기간 동안 무보수로 작업에 종사하도록 명하는 제도라 하겠다. 여기에는 두 가지 의미가 있는데, 하나는 처벌이고 다른 하나는 배상이라는 성격이다. 이 두 가지의 서로 다른 방향에서 범죄자를 사회에 재통합시킴으로써 범죄자와 사회와의 화해를 가능하게 하여 정상인으로서의 사회복귀를 수월하게 하고자 하는 것이 사회봉사명령의 목적이다. 사회봉사명령은 구금으로부터 제기되는 폐해를 방지하고, 범죄자의 사회복귀를 촉진시키고자 고안된 사회 내 처우의 한 방안이며, 국가에 따라서는 보호관찰에 따르는 부수적인 처분으로 인정하고 있다(장구원, 2003).

그러므로 사회봉사명령은 사회봉사임에도 불구하고 특정의 범죄자에게 처벌과 배상으로서 강제하는 명령으로 인하여 수행되는 활동인 만큼 일반적인 자원봉사, 사회봉사와는 구별되어야 하며, 사회를 대상으로 무급으로 활동이 이루어진다는 점에서 일반적인 봉사활동과는 유사성이 있다는 점 또한 구분되어야 한다.

4) 자원봉사와 사회봉사의 통칭

앞서 언급하였듯이 자원봉사, 사회봉사 및 유사 개념들이 봉사활동에 대한 의미로 제각기 특징을 가진 채 사용되고 있다. 모든 개념은 그 나름대로 설명하는 대상과 맥락에 독특한 점이 있음을 부인할 수 없다. 다만, 본서에서는 각각의 개념을 학생, 교수 및 관련 실무자가 적절하게 이해하는 것이 필요하고, 그 특징에 따라 봉사활동을 적절하게 연계시켜야 한다.

그러나 본서에서는 자원봉사와 사회봉사를 유사 개념으로 통칭하고자 한다. 경우에 따라서는 봉사활동도 유사 개념으로 사용하고자 한다.

03 자원봉사의 특성

자원봉사는 누가, 무엇을, 왜, 어떻게 하느냐에 따라 다양한 유형이 존재한다. 따라서 자원봉사활동이 여러 가지로 존재할 수 있으나, 적어도 몇 가지 공통적인 특징을 지적할 수 있다.

일즈리(Ilsley, 1990: 7-12)는 자원봉사활동이라고 말할 수 있는 공통적인 구성요소 8가지를 다음과 같이 지적하고 있는데, 이는 자원봉사활동의 개념을 한층 명확하게 해 주는 특성이다.

1) 이타주의

이타주의(altruism)는 다른 사람이나 사회의 선을 위한 이기주의적이 아닌 헌신을 의미한다. 물론, 절대적인 이타주의를 갖는 것은 불가능하지만, 자원봉사활동 과정을 통해 상대적인 이타주의적인 정신이 내재될 수 있다. 사실 자원봉사활동을 통해 새로운 것을 배우는 기회의 습득, 도덕적 선행이나 도움을 실천하였다는 심리적인 만족감 등의 반대급부를 얻을 수 있다.

2) 헌신

자원봉사활동에서 이타주의에 대해서는 논란이 많지만, 헌신(commitment)은 자원봉사활동의 필수적인 구성요소다. 헌신의 목적은 도움을 필요로 하는 개인을 돕는 것 혹은 사회적 정의와 같은 비전이나 이상을 실현하는 것 등 다양한 형태로 존재할 수 있다.

3) 자유의지

자유의지(free will)란 운명이나 다른 개인, 집단, 조직에 의한 강요를 받지 않고 스스로 선택하는 힘을 의미한다. 자유의지는 자원봉사활동의 다른 개념과도 분리될 수 없는 중요한 구성요소다.

4) 학습

학습(learning)이란 가르침과 같은 공식적인 수단을 통해, 혹은 경험과 자기훈련 등과 같은 비공식적인 수단을 통한 지식, 기술, 태도 및 신념 등의 획득을 말한다. 어떤 의미에서 삶은 학습인데, 그것은 우리의 모든 경험이 가르침을 위한 교훈이 되기 때문이다.

학습은 자원봉사활동에서 자주 간과되어 왔다. 자원봉사활동은 체험학습이며, 복지교육이며, 민주시민교육이다. 자원봉사활동은 타인에게 도움이 되었는가도 중요하지만, 봉사활동 준비나 그 실천과정에서 얼마나 교육적인 효과를 얻었는가도 매우 중요하다. 학습은 자원봉사활동의 헌신이나 지속성과 밀접한 연관성을 지니고 있다.

5) 경제적인 무보수성

자원봉사활동은 무보수성(absence of financial remuneration)을 강조한다. 그러나 최근에 와서는 자원봉사활동에 쓰인 최소한의 경비나 수당은 받을 수 있어야 한다는 여론이 많다. 단, 봉사활동 그 자체가 최우선의 목표가 되어야 하며, 이러한 경제적 보상은 자원봉사활동이 잘 유지되도록 하는 매개체에 불과할 뿐이다.

6) 조직

조직(organization)이란 자원봉사집단의 효율성과 지속성을 증진시키기 위한 계획, 재정, 인사, 통제 등의 절차를 의미한다. 조직은 현대사회의 자원봉사활동에 특징적인 구성요소다. 자원봉사활동이 보다 교육적이고 체계적이며 효율적이기 위해서는 자원봉사활동을 관리하고 운영하는 조직이 필요하고, 자원봉사자는 이러한 조직을 중심으로 활동하는 것이 필요하다.

7) 심리적 보상

이타주의와 더불어 자원봉사자의 동기는 가치 있는 일을 수행한 다음에 얻는 만족감, 개인적 · 전문적 성장의 기회, 새로운 기술 또는 활동을 할 수 있는 기회와 같은 심리적 보상(psychological benefit)을 통해 더욱 고취된다. 자원봉사자가 항상 이런 형태의 동기를 의식하는 것은 아니며, 항상 존재하는 것도 아니다. 그러나 심리적 보상을 얻는다는 것은 중요한 동기가 될 수 있다.

8) 희생

자원봉사자는 자원봉사활동을 함으로써 일정한 시간이나 소요 경비 등을 투입하게 되는데, 이러한 시간과 자신의 노력 등의 투입은 봉사활동에 중요한 요소다. 그러나 이러한 희생(sacrifice)이 극단적인 경우는 적절하지 못하다. 명심해야 할 사항은, 희생이란 자신이 가지고 있는 것을 다른 사람과 함께 나눈다는 의미로서, 상호 발전의 기회이며 쌍방의 경험이라는 것이다. 따라서 자만심이나 우월감을 가져서는 안 되며, 상대방의 인격을 존중해야 한다.

04 자원봉사와 사회복지의 연관성

1) 자원봉사의 역사적 발전의 원천으로서의 사회복지

자원봉사는 현대사회에서 다양한 사람에 의해 다양한 분야에서 다양한 대상에 따라 여러 가지 형태로 전개되고 있다. 아마도 그중에서 가장 주류를 이루고 있는 분야는 사회복지 분야일 것이다. 최근에 와서는 환경, 교육, 여가, 체육, 각종 지역 및 국제행사 지원, 문화센터 등에서 자원봉사 영역이 확대되어 가고 있으나, 그래도 주류는 사회복지 분야라고 할 수 있다.

이런 맥락에서 볼 때, 자원봉사는 사회복지와는 분리할 수 없는 관계를 가지고 있다. 이러한 관계는 역사적으로 자원봉사활동이 사회복지 대상자를 돕는 과정에서 점차적으로 발전해 온 것이기 때문이다. 자원봉사는 동서양을 막론하고 어느 시대에나 지역사회의 주민이 이웃의 어려움에 동참하여 돕는 과정을 통해 점진적으로 그 지위를 획득하여 왔다. 질병, 전쟁, 자연재해 등으로 고통받는 이웃을 돕는 활동은 종교적으로 시작되었건 혹은 인본주의적 박애주의의 발로에서 나왔건 간에 자원봉사 형태로 나타났고, 이는 오늘날처럼 국가가 현대복지국가의 체제를 갖추지 못하고 있었던 상태에서 공식적인 사회복지정책이나 제도도 존재하지 않았음은 당연한 것이었다. 따라서 과거에는 민간 차원의 비공식적 사회복지활동이 이루어졌고, 이것이 바로 자원봉사활동의 형태를 이루게 되었다.

2) 자원봉사 대상과 분야의 주류로서의 사회복지

20세기에 진입하면서 사회문제의 성격이 기존의 사회복지문제를 포함하여 보다 거시적인 사회구조를 지닌 것으로 변화하였다. 환경, 교육을 포함하여 다양한 자연재해와 전쟁에 의한 고통과 문제에 대처하기 위한 국가적 · 국제적 연대와 지원의 필요성이 대두되었다. 또 통신기술의 발달로 지역 및 국가 간의 교류가 빈번해짐에 따라 거대 지역적이고 국가적 · 국제적인 다양한 행사가 개최되고 있으며, 여기에 거대한 인구집단의 연합과 집합이 요청되어 주민과 국민, 국제적 자원봉사활동이 필요하게 되었다. 특히, 제3세계의 빈곤과 질병, 국지전과 테러 등으로 이들에 대한 국제적인 자원봉사활동이 20세기에 와서 두드러지게 되었다.

따라서 물질적 · 인적 자원을 통한 자원봉사활동이 지역, 국가, 국제별로 점차 빈번하고 활발하게 되었다. 이러한 자원봉사활동 대부분이 기존의 사회복지 분야에 속하는 것이기 때문에 사회복지는 여전히 역사적인 경험과 마찬가지로 자원봉사의 주된 영역으로 남아 있다. 물론, 새롭게 대두된 환경문제가 사회복지 분야를 넘어 보다 대규모적인 국가 간 제휴와 협력이 필요한 자원봉사 영역인 것은 사실이다. 앞으로 문화, 체육, 교육 등 사회복지를 제외한 분야에서 국가 간 협력과 지원으로서의 자원봉사활동이 활발해질 전망이지만, 아직은 여전히 사회복지 분야가 자원봉사활동의 주된 영역으로 남아 있다.

2002년도에 한국자원봉사단체협의회에서 자원봉사단체들이 어떤 분야에서 자원봉사활동을 전개하고 있는지를 조사한 결과를 보면 다음과 같다. 사회복지 분야가 전체 대상 분야의 55.4%를 차지하고 있고, 교육이 8.7%, 환경은 7.3%로 뒤를 이었다(한국자원봉사단체협의회, 2003: 81). 사회복지를 제외하면 다른 분야는 전체적으로 겨우 한 자릿수에 해당하는 비중을 차지하고 있는 반면, 사회복지 분야는 55.4%라는 압도적인 비중을 점유하고 있는 것으로 조사되어, 사회복지 분야가 자원봉사활동의 주류임을 보여 준다.

3) 사회복지 전문가로서 자원봉사활동 조정자 및 관리자 역할

자원봉사 전문기관에서 자원봉사 조정자 혹은 관리자로서 활동하는 많은 사람은 사회복지 전문가다. 이는 결국 자원봉사활동의 주된 영역이 사회복지와 관련된 것이기 때문이다. 물론, 청소년 자원봉사와 관련한 조직에서는 청소년지도사와 같은 전문 자격을 가진 조정자 및 관리자가 활동하고 있으나, 많은 자원봉사의 현장이나 조직에서 자원봉사 조정자 및 관리자로 활동하는 사람은 사회복지 전문가인 것으로 조사되고 있다.

현재 대학에서는 자원봉사에 관련된 내용을 사회복지학과에서 주로 학습하는 것으로 보인다. 교육학이나 청소년학에서 부분적으로 자원봉사에 대해 다루고 있으나 이는 봉사학습의 일환으로서, 또는 청소년 자원봉사활동을 현장에서 지도하기 위한 것으로서 학습되고 있는 듯하다. 나머지 광범위한 자원봉사활동 분야에서나 혹은 최근의 시민사회단체에서 활동하는 사람은 사회복지 전문가가 많은 비중을 차지하고 있다.

사회복지학에서는 전통적으로 민간 차원에서 사회복지활동을 수행하는 기술을 지역사회 복지학이나 가족복지, 사회복지실천 영역에서 자원봉사활동 관련 부분을 가르치고 그 기술을 발전시켜 왔다. 예를 들어, 지역사회조직론이나 지역복지론에서 자원봉사활동을 조직하고 전개하는 방법론을 가르치거나 가족복지, 노인복지 및 장애인복지 영역에서 재가복지나 민간자원의 동원과 모금전략 등을 학습하는 것은 자원봉사활동 지도자와 관리자에게 그대로 유용하게 접목되어 사용될 수 있는 내용이다.

물론, 최근에 와서는 자원봉사론이 아예 독립된 교과목으로서 사회복지학과에서 강의를 하고 있으며, 사회복지사 1급 국가시험에서 선택과목으로서 자원봉사론을 설치할 정도로 자원봉사 교과목은 이미 사회복지학과의 전공 교과목으로서 위치를 가진다. 더욱이 자원봉사가 중요해지고 점진적으로 자원봉사현장이 늘어남에 따라 많은 사회복지학과 재학생은 향후 자원봉사현장에서 조정자 및 관리자로서 전문적인 직업인으로 활동하기를 희망한다.

4) 국가 공적 사회복지의 보완적 기능으로서 자원봉사

자원봉사활동은 사회복지 분야에서 국가복지의 공식적인 제도적 기능의 보완으로, 혹은 협력관계를 가진 조직으로서 민간복지의 영역으로 기능한다. 20세기에 들어오면서 국가복지가 급성장하고 민간 차원의 복지활동이나 자원봉사활동이 상대적으로 줄어들었다. 더욱이 1930년대의 세계경제대공황 이후 국가의 개입이 늘어나고 제2차 세계대전이 끝난 뒤부터는 세계 각국이 소위 복지국가에의 길을 걷게 되면서부터 사회복지에서 국가의 역할이 그만큼 중시되었다. 특히, 제2차 세계대전 이후 세계경제의 호황과 성장이 사회복지 예산의 팽창을 주도하였다.

그러나 1970년대의 중동전쟁과 오일쇼크 이후 경제성장은 멈추고 복지국가의 재정 파탄이 전 세계적으로 번져가면서, 사회복지 예산의 축소 경향이 일어났다. 그리하여 1970년대 중반 이후, 혹은 1980년대부터 복지국가의 재편성 시기가 도래하였다. 이른바 신보수주의적 정책 기조는 사회복지를 비롯한 국가 전체 부문으로 확산되어 갔다. 이 과정에서 사회복지에 대한 국가 개입이 점진적으로 축소되고 민간의 활력을 불어넣는 정책을 채택하게 되었다. 특히, 국가복지의 협력자로서 혹은 보완자로서 민간의 자원봉사활동을 진작시키려는 노력은 개인적으로나 국가적으로 필요한 선택일 수밖에 없었다. 따라서 이러한 배경에서 자원봉사는 국가의 사회복지 분야에서 중요한 보완자 및 협력자의 기능을 담당한다.

현실적으로 사회복지 분야에서 늘어나는 사회복지 욕구와 수요를 사회복지 전문가가 모두 대응할 수 없으며, 그 공급 자체가 부족한 실정이다. 따라서 사회복지 전문가의 주도하에, 때로는 사회복지 전문가와의 협력관계를 가진 자원봉사자들이 사회복지의 역할을 부분적으로 담당하는 경우가 늘어나고 있다. 특히, 1970년대 이래로 사회경제적 변화와 가족 기능의 약화, 여성의 사회진출 확대 등에 따라 전통적으로 가족이 수행하여 왔던 육아문제나 노인 케어를 사회가 분담해야 하는 요청이 발생하면서, 다른 한편으로 이러한 변화에 따라 중산층 이상의 국민이 각종 필요한 사회서비스를 상품으로 구매하여야 하는 시대적 필요가 발생하기 시작하였다. 그리하여 여러 가지 요인에 따라 사회복지 분야에서 자원봉사활동은 이제 없어서는 안 되는 중요한 활동이다.

Chapter 02

자원봉사의 기능

자원봉사활동의 기능과 영향력은 다양하다. 자원봉사의 기능을 대상자의 측면-개인, 가족, 지역사회, 국가 및 국제사회-으로 구분하면, 그 대상에 따라 자원봉사활동이 수행하는 기능은 여러 가지로 말할 수 있다. 다른 한편, 자원봉사 주체, 즉 자원봉사활동을 수행하는 자의 입장에서 받게 되는 영향과 유익 역시 다양하게 말할 수 있다. 마지막으로, 자원봉사 조직이나 기관의 측면에서 자원봉사가 끼치는 영향을 말할 수 있다. 이러한 모든 내용을 자원봉사의 기능이라는 맥락에서 정리해 보고자 한다.

01 자원봉사 대상에 대한 자원봉사의 기능

1) 사회변동에 따른 새로운 욕구 발생에 대처

도시화, 산업화 및 핵가족화 등의 사회변동은 각종의 새로운 사회적 욕구를 발생시키고 있다. 또한, 평균수명의 연장으로 노인 수가 증가하고, 교통사고와 각종 산업재해로 장애인이 늘어나고, 이혼 · 별거 등으로 소년소녀 가장이 많이 늘어나고, 맞벌이 부부의 증가로 탁아문제가 새롭게 발생하고 있다. 이러한 다양한 문제는 사회변동의 결과로 생긴 새로운 욕구다.

기존의 사회적 · 제도적 장치만으로는 새로운 욕구에 대처하는 데 어려움이 있다. 특히, 이러한 새로운 욕구는 비록 전문적 서비스를 필요로 하는 것은 아닐지라도 가족구성원이나 사회적인 도움이 필요하다. 따라서 과거의 지역공동체나 가족 및 친족이 수행하였던 원조기능을 새로운 조직과 집단이 대체해야 하는 필요성이 대두되고 있다.

동시에 기존의 전문적인 사회복지제도에 의한 원조만으로는 이들의 욕구에 대응하기가 쉽지 않다. 따라서 새로운 욕구에 대처하기 위한 보완책이 시행되고 있는데, 그 대표적인 예가 최근 우리나라에서 실시하고 있는 '노인가정봉사원파견사업'이다.

이러한 욕구는 공통적으로 전문적인 서비스와 동시에 준전문적 서비스 혹은 일상생활상의 도움을 필요로 하는 것이 특징이다. 따라서 자원봉사자가 일정한 훈련을 받고 손쉽게 이들의 욕구에 도움을 제공할 수 있어, 전문사회복지제도의 보완책으로서 중요한 역할을 수행한다.

2) 사회문제의 해결과 예방에 기여

자원봉사활동은 각종 사회문제를 해결하고 예방하는 데 기여한다. 현대의 각종 사회문제는 개인의 책임이라기보다는 사회적 · 환경적 요소의 영향을 받고, 또 해결을 하는 데도 개인적인 노력으로는 불가능하고 집단적 · 사회적인 노력을 통해서만 가능한 것이 특징이다. 때로는 사회문제의 원인과 해결이 매우 애매한 경우도 많다. 이러한 사회문제의 특성에 따라 사회문제의 해결은 많은 사람의 도움이 필요하다.

일반 시민의 사회문제에 대한 새로운 인식과 문제의 발견은 그 해결을 위한 첫 단계가 된다. 또한, 기존의 사회문제 해결을 위한 제도적 · 정책적 노력이 가진 여러 가지 결함을 발견하여 사회문제 해결에 효과적으로 기능하도록 하는 작업은 자원봉사활동을 통해 가능하다. 기존의 거대한 관료조직은 때로는 경직되어 있어서 신선한 자각과 인식이 결여되어 있기 쉽기 때문이다.

이러한 여건에서 시민의 자원봉사활동은 기존의 조직을 새롭게 하고, 다양한 활동에 동참하여 효과적으로 문제를 발견하고 해결할 수 있는 토대를 만든다. 특히, 청소년으로 하여금 현대사회의 문제와 해결방안 혹은 제도와 정책을 체험하게 하여 새로운 인식을 갖게 하고, 때로는 문제해결의 참여자로 활용할 수 있다. 예를 들어, 미국이나 일본의 '세대 간 교량 프로그램'은 전형적인 예가 된다. 무의무탁한 노인과 청소년이 함께 만나 이야기하고 관심을 가지게 하여 노인문제를 해결하고 청소년문제를 예방하고 해결하는 데 자원봉사활동을 연결시킬 수 있는 것이다. 이러한 자원봉사활동 프로그램은 지역사회 단위로 얼마든지 개발할 수 있는 중고등학교 청소년 및 대학생 자원봉사활동 프로그램이다.

3) 사회공동체의 약화 방지

과학기술이 눈부시게 발달하면서 현대사회는 우리에게 편리한 생활을 가져다주었다. 더욱이 교통과 통신, 도로의 발달로 우리의 일상생활은 한층 편리해졌다. 이른바 전국이 일일생활권에 있으며, 가까운 이웃 나라와도 쉽게 왕래할 수 있는 상황에 살고 있다. 동시에 도시화 · 산업화 현상 역시 우리의 삶을 윤택하게 한다.

그러나 이러한 편리함 이면에는 개인의 생활이 복잡해지고 활발해짐으로써 생기는 다른 사회현상이 발생하게 되었다. 그것은 과거의 정의적인 지역사회 혹은 공동사회가 해체되고 새로운 이익사회가 생성되어 우위를 점유하게 되었다는 것이다. 특히, 우리나라는 사회변동의 속도와 내용이 놀랄 만큼 빠르고 동시다발적인 현상을 보여 주고 있어, 사회공동체의 약화 역시 이와 비례한다. 이러한 배경에서 새로운 문제가 발생하였는데, 이는 인간의 소외현상은 물론 사회적으로 의존성을 지닌 약자의 생활을 비참하게 하는 결과를 가져왔다. 일반인 생활의 질적 수준이 증진되기 어려울 뿐만 아니라, 사회적 약자나 혹은 사회복지대상자의 생활이 한층 어렵게 될 수밖에 없다. 사회적 공동체는 공식적인 조직이나 제도가 수행하기 어려운 각종 생활문제를 해결하고 예방하여 사회구성원의 삶을 안정적이고 풍성하게 하는 기능을 맡아야 한다.

이러한 점에서 자원봉사활동은 일차적으로 다양한 활동을 통해 개인이나 집단을 도울 뿐 아니라, 사회 전체적인 면에서 볼 때 비공식적 원조망이나 사회공동체가 수행하였던 역할을 대신하여 사회적 통합과 안정을 유지시켜 줌은 물론 사회적 약자의 사회 적응을 돕고 일탈을 막는 데 도움을 제공한다. 나아가 자원봉사활동은 사회적 공동체의식, 책임의식, 이타주의 등의 자원봉사활동에 깔려 있는 의식과 정신을 고양시켜 이상적인 사회를 만들어 가는 의식의 변화운동으로 연결될 수 있다.

적절하게 교육되고 지도 감독 된 자원봉사활동은 자칫 잘못될 수 있는 사회적·환경적 상황과 자아성장이 불안정한 단계에 있는 청소년에게 유익한 경험이 될 수 있다. 청소년 자원봉사활동은 자기중심적이고 이기주의적인 자아상에서 벗어나 친구와 이웃, 지역사회를 생각할 수 있는 귀중한 경험이 될 수 있다.

02 자원봉사 주체에 대한 자원봉사의 기능

1) 자원봉사 참여자의 성장과 성숙

자원봉사는 자원봉사 대상자는 말할 것도 없고, 자원봉사활동을 통해서 획득되는 유익이 많아서 자원봉사 참여자에게도 중요한 영향을 끼친다. 이것을 자원봉사 주체에 대한 자원봉사의 기능이라고 한다. 이러한 측면을 전문적으로 학습방식으로 활용하는 것을 이른바 '봉사학습(service learning)'이라고 하는데, 이는 제4장에서 자세히 논할 것이다.

청소년이나 대학생에게 자원봉사활동을 활용하여, 이들이 성장하고 성숙하는 데 중요한 매개체로 사용할 수 있다. 예를 들어, 청소년기의 중고등학생을 유혹하는 많은 유해환경에서 벗어나 자원봉사활동을 실천함으로써 도덕적·사회적 성장 경험의 기회를 가지게 하고, 자아실현에 도움이 되는 좋은 경험이 될 수 있다. '정체감의 위기(identity crisis)'시기에 있는 청소년이 자원봉사활동을 통해 자신에 맞는 이상적 모형(ideal type)을 발견하는 학습경험은 청소년에게 유익한 경험이다.

대학생은 중고등학생에 비해 자원봉사활동에 더 많은 능력과 역량을 지니고 있다. 전문지식뿐만 아니라 신체적 · 정신적 역량 또한 사회봉사활동에 적합하다. 더욱이 입시 위주의 학업에 몰두해야 하는 중고등학생에 비해 보다 자유롭게 유연성을 가지고 자원봉사활동에 참여할 수 있다. 이러한 점에서 대학생이 자신의 전공과목을 적용해 보고 현장에서 학습함으로써, 전공 교과목에 대한 이해의 폭을 넓히는 동시에 자아실현을 이루는 데 자원봉사는 매우 유익한 경험이 될 것이다.

2) 시민교육 · 복지교육의 증진과 사회참여의 확대

자원봉사활동은 현대사회에 필요한 인력을 보강하고, 사회구성원의 사회참여를 촉진하는 계기를 만들어 준다. 현대사회는 전문화된 사회다. 특히, 자원봉사활동은 사회복지 분야를 위시한 인간서비스(human service)영역에서의 전문가의 역할을 돕고, 전문가가 더욱 전문성을 갖추게 하는 동업자로서의 중요한 역할을 수행한다.

오늘날의 사회복지는 과거 소수의 사회적 약자만을 대상으로 실천되던 시대에서 벗어나 전 국민의 모든 생활과 생애를 대상으로 하는 복잡하고 다양한 기능을 하는 제도로 성장 · 발전하고 있다. 국민은 일상생활을 통해 사회복지서비스를 이른바 생활필수품으로 소비하는 시대에 살고 있다.

이러한 거대하고 복잡한 사회복지서비스를 관리 · 운영하기 위해 필요한 재정적 비용은 매우 큰데, 자원봉사활동은 사회복지서비스의 비용을 절감할 뿐만 아니라 전문가가 서비스를 보다 효과적으로 제공할 수 있도록 원조하는 역할을 수행한다. 현대사회는 모든 국민이 복지서비스를 향유하며, 또한 모든 국민이 사회복지서비스 제공에 함께 참여해야 하는 시대다.

이러한 시대적 요청은 민주주의 사회에 살고 있는 시민의 의무이자 특권이다. 이처럼 사회적 참여와 협조는 사회 전체를 이루는 매개체다. 따라서 봉사활동을 통해 사회복지서비스 제공에 참여하고, 나아가 민주주의 사회의 구성 원리인 참여 정신을 증진시켜야 한다. 자원봉사활동은 모든 연령의 국민에게 시민교육, 복지교육의 좋은 기회가 된다. 특히, 중고등학교 청소년과 대학생이 직접적인 봉사활동을 통해 건강한 시민으로서 참여하고 사회문제에 새로운 인식을 갖게 된다는 사실은 청소년 교육에 좋은 경험이 된다.

3) 여가선용과 자아실현에 기여

현대사회는 노동시간이 점차 짧아지고 있으며, 힘든 일은 자동화를 통해 해소되고 있다. 이에 따라서 시민은 여가시간을 향유하게 되었고, 의미 있는 여가선용을 추구하게 되었다. 자원봉사활동은 보람 있는 여가선용의 한 방안이 되고 있다. 봉사활동을 통해 다른 사람의 생활을 보고 다른 환경을 접해 봄으로써, 자신을 돌아보고 삶의 보람과 희망을 갖게 되는 것은 의미 있는 일이다.

자원봉사활동 참여자 중에서 매우 높은 비중을 차지하는 주부는 중요한 참여자이다. 출산과 양육의 역할을 어느 정도 수행한 중년여성은 가사활동에서 해방되어 자유로운 시간을 가지고자 한다. 이러한 중년여성은 많은 여가시간을 소중하고 보람 있게 보내고자 자원봉사활동에 참여하는 경향이 높아지고 있다. 건강한 자원봉사활동을 통해 참여자는 새로운 경험을 하고, 자아성장과 연관된 교육 훈련을 받게 됨으로써 인생을 새롭게 살 수 있게 된다. 자원봉사는 행복한 가정, 행복한 삶을 영위하는 데 중요한 기능을 수행한다. 자원봉사활동을 실행함으로써 자원봉사자는 여가선용으로 유익을 얻는다.

또한, 현대인의 평균수명이 연장됨에 따라 직업 일선에서 정년 퇴임한 건강하고 활력 있는 고령자가 자원봉사활동에 참여하는 비율이 늘고 있다. 이들은 자원봉사활동에 참여해서 생산적이고 긍정적인 일을 수행하여 사회에 이익을 주며, 또한 그러한 활동을 통해 자신의 건강과 활력을 유지하고 있다. 이처럼 고령자가 여가선용으로 자원봉사활동을 하여 매우 유익한 기능을 하고 있는 것은 잘 알려진 사실이다. 자원봉사활동은 고령자로 하여금 노후의 자아상을 건강하게 유지하며 존경받는 어른으로 생활할 수 있는 기회를 제공한다.

03 자원봉사 조직과 기관에 대한 자원봉사의 기능

1) 인적 · 물적 자원의 보완

오늘날 우리 사회에는 많은 사회문제가 발생하고 있으며, 그 문제해결을 위해 다양한 조직과 기관이 활동을 전개하고 있다. 각 분야별 문제는 당해 분야의 전문가들이 유급의 전문직업인으로서 문제해결을 위해 노력하고 있는데, 사회복지, 환경, 교육, 교통, 문화 등이 그것이다. 이러한 분야의 전문기관과 조직은 그 분야와 관련된 문제를 해결하고 건강하고 생산적인 사회와 여건을 만들기 위해 노력하고 있다.

특히, 사회복지 분야의 경우, 제한된 인적 · 물적 자원에 비해 문제 및 그에 직면한 사람들의 수는 사회변동에 따라 계속 증가하고 있다. 사회복지전문가들의 업무의 복잡화와 업무량의 증가는 전문가들을 '소진(bum out)'상태에 빠뜨려 전문적인 기술을 실천하기에 어려운 환경이 되고 있다. 이러한 현실에서 자원봉사자의 참여와 도움은 모자라는 인적 · 물적 자원을 보완하는 기능을 하여 전문가로 하여금 본연의 전문적 개입을 가능하게 하고, 업무의 전문성과 효과성을 높이는 긍정적인 역할을 한다.

자원봉사자는 전문가를 도와 함께 문제를 해결하고 프로그램을 수립하는 등의 역할을 수행하면서, 미래의 업무를 미리 경험하기도 하고, 현실세계의 문제를 경험하여 보다 적절하게 파악하고 해결할 수 있는 역량을 기르게 된다.

이러한 일은 비단 사회복지기관이나 조직에서만 한정되지 않으며, 어느 분야라도 동일한 과정을 거친다. 환경이나 교육 분야 역시 관련 전공 학생이 자원봉사자로 참여하여 기존의 조직과 기관을 도우면서 동시에 자신도 미래에 그 분야의 전문가로서 성장할 수 있는 기회를 갖게 된다.

2) 지역사회 연계와 공동의 성장

모든 조직과 기관은 지역사회 안에 존재한다. 그리고 지역사회와 열린 관계를 유지하면서 상호작용을 하고 성장·발전한다. 따라서 사회복지기관이나 조직 역시 지역사회문제를 해결하는 데 관심이 있으며, 지역사회의 문제해결을 위해서는 그 지역사회에 거주하는 인적·물적 자원을 활용하는 것이 좋다.

자원봉사 조직은 물론이고 사회복지 기관이나 조직도 지역사회에 있는 여러 가지 조직과 업무 관계를 맺고 상호 협력하여 역할을 수행한다. 예를 들어, 지역사회종합복지관의 경우, 그 기본 업무가 가족, 아동, 청소년, 노인, 여성, 장애인, 다문화가족, 빈곤가족 및 지역사회조직 등이라면, 기본적으로 지역사회 안에서 관련 대상 집단과 협력적인 관계를 맺고 지속적으로 이들 집단과 교류해야 한다. 노인복지 분야의 경우, 노인단체, 읍면동사무소, 시군청, 종교기관, 각종 학교, 관련 사회단체, 매스컴, 경찰서, 교통기관, 백화점, 은행 등의 많은 기관과 협력하게 된다.

자신에게 맡겨진 기능을 수행하는 과정에 사회복지 기관과 지역사회 내 각종 연관 기관과 조직이 상호 유익하고 성장하는 과정이 반복된다. 서로에게 정보와 기술 및 자원이 제공되고, 공동의 노력으로 지역사회문제를 해결하고, 이러한 과정을 통해 관련 조직과 기관은 성장·발전하며, 지역사회 전체도 발전하는 것이다. 자원봉사활동은 결국 지역사회 전체에 유익 기능을 수행하는 것으로 연결된다.

Chapter 03

자원봉사자의 역할과 동기

01 자원봉사자의 역할

1) 몇 가지 역할의 용례

자원봉사자의 역할은 매우 다양한데, 미국의 『사회사업사전(*Encyclopedia of Social Work*)』에서는 자원봉사자의 역할을 다음과 같은 10가지로 구분하였다.

① 치료적 또는 재활적 서비스 혹은 개선활동을 필요로 하는 제반 문제와 인간의 상태를 확인하는 일

② 이와 같은 사회 상황의 예방, 통제, 치료를 위해 만들어진 기관의 방침을 창시하고 결정하는 역할

③ 지식, 기능, 관심을 기반으로 서비스를 제공하는 일

④ 공적 혹은 사적인 재정지원을 촉구하는 역할

⑤ 기관의 제반 계획과 그것들이 당면한 제반 문제를 설명하고 대변하는 역할

⑥ 기관의 프로그램에 대한 지역사회의 반응을 보고하고 평가하는 일

⑦ 변화하는 사회상황에 대처하기 위한 지역사회의 계획활동에 협력하는 역할

⑧ 새로운 서비스 전달체계를 개발하는 일
⑨ 빈곤자와 시민권을 박탈당한 약자를 대변하는 역할
⑩ 현존의 사회복지체계를 변화시키려고 주장하거나 혹은 그 문제에 의해 정치적으로 활동하는 일

스미스(Smith)는 자원봉사자의 목표에 따라 수많은 하위분류를 가진 다음과 같은 5가지 자원봉사 유형을 제시하였는데, 이는 자원봉사활동의 유형에 따라 자원봉사자의 역할을 제시할 수 있음을 시사한다(Stenzel & Feeney, 1976: 2-3; 류기형 외, 2002: 173, 재인용).

① 서비스 지향적 자원봉사(service-oriented voluntarism)
② 이슈 지향적 또는 원인 지향적 자원봉사(issue-oriented or cause-oriented voluntarism)
③ 자기성취적/자기표현적 자원봉사(consummatory/self-expressive voluntarism)
④ 직업적/이익 추구적 자원봉사(occupational self-interest voluntarism)
⑤ 박애적/기금 제공적 자원봉사(philanthropic/funding voluntarism)

2) 자원봉사자 역할의 유형화

앞서 언급한 자원봉사자의 역할은 주로 사회복지나 혹은 인간서비스 분야에 한정하여 언급한 경향이 있다. 물론, 자원봉사자는 이들 분야가 대종을 이루고 있지만, 그 외 환경, 보건, 의료, 교육, 스포츠, 각종 지역사회활동 등 다양한 분야에서 여러 가지 형태로 이루어지고 있는 것이 오늘날의 모습이다.

저자는 자원봉사자가 수행하는 역할을 다음과 같은 다양한 관점에서 분류할 수 있다고 생각한다.

(1) 직접적 역할과 간접적 역할

자원봉사자의 역할이 직접적이냐 간접적이냐 하는 점에서 본 역할이다. 만일, 자

원봉사자가 자신이 직접적으로 어떤 행위를 통해 지금 도움이 필요한 사람 혹은 자연환경 등에 유익을 끼쳤을 경우, 그것은 직접적인 봉사활동으로 볼 수 있다.

반면에 자원봉사자가 어떤 사회봉사조직이나 기관을 도와 궁극적으로 고충을 가진 사람을 원조하는 데 기여하는 경우도 있다. 이때는 간접적인 봉사활동으로 간주할 수 있다. 경우에 따라서는 매개적 · 중개적인 역할도 할 수 있는데, 이러한 활동은 그 성격에 따라 직접적 혹은 간접적 역할로 각각 분류할 수 있다.

(2) 전문적 역할과 일반적 역할

자원봉사활동이 전문가로서 참여하느냐 혹은 일반인으로서 봉사활동에 참여하느냐에 따라 그 역할이 달라질 수 있다. 만일, 특정 분야의 전문가가 반대급부 없이 자발적으로 참여하였을 경우, 이는 전문적인 자원봉사활동으로 분류되어 전문적인 역할을 수행하였다고 볼 수 있다. 그러나 보통의 자원봉사활동은 일반인의 평범한 역할이 대부분이다.

(3) 분야별 역할

자원봉사자가 수행하는 분야에 따라 역할이 달라질 수 있다. 예를 들어, 상담활동에 자원봉사자가 참여하였을 경우는 상담자원봉사자로서, 재가복지활동에 참여하였을 경우에는 재가봉사자로서, 일반적인 행사 지원에 참여하였을 경우에는 행사지원자의 역할을 수행하였다고 할 수 있다. 오늘날 자원봉사 분야가 다양해지면서 자원봉사자의 역할도 매우 복잡하고 다양해지고 있다.

또한, 사회복지 분야에만 한정되어 있는 것이 아니라, 모든 사회 영역에서 자원봉사활동이 이루어진다. 최근 흔히 볼 수 있는 환경 분야를 비롯하여 체육, 문화, 교육 등 모든 분야에서 자원봉사활동이 전개된다. 이 모든 분야에서도 자원봉사자는 그 역할을 다양하게 수행하고 있다.

(4) 문제해결자로서 역할과 사회구조 변화자로서 역할

이는 자원봉사의 연속적인 과정의 측면에서 본 자원봉사자의 역할이다. 문제해결자로서 역할은 현재 문제에 봉착한 사람이나 조건에 관여하는 자원봉사자의 경우에 해당한다. 독거노인이 느끼는 일상적인 가사의 불편함을 해결하는 일환으로써 가정봉사원 서비스에 참가하였을 경우, 이는 문제해결자로서의 역할이라고 할 수 있다.

반면에 어떤 문제가 발생하는 조건과 구조 혹은 환경 여건을 변화시킴으로써 궁극적으로 문제해결을 시도하려는 활동에 자원봉사자로서 참여하였다면, 이는 사회구조 변화자로서의 역할을 담당한 것이다. 이러한 경우는 특정 문제의 정책을 변화시키거나 새롭게 정책을 수립하게 함으로써, 문제해결을 도모하려는 활동에 참여하는 경우다.

이와 같은 자원봉사활동의 역할의 복합성과 다양성을 이해함으로써 자원봉사의 중요성과 의미를 더욱 깊이 파악할 수 있는 역량이 생긴다고 할 수 있다. 이는 학생들이 자원봉사활동을 선택하고 수행하는 데 좋은 참고 자료가 될 수 있다.

02 자원봉사자의 동기

자원봉사자는 자원봉사활동을 수행하는 데 개인적인 동기를 가지고 있다. 효과적이고 효율적인 자원봉사활동을 수행하여 자신은 물론 사회복지기관, 지역사회 및 사회복지 대상자 모두에게 유익한 결과를 가져오기 위해서는 자원봉사자의 동기에 대한 이해가 필요하다. 물론, 자원봉사자의 개인적 동기만이 자원봉사를 효과적이고 효율적으로 만드는 요인은 아닐지라도 자원봉사자의 동기에 대한 이해는 자원봉사활동의 기초적인 요소임은 분명하다.

우리나라의 자원봉사 활성화가 어려운 이유로 ① 낮은 자원봉사 참여율, ② 자원봉사 중도탈락, ③ 자원봉사 분야 및 프로그램의 제한성, ④ 자원봉사자에 대한 제도적 지원 미비, ⑤ 자원봉사센터의 역할 미비 및 난립, ⑥ 자원봉사센터의 예산 부족 등이 지적되고 있는데, 자원봉사자의 동기를 잘 이해하는 것은 자원봉사를 활성화하고 관리하는 데 중요한 관건임을 알 수 있다.

많은 전문가가 자원봉사자의 동기에 대한 조사연구를 수행하여 저마다 자원봉사 활동의 배경으로서 동기유형을 여러 가지로 요약하여 지적하고 있는데, 대표적인 연구자의 동기유형을 살펴보면 다음과 같다.

1) 앱드너의 동기유형

앱드너(Abdennur)는 자원봉사의 동기유형에 따라 자원봉사자를 다음과 같은 5가지로 구분하였다(Ilsley, 1990: 19, 재인용). 물론, 이러한 형태는 인위적이고 분석적인 구분이고, 현실적으로 상호 중복적인 형태로 자원봉사자 역할이 이루어진다.

(1) 사회적 서비스 지향적인 자원봉사자

이들은 직접적으로 클라이언트(자원봉사 대상자 혹은 요원조자)를 돕는 데 동기를 가진 사람이다. 이들은 흔히 건강, 교육 및 여가선용기관 등과 같은 일반적인 센터에서 활동한다.

(2) 원인 지향적인 자원봉사자

이들은 시민의 권리, 환경보호, 정당한 투표 행위, 가족계획 등과 같은 사회적 쟁점에 특별한 관심을 갖는 사람이다. 이들은 시민을 이와 같은 쟁점들에 대해 교육시키고 사회적 변화를 도모하는 데 관심이 있다.

(3) 자기표현적 자원봉사자

이들은 즐거움이나 개인적 표현을 일차적인 목적으로 하는 자원봉사자다. 이들은 예술, 스포츠, 레크리에이션 센터 등에서 흔히 볼 수 있다.

(4) 직업적 · 경제적 · 이기적인 자원봉사자

이들은 노동조합, 전문가협회, 각종 경제적 사업가협회 등을 위해 일한다. 이들은 자신의 경력, 직업적 지위 및 경제적인 힘을 증진시키는 데 동기를 가진 사람이다.

(5) 박애적 재정조달 자원봉사자

이들은 직접적인 서비스를 제공하기보다는 자원봉사조직을 위해 기금조성을 하거나 모금하는 일을 주로 하는 사람이다.

2) 일즈리의 동기유형

또 다른 측면에서 일즈리(Ilsley)는 자원봉사자를 조사 · 연구하여 그들의 자원봉사활동 동기에 대해 다음과 같은 몇 가지로 요약하고 있다(Ilsley, 1990: 26-28). 이 동기들은 상호배타적인 개념도 아니고, 또한 모든 가능한 동기를 서술한 것도 아니다. 다만, 현실적으로 존재 가능한 동기들을 유형화시킨 것이다.

(1) 즐거움 혹은 삶의 변화 동기

이러한 동기는 자원봉사활동 경험을 통해 좋은 시간을 가지고, 느긋한 여유를 가지고 흥밋거리를 발견하는 것 등으로 표현된다. 이러한 유형의 동기를 표현하는 자원봉사자는 병원, 레저센터, 자원봉사활동 법인체 및 공중보건 자원조직 등에서 발견할 수 있다.

(2) 박애주의적인 동기

이 동기는 특별한 사람, 예를 들어 문맹자, 노인, 암 환자 등을 돕는 것에서 잘 드러난다.

(3) 이상주의적이고 영적인 동기

이 동기는 영적이거나 혹은 사회적인 이상 등의 신념에 기반을 둔 동기로서, 이상을 실현하기 위해 자원봉사활동을 실천한다. 이러한 동기를 가진 사람은 종교적인 조직, 여성운동, 시민권운동, 평화운동 등과 같은 조직에서 흔히 볼 수 있다.

(4) 타인지향적 동기

이런 동기는 다른 사람의 기대나 열망에 기반을 둔 것으로, 노련한 청중 동원자나 카리스마적인 지도자의 기대 및 열망에 주로 동기화된다. 이들은 이러한 동기로 자원봉사자를 끌어들여 클럽, 병원, 법인체조직 및 종교조직을 위해 봉사하도록 한다.

(5) 성격에 기초한 동기

이 동기는 개인의 천성적인 세계관에 바탕을 두고 있다.

(6) 반대급부 동기

이는 선행으로 사회에 환원하려는 동기다. 이러한 동기를 가진 자원봉사자는 인간의 상호 의존성이라는 신념을 반영하는 개인적인 윤리의식을 가지고 있다.

(7) 자기증진 동기

이는 자원봉사를 통해 직업, 가족 혹은 사회생활에 유익할 것으로 보이는 개인적인 상정, 지식, 태도 및 기술의 획득을 기대하는 동기다.

(8) 사회적 동기

자원봉사를 수행함으로써 친구 관계를 확대하고, 사회적 지위를 확대하며, 집단에 소속되기를 열망하는 동기다.

(9) 부정적인 감정을 없애기 위한 동기

대부분의 자원봉사자는 긍정적인 동기로 자원봉사활동에 참여하지만, 종종 부정적인 감정을 없애기 위해 참여하는 사람도 있다. 삶의 권태에서 벗어나거나, 정치사회적인 학대를 회피하며, 실패의 두려움이나 고독, 다른 사람의 관심을 받지 못함 등을 해소하기 위해 자원봉사활동에 참여하는 사람이 이에 해당한다.

3) 본서의 동기유형

저자는 자원봉사활동을 이해하는 데는 자원봉사자의 동기에 대한 이해가 가장 기초적이라고 생각한다. 그러나 다른 방향에서 자원봉사활동을 생각해 보면, 자원봉사기관과 지역사회의 입장을 이해하는 일도 그에 못지않게 중요함을 알 수 있다.

이런 점에서 저자는 자원봉사활동의 동기를 세 가지 다른 각도에서 분류하고자 한다(현외성, 1998).

(1) 개인적 동기

사회봉사자 개인의 동기다. 이는 앞서 여러 학자가 관심을 가지고 자원봉사자의 동기 연구에서 어느 정도 밝혀지고 분류되고 있다. 저자는 어떤 유형화라고 하더라도 수용하고자 한다. 그것은 나름대로 의미 있는 분류일 것이기 때문이다.

(2) 민간기관의 동기

자원봉사기관이나 조직이 가진 동기다. 모든 조직은 조직이 지향하는 목적이 선행한다. 특히, 자원봉사조직이나 기관은 다른 어떤 조직에 비해 이념적 가치론적인 특성을 배경으로 설립하고 활동하게 된다. 이러한 점에서 본다면, 과연 자원봉사기관이 추구하고 있는 목적이 무엇이며, 그 목적에 따라 어떤 동기를 가지고 자원봉사활동에 참여하고 있는가 하는 판단이 필요하다.

또 자원봉사조직은 각기 추구하는 영역과 색깔이 있다. 이러한 영역과 색깔에 대한 분석이 바로 조직이 가진 동기분석이라고 할 수 있다. 어떤 자원봉사조직은 종교적인 동기에서, 어떤 조직은 이념적인 지향점에서, 혹은 경제적인 이해관계의 맥락에서 봉사활동에 관여하는 경우가 있다. 이른바 교회나 사찰 등은 종교 지향적인 사회봉사활동의 동기를 가지고 있고, 민간 사회복지법인이나 사단법인 등과 같은 조직은 이념적 가치론적인 측면의 동기를, 그리고 기업과 같은 조직은 '이윤의 사회화'라는 경영이념에서 출발하였다고 할지라도 여전히 경제적 이해관계가 크게 작용하고 있다고 볼 수 있다. 물론, 어떻게 보면 기업이야말로 가장 이상적이고 이념적인 가치를 실현하는 활동으로 볼 수 있지만, 일차적으로 경제관계, 경제적 동기로 활동한다는 점에서 이해관계라는 동기를 부여하고자 한다.

(3) 공공기관 동기

지역사회나 지역사회의 관공서 혹은 전체로서 지방자치 단체나 국가와 같은 수준에서 본 자원봉사활동 동기다. 이는 지역주민이나 국민으로 하여금 자원봉사활동을 촉진하게 하는 목표와 동기가 어디에 있는지를 분석해 보아야 함을 보여 준다. 즉, 자원봉사활동을 수행하지만 그 과정에 연관되어 있는 의미와 목표에 대한 검토가 요망된다는 말이다.

따라서 자원봉사에 대한 올바른 이해를 하기 위해서는 자원봉사자 개인의 동기를 이해함은 물론 자원봉사기관의 목적과 존립의 근거가 되는 동기, 그리고 해당 지역사회의 특성으로서 직면한 문제나 욕구 불충족 사항을 분석할 수 있는 능력이 요구된다. 더 나아가 한 지역사회에서 여러 가지 문제가 존재하며, 동시에 다양한 형태의 자원봉사기관 및 자원봉사활동이 이루어지고 있으므로 이러한 내용을 잘 인식하는 한편, 자원봉사자의 동기와 역할에 대한 명확한 이해가 필요하다.

4) 사회조사를 통해 본 자원봉사자의 동기

자원봉사활동과 관련하여 자원봉사자가 구체적으로 어떤 동기를 가지고 봉사활동에 참여하는지는 관련 연구 자료에서 발견할 수 있다.

한국사회복지협의회(1998)의 조사에서 나타난 참여 동기를 보면 인간에 대한 이해 및 새로운 경험을 위해(47%), 이타주의 및 봉사심에 의해(26%), 지식과 경험을 활용하고자(10%), 안정된 기관에의 소속감 및 원만한 인간관계를 위해(10%), 여가를 활용하기 위해(6%)의 순으로 나타났다.

표갑수(1993)의 조사에서는 불우한 이웃을 돕기 위해(38%)가 가장 많았고, 그다음이 친교 및 사교 경험(19%), 사회발전에 도움이 되고자(19%), 개인이득 및 자아성장(8%), 여가선용(8%), 개인 성취(7%), 주위의 권유(5%) 순으로 나타났다.

또한, 김미숙(1998)의 연구에서는 불우이웃을 돕기 위해(51.1%)가 주된 동기로 나타났고, 그다음으로는 여가선용 및 자기 발전(24.9%), 새로운 경험과 대인관계를 넓히기 위해(16.1%), 종교단체에서 수행하는 봉사활동의 일환으로(7.8%), 지식 및 기술을 활용하기 위해(4.8%), 학교/기업에서 권장하거나 점수제화 되어 있어서(2.2%) 등의 순으로 나타났다.

외국의 경우 자원봉사활동에 참여했던 사람들이 직접 밝힌 동기를 몇 가지 소개하면 다음과 같다(Impact Online, 1998, Why Volunteer? [http://www.impactonline.org/advice/why.shtml]; 류기형 외, 2002: 160-161, 재인용).

- 필요를 느꼈기 때문에
- 알고 있는 기술을 나누기 위해
- 지역사회를 알기 위해
- 대의/신념을 따르고 있음을 보여 주기 위해
- 리더십 기술을 배우기 위해
- 생각을 행동으로 옮기기 위해
- 시민으로서 의무를 다하기 위해
- 친구나 친척의 권유로

- 성취감을 맛보기 위해
- 바쁘게 살아가기 위해
- 인정받기 위해
- 빚(신세)을 갚기 위해
- 전문 기술을 발휘하기 위해
- 그 일을 할 만한 다른 사람이 없으므로
- 자극을 받기 위해
- 새로운 것을 배우기 위해
- 일상생활에서 벗어나기 위해
- 친구나 친척을 돕기 위해
- 회원이 되기 위해
- 양심의 가책으로
- 감시자가 되기 위해
- 자부심을 느끼기 위해
- 새 친구를 사귀기 위해
- 경력을 쌓기 위해
- 누군가를 돕기 위해
- 현재 하고 있는 일과 다른 것을 해 보기 위해
- 즐기기 위해
- 종교적 이유로
- 교과목 이수를 위해
- 현재의 기술을 살리기 위해
- 시설이 지리적으로 가까이 있기 때문에
- 비판하기 위해
- 향상되고 있음을 확신하기 위해
- 선의를 느끼기 위해
- 팀의 일원이 되기 위해

- 지위를 얻기 위해
- 요청받았기 때문에
- 나 자신을 시험하기 위해
- 문제, 질병 등에 대한 개인적 경험 때문에

03 자원봉사자의 권리와 의무

자원봉사자가 자원봉사활동을 수행하는 과정에서 발생할 수 있는 인간관계의 문제가 있다. 자원봉사활동을 하기 위해 자원봉사기관에서 사람을 만나는 과정에 여러 가지 문제가 발생할 수 있다. 자원봉사활동을 진행하는 과정에서 자원봉사자들끼리는 말할 것도 없고 자원봉사자와 대상자 혹은 자원봉사자와 기관 사이에 상호 적절한 관계를 유지해야 한다.

특히, 자원봉사자와 기관의 관계에서 일관성 있고 통합적인 공식적 관계는 물론 비공식적 관계의 내용과 형식 및 질은 매우 중요하다. 만약, 이러한 것에서 갈등이 유발되거나 문제가 발생하면, 자원봉사의 효과성과 효율성에 문제가 발생한다. 그리고 더 나아가 자원봉사자, 대상자 및 자원봉사기관이 모두 부정적인 파급효과를 경험하게 된다. 이러한 배경에서 자원봉사가 가진 권리와 의무는 자원봉사활동의 성공과 실패를 가늠하는 중요한 요소이기도 하다.

자원봉사기관에서 자원봉사자를 관리하고 처우하는 일은 매우 미묘하고 전문적인 과업이다. 자원봉사기관에서 자원봉사자를 관리하고 처우하는 경우에 염두에 두어야 할 몇 가지 측면의 내용을 자원봉사자의 욕구, 권리 및 책무로 요약하여 살펴보면 다음과 같다(McGregor et al., 1982: 7-30; 류기형 외, 2002: 162-172, 재인용).

1) 자원봉사자의 권리

(1) 인정받을 욕구와 권리

자원봉사자는 자원봉사자 이전에 한 사람의 인간으로 받아들여져야 하며, 또한 존중되어야 한다. 자원봉사자는 불완전한 인간이지만 동시에 무궁무진한 잠재력을 지닌 인간으로서 받아들여져야 하며, 잠재된 가능성을 표출할 수 있도록 능력을 최대한 인정받아야 한다. 또한, 기관의 자원봉사자, 팀의 일원으로 인정되어야 한다.

이러한 방법은 크게 물질적 보상과 심리적 보상으로 나누어 볼 수 있는데, 이미 앞서 언급하였듯이 자원봉사자에게는 심리적 보상이 더 중요한 의미를 차지한다. 이러한 심리적 보상 중 팀의 일원으로서 자원봉사자에 대한 인정은 가장 중요한 동기부여가 될 것이다. 자원봉사자는 비록 유급 직원이 아니고 전문가도 아니지만, 직원이나 전문가 이상으로 사업에 이바지할 수 있으며, 실제 활동에서 많은 기여를 한다. 따라서 자원봉사자가 기관에서 행한 업무나 활동은 바르게 평가되어 알려져야 하며, 자원봉사자로 하여금 기관에서 자신이 어떠한 위치에 있으며 자신의 활동이 어떠한 점에서 공헌하고 있는지를 구체적으로 알도록 해 주어야 한다.

(2) 비밀보장의 욕구와 권리

클라이언트에게 비밀을 보장받을 권리와 욕구가 있듯이, 자원봉사자 역시 자신과 관련된 부분에 대해 비밀을 보장받는 것이 필요하다. 문제는 개인에 따라 비밀의 내용이 서로 다르며, 또한 개인이 그것에 두는 의미도 서로 다르다는 것이다. 따라서 사회복지사는 자원봉사자의 활동에 앞서 보호받기 원하는 개인적 사항에 대해 미리 이야기를 나눌 필요가 있으며, 합의된 내용에 대해서는 최대한 신의를 지켜야 한다.

(3) 지지받을 욕구와 권리

자원봉사활동은 클라이언트, 사회복지사, 유급 직원, 동료 자원봉사자 등 많은 사람과 상호작용한다. 업무상의 문제는 물론 사람과의 관계에서 자원봉사자는 종종 어려움에 봉착하고 위기에 빠진다. 이러한 상황에서 타인으로부터의 적합한 지지는 스트레스 완화뿐만 아니라 새로운 문제해결능력을 고양시키는 데 매우 중요한 역할을 한다. 자원봉사자는 동료뿐 아니라 기관의 직원으로부터 지지받고 이해받기를 원한다. 사회복지사는 자원봉사자의 힘든 상황에 대해 바르게 이해하고 있어야 하며, 자원봉사자가 자신감을 느끼고 활동에 임할 수 있도록 촉진하고 지지하는 역할을 해야 한다.

(4) 훈련받을 욕구와 권리

누구나 자원봉사자가 될 수 있지만 무조건 활동에 배치되는 것은 아니다. 필요한 교육과 훈련이 행해져야 하며, 자원봉사자는 이러한 훈련을 받을 권리가 있다. 전문직 자원봉사자이며 경험이 많은 자원봉사자라고 해도 서비스에 배치되기 전에는 서비스 대상자, 서비스 시 고려되어야 할 상황에 대해 일정한 기간의 연수가 필요하다. 지속적인 교육은 자원봉사활동에 대한 바른 이해와 성실한 태도를 갖게 하고 더 나아가 자신의 활동에 대한 만족감과 자아성취감을 갖게 한다. 특히, 클라이언트에게 대인적 서비스를 행하는 자원봉사자는 보다 개별적이고 다양한 상황에 대처하기 위해 지속적인 교육이 필요하며, 더 나아가 자원봉사자의 수준과 경험을 고려한 단계별 교육이 행해져야 한다.

(5) 개인적인 성장에 대한 욕구와 권리

자원봉사활동은 자원봉사자만이 베푸는 일방적인 것이 아니라 활동을 통해 자원봉사자도 자기 변화나 자기 성장의 경험을 갖는 쌍방의 관계다. 자원봉사활동이 자원봉사자에게 성장의 기회가 될 수 있다는 것을 자원봉사자 활용 기관의 모든 사람이 바르게 이해해야 할 것이다. 또한, 이러한 사실을 자원봉사자가 현재 가지고 있는 능력을 더욱 발휘할 수 있도록 할 뿐만 아니라 발굴되지 않은 잠재력도 자원봉사활동을 통해 개발할 수 있도록 하여 자원봉사자로 하여금 자신이 활동을 통해 성장하였음을 느끼게 해야 한다.

(6) 개인적인 만족의 욕구와 권리

성장의 욕구와 더불어 자원봉사자는 자신의 활동에서 만족감을 얻기를 원한다. 이러한 만족감은 활동 전반에 걸친 전체적인 만족감부터 매일 매일 행하는 활동에서의 만족감까지를 포함한다. 특히, 매일의 활동 속에서 자원봉사자와 클라이언트, 자원봉사자와 사회복지사는 상호 교류 속에서 다양한 감정을 경험한다. 따라서 매번의 활동을 마치고 나면 자원봉사자가 느끼는 활동에 대한 느낌이나 생각을 확인할 필요가 있고, 그것에 대한 바른 이해나 지지, 격려 등을 해야 한다. 또한, 기관의 분위기, 기관의 준비 상태, 기관과의 의사소통 등에 대해서도 어떤 생각을 하는지 정확히 파악해야 한다.

(7) 말할 기회의 욕구와 권리

자원봉사자는 유급 직원이 할 수 없는 일이나 해서는 안 되는 일, 하기 어려운 일 등을 도와주는 역할을 한다. 따라서 이들의 활동은 단지 활동으로 끝나는 것이 아니라 항상 활동의 과정과 결과에 대한 내용이 점검되어 클라이언트를 위한 적합한 방향 설정과 서비스 지원으로 연결되어야 한다. 이러한 과정을 위해 가장 우선되어야 할 것은 활동에 임한 자원봉사자의 감정과 생각이다. 특히, 서비스의 질을 결정하는 중요한 요인이 자원봉사자임을 생각해 볼 때 자원봉사자가 활동에서 느낀 어려움이나 걱정, 불안 등을 수용할 필요가 있으며, 또한 활동과정에 대한 자세한 설명을 통해 사회복지사는 클라이언트에 대한 이해와 더불어 자원봉사자의 장점과 활동에서의 잘못 등에 대해 슈퍼비전을 해 줄 수 있다.

(8) 동역자로서 처우 받고 싶은 욕구와 권리

자원봉사자는 팀의 일원이다. 자원봉사자 활용 기관에서는 자원봉사자가 어떤 위치와 역할을 하고 있는지를 명확하게 직원들에게 이해시켜야 하며, 그들의 능력이 낮은 미약한 존재로 취급해서는 안 된다. 따라서 직원과 마찬가지로 자원봉사자의 의견이나 생각은 인정되고 존중되어야 한다. 자원봉사활동을 성공적으로 이끌기 위해서는 유급 직원과 자원봉사자의 상호 신뢰 관계, 존경의 마음, 상대의 업무도 마찬가지로 중요함을 인식해야 하며, 무엇보다도 상대를 진정한 동료로 받아들이는 태도가 중요하다.

2) 자원봉사자의 의무

(1) 공감에의 책임

공감은 기쁨, 질투, 흥분, 두려움, 슬픔 등의 감정을 공유할 때 명료해진다. 그러나 타인의 경험을 완전하게 이해할 수 없고 타인과 완전히 동일한 기분이 될 수는 없다. 공감은 다양한 감정이나 태도를 수반한다. 무엇보다도 사람의 말을 듣고 마음을 열고 관심을 가지려고 하는 것이 중요하다. '함께 있는 편'이 '무언가를 하는 것'보다 중요하다.

(2) 신뢰받을 책임

약속을 꼭 지켜야 한다는 것은 대부분의 사람이 다 알고 있는 일이지만 때때로 어떤 약속은 다른 약속에 비해 우선되기도 한다. 사람에 따라 어떤 일이 가지는 중요도나 의미는 각기 다르기 때문에 결정은 개인의 가치관에 좌우된다. 자원봉사자에게는 자신과 가족의 욕구도 중요하다. 그러나 자원봉사활동에서는 최대한 약속을 지키는 것이 중요하며, 만약 약속을 지킬 수 없을 때에는 미리 기관이나 클라이언트에게 알려야 한다.

(3) 비밀보장의 책임

자원봉사자의 중요한 책임의 하나는 비밀을 지켜야 한다는 것이다. 이것은 가장 기본적인 준수사항으로 언제나 명심하고 있지만, 경우에 따라 아무 의식 없이 타인에 대한 개인적인 정보를 발설해 후회하기도 하고 이까짓 쯤이야 하고 자위하기도 한다. 간혹 누군가를 특정화하지 않는 한 무엇을 이야기해도 상관없다고 생각하기도 하고, 도움을 받으려면 이 정도는 밝힐 각오를 하지 않으면 안 된다고 간단히 생각해 버리기도 한다. 자원봉사자는 타인의 질문에 '당신에게는 말할 수 없다.', '그 질문에는 대답하기 어렵다.'고 말할 권리와 의무가 있다. 자원봉사자는 자신이 비밀을 지키지 않는 것은 자신이 속한 조직의 신용을 저해하는 것임을 명심해야 한다. 만약, 혼자서 비밀을 지켜나가기 어려운 문제라면 가장 먼저 자원봉사 조정자와 상의해야 한다.

(4) 수용적이고 비심판적 태도의 책임

자신과 다른 타인을 인정하고 다른 가치를 수용한다는 것은 쉬운 일이 아니다. 사람을 인정한다는 것은 반드시 그 사람의 모든 행동을 받아들이라는 말이 아니라, 우선 '사람'이 있고 그다음에 '문제'가 있다는 의미다.

(5) 충고의 위험성에 대한 인식 책임

사람이 무언가를 결정하도록 돕는 것은 충고나 조언보다 훨씬 중요한 일이다. 충고를 하다 보면 상대를 위해서라기보다는 충고하는 쪽을 위한 것이 될 때가 많다. 충고를 할 때 사람은 자신이 마치 대단한 사람이라도 된 것과 같은 우쭐한 마음을 느끼지만 상대는 좌절감을 느끼거나 무시당한다는 느낌을 가질 수 있다. 따라서 충고와 정보 제공은 다르다는 것을 인식해야 한다.

(6) 경청하는 사람으로서 책임

사람은 자신의 기쁨, 슬픔, 한탄, 실망 등의 감정이나 욕구불만을 말할 수 있는 상대를 필요로 한다. 잘 듣는다는 것은 말로 표현되는 것뿐 아니라 표정이나 신체 등 비언어적인 부분을 존중하며 들어 준다는 것을 의미한다.

(7) 슬픔의 이해자로서 책임

사랑하는 사람, 애완동물, 재산, 자신의 고유한 역할 등을 포함한 여러 가지 상실을 겪으면 사람에 따라 차이는 있으나 슬픔을 체험하게 되는데, 이러한 슬픔은 인정되어야 한다. 우리는 슬픔에 빠져 있는 사람을 위해 자신이 무엇을 해 줄 수 있을까 고민하기도 하고 그를 위로하지 못하는 자신에게 실망을 느끼기도 한다. 그러나 가장 좋은 위로는 상실을 체험한 그 사람의 방식대로 슬픔을 느끼게끔 도와주는 것이다. "이제 다시 일어설 때다.", "불행 중 다행이다."라는 말은 격려했다고 여기며 말한 사람을 기분 좋게 할지는 몰라도 슬퍼하는 사람에게는 그렇지 않을 수 있다. 중요한 것은 슬픔을 통해 상실 이전의 자신으로 되돌아가는 것이 아니라 상실로 인해 새롭게 변화된 현실에 적응하도록 하는 것이다.

3) 자원봉사자의 권리와 의무의 사례

여기서는 자원봉사자의 권리와 책임을 적어 놓은 캘리포니아 대학교(University of California, Riverside)의 지역사회 서비스 프로그램(Campus & Community Service Program) 자원봉사활동 프로그램 사례를 살펴보고자 한다. 물론, 이 사례는 대학교의 자원봉사활동과 관련한 사례이지만, 경우에 따라서는 중고등학생의 봉사활동이나 일반인의 자원봉사활동 시에 적용할 수 있는 내용이기도 하다. 자원봉사자의 권리와 책임에 대한 이 사례는 자원봉사자나 그 조직은 말할 것도 없고 자원봉사자를 관리 · 운영하는 자원봉사조직에서도 활용 가능한 내용으로서 시사하는 바가 크다(http://www.communityservice.ucr.edu/mvp/rights.html).

(1) 목적

학생에게 자원봉사활동의 자세를 증진시키고 지역사회 서비스활동이 캘리포니아 대학생의 성장에 가져다주는 중요한 역할을 인식시키는 일이다. 대학생의 자원봉사활동이 지역사회에 제공하는 막대한 이익은 물론 지역사회서비스를 제공하고 자원봉사활동을 수행하는 학생으로 하여금 사회정의를 증진시키고 의미 있는 문제해결에 참여하며, 가치 있는 일을 경험하며, 시민으로서의 책임을 배양하며, 학술적인 이론을 실천함으로써 교육적인 경험을 고양시키도록 도와주는 데 설립 목적이 있다.

(2) 자원봉사자의 권리와 책임

학생 자원봉사자는 가장 좋은 의도를 가지고 지역사회서비스를 제공하는 봉사활동에 참여하지만 그들이 봉사하는 기관에 대한 책임을 이해하지 못하는 것 같다. 아래의 내용은 학생이나 학생조직이 자원봉사활동에 참여하게 될 경우에 마음속 깊이 새겨 두어야 할 사항이다.

자원봉사자의 권리	자원봉사자의 책임
• 의미 있고, 만족스럽고, 도전적인 활동을 할 권리 • 당신의 노력이 조직의 사명에 대하여 실제적인 목적을 가지며 공헌하고 있다고 생각할 권리 • 될 수 있는 대로 조직에 대해서 오리엔테이션을 받아야 하며 많이 알아야 할 권리 • 주어진 일에 대하여 훈련받아야 할 권리 • 지역사회 서비스를 제공하는 봉사활동 전체 과정에서 슈퍼비전과 지도를 받아야 할 권리 • 조직 내에서 동등한 협력자로서 존경받고 처우 받아야 할 권리	• 제공하는 활동에 정직하고 열정적이며 헌신적인 자세를 가져야 할 책임 • 당신의 활동이 가진 가치를 신뢰할 책임 • 최선을 다해서 주어진 과제를 실행해야 할 책임 • 당신이 봉사하는 지역사회와 사람들에게 헌신해야 하는 책임 • 당신을 신뢰하는 것에 대응한 것으로서 비밀보장의 책임 • 열린 마음과 존중하는 자세를 가져야 할 책임

Chapter 04

봉사학습과 자원봉사

01 봉사학습의 개념

봉사학습의 개념에 대해 그린글과 해처(Gringle & Hatcher)는 다음과 같이 말하였다. "봉사학습이란 발견된 지역사회의 욕구를 충족시키기 위해 조직화된 봉사활동에 학생이 참여할 수 있도록 하는 학점과 연계된 교육적 경험으로서, 학생은 봉사활동을 통해 주어진 학습과정을 보다 심도 있게 이해하고 그 교과목에 대한 보다 폭넓은 이해를 획득하며, 시민으로서 책임감을 증진시킬 수 있는 일종의 교육적 활동이다." 여기서 강조점은 봉사학습은 교육적 활동에서 시작되며, 학생은 봉사활동을 통해 관련 교과목에 대한 이해를 깊이 하여 시민으로서 책임감을 증진시키려는 데 목적이 있다는 것이다. 또한, 동시에 봉사학습은 전통적인 봉사활동과 마찬가지로 봉사활동을 통해 지역사회의 욕구를 충족시키려는 데에도 동일한 목표를 지니고 있음을 지적하고 있다.

미국고등교육협회(AAHE)에서는 "봉사학습이란 학생이 면밀하게 조직화된 봉사를 통해 학습하고 성장하는 방법으로, 봉사활동은 지역사회의 욕구를 충족시키며

교육기관과 지역사회를 연계시키며, 시민으로서 책임의식을 증진시키도록 도움을 주며, 학생이 신청한 교과목에 대한 학습능력을 배양하며, 학생이 봉사활동의 경험을 가질 수 있도록 시간을 구조화시키는 작업"임을 강조하고 있다.

한편, 미국의 지역대학을 위한 봉사협의회(Campus Compact National Center for Community College)에서도, "봉사학습이란 지역사회봉사와 비판적이고 반영적 사고 그리고 시민적 책임감에 초점을 맞춘 학습지도를 연결한 하나의 지도방법이다. 봉사학습은 지역적 욕구를 해결하는 데 필요한 조직화된 지역사회의 봉사에 학생을 관여하게 하여, 그들이 가진 학문적인 기술, 시민적 책임감 및 지역사회에의 헌신을 개발하려는 것"임을 지적하고 있음을 발견할 수 있다.

이러한 개념정의에서 발견할 수 있는 점은 봉사학습은 기존의 자원봉사활동에 교육적 목적을 연계시켜 하나의 학습활동으로 발전시켰다는 것이다. 그러므로 봉사학습은 봉사활동을 통해 도움을 받는 대상에 대한 관심은 물론 봉사활동에 참여하는 학생이 관련된 다양한 교과목을 자원봉사에 연계시켜 학습의 연장선상에서 교육과정의 하나로서 실행하는 것이며, 그 결과로 교과목에 대한 깊은 이해와 시민으로서의 책임감을 기르는 교육활동으로 볼 수 있다.

미국에서는 일반적으로 대학에서 실험학습의 하나로서 봉사학습을 시도하고 있다. 우리나라에서도 이러한 봉사학습을 각 대학의 입장에서 나름대로 수용하여 대학의 특성과 지역사회의 특수성에 맞추어서 적절하게 활용함으로써 대학생, 대학 및 지역사회가 상호 유익하며, 특히 교과목을 보다 깊이 있게 발전시킬 수 있는 기회를 획득할 수 있을 것이다.

현재 초중고등학교에서도 봉사활동을 학습의 연장선상에서 활용하고 있으므로, 미국에서 사용되고 있는 봉사학습의 이론과 실제를 적용하면 유익한 결과를 도출할 것으로 생각한다. 또한, 일반 자원봉사기관에서도 봉사활동만 있고 학습적인 측면이 약한 부분을 개선하여 봉사학습적인 차원에서 자원봉사를 관리 · 운영한다면, 봉사학습에서 목표로 하는 다양한 교육적 결과를 거둘 수 있을 것이다.

02 효과적인 봉사학습

1) 효과적인 봉사학습의 구성요소

봉사학습이 효과적으로 실현되기 위해서는 몇 가지 구성요소를 갖추어야 한다는 것은 여러 학자에 의해 주장되어 왔다. 그중에서 몇 가지를 요약하면 다음과 같다.

- 봉사학습은 단순한 봉사활동이 아닌 경험학습, 체험학습의 연장선상에 있다.
- 따라서 봉사학습은 체계화되고 구조화된 학습과정이 있어야 한다.
- 봉사학습은 도움을 받는 사람이나 대상에만 초점을 두기보다는 상호연계가 중요하다.
- 봉사학습은 봉사자의 학습목표를 분명히 해야 하며, 이는 봉사자의 종류에 따라 다양하다.
- 봉사학습은 지도자, 관리자 및 조정자의 역할이 중요하다.

2) 효과적인 봉사학습 프로그램 원리

효과적인 봉사학습 프로그램을 기획하기 위해서는 앞서 언급한 구성요소를 고려해야 한다. 적어도 다음과 같이 3가지 측면에서 봉사학습 프로그램을 만들 때 효과적인 봉사학습이 가능한데, 이것을 효과적인 봉사학습 프로그램의 원리라고 할 수 있겠다.

첫째, 협동적 측면에서의 원리다. 효과적인 프로그램은 봉사활동에 참여하는 사람으로 하여금 공동의 선을 위해 책임 있고 도전적인 행동을 할 수 있도록 참여하게 한다. 또한, 효과적인 프로그램은 봉사활동에 참여하는 사람이 봉사 경험에 대해 비판적으로 생각할 수 있도록 구조적인 기회를 제공한다. 마지막으로 효과적인 프로그램은 관여한 모든 사람에게 봉사활동과 목적을 명확하게 밝힌다.

둘째, 상호성 측면에서의 원리다. 효과적인 프로그램은 모든 사람에게 자신이 가진 욕구를 스스로 밝힐 수 있도록 도움을 제공한다. 다음으로 효과적인 프로그램은 관여하고 있는 각각의 사람 및 조직에 그들의 책임성을 밝히게 한다. 더욱이 효과적인 프로그램은 변화하는 환경을 인식하게 하는 과정을 통해 봉사자와 대상자를 효과적으로 연결한다. 그리고 효과적인 프로그램은 순수하고, 활동적이며, 지속적인 조직화된 헌신을 기대한다.

셋째, 다양성 측면에서의 원리다. 효과적인 프로그램은 봉사활동과 학습활동의 목적을 충족시키기 위해 훈련, 지도 감독, 모니터링, 지원, 인식, 평가를 포함한다. 또한, 효과적인 프로그램은 봉사와 학습이 유연·적절하고, 대상자의 욕구에 맞도록 시간적 연결에 관심을 가진다. 마지막으로 효과적인 프로그램은 다양한 인구계층이 참여하고 이들과 함께 이끌어가도록 노력한다.

03 봉사학습의 유용성

봉사학습의 유용성은 여러 가지 특성이 있는데, 학생, 학교 및 지역사회와 관련하여 유용성을 살펴보면 다음과 같다(Wade, 1997: 27-29).

1) 학생

초중고등학생 및 대학생 등에 따라서 봉사학습이 목적하는 바는 다를 것이다. 즉, 참여하는 학생의 정신적·신체적 발달 정도와 그들이 관심을 가지는 영역, 그리고 학생이 처한 상황 등에 따라서 학생에게 미치는 영향과 유용성이 다르다.

첫째, 사회성의 발달과 관련하여, 문제해결능력, 윤리성(의식), 도덕적 합리성, 사회적 책임성, 시민의식, 정치적 이해력의 발달, 절제와 다양성의 인정, 봉사활동 과업과 연관된 특수한 기술 등의 제반 역량을 강화하고 높일 수 있다.

둘째, 학생의 심리적 발달과 관련하여 자아존중감, 적극성, 감정이입, 심리발달 등을 심화시키고 제고시킬 수 있는 유용성이 있다.

셋째, 학습 및 지능 발달과 관련하여, 학습능력, 비판적 사고, 경력과 지식이 성장의 촉진이 가능하여 학습 및 지능 발달에 유익한 영향을 끼친다.

특히, 이러한 봉사학습을 중고등학교 청소년에게 학습의 연장선에서 적용할 때, 청소년의 개인적 · 사회적 발달에 큰 도움을 줄 수 있을 뿐만 아니라 책임 있는 민주 시민으로서 성장하도록 도울 것으로 기대된다. 이러한 측면에서 청소년에게 봉사학습을 적용할 경우 기대할 수 있는 효과는 다음과 같다(김동배 · 조학래, 1997: 150-151, 재인용).

첫째, 청소년의 자원봉사활동은 청소년의 기본적인 욕구의 충족과 건전한 인격 형성 및 자기 존재의 의미와 자기 존중의 정신을 깨닫게 하고, 인간의 존엄성과 가치를 인식하게 한다.

둘째, 청소년으로 하여금 타인과 협력하고 원만한 인간관계를 유지하게 함으로써 자기발전과 성숙에 기반이 되는 사회성을 기르고 자아를 실현하게 한다.

셋째, 청소년의 취미 향상과 여가 활용을 도모할 수 있다. 자원봉사활동은 여러 방면에서 다양하게 전개되고 있으므로 청소년은 자발적인 선택으로 취미에 맞는 활동에 참여할 수 있다.

넷째, 가치 있는 삶의 체험을 통해 봉사의 의미를 깨닫게 하고, 그 실천과정에서 기쁨과 보람을 체험하게 하여, 이상적인 공동체 삶에 대한 기초를 확립한다.

다섯째, 청소년 자신의 적성을 발견할 수 있는 기회를 제공하며, 새로운 기술을 학습할 수 있게 하고, 이미 가진 기술을 더욱 발전시킨다.

여섯째, 청소년이 신체적 · 정신적 · 정서적 건강을 지닌 전인적인 인간으로 성장할 수 있게 도움을 준다.

일곱째, 자신감을 갖게 하고, 잠재적인 지도력을 개발하여 학습경험을 보다 풍부하게 한다.

여덟째, 적극적으로 모든 일에 참여하는 자발정신과 협동정신, 책임감을 일깨워 줌으로써 민주주의 사회에 기반이 되는 민주주의 정신을 함양한다.

아홉째, 현실 세계를 있는 그대로 경험하게 함으로써 현실 세계에 대한 올바른 이해와 적극적인 사회참여 정신의 함양에 도움을 준다.

열째, 사회적으로 필요하고 유익한 행위를 체험하게 함으로써 지역사회를 올바로 이해하고, 불건전한 일탈행동을 예방하게 한다.

열한째, 학교에서 배우는 교과학습을 통해 얻은 지식과 기술을 지역사회에서 실천하게 함으로써 지식과 기술을 보다 실제적인 것으로 만들 수 있게 한다.

한편, 콘라드와 헤딘(Conrad & Hedin, 1989)은 자원봉사활동의 경험을 통해 청소년이 얻을 수 있는 기대효과의 영역들을 〈표 4-1〉과 같이 3가지로 제시하였다. 이는 봉사학습을 적용하여 자원봉사활동을 실행할 경우 획득할 수 있는 결과로 볼 수 있다. 첫째, 자원봉사활동 경험은 청소년의 개인적 성장과 발달에 긍정적인 영향을 준다. 둘째, 지적 성장과 발달에 긍정적인 영향을 준다. 셋째, 사회적 성장과 발달에 긍정적인 영향을 준다.

〈표 4-1〉 청소년 자원봉사활동의 기대효과 영역

영역	내용
개인적 성장과 발달	자아존중감, 개인적 유능감, 자아와 도덕발달, 새로운 역할과 관심의 탐색, 새로운 도전의 수용과 위험의 감수, 가치와 신념의 수정과 강화, 책임감의 향상, 자기행동의 결과에 대한 수용
지적 성장과 발달	기본적인 학업기술(생각의 표현, 읽기, 계산하기), 높은 수준의 사고기술(편견 없는 태도, 문제해결, 비판적 사고), 봉사경험과 직접적으로 관련된 내용과 기술, 경험으로부터 습득한 기술(관찰, 질문, 지식에 적용), 지식의 습득과 보유에 대한 동기, 책이나 강의를 통해서 설명할 수 없지만 꼭 알아야 할 통찰력, 판단 및 이해
사회적 성장과 발달	다른 사람의 복지에 대한 관심과 사회적 책임성, 정치적 유능성, 민주시민의 참여 정신 함양, 자원봉사와 관련된 직업에 대한 지식과 탐색, 다양한 배경과 삶의 상황에 처해 있는 사람들에 대한 폭넓은 이해와 평가

출처: Conrad & Hedin(1989); 김동배 · 조학래(1997: 151, 재인용).

2) 학교

학생과 마찬가지로 학교에도 많은 유익한 점이 봉사학습을 통해 획득될 수 있다고 보고되고 있다. 예를 들어, 교사-학생 간의 관계 증진, 교사 간 동료의식 증대, 학교 전체의 분위기 신장, 학교와 지역사회 사이의 협력관계 발전 등에 기여한다는 것이다. 다만, 제대로 된 프로그램에 따라서 봉사학습이 이루어질 때 성과를 거둘 수 있다.

3) 지역사회

지역사회에도 봉사학습이 여러 가지 유익한 효과를 가져올 수 있다. 아무래도 봉사학습을 통해 학생이 직간접으로 실천활동을 수행하여 궁극적으로는 지역사회 발전에 공헌하게 되는 결과를 가져오는 것이다. 예를 들어, 취약계층의 복지증진, 지역사회 전체의 복지증진(외부효과), 봉사자는 지역사회의 귀중한 자원으로 지역사회 복지증진, 사회복지기관 및 봉사기관의 쇄신에 도움을 제공함 등이 지역사회에 대한 봉사학습의 유용성으로 지적될 수 있는 점들이다.

04 봉사학습의 사례

우리나라의 경우는 대학이나 중고등학교에서 봉사학습으로 자원봉사활동을 발전시킨 사례를 찾아보기 어렵다. 현재의 중고등학교 봉사활동과 대학의 사회봉사는 단순히 자원봉사활동에 참여하여 직간접적으로 서비스를 제공하는 정도에 그치고 있을 뿐이다. 앞으로는 이러한 자원봉사를 봉사학습과 연결시켜서 학습적인 효과를 거두는 데까지 발전되어야 할 것이다.

여기서는 미국의 메릴랜드 주와 사우스 캐롤라이나 주에서 실시되고 있는 대학의 봉사학습 프로그램을 사례로 제시하고자 한다(장현, 1998: 106-109).

〈표 4-2〉 대학 봉사학습 사례

◆ **과목** 언어학(영어, 국어 등), 사회

◆ **영역** 노인 섬김

◆ **활동 형태** 직접 봉사

◆ **프로젝트 이름** 노인과의 펜팔

◆ **개요**

지역 내의 양로원, 그룹홈의 노인 또는 독거노인 가운데 학생과 펜팔 맺기를 원하는 사람과 결연. 학생은 특별한 날(명절, 생일 등)은 물론 매월 1회 이상 친교와 격려, 상호방문이 있도록 한다.

◆ **목표 및 결과**

1. 노인을 공경하는 마음을 기른다.
2. 양로원과 그룹홈의 노인에 대한 동정심을 개발한다.
3. 다른 사람의 필요를 알고 믿음과 신뢰, 책임의 중요성을 배운다.
4. 청소년과 노인과의 특별한 관계를 수립한다.

◆ **틀(형태)**

1. 배우고 사용될 기술들
   1) 대인 의사소통 기술
   2) 작문
   3) 조직화(생일과 같이 중요한 날짜를 기억함)
2. 개념
   1) 많은 노인은 그들이 가족과 친구들로부터 잊혀졌다고 느낀다. 그들은 지속적인 믿음과 관심이 필요하다.
   2) 학생은 노인에게 실질적이고 의미 있는 봉사를 제공할 수 있다.
   3) 학생과 노인은 서로 배울 수 있을 뿐만 아니라 특별한 친구가 될 수 있다.

◆ **재료 및 지원**

1. 책과 비디오
   1) 청소년과 노인 사이의 관계에 관한 이야기책, 보고서
   2) 학생은 편지를 통해 역사적 사건, 노인의 경력, 관심, 병력 등에 관한 연구도 가능
2. 지역사회 인물: 지역사회 인명록

◆ **프로젝트 과정**

1. 준비
   1) 노화과정에 대해 토론을 진행한다. 학생으로 하여금 노인의 필요와 욕구, 장애물 등에 대해 느낀 점을 검토하게 하고 다음 질문들을 다룬다.
      - 우리가 펜팔이 되는 것이 노인에게 어떻게 도움이 될까?
      - 노인은 왜 펜팔을 원할까?
   2) 양로원 또는 노인 그룹홈과 펜팔 짝짓기를 조성하기 위해 함께 일한다.
      - 학생과 노인이 작성할 양식을 고안하되 좋아하는 것, 싫어하는 것, 관심 분야 등을 포함한다. 그리고 이 응답에 따라 짝을 짓는다.

- 비디오테이프를 2종류로 만든다. 하나는 노인이, 다른 하나는 학생이 자신을 소개하고 관심 분야에 대해 말한 것이다. 펜팔 짝짓기를 위하여 모자에 이름을 써넣고 하나씩 꺼내어 비디오에서 누구인가를 확인한다.

3) 누군가 수업시간에 초청하여 노화과정에 대하여 학생에게 설명해 준다. 양로원 또는 그룹홈 노인 중 누군가를 초청하여 학생이 노인에 대한 감정이입을 가지도록 돕는다. 학생에게 감성훈련 시간을 제공한다(예: 휠체어 타기, 눈 가리기, 플라스틱을 통해 보기 등의 장애학습).
4) 학생이 편지에 적을 수 있는 모든 것을 나열한다.
5) 학생이 이 프로젝트에 헌신의 지속됨이 중요함을 강조하고 학생이나 노인에게 편지가 그들의 관계에서 중요한 매개체가 되기를 바라며 가벼이 여기지 않도록 한다.
6) 노인에 관한 책을 읽거나 영화를 보고 토의한다.

2. 활동
1) 펜팔 짝짓기를 설계한다. 수업시간에 취미조사를 작성하게 한다. 만일, 비디오를 제작한다면 보다 많은 시간을 할애한다.
2) 매달 1회 이상 수업시간에 펜팔에게 편지를 쓴다.
※ 소요시간: 매월 1강좌 이상

3. 반성
1) 학생들이 받은 편지들을 서로 바꿔서 읽어 본다.
2) 다음 사항을 고려하여 일지를 작성한다.
   - 내가 펜팔과의 관계를 가짐으로써 가장 좋은 점은 무엇인가?
   - 내가 펜팔로부터 배울 점은 무엇이고 펜팔은 나를 어떻게 도와 왔는가?
3) 펜팔의 그림: 학생들은 펜팔에 대해 느낀 점을 그린다.
4) 학생은 인터뷰한 내용을 바탕으로 펜팔의 삶과 관심사에 대해 쓰고 노인에게 이야기로 들려준다.
5) 수업시간 토의
   - 노인은 십 대에 대해 어떻게 생각하고 왜 그렇게 생각하는가?
   - 십 대는 노인에 대해 어떻게 생각하고 왜 그렇게 생각하는가?
   - 학생은 펜팔을 가진 후 노인에 대한 시각이 바뀌었나?
   ※ 소요시간: 매월 1강좌 이상

◆ 인정과 축하

1. 펜팔을 인간적으로 만나기 위한 학급 전체의 방문 계획(폴라로이드 사진기, 포스터보드, 테이프 등을 준비), 펜팔의 사진을 찍은 후 노인의 콜라주를 함께 만든다.
2. 노인 펜팔을 수업시간에 초청하고 점심을 같이한다.
3. 언론에 홍보하고 학생에게 인정서를 발급해 준다.

◆ 학생의 주도

1. 정기적으로 학생이 펜팔을 방문할 것을 격려한다.
2. 다른 학급과 다른 양로원으로 이 프로그램을 전파·보급을 시도한다.
3. 펜팔을 도울 수 있는 다른 방법들을 브레인스토밍한다.

출처: 장현(1998: 106-109).

Chapter 05

자원봉사의 조정과 관리

01 자원봉사의 구성체계

1) 자원봉사의 관계망

자원봉사는 개인적으로, 그리고 가족, 친구 혹은 기업체, 종교기관, 학교 등을 통해 조직적으로 이루어질 수 있다. 자원봉사활동을 수행하는 개인이나 집단, 조직이 있고, 그 대상이 되는 사람이나 문제 등이 다양하게 존재한다. 그리고 자원봉사를 수행하는 사람과 자원봉사를 필요로 하는 사람을 연결해 주는 매개적인 역할을 수행하는 조직이나 기관도 존재한다. 더욱이 최근에는 복잡한 현실 사회에서 다양한 자원봉사활동이 보다 효과적이고 효율적으로 역할을 수행할 수 있도록, 그래서 소위 '중복과 배제' 현상이 발생하지 않도록 하는 노력이 중요해짐에 따라 자원봉사를 전문적으로 연결 · 조정 · 관리하는 기관도 생겨나고 있다. 뿐만 아니라 이 요소들을 둘러싸고 있으면서 영향을 끼치는 이른바 '환경체계'가 존재한다.

저자는 이러한 각각의 자원봉사 요소를 자원봉사를 이루는 '자원봉사의 구성체계'라고 부르고자 한다. 따라서 자원봉사의 구성체계는 자원봉사를 학습하는 과정에서, 자원봉사라는 사회현상을 배우고 실천하기 위한 역량을 기르기 위해 인위적으로 구분하여 편의상 학습하려는 대상으로 삼은 것에 지나지 않는다. 다양하고 복잡한 자원봉사라는 사회현상을 이해하고 사회에서 실제로 자원봉사를 관리, 운영하는 기술을 습득하기 위해 인위적으로 체계화를 시도한 것이다.

자원봉사와 관련되는 제반 구성체계는 여러 가지 상호 관계망을 형성하고 있는 것으로 간주된다. 즉, 자원봉사의 구성체계 중 하나인 '공급체계'는 자원봉사를 제공하는 사람으로서 자원봉사자 개인이나 집단을 말하며, 자원봉사를 필요로 하는 '수요체계'는 자원봉사의 대상이나 분야를 말한다. 그리고 공급체계와 수요체계를 적절하게 연결, 조정, 관리 등의 제반 기능을 수행하는 '매개체계' 혹은 '추진체계'가 존재한다. 마지막으로 이들 3가지의 체계를 둘러싸고 있으며, 자원봉사를 지원하는 제도, 정보 시스템 등을 말하는 '환경체계'도 존재한다.

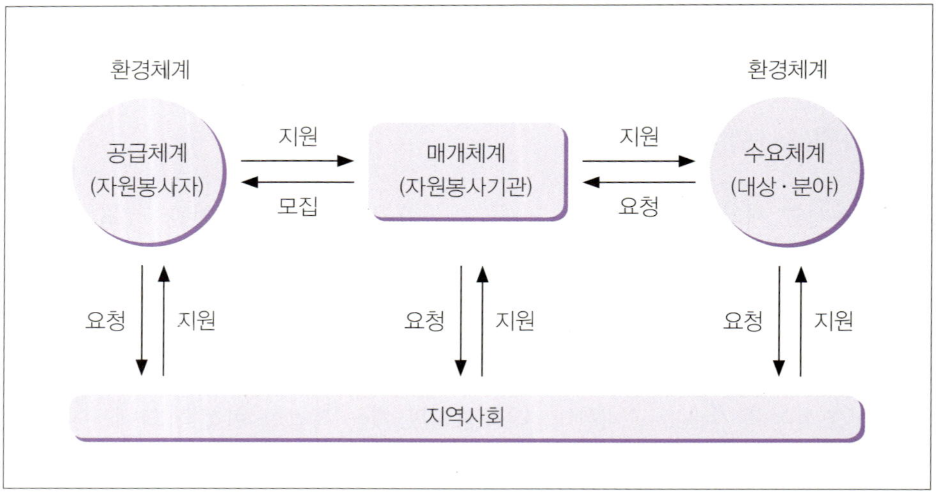

[그림 5-1] 자원봉사 구성체계의 관계망

이러한 4가지 구성체계의 관계망을 간략하게 도식화하면 [그림 5-1]과 같다. 여기서 지역사회는 공급, 수요 및 매개 체계와 상호 간 여러 가지 관계망을 형성하면서 영향을 주고받는 것으로 간주된다.

2) 구성체계의 요소

(1) 매개체계(추진체계): 자원봉사기관

자원봉사는 그것을 필요로 하는 수요자인 대상과 그 필요에 대응하는 공급자인 자원봉사자 개인이나 집단이 존재할 때 활동이 전개된다. 그러나 자원봉사가 지속적이고 보다 효율적 · 체계적으로 이루어지기 위해서는 수요와 공급체계를 적절하게 연결, 조정하는 한편 자원봉사에 관한 제반 사항을 전문적이고 체계적으로 관리, 운영하는 조직인 '매개체계' 혹은 자원봉사를 전체적으로 추진하는 '추진체계'가 존재한다. 물론, 자원봉사자가 단체를 결성하여 자체적으로 자원봉사를 전개하는 경우도 많지만, 대체로 자원봉사기관인 매개체계를 통해 자원봉사 대상이나 분야를 연결받으며, 경우에 따라 자원봉사기관에서 전체적인 자원봉사활동을 안내받는다.

매개체계는 자원봉사활동을 연결, 조정하거나 전체적인 관리, 운영을 수행함으로써 자원봉사를 주진하는 자원봉사 전문기관이나 조직이다. 이 매개체계에 포함되어 있는 '자원봉사 조정자'와 '자원봉사 관리자'는 자원봉사의 성공을 가름하는 중요한 역할을 담당한다.

자원봉사 매개체계의 종류와 기능, 그리고 이들이 수행하는 기능 등에 대한 자세한 내용은 본서의 제2부에서 상세하게 다루고 있다. 현재 우리나라에서 자원봉사기관으로서 역할을 수행하는 조직은 공공 및 민간 조직 등 매우 다양하다.

(2) 공급체계: 자원봉사 실천 주체

자원봉사의 공급체계는 자원봉사를 필요로 하는 대상이나 분야에 대응하여 여러 가지 서비스나 현금 및 물품 등을 제공하는 개인이나 집단을 말한다. 자원봉사의 실천 주체 역시 다양한 종류가 현실적으로 존재하는데, 이들의 역할, 특성, 활동하게 되는 배경 등에 대한 내용은 제4부에서 자세히 다루고 있다.

현대사회에 존재하는 모든 조직은 본질적으로 각자의 목표를 지니고 존속하지만, 거의 모든 사회 내의 조직이 직간접으로 자원봉사와 연관이 있다고 해도 과언이 아니다. 그만큼 자원봉사는 모든 사회조직과 연관되어 있으며, 자원봉사는 개인이 공통적으로 관심을 가지는 사회적 활동이라고 할 수 있다.

각종 사회클럽 및 자원봉사조직, 각급 학교, 종교기관, 기업 및 공공조직 등의 다양한 조직이 자원봉사의 공급 주체로 활동하고 있다. 각 사회조직은 나름대로 이유와 필요성을 가지고 자원봉사의 실천주체로 활동하고 있는데, 이에 대해서도 제4부에서 다루고 있다.

(3) 수요체계: 자원봉사의 대상 · 분야

현대사회에서 자원봉사를 필요로 하는 사람이나 해결해야 할 문제의 분야는 매우 다양하다. 일반적으로 사회문제로 고통받는 개인이나 집단은 말할 것도 없고 재난이나 사고 등의 문제나 분야 역시 자원봉사가 필요하다.

현대사회에서 자원봉사를 필요로 하는 대상은 누구이며, 이들은 왜 발생하는가, 그 특성은 무엇이며, 자원봉사를 통해 구체적으로 제공해야 할 내용은 어떤 것인가 등에 대해서는 제3부에서 다루고 있다.

자원봉사의 대상은 도움이 필요한 영유아, 아동, 청소년, 노인, 장애인, 모 · 부자 및 빈곤가족 등을 포함하여 환경, 보건의료, 교통, 선거, 문화 및 예술, 스포츠, 지역사회, 국제사회 등 다양하다. 이에 대해서는 제6장에서 자세히 다루고 있다.

(4) 환경체계

자원봉사의 환경체계란 수요, 공급 및 매개 체계를 둘러싸고 있으며, 이들에게 영향을 미치고 또한 받을 수 있는 체계로서, 경우에 따라서는 자원봉사를 원활하게 하는 데 기여하는 역할을 수행하는 자원봉사 지원체계–법률, 제도적 장치, 정보체계–를 의미한다. 경우에 따라서는 자원봉사에 대한 시민의 참여의식이나 사회적 분위기, 전통 등을 말하기도 한다.

지역사회는 환경체계와는 약간 다르지만, 자원봉사의 구성체계 각각에 연결되어 중요한 관계를 가지고 있다. 지역사회는 자원봉사자를 제공하거나 자원봉사 대상자를 지원하는 원천이 되는 한편, 자원봉사 대상자나 분야를 발생시키는 곳이기도 하다. 또한, 지역사회는 매개체계를 지원하고 지탱하는 근거가 되기도 한다.

02 조정과 관리의 개념

1) 조정과 자원봉사 조정

(1) 조정의 개념

자원봉사는 수요와 공급을 연결, 조정하는 일부터 시작된다. 이러한 활동과정에 흔히 사용되는 말이 '조정(coordination)'인데, 조정이란 '상호갈등적인 상황을 조화롭게 하는 것', '복잡하고 혼란스러운 상황을 적절하게 정돈하는 것', '여러 가지 요소를 골라 연결하여 전체로서 하나의 목표를 향해 정돈하는 것' 등으로 정의할 수 있다.

자원봉사 조정 혹은 자원봉사활동 조정이란 수요자의 요구와 공급자의 욕구와 자질 등을 적절하게 연결하여, 양쪽의 요구와 욕구를 적절하게 정돈하는 작업을 말하는 것으로 풀이할 수 있다. 따라서 조정의 역할을 수행하는 사람을 '자원봉사활동 조정자' 혹은 '자원봉사 조정자'라고 부른다.

(2) 자원봉사 조정의 특성

첫째, 자원봉사 조정에는 자원봉사를 필요로 하는 사람과 자원봉사를 제공하는 사람이 동등한 입장에서 서로 만나 원조관계가 이루어지는 것이 전제로 되어 있다. 이러한 점에서 조정은 조정을 필요로 하는 양측의 대등한 관계를 근거로 한다. 물론, 실제 상황에서는 도움을 필요로 하는 자원봉사 대상자가 심리적으로나 경제적인 요소 등 전체적인 입장에서 열등하고 어려운 입장에 있는 것이 사실이지만, 자원봉사를 필요로 하는 문제가 아닌 다른 측면에서는 자원봉사자와 한 인간으로서 동등한 존재로 살아가고 있음을 인식해야 한다. 또한, 자원봉사자 역시 자원봉사 대상자와 마찬가지로 현대사회에서 항상 다른 사람의 도움을 필요로 하는 상황에 직면할 수 있는 가능성을 지닌 존재라고 생각한다면-물론, 현대인은 이러한 맥락에서 동등하지만-자원봉사 조정에 포함되어 있는 가치 혹은 전제로서 동등성에의 특성을 잘 인식해야 한다(박태영 외 역, 1995: 6-7 참조).

한편, 자원봉사자의 입장에서 그 대상자에게 상대적 우월의식을 가질 수도 있지만, 이는 잘못된 생각이다. 현대사회가 가진 특수성에 따라 사회문제가 불특정 다수의 사회 전체를 향해 발생할 수 있음을 직시한다면, 그래서 자원봉사는 누구에게나 필요할 수 있다는 개연성을 인식한다면, 자원봉사자가 가질 수도 있는 우월의식이나 상대적 강자로서의 생각은 잘못된 것이다. 이러한 면은 일반적으로 자원봉사활동을 위한 초기 교육 중 자원봉사자의 자세 부분에서 반드시 지적되어야 한다. 하지만 흔히 자원봉사를 자원하는 대부분의 사람은 기본적으로 상대방을 존중하는 의식을 가지고 있기 때문에 자원봉사 대상자에 대한 잘못된 편견은 가지지 않는 것이 보통이다.

둘째, 자원봉사 조정은 양자가 함께 '공동으로 기획하는' 작업이다. 자원봉사를 필요로 하는 사람의 욕구에 따라 자원봉사를 제공하지만, 자원봉사를 하는 자원봉사자 역시 자신의 생각과 특성에 따라서 자원봉사 대상이나 분야를 선정하게 된다. 이 과정에서 양쪽의 견해를 존중하면서 최종적으로 자원봉사활동이 결정되고, 자원봉사자에 의해 활동이 이루어진다. 물론, 자원봉사 조정자가 양쪽의 생각과 입장을 고려하여 가장 적절한 자원봉사활동을 선정하고 구체화하는 작업을 거친 후-즉, 조정한 후-에 자원봉사의 활동량, 시간, 내용 등이 결정된다. 이러한 면에서 본다면, 자원봉사 조정은 도움을 받는 자와 제공하는 자 모두의 입장을 최대한 고려하여 이루어진다는 점에서 '공동으로 기획하는' 작업이다. 즉, 서로에 대한 공감을 기초로 하여 공동으로 기획하는 조정이 이루어진다. 이 점에 대하여 오오모리는 다음과 같이 기술하였다(박태영 외 역, 1995: 8, 재인용).

자원봉사활동에서 비대칭적인 관계의 존재를 무리하게 부정하지 말고, 더구나 자원봉사활동을 세속적 윤리에 근거를 둔다는 것은 용이한 것이 아니다. 아마도 자원봉사활동은 어떤 도움을 구하는 사람에게 도움의 손길을 내밀지 않을 수 없는 자원봉사자의 공통된 감정과 '함께 살아가는' 것을 자기의 생활방식으로 하는 자원봉사자의 생활방식을 전제로 하는 것이다. 이런 의미에서는 자기의 가치실현을 위해 타인을 수단화하고 우열의 승패를 다투고 그 귀결을 당연하게 생각하는 사람들 사이에서는 자원봉사활동이 있을 수 없다. 자원봉사활동에 의해 맺게 된 인간관계에서는 자원봉사활동 서비스를 주는 측도 받는 측도 함께 살아간다고 하는 '공동으로 기획하는(common undertaking)' 곳에 대한 참가자라고 할 수 있다.

2) 관리와 자원봉사 관리

(1) 관리의 개념

조직에서 일정한 목적을 효과적으로 실현하기 위해 인적 · 물적의 여러 요소를 적절히 결합하여 그 운영을 지도 · 조정하는 기능 또는 그 작용을 관리라고 한다. 이것은 지도와 조정을 본래의 기능으로 하고 있으나 대상을 인간집단 중심으로 생각하면 그 기능을 리더십에서 구할 수도 있다. 목적이 간단하고 단기적이며, 또 인적 · 물적의 여러 요소로 이루어지는 관리 대상이 규모가 작으면서도 내용적으로 단순한 경우에는 관리가 별로 문제 되지 않으므로 비전문가가 관리자가 된다. 중소기업에서 출자자가 경영자가 되고, 대학에서 학자가 학장이 되는 것이 바로 그 예다. 그러나 관리 목적의 장기화 · 다양화나 관리 대상의 대규모화 · 복잡화는 관리의 중요성을 높이고, 관리 그 자체의 기능분화와 관리기술의 발달을 촉진하여 관리전문가를 필요로 한다.

관리가 지도 · 조정을 그 본질로 삼는 점에는 변함이 없으나, 변화한 정세 가운데서 관리의 유효성을 유지하기 위해 관리의 합리화 · 과학화를 뒷받침하는 사고에는 조직적 사고와 계수적 사고가 있다. 전자는 관리에 관련되는 모든 것(목적, 주체, 대상, 행동 등)을 체계적 · 질서적으로 배려하는 것을 말하고, 후자는 관리에 관련되는 모든 것을 계수에 의해 표시 · 계량하는 것을 말한다. 관리는 이러한 사고를 기초로 하면서 계획, 조직, 통제의 세 가지 기능을 포함한다. 계획은 예정된 행동의 코스이고, 활동이 머리부터 계획적으로 작용한다. 이에 대해 통제는 계획과 실적을 비교대조하여 차이가 있을 때는 그 원인을 규명하고, 필요에 따라 시정 조치를 하며, 또 실적을 다음 계획에 반영시키는 것을 말한다. 조직은 계획을 실행에 옮기고, 실행을 통해 목적의 실현을 꾀하는 구성이다. 이리하여 실제적으로는 서로 중복되나 기본적으로 관리는 계획 → 조직 → 통제의 반복적 순환활동에 의해 운영된다. 이것을 '매니지먼트 사이클(관리의 순환활동)'이라고 한다. 이에 따라 실정에 맞는 계획설정과 계획적 · 조직적인 실행활동의 확보가 가능하게 된다.

각종 관리기술은 지도 · 조정이라는 관리의 본래적 기능과 계획 · 조직 · 통제라는 관리를 합리화하기 위한 부분 기능에 따라 발전해 왔다. 지도 · 조정을 위한 관리기술은 인간통솔에 관한 리더십 기술을 중심으로 한다. 계획을 위한 관리기술은 예측 · 대체안의 설계 및 대체안에 관한 선택 등에 관해, 조직을 위한 관리기술은 활동의 분석이나 평가 · 조직설계 · 인사 등에 대해, 또한 통제를 위한 관리기술은 계산 · 비교 · 분석 · 감사 등에 관해 각각 발달해 왔다.

(2) 자원봉사 관리

자원봉사기관에서 자원봉사를 관리하는 일은 오늘날 전문적인 과업으로 변화되었다. 무엇보다도 자원봉사를 전문으로 수행하는 자원봉사기관은 자원봉사자에 대한 관리적인 업무가 점차 중요시되고 있다. 그것은 자원봉사자의 모집과 배치부터 지도 감독 및 평가에 이르기까지 전문적인 관리기술이 요구되기 때문이다. 즉, 자원봉사자의 관리에서 살펴본다면, 자원봉사자의 중도탈락률이 매우 높은 우리나라의 경우, 중도탈락하는 자원봉사자를 막고 자원봉사자로 하여금 성취감과 자아실현 등의 유익한 효과를 갖게 하기 위해 고도의 관리기술이 요구되는 것이다.

관리의 업무는 단순히 조직을 운영하는 것에 그치는 것이 아니라, 자원봉사자의 욕구와 동기를 분석하는 한편 이러한 동기에 따른 유인책과 보상, 인정 등 자원봉사에 관련되는 각종 프로그램을 개발하는 노력이 포함되어 있다. 어떻게 하면 성공적인 자원봉사활동을 이끌어 내고 이것을 지속시킬 것인가, 자원봉사자와 자원봉사 대상자 모두에게 만족할 만한 결과를 가져다주기 위해 필요한 것은 무엇인가 등에 대한 전문적인 노력이 관리자에게 요구된다.

자원봉사 대상과 분야에 대해서도 관리가 요구된다. 자원봉사 대상자의 개별 차트 정리부터 정기적·부정기적인 방문 등을 통한 면담으로 그들이 가진 문제를 정확하게 분석할 수 있는 능력이 있어야 하고, 자원봉사를 연결할 경우 적절한 연결과 그 수행과정을 감독하고 평가할 수 있는 능력이 필요하다. 경우에 따라서는 대상자의 욕구를 효과적으로 해결할 수 있는 자원봉사활동 프로그램을 개발하기도 해야 한다.

03 자원봉사 조정자 및 관리자의 역할

1) 자원봉사 조정자의 역할

자원봉사 조정자의 역할은 조직의 목표와 목적, 이용 가능한 자원, 조직, 프로그램에 따라 매주 다양하게 인식되고 있다. 또한, 자원봉사 조정자가 하는 업무의 범위는 조정자가 소속되어 있는 기관의 규모, 기관의 활동 범위, 직원 수, 그들에게의 강조점, 유급인지 무급인지 등에 따라 역할이 달라진다(박태영 외 역, 1995: 58).

쯔쯔이노리꼬는 자원봉사활동 조정자의 역할을 받아들임, 찾음, 연결, 고취, 창작, 정리, 알림, 모집이라는 8가지로 제시하였으며(박태영 외 역, 1995: 58-66), 일즈리(Ilsley, 1990: 91-110)는 모집, 사정, 훈련, 직무 부여, 회합과 의사결정, 지도의 6가지를 제시했다.

한편, 샤이어(Scheier)는 선발과 배치, 역할 이해, 다른 사람들의 역할이해, 직무묘사의 명확화, 의사소통의 창구, 지원 제공, 홍보자, 고정된 장소에서의 접근 가능이라는 8가지 역할을 제시했다.

일즈리와 니에미(Ilsley & Niemi, 1981: 20-29)는 자원봉사와 관련하여 '프로그램 계획', '모집과 선발', '사회화와 훈련', '지도', '행정'의 5가지 영역을 제시하고, 자원봉사활동 조정자는 각 영역에서 계획 설계자, 회계 담당자(fiscal agent), 홍보 담당자, 연락원, 충원자, 상담자, 배치 후원자, 관찰자, 기록 보관자, 평가자 등으로서의 다양한 역할을 담당한다고 주장하였다.

이와 같은 역할은 자원봉사 조정자의 역할을 다음에서 말하는 자원봉사 관리자의 역할로 생각한 것으로 보인다. 학자에 따라서 자원봉사 조정자와 관리자의 개념을 같은 의미로 사용하는가 하면, 또 다른 의미로 사용하는 경우가 있다. 저자는 이러한 자원봉사 조정자의 역할 중 일정 부분은 조정자의 역할이고 또 일정 부분은 관리자의 역할로 수용하고자 한다.

즉, 자원봉사 조정자는 자원봉사기관의 일선에서 일하는 전문가로서, 한편으로는 자원봉사자의 욕구와 동기 및 역할을 관할하면서 동시에 다른 한편으로는 자원봉사를 필요로 하는 대상자의 문제와 욕구를 담당하는 일을 맡는 사람이다. 이 양쪽의 입장과 욕구를 적절하게 조정하여 상호 유익이 있고 동시에 자원봉사조직과 사회에도 유리한 결과를 도출해 내는 전문가로서 활동하는 사람이다. 따라서 자원봉사 조정자는 자원봉사가 이루어지는 일선에서 말 그대로 '조정'과 '연결'을 강조하는 역할을 수행하는 전문가이다.

이 과정에서 조정과 연결을 적절하게 수행하기 위해서는 앞서 제시한 여러 가지 다양한 역할이 필요하다고 생각한다. 그러나 이러한 역할의 상당 부분은 자원봉사조직의 관리자(manager)가 수행하는 역할로 수용하고자 한다. 경우에 따라서 조정자와 관리자를 같은 의미로 사용하거나 자원봉사조직의 규모가 적은 기관에서는 조정자와 관리자가 동일한 역할을 수행할 수도 있으나, 조직이 보다 복잡해지고 규모가 커지면 조정자와 관리자의 역할을 구분하게 된다.

2) 자원봉사 관리자의 역할

자원봉사 관리자의 역할과 관련하여 이 분야의 전문서적에서 발견할 수 있는 내용을 살펴보면 다음과 같다.

먼저, 미국자원봉사관리협회(Association for Volunteer Administration: AVA)는 자원봉사 관리자는 다음과 같은 5가지 영역에서 역량을 갖추고 있어야 한다고 주장하였다(유성호 역, 1997: 30). 이 5가지는 자원봉사 관리자의 중요한 역할로 보아도 무방하다.

① 프로그램 기획과 조직
② 직원 배치와 감독
③ 통제
④ 기관, 지역사회, 전문인과의 관계
⑤ 예산과 기금 모집

브루드니(Brudney)는 자원봉사 관리의 기본적인 구성요소를 다음과 같이 제시하였는데, 결국 자원봉사 관리자가 그 역할을 수행한다고 볼 수 있다(류기형 외, 2002, 재인용).

① 자원봉사자 참여를 위한 근거를 마련하는 것
② 자원봉사 프로그램 설계에 유급 직원을 참여시키는 것
③ 조직에 자원봉사 프로그램을 통합시키는 것
④ 프로그램에 리더십의 지위를 창조하는 것
⑤ 자원봉사자 지위 부여를 위한 업무 설계를 준비하는 것
⑥ 자원봉사자를 모집하는 것
⑦ 자원봉사자를 관리하는 것
⑧ 자원봉사자의 노력을 평가하고 인정하는 것

던(Dunn)은 자원봉사 관리자는 다음과 같은 책임을 져야 한다고 주장하였는데, 이 역시 자원봉사 관리자의 역할로 볼 수 있다(Dunn, 1995: 2484).

- 지역사회, 조직 혹은 기관에서 자원봉사자를 위한 적절한 과업과 역할을 찾도록 도와준다.
- 업무 설계와 기관정책을 수립한다.
- 예산을 개발하고 감시한다.
- 클라이언트에 관한 이해, 클라이언트가 요구하는 서비스, 그리고 사람들이 자원봉사자가 되고자 하는 동기부여 요인들을 개발한다.
- 자원봉사자가 모집 · 심사 · 선정된 후 업무와 연결된다는 것을 확신시켜야 한다.
- 자원봉사자가 제공할 수 있는 서비스를 확인하기 위해 직원들과 함께 일할 수 있어야 한다.
- 자원봉사자는 그들이 제공하는 서비스에 대한 보수를 받지 않기 때문에 다른 보상체제가 이용될 수 있고 그들에게 특별한 관심을 기울이고 있다는 것을 확신시킬 필요가 있다.

일즈리와 니에미(1981: 17-29)는 자원봉사 관리자 및 자원봉사 전문가의 역할을 다음과 같이 정리하였다.

- 자원봉사센터, 사회복지기관 · 시설, 기타 지역사회의 다양한 기관과 단체가 자원봉사활동에 대한 관심을 유발시키고 봉사자를 친절하게 받아들이며 협조 분위기를 조성하는 역할
- 자원봉사자를 육성하기 위한 총체적 계획을 입안하고 소집단 리더를 지도 · 지원하는 역할
- 자원봉사활동 신청자를 위한 접수 담당자로서의 역할
- 자원봉사자와 클라이언트와의 연결자 · 조정자의 역할
- 자원봉사자의 변화 욕구와 각 개인의 특성을 파악하고 그들의 능력을 발휘할 수 있는 기회를 제공하고 지원하는 역할
- 자원봉사자와 전문적 신뢰 관계를 바탕으로 자원봉사활동의 상담자로서 자원봉사자 자신의 문제 상담과 해결을 위한 측면에서 지도 · 지원하는 상담자의

역할

- 자원봉사센터의 소집단과 지역사회의 여러 집단을 필요에 따라 조직화하고, 그 집단이 자율적 · 민주적으로 활성화될 수 있도록 지도 · 지원하는 조직자 혹은 지원자의 역할
- 소집단 모임의 의사소통 과정에서 회원들이 의사소통 과제의 본질적 의미와 집단의 존재 가치를 올바로 인식하고 활동과정상의 문제해결능력을 향상시키는 해설자 또는 전문지도자의 역할
- 자원봉사자 또는 소집단 리더를 위한 교육 훈련가(계속 교육 포함)의 역할
- 소집단 모임의 사례 발표, 토의 방법, 평가 등을 지도 · 지원하고 자원봉사자가 자원봉사활동의 가치를 깨닫고 공감하며 감동, 충족감, 기쁨과 보람, 감사하는 마음, 자신감과 신바람을 느끼고 자원봉사활동을 계속 유지, 발전시킬 수 있도록 격려하는 격려자 · 평가자 · 촉진자의 역할
- 자원봉사센터와 지역사회 내의 여러 소집단의 가치 창조적 공동목표(공동과제)를 설정하고 필요시 타 집단(조직)과 상의할 수 있는 협의체를 구성하여 협동 노력을 하여 목표를 달성할 수 있도록 지원하는 촉진자 또는 교섭자의 역할
- 자원봉사활동의 활성화를 위해 소그룹 모임 또는 협의체와 지역사회 안팎의 타 지원체계와의 연결 · 협동을 위한 관계 형성을 위한 매개자의 역할
- 자원봉사활동 프로그램의 연구 개발자 및 평가지도자의 역할
- 자원봉사센터의 사업 방향을 계획 · 자문하는 자문가 또는 조정자의 역할
- 소속 기관 이외의 자원봉사활동을 활성화하기 위한 자문가 · 지원자의 역할
- 담당지도자는 자원봉사자가 초기의 활동 업무를 스스로 선택하고 실천과정에서 창조적이고 협동적인 능력을 향상시킬 수 있도록 도와주어야 한다. 소집단 과정을 통한 학습 체험을 가정과 지역사회 생활에 응용 · 적용하여 민주복지 공동체 문화를 창조할 수 있도록 지도 · 지원하는 역할

즉, 자원봉사 관리자는 원활한 자원봉사 관리를 위해 행정(프로그램 계획자, 재무 대행자, 공공관계 대행자, 섭외 · 모집자, 관리자), 훈련 · 교육(학습자, 커리큘럼 촉

진자, 교육자, 대중매체 전문가), 카운셀링(진단자, 카운셀러, 배치후원자), 조사 · 평가(관찰자, 기록 유지자, 평가자) 등을 담당한다.

이강현은 자원봉사 관리자 및 자원봉사 전문가의 업무를 다음과 같이 정리하였는데, 이 업무를 역할로 보아도 무방할 것이다.

- 욕구사정: 자원봉사 프로그램의 필요성과 타당성을 조사한다.
- 사명과 비전의 수립: 강력한 자원봉사활동은 지역사회의 변화를 향한 긍정적인 비전에 기초하고 있다. 그리고 사명 선언문은 비전을 달성하는 방법에 초점을 두는 것이다.
- 자원봉사 프로그램 개발 및 기획: 지역사회 욕구 및 기관의 사명에 적합한 새로운 자원봉사 프로그램을 개발한다. 측정 가능한 목표를 가진 계획을 설정하고 업무 일정을 수립한다.
- 자원봉사 업무 개발: 자원봉사자가 하게 될 구체적인 업무를 파악하고 창조적으로 개발하며, 그 업무들에 대해 문서화된 자원봉사자 업무 설명서를 마련한다. 이 업무 설명서는 모집과 교육을 위한 근거 자료가 될 수 있으며, 자원봉사자에 대한 기대를 명확히 하는 데 도움이 된다.
- 위험관리 대책 수립: 자원봉사자는 유급 직원과 마찬가지로 안전한 환경에서 일할 권리가 있다. 이를 위해 기관에서 자원봉사자 관련 보험에 관한 정책 및 안전 교육에 관해 검토하며, 위험관리 대책을 늘 새롭게 수립하도록 해야 한다.
- 정책과 시스템 수립: 자원봉사자 관리에 관한 전반적인 과정과 원칙을 만들고 자원봉사자가 일할 수 있는 시스템 및 환경을 지원해야 한다.
- 예산개발과 관리: 자원봉사자의 활동은 비용 효과성이 있어야 한다. 그들을 관리하는 것에 비용 지출이 전혀 없는 것은 아니므로, 자원봉사자 유지 · 관리 비용이 자원봉사자가 산출하는 활동결과의 생산성을 초과하지 않는 범위 내에서 집행되어야 한다.
- 자원봉사자 모집, 면접, 배치: 모집은 잠재적 자원봉사자의 관심과 이루어야

할 업무를 잘 매치하는 것에 초점을 두어야 한다. 면접은 자원봉사자의 욕구를 잘 파악해서 적합한 업무에 사려 깊게 배치해야 한다.

- 자원봉사자 오리엔테이션과 교육: 자원봉사자에게 오리엔테이션을 제공하고 업무를 잘 수행해 낼 수 있도록 업무 교육과 보수 교육을 시킨다.
- 갈등관리: 자원봉사자와 직원, 도움 수혜자와 기관 등의 상호 갈등을 중재하고 조정한다.
- 자원봉사자 활동 지도 감독 및 슈퍼비전: 자원봉사자의 수준에 따라 적절한 감독과 슈퍼비전을 제공해야 한다.
- 자원봉사자의 활동에 대한 인정: 자원봉사자에 대한 인정은 공식적 또는 비공식적일 수 있다. 인정은 개별 자원봉사자에게 진솔하고 적절할 때 이루어져야 한다. 자원봉사자를 잘 관리하는 유급 직원들 역시 인정해 주어야 한다.
- 자원봉사팀 관리 및 지도자 양성: 자원봉사팀을 조직화하고 이들의 지도력을 양성한다. 자원봉사 관리 및 팀관리 역할은 자원봉사 지도자나 팀리더 혹은 행정자원 봉사자들에게 위임할 수도 있다. 이러한 조정자의 역할을 할 자원봉사 관리 담당 전문자원봉사자를 양성하는 것도 필요하다.
- 자원봉사자 지지와 옹호: 자원봉사자의 성과를 널리 알려 사람들이 자원봉사자의 활동 성과와 공헌에 대해 긍정적으로 인정하고 평가하도록 한다. 기관 직원 및 관련자, 지역주민을 비롯한 일반인이 자원봉사자를 존경하고 공정하게 대하도록 자원봉사자를 대변하고 자원봉사자의 권리를 고취한다.
- 자원봉사자 활동기록 관리와 행정: 자원봉사자의 인적사항, 활동사항과 활동 결과에 대한 기록을 보관해야 한다. 자원봉사자 활동기록은 기관의 이사회나 고위 경영자, 언론, 후원자, 지역사회, 직원, 자원봉사자들에게 자원봉사자의 공헌을 널리 알리고 인정하는 데 유용하다.
- 결과 평가: 기획 당시부터 측정 가능한 목표를 세워 평가할 수 있도록 기초를 마련해야 한다. 이러한 절차를 통해 성공과 실패를 확인할 수 있고 적절한 변화가 창출될 수 있다. 평가는 자원봉사자, 지역사회, 클라이언트에 대한 영향을 포함한다.

- 자원봉사자 활동 종료 관리: 기관이나 자원봉사자가 상호 간에 별로 의미 없는 관계일 경우 자원봉사자에게 활동 중단을 권유할 수도 있다. 자원봉사자가 적합하지 않은 업무에 배치되었을 수도 있고, 여러 가지 개인적 사정상 혹은 기관의 사정상 상호 기대가 맞지 않을 수 있기 때문이다. 그럴 경우 자원봉사자와 상담하고 추가적인 교육이나 코치를 제공해야 한다. 또한, 필요하면 다른 업무를 부여할 수도 있다. 만약, 그러한 노력이 다 성공적이지 못할 경우 자원봉사자가 활동을 중단하도록 권유하거나 다른 기관에 배치되도록 소개할 수도 있다.
- 네트워크: 기관의 주요 사명이나 자원봉사 프로그램과 관련된 지역사회 문제 해결을 위해 타 기관이나 단체 개인들과 연대한다.
- 전문 기술 개발

이와 같은 자원봉사 관리자의 역할은 자원봉사의 실천과정과 직접 관련 있는 내용을 중심으로 대부분 실제적인 내용을 논의하고 있는 것으로 판단된다. 저자는 일반적인 조직의 관리자가 수행하는 역할과 마찬가지로 자원봉사 관리자 역시 관리자로서의 역할을 수행해야 한다고 생각하는데, 다만 자원봉사가 갖는 특성을 잘 살려서 일반조직과는 다른 관리자로서의 특수성을 가지고 있어야 한다고 본다.

전통적으로 일반행정과 사회복지조직에서 관리자는 'POSDCRBE'라는 8가지 역할을 수행하는 것으로 수용되어 왔는데, 이는 기획(Planing), 조직(Organization), 인사(Staffing), 감독(Directing), 조정(Coordinating), 보고(Reporting), 재무(Budgeting) 및 평가(Evaluating)다. 자원봉사 관리자 역시 자원봉사기관 등에서 이러한 8가지 역할을 수행하는 것으로 이해할 수 있다.

자원봉사 관리자는 이러한 조직의 기본적 관리에다 자원봉사활동과 직접적으로 관련된 일련의 관리기능을 함께 수행해야 한다. 그것은 다음과 같은 일련의 연속적이고 체계적인 역할인데, 이는 자원봉사자에 관련된 일이지만 다른 한편으로는 자원봉사 대상자와 관련된 역할도 수행해야 한다.

① 자원봉사활동의 계획
② 자원봉사활동의 조직
③ 자원봉사자의 모집
④ 자원봉사자 교육 및 훈련
⑤ 자원봉사자의 배치
⑥ 자원봉사활동 지도 감독
⑦ 자원봉사활동의 평가

앞서 언급한 자원봉사 조정자는 주로 모집, 교육 및 훈련, 배치 등의 주된 역할을 수행하면서 자원봉사활동의 일선에서 자원봉사자와 대상자와 관계하는 경우가 많다. 반면에 자원봉사 관리자는 자원봉사조직의 전체적인 운영과 연관된 역할을 수행하며, 조정자보다는 한층 상위의 직급으로서 역할을 수행하는 경향이 있다.

참고로 한국직업능력개발원(2004)은 자원봉사 관리조정자(volunteer manager)의 직무분석을 연구하였는데, 그 내용은 다음과 같다. 연구자료는 자원봉사 관리조정자의 작업/지식 행 렬표, 작업/기능 행 렬표, 작업/도구 행렬표와 작업/코스 행렬표를 체계적으로 정리하여 간략하게 제시하였다(부록 1 참조). 각각의 행렬표는 자원봉사 관리조정자가 알아야 하는 지식, 수행하여야 하는 작업과 기능, 그리고 업무상 거쳐야 하는 코스 등을 일목요연하게 정리하여 제시함으로써, 자원봉사 관리조정자의 역량과 역할의 크기 및 깊이를 헤아릴 수 있게 해 준다. 자원봉사 관리조정자는 그만큼 자원봉사조직이나 자원봉사조직이 속해 있는 사회복지기관, 자원봉사자 그리고 자원봉사 대상자 등에 중요한 핵심인물이며, 이러한 점에서 전문가임을 명심해야 한다.

참고로 본서의 '부록'에 첨가하여 둔 '자원봉사 관리조정자 직무분석표'를 눈여겨볼 필요가 있다. 이 직무분석표는 자원봉사 관리조정자가 직무를 수행하는 데 필요한 지식과 핵심 작업의 내용을 자세하게 열거하면서, 상호 연결시키고 있다.

PART 02

자원봉사 관리와 프로그램 개발

Chapter 06 자원봉사자의 모집

Chapter 07 자원봉사자의 교육 및 훈련

Chapter 08 자원봉사자의 배치

Chapter 09 자원봉사의 평가

Chapter 10 자원봉사 유지와 인정

Chapter 11 자원봉사 프로그램 개발

Chapter 06

자원봉사자의 모집

01 자원봉사자 모집 개관

1) 개관

자원봉사기관에서 자원봉사를 시작하는 일은 지역사회 안에 존재하는 문제에 직면한 사람이 있고, 그들의 고통을 해결해야 할 필요성을 느끼고 이를 위해 국가나 사회적으로 대응하는 노력이 경주될 때 가능하다. 여러 가지 문제해결방법의 하나로 자원봉사기관이 자원봉사를 수행하게 된다.

이 과정에서 자원봉사 대상과 분야가 선행하여 존재하는 것에서 자원봉사의 필요성이 대두되는데, 여기에 대응하여 자원봉사자의 모집이 요청된다. 즉, 자원봉사의 수요에 대응하여 공급체계를 만들기 위한 한 요소로서 자원봉사자의 모집이 요청된다.

2) 모집 시 검토 사항

자원봉사자를 효과적으로 모집하기 위해서는 몇 가지 측면을 제대로 검토하여야 한다. 예를 들어, 왜 자원봉사자가 필요하며, 어느 정도 규모의 자원봉사자를, 어떤 자질과 특징을 가진 사람들을 필요로 하는지, 어떤 가치를 가지고, 어떤 종류의 활동에 자원봉사자가 참여하여 도움을 제공하게 될지 등을 생각하면서 자원봉사자를 모집해야 한다. 스텐젤과 피니(Stenzel & Feeney)는 자원봉사자를 모집할 때 고려해야 하는 요소들을 [그림 6-1]과 같이 간략하게 도식화하여 설명하였다.

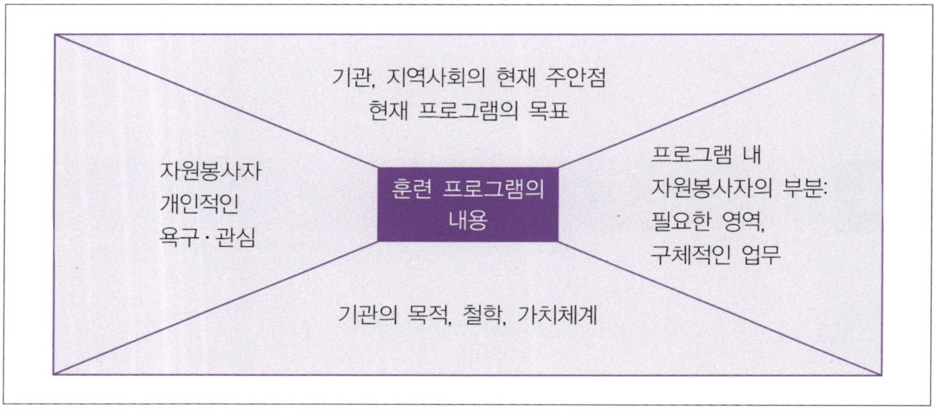

[그림 6-1] 자원봉사자 모집의 검토 요소

출처: Stenzel & Feeney(1976); 한국복지연구회(1997: 142, 재인용).

모집을 하기 위해서는 다음의 사항을 고려해야 한다. 첫째, 자원봉사를 하고자 하는 사람의 개인적인 관심이나 욕구를 파악한다. 둘째, 기관의 목적 및 철학을 고려한 모집이 되어야 한다. 셋째, 프로그램 내에서 자원봉사자의 업무 및 역할이 구체적으로 명시되어야 한다. 넷째, 현재 기관 및 지역사회를 고려한 프로그램의 목표에 따른 모집활동인지 파악하여야 한다. 다섯째, 기관에서 제시하는 자원봉사자 훈련 프로그램의 내용이 고려되어야 한다.

모집은 전체 자원봉사 관리 프로그램의 초석으로서, 단지 일개의 독자적인 단위 프로그램이 아니다. 모집 단계에서 관련된 다른 요소를 고려하지 않고 양적 확대만을 추구하였을 경우에는 원래의 목적에 부적합한 자원봉사자를 모집하게 되어 적절한 배치가 이루어지지 않아 인적 · 물적 · 시간적 손실을 초래하게 된다. 이렇듯 자원봉사자의 모집은 자원봉사 프로그램 전체에 영향을 미치는 중요한 사항이다.

또 일즈리와 니에미(1981: 54)도 훌륭한 자원봉사자 모집자는 다섯 가지 과업과 연관되어 있다고 하였는데, 이 역시 자원봉사자의 모집 시 고려되어야 할 사항이다. 첫째, 자원봉사자의 업무를 명확히 규정하고 업무에 맞는 표적 집단을 설정하며, 표적 집단에 대한 이해가 있어야 한다. 둘째, 자원봉사자가 참여하게 될 프로그램의 목적, 진행계획, 기타 관련 사항들에 대해서 알아야 한다. 셋째, 다양한 계층의 사람들을 수용할 수 있어야 한다. 넷째, 자원봉사자 중심의 프로그램 목표 설정에 기여한다. 다섯째, 자원봉사자에게 의미 있는 업무를 약속한다.

02 자원봉사자의 모집

1) 모집 준비

자원봉사자의 모집과정은 먼저 자원봉사자가 수행하게 될 업무와 과업에 대한 목표와 설계가 이루어져야 한다. 자원봉사는 자원봉사자에게 자기개발, 즐거움, 자아실현의 기회를 제공하고, 자원봉사기관에게는 프로그램이 계속 진행됨으로써 기관의 목적을 실현하게 되는 수단이다. 이러한 자원봉사의 의미를 살펴볼 때 양측의 목적 달성을 위해서, 그리고 자원봉사 업무 구조의 불명확성이 자원봉사활동의 만족도와 지속도에 부정적인 영향을 미치고 있음을 상기하여, 자원봉사자의 모집 준비를 하는 데 계획적이고 체계적인 업무설계(job design)를 하여야 한다.

업무설계는 개인과 조직을 연결시켜 주는 가장 기본적인 단위의 업무 내용, 방법, 관계를 구체화하여 업무 수행자의 욕구와 조직의 목표를 통합시켜 줌으로써 조직의 목표달성과 개인의 욕구충족에 직접적인 영향을 미친다는 점에서 중요하며, 기관의 전체 자원봉사 프로그램을 계획하고 관리하며 평가하는 총체적인 틀이다(Wilson, 1976: 101-102).

그다음에는 전체적인 자원봉사 업무설계에 따라 명확한 업무설명(job description)이 제시되어야 한다. 스텐젤과 피니(Stenzel & Feeney, 1976:108)가 제시한 자원봉사업무 설명의 항목을 살펴보면, 업무명칭, 업무목적, 업무 책임분야, 업무 수행기간, 책임계통, 자원봉사자의 자격조건, 업무수행에 소요되는 시간, 선발방법, 업무수행에 요구되는 교육 및 기간, 업무수행에 부수적으로 따르는 요구나 행사 및 업무수행이 종료된 후에도 지속적으로 자원봉사에 참여할 수 있는 방법과 절차, 그리고 보상과 관련된 내용을 포함하고 있다. 〈표 6-1〉은 자원봉사업무 설명을 간략하게 제시한 것이다.

〈표 6-1〉 자원봉사자 업무 설명서

기관명:

자원봉사자 업무 설명서

- 부서명:
- 프로그램명:
- 담당 업무:
- 담당 업무의 목표:
- 업무 책임 영역:
- 업무 수행 기간/요일/시간:
- 선발방법:
- 자격 요건(경험, 특기 등):
- 필요한 교육:
- 보상계획:
- 기타사항:

담당 사회복지사: ____________

작성일자: ____________

출처: Stenzel & Feeney(1976: 102); 한국복지연구회(1997: 145, 재인용).

그리고 기관 측에서 마련해야 할 사항으로, ① 자원봉사활동에 관한 기관의 규정이 마련되어 기관의 규정을 직원들이 수용할 수 있는 교육 실시, ② 자원봉사활동 규정의 일관된 개념에 따른 기관에 소속된 직원들의 자원봉사활동에 대한 개념 습득, ③ 자원봉사자의 역할에 대한 이해 등이 있다. 기관 직원들 사이의 자원봉사 프로그램에 대한 상이한 개념은 자원봉사활동 조정자가 업무수행을 할 때 어려움과 심리적인 소진을 야기하고 아울러 자원봉사자의 심리적인 혼란을 초래할 수 있다(한국복지연구회, 1997: 144-145, 재인용).

2) 모집 활동

자원봉사에 대한 업무설계와 설명이 끝나면, 이를 바탕으로 자원봉사자를 실제로 모집한다. 자원봉사자를 모집하는 과정은 시간과 많은 노력이 필요하다. 먼저, 모집 대상을 어떤 집단으로 할 것인지를 결정하여, 그 집단이 지역사회의 어떤 곳에 존재하는지를 파악하여야 한다. 수요집단, 즉 자원봉사를 필요로 하는 사람이나 분야의 욕구나 특성에 따라서 혹은 그 규모에 따라서 대응할 수 있는 집단적 특수성을 가져야 한다.

자원봉사 전문가는 평소에 지역사회 내에서 지역사회주민이 잠재적 자원봉사자라는 생각을 가지고 다양한 사회집단과 교류하는 가운데 지역주민 조직이나 단체, 공공기관, 각종 협회, 사회단체, 여성회, 학교, 기업체, 종교단체 등의 목록을 작성하고, 이들에 관한 지역사회의 여러 정보를 확보하고 있어야 한다. 보통 이러한 사회단체 및 조직의 목록과 현황은 각 시 · 도 및 시 · 군 · 구의 행정관청의 행정자료나 연감 등에 자세하게 소개되어 있으므로 이들에 관한 자료를 확보하고 이해하고 있어야 한다. 특히, 지역사회 내의 인적 · 물적 자원의 흐름도 잘 파악하고 있는 자세가 요구된다. 동시에 이러한 사회조직과 공식적 · 비공식적 접촉과 교류를 유지하여 필요한 경우 도움을 받을 수 있는 관계를 형성해 놓는 것도 좋다.

대체로 자원봉사기관은 1년 중 정기적으로 자원봉사자들을 모집하는 시기와 횟수를 정해 놓고 있는 경우가 대부분이다. 분기별, 반기별 등 기관의 사정과 역량에 따라서 다르지만, 일반적으로 1년 중 1~4회를 모집한다.

3) 모집 홍보

자원봉사자의 모집 방법은 매우 다양하다. 활용 가능한 구체적인 홍보매체로 다음과 같은 것이 있다(한국복지연구회, 1997: 149-150).

① 신문, 잡지: 동정, 새소식, 광고란을 활용하고, 자원봉사자가 활동하는 시간을 게재함으로써 시각적인 자극을 유도한다.

② 라디오, 텔레비전: 공익광고란, 토크쇼, 뉴스 프로그램을 이용하여 인간의 흥미로운 이야기, 독특한 활동 등을 중심으로 대중의 자발적인 참여를 유도한다.

③ 포스터, 스티커, 벽보판: 지역사회의 관심거리가 될 만한 이슈들을 슈퍼마켓, 세탁소, 패스트푸드점, 병원, 은행, 보건소, 구청, 동회, 우체국, 도서관, 박물관, 문화센터 등에 부착하는데, 이때 고려해야 할 점은 사람의 관심이나 욕구에 대한 정보를 파악하고 이에 부응하는 내용을 알리는 것이다.

④ 연설: 교회, 학교, 전문가 집단, 서비스 집단, 특별 이익집단을 대상으로 집단의 관심 영역을 유발할 수 있는 소재를 사용한다.

⑤ 팸플릿, 기타 프린트물: 지역사회 내의 일반적인 관심을 유발하는 데 유용하다.

⑥ 전시: 자원봉사자의 활동 및 교육을 담은 슬라이드, 사진, 포스터를 부착하여 잠재적 자원봉사자의 동기를 유발하고 일반인에 대한 사회교육적인 효과를 낼 수 있다.

⑦ 인적 자원 활용: 직원 및 활동하고 있는 자원봉사자, 집배원, 생활설계사, 우유배달원, 지역유지, 주민회, 부녀회, 동 · 구청 직원, 전(retired) 자원봉사자, 현재 활동 중인 자원봉사자를 활용한다. 특히, 직원의 경우는 기관의 이미지를 대표하는 효과를 가져오고 잠재적 자원봉사자는 이미 자원봉사활동을 경험한 동료에 의해 동기가 유발되므로 가장 효과적인 방법이 될 수 있다.

⑧ 기관 방문, 기관 개방: 여러 목적으로 기관을 방문하였거나 기관의 시설을 지역사회가 유용하게 이용할 기회를 제고하는 경우에 장기적인 안목을 가지고 자원봉사활동에 대한 용이한 이해가 이루어질 수 있도록 안내한다.

⑨ 기관의 정기발행물: 일정 기간 기관의 동정 및 필요한 소식을 기관을 직접 이용하는 자, 기관의 활동에 관심이 있는 자, 학생, 지역주민에게 알림으로써 공동체를 만들어 나가는 정기발행물에 현재 활동을 하고 있는 자원봉사자의 활동 상황을 게재하고, 아울러 잠재 자원봉사자가 자원봉사를 하고자 하는 방법에 대하여 쉽게 알 수 있도록 하는 고정란을 만든다.

⑩ 자원봉사 지원기관: 자원봉사 안내센터, 자원봉사 과목을 필수로 선정한 대학, 구청, 동사무소, 기업체 등을 활용한다.

03 자원봉사자의 면접과 선발

자원봉사자의 모집 시 자원봉사기관에서 낸 모집 홍보를 듣거나 보고서 자원봉사자로서 신청한 사람을 대상으로 선발하는 과정에서 흔히 면접이 활용된다. 즉, 자원봉사자의 면접은 자원봉사자와 기관이 서로의 기대와 욕구가 맞는지를 구체적으로 확인하는 과정이다. 자원봉사자와 기관은 면접을 통해 서로에 대해 생각하고 기대했던 바가 서로 잘 맞고 일치되는지를 확인하며 최종 결정을 짓는다. 일즈리와 니에미는 성공적인 면접을 위해 고려해야 할 전략을 〈표 6-2〉와 같이 제시하였다(류기형 외, 2002: 195, 재인용).

또한, 면접과정에서는 상호의견 및 정보교환을 통해 자원봉사자 개개인의 동기, 의욕 그리고 구체적인 목표가 결정되고, 이들 정보를 바탕으로 최종적으로 업무가 배정되어야 한다. 이와 같이 각 기관의 면접은 적절한 배치를 결정할 수 있도록 구조화되어야 하며, 자원봉사자로 하여금 업무를 보다 잘 이해하고 업무가 실제로 자신들이 원하는 것인지, 그리고 자신이 수행할 수 있는 자격이 있는지를 결정할 수 있게 해야 한다. 잠정적 자원봉사자와의 면접에서 물어볼 사항을 요약하면 다음과 같다(조휘일, 1998: 369).

〈표 6-2〉 성공적인 면접을 위한 전략

구분	바른 지침	유의해야 할 점
면접을 위한 단계설정	• 정직하고 개방된 마음을 갖도록 편안하고 안정된 분위기를 선택하라. • 대화를 하는 동안 경험의 형태, 비언어적·신체적 동작을 주의 깊게 관찰하라.	• 피면접자로 하여금 신경 쓰이게 하거나 방해받는다고 느낄 수 있는 바쁜 환경을 피하라. • 끈질긴 질문, 오만한 질문을 함으로써 피면접자로 하여금 방어적 태도를 갖게 하는 것을 피하라.
질문을 위한 단계설정	• 개방형 질문을 하라. 피면접자로 하여금 몇 가지 선택이 가능할 수 있는 방법으로 질문하라. • 자원봉사활동의 철학이나 동기 등 관련 정보를 얻을 수 있는 질문을 하라.	• '예', '아니요' 식의 대답이나 피면접자로 하여금 유도하는 듯한 질문은 피하라. • 더 많은 정보를 얻기 위한 무례한 행동은 피하라.
면접과정	• 특정한 업무에 대한 설명과 프로그램의 목적을 설명하라. • 자원봉사자들과 빠른 라포를 형성하도록 이해와 관심을 보여라. • 당신이 찾고자 하는 정보가 무엇인지를 알아라.	• 면접과정에서 서두르지 마라. • 거칠거나 위협적이거나 위압적이라고 느낄 자세를 피하라. • 무계획적이거나 융통성 없는 것을 피하라.

① 왜 이 업무에 흥미를 갖는가?

② 해당 분야의 과거 경험이 있는가?

③ 특정 업무에서 얻으려는 것이 무엇인가?

④ 이 기관의 업무에 어떻게 기여할 수 있는가?

⑤ 자신의 취미와 관심사는 무엇인가?

⑥ 자원봉사 업무에 6~12개월 동안 책임 있게 봉사할 수 있는가?

⑦ 기관, 클라이언트 그리고 업무에 대해 알고 싶은 것은 무엇인가?

⑧ 현재 자신의 생활에 자원봉사 업무가 여전히 적합한가?

제이콥슨(Jacobson)은 면접의 기본 목적이란 잠정적 자원봉사자와 자원봉사자의 의욕, 기술 그리고 능력이 기관 및 클라이언트의 욕구와 관련될 수 있는가를 결정하는 것으로, 이러한 목적을 달성하기 위한 면접의 지침들은 다음과 같다고 주장하였다(조휘일, 2002: 137, 재인용). 다음의 내용은 자원봉사기관에서 자원봉사자를 모집하기 위한 면접과정에서 참고해야 할 지침이라고 생각된다.

- 잠정적 자원봉사자를 개별적으로 면접하고, 그들을 최소한의 기간 내에 배치해 주어야 한다.
- 잠정적 자원봉사자에 의해 완성될 수 있는 적절한 면접 양식이 준비되어야 한다.
- 잠정적 자원봉사자에게는 가용한 활동업무, 책임, 자원봉사자가 되기 위한 의무사항에 관한 정보가 주어져야 한다.
- 자원봉사자에게 기관 또는 프로그램 배치에 대한 자신의 선호도를 토의할 수 있는 기회가 제공되어야 한다.
- 면접은 잠정적 자원봉사자의 창의적 능력, 사회적 태도, 전문적 기술 그리고 지도력을 사정하는 계기가 되어야 한다.
- 면접은 잠정적 자원봉사자에게 장기적 책임을 담당하기 전에 견습을 위한 배치가 가능하다는 것을 전달해야 한다.
- 면접은 자원봉사자의 시간, 기술, 재능 그리고 흥미에 관한 충분한 정보를 얻을 수 있는 방법으로 직접 대면의 면접, 전화면접, 그 밖의 모든 방법을 동원해서 이루어져야 한다.
- 자원봉사자의 시간, 기술, 재능 그리고 흥미에 적합한 임무가 가용하지 않을 때에는, 최소의 기간 내에 이러한 사실이 포함되는 업무를 개발해야 한다.

Chapter 07

자원봉사자의 교육 및 훈련

01 개념과 모형

1) 개념

자원봉사자를 봉사활동의 현장이나 대상자에게 배치하여 다양한 활동을 펼치게 하는 데 자원봉사자가 기본적으로 갖추어야 할 자세, 지식 및 기술을 학습하는 과정을 교육 및 훈련이라고 부른다. 자원봉사는 누구나 참가하여 활동할 수 있다. 그러나 자원봉사의 내용이나 대상이 어떠하냐에 따라 일반적인 노력 봉사부터 보다 전문적인 기술이나 지식을 갖추어야 수행할 수 있는 자원봉사까지 활동 분야는 매우 다양하다. 또 혼자서 가능한 자원봉사도 있지만, 슈퍼바이저와 함께 자원봉사를 수행해야 할 경우도 있고, 여러 사람이 집단으로 봉사활동을 수행해야 할 경우도 있다. 어떤 경우라 할지라도 자원봉사에 임하기 전에 자원봉사자가 알아야 하는 사항을 배우는 과정을 거쳐야 적절한 자원봉사를 행할 수 있다.

자원봉사활동은 경우에 따라 자원봉사 전문기관에서 자원봉사자를 모집하여 봉사활동을 배정하고 소기의 목적을 달성하려는 기관이나 조직의 목적을 가진 채 이루어지는 것이 대부분이다. 따라서 자원봉사기관에서는 기관의 활동 목표에 따라 특정의 봉사활동을 수행하여 일정한 방향으로 프로그램을 진행해 나가는 방향을 가지고 있다. 이 경우에 기관에서 필요한 교육과 훈련을 반드시 자원봉사자에게 제공한 후에 자원봉사활동을 진행하는 경우가 일반적이다. 특별한 경우에는 보다 규모가 크고 장기적이고 전문적인 사회복지 프로그램이나 다른 영역의 사업과 관련하여 전문가와 함께 자원봉사자들이 일하는 경우도 많다. 이러한 배경에서 자원봉사자는 일정한 교육, 훈련과정을 거친 후에 봉사활동에 배치되는 것이 적절하고 당연하다.

2) 프로그램 개발 모형

자원봉사자를 위한 교육, 훈련 프로그램을 개발하는 일은 자원봉사자가 수행하려는 내용이 무엇이냐에 따라 달라진다. 예를 들어, 일반적인 노력봉사인지, 상담이나 전화상담과 같은 보다 전문적인 봉사활동인지 등에 따라 교육 내용이 달라진다. 또 자원봉사 대상이 누구인지, 그들이 희망하는 서비스가 무엇인지에 따라 교육 내용이 달라질 수 있다.

즉, 자원봉사자 교육 프로그램은 자원봉사활동의 목적, 활동 방법, 분야, 지역사회의 특성, 자원봉사자의 다양성, 교육방법과 장소 및 시기 등 여러 가지의 변수에 따라 달라질 수 있다. 그중에서 교육 프로그램을 개발할 때 고려해야 할 몇 가지 측면을 알아보면 다음과 같다. 이러한 분류는 상호배타적이고 이상적인 분류라기보다는 자원봉사자 교육 프로그램을 개발하는 경우에 생각할 수 있는 몇 가지 측면을 고려하여 구분해 본 것에 지나지 않는다.

(1) 교육목표

자원봉사자 교육 및 훈련의 목표는 가장 중요하고 가장 먼저 생각해야 할 사항이다. 목표가 교육의 내용과 방법 등을 결정한다고 볼 수 있다. 일반적으로 자원봉사자 교육은 자원봉사자가 수행해야 할 자원봉사활동 자체와 관련하여 필요한 사항을 교육하는 것이지만, 기본적으로 자원봉사활동 과정을 통해 자신과 지역사회에 유익한 결과를 가져올 수 있도록 교육 프로그램이 기획된다. 특히, 학생의 봉사활동이 '봉사학습'의 일환으로 수행된다면, 이러한 교육목적을 부각시켜야 할 것이다.

김영호(1989: 82)는 사회복지기관이나 시설에 참여하는 자원봉사자들을 위한 교육목표는 다음과 같은 사항이 포함되어야 한다고 주장하였다.

① 인간의 가치와 존엄의 확신을 기초로 하는 사회복지철학과 기본적 인권에 관한 내용
② 인간의 이해와 전인적 인간교육에 관한 내용
③ 민주주의 이념에 관한 내용
④ 가정을 비롯한 지역사회의 이해와 그 기능 회복을 위한 내용
⑤ 가정, 지역사회 및 국가의 주인의식을 자각하게 하는 내용
⑥ 사회문제의 이해와 사회발전에 대한 공동 책임의식을 갖게 하고, 공동선(common good)을 위해 자발적 · 자주적으로 참여하고 협동하도록 하는 내용
⑦ 복지사회의 이념과 그 실천 방안에 관한 내용
⑧ 자원봉사활동의 이론과 실제에 관한 내용
⑨ 기타 인간의 바람직한 생활과 공동복지를 위해 필요한 내용

(2) 교육프로그램 기획의 검토사항

자원봉사자 교육을 기획할 때는 여러 가지 사항이 검토되어야 한다. 예를 들어, 자원봉사자의 욕구, 관심, 시간 및 기관의 재정, 목적 그리고 지역사회의 특성, 현황을 사전에 고려하여 교육방법, 장소, 설비 장치, 인적 · 물적 자원을 포함한 교육과정을 결정하도록 한다. 스텐젤과 피니는 교육프로그램을 기획할 경우에 검토해야 할 사항을 〈표 7-1〉과 같이 제시하였다.

〈표 7-1〉 프로그램 기획의 6가지 고려 요소

요소	내용
왜(why)	현재의 주안점뿐만 아니라 기관 전체의 목적과 목표와 관련해서 본 교육프로그램이 무엇을 도울 수 있는가, 무슨 도움이 되는가를 파악
무엇(what)	자원봉사자를 위해 필요한 일반적인 훈련과 개발 욕구를 검토한 뒤, 자원봉사자가 활동하면서 배울 수 있는 내용 결정
누구(who)	자원봉사자의 직업별, 자원봉사 업무별, 자원봉사활동 기간별 등에 대한 과거 방법의 평가에 기반을 두고 현재 방향 선정
언제(when)	프로젝트에 따라 새로운 자원봉사자가 필요한 시기, 새로운 프로그램이 시작한 시기
어떻게(how)	필요한 교육 내용과 가능한 집단 학습경험 양식 조화
어디서(where)	집단 횟수에 적절한 장소 선정

출처: Stenzel & Feeney(1976: 62); 한국복지연구회(1997: 167, 재인용).

(3) 교육 내용

자원봉사자를 교육해야 할 내용에는 여러 가지가 포함된다. 자원봉사활동과 관련된 기술을 비롯하여 지역사회의 특수성, 기관의 기능과 설립목표, 자원봉사 대상자에 대한 문제와 욕구의 내용 등 다양한 사항이 있다. 스텐젤과 피니는 이러한 내용을 포괄적이고 체계적으로 정리하였다. 그들은 자원봉사자 교육 및 훈련 프로그램의 내용에 포함될 구성요소를 [그림 7-1]과 같이 요약, 정리하였다.

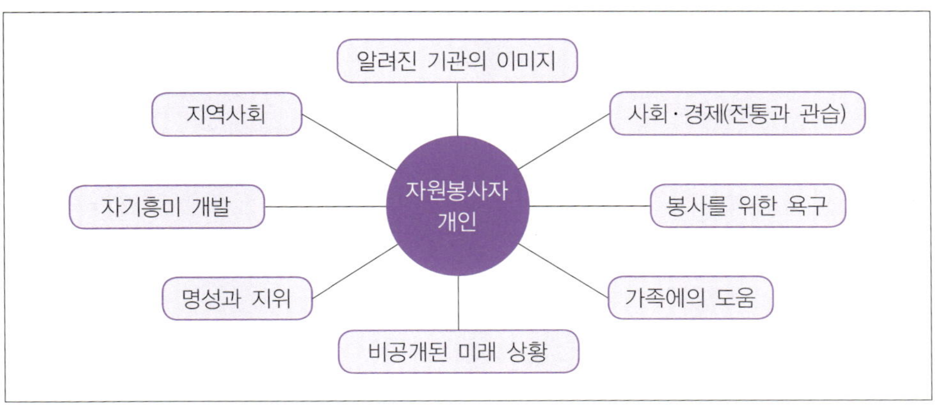

[그림 7-1] 자원봉사자 교육 및 훈련의 내용

기관의 목적, 정책결정, 기획 프로젝트 계획과 관련된 구체적인 기관의 욕구와 우선순위는 그림의 상단 부분인 '알려진 기관의 이미지'와 연관된다. 그림 하단 부분의 '비공개된 미래 상황'은 모든 프로그램과 서비스를 제공하는 기관과 조직의 전반적인 목적을 의미한다. 예를 들면, 국제조직의 지부일 경우에 조직의 구조를 지탱하는 기초는 본부의 철학과 일반적인 목적이 된다. 그림의 왼쪽 부분은 집단교육 및 훈련 프로그램이 가능한 개인적인 관심, 흥미, 그리고 특별한 상황을 고려해야 함을 지적하고 있다. 예를 들면, 자원봉사자가 다른 기관에서 유사한 업무의 자원봉사활동을 한 경우 이러한 특별한 상황을 고려하는 것이 필요하다. 기관의 목적과 관련된 기금조성 프로젝트에서 자원봉사자는 기록, 판매, 우편 발송 작업, 전화 받기, 면접 등의 역할을 하게 된다. 이것은 그림의 오른쪽 부분에 해당되는데, 이러한 내용은 서로 분리되어 배울 수 있는 것이 아니라 기관이 왜 이런 식으로 진행되는지에 대한 정보를 습득하는 과정에서 자연스럽게 익힐 수 있는 사항이다(한국복지연구회, 1997: 167-168, 재인용).

(4) 교육방법과 시기

자원봉사자 교육방법은 일반적으로 강의 중심으로 실행되는 방법, 관련되는 자료를 읽고 토론식으로 수행하는 방법, 각종 비디오, 컴퓨터 및 파워포인트 등 시청각 자료를 매개체로 활용하는 방법, 사례연구와 사례발표를 통한 방법, 집단토의와 발표를 통한 방법, 워크숍, 역할극, 가상연습 등 여러 가지 방법이 동원될 수 있다.

교육훈련의 시기는 자원봉사를 시작하기 전에 시행하는 교육, 기초교육 혹은 기본교육, 심화학습이나 현직훈련, 재교육 등 여러 가지가 존재한다. 사실 교육 시기에 다른 자원봉사자 교육방법조차 어쩌면 자원봉사자 교육의 방법으로 볼 수도 있다. 이에 대한 자세한 내용은 제2절에서 살펴본다.

(5) 교육과정별 모형 사례

자원봉사의 교육훈련은 여러 가지의 관점에서 다양한 교육과정과 모형이 존재할 수 있다. 여기서는 자원봉사활동을 하는 데 필요한 매우 기초적인 교육과 함께 지역사회와 사회복지문제에 대한 보다 심층적이고 체계적인 봉사학습의 견지에서 하나의 자원봉사자 교육모형을 제시해 보고자 한다. 특히, 이 모형은 지역사회 내 사회복지기관과 연계하여 자원봉사활동을 전개할 경우를 상정하여 만들어진 것이다.

첫째, '자원봉사의 기초'는 자원봉사활동을 펴 나가는 데 알아야 할 가장 기본적인 사항을 학습하는 내용으로 꾸며져 있다. 여기서는 자원봉사자의 생애주기별 욕구나 발달상의 특성과 과업을 학습하면서 자원봉사와 연관된 사항을 전문강사가 적절하게 가르치면 될 것이다. 이를 위해서는 대략 4시간 정도를 할애하면 좋다.

둘째, '자원봉사활동을 위한 단계별 교육과정'은 구체적으로 자원봉사활동으로 나가서 실행하고, 이를 평가하고, 토의하는 전체 과정을 밝혀 본 것이다. 각 단계는 소위 '사회사업 개입방법론'을 활용하여 편의상 구분하여 본 것이고, 강사는 자원봉사활동의 종류나 자원봉사대상자 혹은 지역사회의 특성에 따라 다소 달라질 수 있으며, 여기서는 최소한의 시간을 설정하여 본 것에 지나지 않는다. 이 단계는 사실 지속적으로 이루어지며, 보통 3, 4단계가 특히 일정 기간 지속적으로 반복될 수 있다. 예를 들어, 자원봉사자가 정기적으로 혹은 특정 기간에 집중적으로 자원봉사활동을 실천하게 될 때 3, 4단계가 집중적으로 반복될 수 있다.

제1단계는 초기단계로, '문제의 인식과 확인 단계'라고 할 수 있다. 이 단계는 지역사회의 특성과 사회복지 관련 문제를 자원봉사자에게 이해시키고 인식시키는 단계다. 이는 앞으로 자원봉사활동을 시작하기 전에 자신이 살고 있는 지역사회에 대한 이해와 문제를 확인할 필요가 있기 때문이다. 그리고 자원봉사자가 만나게 될 자원봉사활동 대상자는 그러한 지역사회가 가진 사회경제적 조직과 문제에 의해 침해받고 희생당한 사람임을 인식시키는 작업이 중요하다. 물론, 자원봉사자가 만나게 될 대상자 모두가 사회적 · 환경적 요인만으로 삶이 어려워진 것은 아니다. 하지만 우리가 살고 있는 사회적 속성과 사회복지 문제를 어느 정도 이해하는 작업이 선행되는 것이 자원봉사활동을 효과적으로 수행할 수 있을 뿐만 아니라, 자원봉사자나 사회복지기관 또는 사회복지 대상자에게 두루 유익하기 때문이다.

제2단계는 준비단계로, '기존 제도의 한계와 실천방법의 선정단계'다. 이 단계에서는 지역사회에 존재하는 사회복지제도에 대한 설명과 안내, 자원봉사활동 방법의 선정, 실천방법에 요구되는 간단한 기술을 배우고 필요한 자료를 준비한다. 또 자원봉사활동 파견팀을 구성하는 작업도 동시에 이루어진다. 문제의 성격과 규모에 따라 자원봉사자의 수와 팀의 성격 등이 정해진다. 그리고 자원봉사활동 과정에서 일어나는 일을 기록하는 각종 양식의 작성방법 등도 가르친다.

제3단계는 실행단계로, '자원봉사자의 파견, 배치 및 실행단계'다. 이 단계는 자원봉사자를 자원봉사처에 안내하고 파견·배치하는 작업부터 자원봉사활동을 수행하는 단계를 말한다. 여기서는 자원봉사처를 찾아가는 방법, 사회복지기관의 직원(혹은 자원봉사활동 조정자)과 협력해야 하는 사항, 특히 대상자와 만나서 인간관계를 맺고 친밀한 관계를 조성하는 일, 그리고 대상자가 원하는 일을 돕는 것 등에 이르는 제반활동이 복합적이고 다양하게 이루어진다. 이 단계에서 자원봉사자가 할 수 있는 자원봉사활동을 선택하고 효과적으로 자원봉사활동을 수행할 수 있도록 연결·안내하는 조정자의 역할이 중요하다.

제4단계는 종결단계로, '종결과 평가단계'다. 이 단계는 자원봉사활동이 완전히 종결되거나 일시적으로 중단되는 경우가 있다. 이 과정에서는 자원봉사자가 사회복지기관이나 대상자에게 상처나 피해를 주지 않으면서 종결하는 방법과 실천할 수 있는 능력을 배우는 것이 중요하다. 종결 후에는 자신이 실행한 자원봉사활동에 대해 담당 자원봉사활동 조정자나 사회복지기관 실무자 및 자원봉사자가 함께 사례평가회를 갖는 것이 좋다.

〈표 7-2〉 자원봉사자 교육과정별 내용(안)

교육 내용	시간
1. 자원봉사의 기초	4시간
(1) 자원봉사의 개념	
(2) 자원봉사활동의 철학과 이념	
(3) 자원봉사활동의 발생 배경	
(4) 자원봉사활동의 분야	
(5) 자원봉사활동의 활동원칙	
(6) 외국의 자원봉사활동 사례	
2. 자원봉사활동을 위한 단계별 교육과정	
(1) 제1단계: 초기단계, 문제의 인식과 확인 지역사회의 특성 이해와 사회복지문제 인식, 발견	2시간
(2) 제2단계: 준비단계, 제도의 한계와 실천방법 선정 사회복지제도 안내실천방법의 선정, 훈련 및 팀구성	2시간
(3) 제3단계: 실행단계, 자원봉사자의 파견, 배치 및 실행	2시간
(4) 제4단계: 종결단계, 자원봉사활동의 종결과 평가	2시간
	총 12시간

출처: 현외성(1996: 112).

(6) 교육환경 준비

자원봉사자 교육 및 훈련을 성공적으로 이끌기 위해서는 철저한 준비가 필요하다. 자원봉사자 교육과정을 효율적으로 수행하기 위해서는 다음의 사항을 고려한다. 첫째, 동료직원, 교육을 도와줄 전문가, 기관의 협조가 반드시 필요하다. 둘째, 자원봉사자가 편리한 교육 시간대로 정한다. 셋째, 교육일정을 정할 때 교육적 효과를 고려하여 학습 과목의 순서를 배치하고, 바람직한 결과를 도출해 내기 위한 다양한 기술과 기법을 사용한다. 넷째, 내용이 충실한 성문화된 교재를 준비한다. 교재는 교육을 받는 동안 자원봉사자의 이해를 증진시키는 역할뿐 아니라 교육 후에도 참고할 수 있는 내용으로 구성한다. 다섯째, 교육이 효과적으로 이루어지도록 사전에 제반 환경을 점검한다.

윌슨(Wilson)은 자원봉사자 교육을 실행하기 전에 준비해야 할 사항인 교육환경 점검 목록을 〈표 7-3〉과 같이 제안하였다(한국복지연구회, 1997: 171, 재인용).

〈표 7-3〉 교육환경 점검 목록

구분	내용
물리적 환경	공간, 조명, 음향 상태·옥외 소음, 실내장식, 온도, 통풍, 의자(편안함/위치), 좌석 배치(집단·이동·휴식·변화), 다과, 필기도구, 재떨이, 화장실, 주차장, 시청각 교재, 코트걸이, 안내 표지판, 녹음, 방명록, 이름표 또는 카드
인간 상호관계	환영, 편안한 분위기, 비정형화, 시작 활동, 민주적인 지도자, 대인관계, VIP 운용, 상호계획, 사정 요구, 공식적인 목표, 활동의 계획과 수행, 평가, 마무리 활동, 정시 폐회(체류 조건)
조직적 요소	정책, 구조, 클라이언트, 정책과 구조 위원회, 모임 공지, 프로그램 주제, 정보철, 광고, 포스터, 전시물, 공고, 예산과 재정, 의사일정 및 마감 시간, 공표, 회의 일정의 빈도

출처: Wilson(1976: 146).

02 자원봉사자 교육 및 훈련의 내용

자원봉사자 교육 및 훈련의 내용은 여러 가지가 존재한다. 레인맨과 리피트(Rainman & Lippitt, 1975: 72)는 단계적으로 선택 가능한 자원봉사자 훈련 유형으로서 자원봉사활동을 시작하기 전에 실시하는 사전훈련(preservice training), 자원봉사활동을 시작하면서 실시하는 기본훈련(start-up training), 업무를 유지하기 위한 노력으로서의 현직훈련(maintenance of effort training), 정기적인 평가와 피드백으로서의 훈련(periodic review & feedback), 업무를 전환하기 위한 기능전환훈련(transition training)을 제시하고 있다. 이 5가지 훈련 유형에 대하여 살펴보면 다음과 같다.

1) 오리엔테이션

오리엔테이션 혹은 사전훈련은 자원봉사활동을 시작하기 전에 실시하는 자원봉사자 훈련으로서, 기관을 견학하거나 다른 자원봉사자들이 활동하는 것을 관찰하거나 조직의 목표, 구조, 정책, 클라이언트 그리고 자원봉사활동 과정을 배우는 단계다. 실제로 사전훈련은 모집활동과 동시에 시작된다고 볼 수 있는데, 실무에서는 이 단계가 소홀히 다루어지거나 생략되어 버리는 경우가 종종 있다.

사전훈련에 포함될 내용을 살펴보면 ① 기관 직원과 자원봉사자의 인사, ② 기관의 철학과 역사 소개, ③ 프로그램과 서비스 안내, ④ 지역집단과 정부 부처와의 관계 안내, ⑤ 기관과 자원봉사자의 권리와 책임 설명, ⑥ 보험 적용, 과외 지출, 탁아, 기타 보상에 대한 안내, ⑦ 기관 견학이 있다.

일즈리와 니에미(류기형 외, 2002: 197, 재인용)는 오리엔테이션에서 다루어져야 할 내용을 〈표 7-4〉와 같이 요약하였다.

〈표 7-4〉 오리엔테이션 내용

구분	내용	
기관의 기능	• 서비스 대상 • 프로그램 유형	• 활동 장소 • 자원과 이용 시설
기관의 역사	• 기관의 설립 배경 • 이사회 • 확장률	• 자금 제공과정 • 제공된 수혜자의 수
법규와 규칙	• 조직의 정관이나 운영지침 • 직원, 자원봉사자의 행동강령	• 건강과 안전에 관련된 필요조건 • 보고서 양식
조직 구도	• 조직 계층 • 자원봉사활동 프로그램의 성격	• 의사소통 채널 • 자원봉사활동 프로그램의 상태
이득과 인센티브	• 자원봉사자에게 주는 특권 • 사회와 승인기능 • 보상에 관한 정책(운임수당, 탁아비, 수업) • 훈련 프로그램	
자원봉사자의 반응	• 자원봉사자의 관심과 불안 • 유급 직원과의 일반적인 토론 • 자원봉사자에 의해 제기되는 부가적인 점	

2) 기본훈련

자원봉사자가 얼마간의 사전훈련을 받고 기관을 위해 실제로 활동을 시작하는 기본훈련 시기는 자원봉사자가 지닌 자원, 기술 및 방법 등이 가장 덜 개발된 상태로서, 사실상 많은 지원을 필요로 하는 기간이다. 따라서 자원봉사자가 원활하게 의사소통을 할 수 있고, 집단 내의 구성원에게 수용 받는 느낌이 들도록 하는 것이 중요하다. 이를 위해서 간단한 만남의 시간을 가지거나 전화 통화를 하여 어떤 느낌이 들었으며, 자원봉사활동에 대해 질문이 있는지 물어보거나 격려하고, 기타 일의 수행에 대한 의견을 교환하는 것이 필요하다. 또 새로 시작한 자원봉사자를 경험자가 있는 상황에 배치하여 처음부터 자신의 활동뿐만 아니라 다른 자원봉사자의 활동을 이해할 수 있는 기회를 제공하는 방법도 있다.

3) 현직훈련

현직훈련의 목적은 자원봉사자의 기술을 향상시키고 문제점을 해결하고 관심 있는 일을 다루어 타성에 젖은 자원봉사자가 되지 않도록 하는 데 있다. 높은 사기는 반드시 자연적으로 생기는 것이 아니므로 현직훈련은 사기를 고양시키고 유지하는 중요한 수단이 된다. 강의, 워크숍, 기관회의 참석 등의 다양한 방법에 대한 개발이 요구되므로 사회교육과 성인교육 프로그램에 관한 지식은 실제 훈련에 큰 도움이 된다.

4) 정기적인 점검과 피드백

실무에서 정기적인 점검이 체계적으로 이루어지기는 사실상 힘들다. 그러나 자원봉사자 자신의 활동을 담은 비디오테이프를 보여 주면서 자신을 관찰하게 한 뒤 결점을 분석할 수 있는 기회를 주거나 자원봉사자 교육 계획을 세우는 데 자원봉사 대상자의 의견을 듣는 것은 바람직한 방법이다. 아울러 일을 추진하는 데 새로운 제안과 피드백을 실천에 옮길 계획을 갖는 것은 중요하다. 계획이 잘 지켜지고 있는지,

또는 새로운 문제가 제기되고 있는지에 대한 토의가 이루어져야 한다.

5) 전환훈련

자원봉사자가 현재 하고 있는 봉사를 계속하거나 새로운 일을 맡게 될 때 유의해야 할 점은 보다 중요한 책임을 지는 수준으로 전환되어야 한다는 것이다. 기관에 처음 들어올 때와 마찬가지로 다른 업무로 옮겨가 새로 일을 시작할 때에는 많은 에너지가 요구된다. 특히, 기존의 업무에 재능을 잘 발휘했다고 해서 다른 업무도 반드시 그렇게 되리라는 보장이 없음을 유념하고 사전 전환훈련을 비롯하여 기본훈련, 정기적인 점검과 피드백 기간이 필요하다.

6) 기타 교육 및 훈련

자원봉사활동과 직접 연관되는 교육 내용은 아닐지라도 자원봉사자는 집단에 소속되어 있으면서 서로 교제하고 사귐의 경험이 매우 중요하다. 자원봉사자 집단에서 구성원 사이에 이루어지는 교류는 자아를 발견하고 성장시키는 경험으로 연결될 수 있다. 특히, 자원봉사활동을 봉사학습의 일환으로 운영하는 경우, 자원봉사자는 특정한 방향으로 성장을 지속하여 갈 것이다.

이러한 맥락에서 자원봉사자 집단은 집단의 결속과 효과적인 자원봉사활동의 기반으로, 집단구성원의 자아성장을 위한 프로그램이나 리더십 훈련, 기타 일상적인 생활과 관련된 다양한 정보, 기술 및 취미 등에 관한 교육을 제공하기도 한다. 이러한 교육이 경우에 따라서 자원봉사자가 매력적으로 생각하는 것이기도 하다.

03 자원봉사자 교육 및 훈련 방법과 평가

1) 방법

(1) 강의식 교육

일반적으로 가장 널리 사용되는 교육훈련 방법으로, 다수인을 대상으로 집중적으로 필요한 것을 알리고 가르치는 것이다. 그러나 이 경우에 주입식 교육이 되어서 식상하거나 흥미를 잃을 수도 있으므로 주의가 요구된다. 그러나 너무 흥미 위주로 교육을 하면 교육의 초점이 흐려진다. 따라서 성인학습은 현재의 문제해결을 위한 과정, 즉 학습자의 현재 상황과 관계되는 것을 중심으로 강의가 진행되어야 한다.

(2) 워크숍

워크숍은 자원봉사자의 유용한 훈련방법의 하나로, 대개 하루에 2~6시간 정도 소요되며 2일 동안 계속되는 경우도 있다. 또 학생과 직장인을 위해 주말에 이루어지는 경우도 있다. 프로그램은 의사전달을 더 잘할 수 있는 방법, 위원회를 보다 활성화시킬 수 있는 방법, 부모교육 또는 자녀교육의 문제 등의 특정 문제를 집중적으로 다루게 된다.

(3) 가상연습

이 방법은 과거 실제로 일어났거나 또는 앞으로 일어날 것으로 예측되는 상황에 대해서 실제로 연습해 보는 방법이다. 예를 들면, 병원 외출 개조에서 갑자기 장애인이 쓰러졌을 경우, 자원봉사 대상자가 무리한 요구를 계속할 경우, 치매 환자의 발작 등의 경우가 있을 수 있는데, 이러한 경우가 발생했을 때를 예상하여 실제로 연습해 보는 것이다.

(4) 역할극

이 방법은 워크숍이나 모든 교육훈련 방법의 하나로 사용될 수 있다. 대표적인 이론은 펄스(Peris)의 게슈탈트 치료방법(mothod of gestalt treatment)이다. 예를 들면, 교사와 학생 및 부모와 자녀의 역할과 그 반대 역할 또는 빈 의자를 하나 놓고 반대편의 의자에 앉아서 독백하는 방법 등 그 기능의 전환과 상대방의 입장(자원봉사의 대상자)에서 보고 느끼고 배우는 방법이다(임종열 편저, 1986: 22-31).

(5) 시청각 교육

비디오 등 다양한 시청각 자료를 활용하면서 학습하는 방법이다. 다른 나라의 자원봉사활동에 대한 비디오나 신문자료 등을 가지고 토론하는 방법이 대표적이다. 때로는 사회문제와 연관된 TV 특집이나 현장답사 등을 통한 비디오 촬영, 사회복지관에 대한 홍보자료 등을 활용하는 경우도 있을 것이다.

2) 평가

평가는 교육목표가 프로그램과 실제교육을 통해 실제로 어느 정도 실현되었는가를 결정하는 과정이며, 평가계획은 향후 계획을 수립하기 위한 기초과정으로서 모든 교육 프로그램의 시작단계로부터 평가단계까지를 포함한다. 교육 프로그램의 목적과 대상이 명확하게 표현될 수 있도록 효과적인 평가가 이루어진다. 목표달성 여부에 관계없이 평가를 수행함으로써 어떤 요소가 성공이나 실패에 원인이 되었는지를 판단할 수 있고, 앞으로의 훈련계획에 유익하게 반영할 수 있다는 데 평가의 의의가 있다(Wilson, 1976: 149; 한국복지연구회, 1997: 172).

체계적인 훈련계획 및 평가설계를 하기 위한 질문을 〈표 7-5〉에 제시하였다. 그리고 체계적인 교육 프로그램을 평가하기 위한 양식을 〈표 7-6〉과 〈표 7-7〉에서 제시하였다.

〈표 7-5〉 교육계획 및 평가 질문지

1. 욕구가 무엇입니까?
2. 달성하고자 하는 것은 무엇입니까?
   (목표를 서술하십시오.)
3. 누가 훈련을 받아야 합니까?
   (전문직 또는 비전문직 또는 다른 대상도 명확히 제시하십시오.)
4. 얼마나 많은 사람이 훈련을 받았습니까?
5. 현재 훈련받은 사람의 지식과 경험의 평균 수준은 어느 정도입니까?
6. 훈련받은 사람들의 평균 능력은 어느 정도입니까?
7. 추후에 필요한 새로운 지식과 이해는 무엇입니까?
   (교육할 범위와 내용의 개요를 제시하십시오.)
8. 추후에는 어떤 새롭고 진보된 기술들이 필요합니까?
   (행동목표를 제시하십시오.)
9. 훈련이나 개발이 어떻게 이루어질 수 있습니까?
10. 이용 가능한 교육적 교재와 자원은 무엇입니까?
11. 고려되어야 할 시간적인 요인들은 무엇입니까?
12. 시작 날짜, 시간, 빈도 그리고 교육 횟수의 기간은 어떠합니까?
13. 교육의 내용과 연결은 어떠합니까?
14. 누가 훈련을 실시합니까?
15. 지도자 훈련이 필요합니까?
16. 그렇다면, 무슨 훈련이 필요합니까?
17. 어떤 지도자와 교육계획이 필요합니까?
18. 프로그램이 실시될 장소는 어디입니까?
19. 필요한 시설, 장비 그리고 서비스는 무엇입니까?
20. 사용될 보고서나 교육자료는 무엇입니까?
21. 필요한 기록과 보고서는 무엇입니까?
22. 참가자는 어떻게 선정합니까?
23. 교육 경험을 위하여 참가자를 어떻게 준비시킬 것입니까?
24. 프로그램에 소요될 예상 비용은 얼마입니까?
    (인력, 자료, 설비에 따른 항목을 모두 포함시키십시오.)
25. 훈련 결과는 어떻게 측정되고 평가될 것입니까?

출처: 현외성(1996:112).

〈표 7-6〉 교육 프로그램 평가서

교육 프로그램 제목:

1. 본 교육은 귀하가 평소에 가지고 있던 전반적인 편견을 해소하는 데 얼마나 도움을 주었습니까?

   아주 많이( ) 많이( ) 그저 그렇다( ) 조금( ) 전혀( ) 기타( )

2. 본 교육 프로그램 중에서 귀하에게 가장 도움이 되었던 부분은 무엇입니까? 그 이유는?

3. 본 교육 프로그램 중에서 귀하에게 가장 도움이 되지 못했던 부분은 무엇입니까? 그 이유는?

4. 본 교육 프로그램은 귀하의 지식 또는 기술 향상에 도움이 되었습니까?

   예( ) 어떻게?( )
   아니오( ) 왜?( )

5. 본 교육 프로그램은 귀하가 자원봉사자로서 의무와 책임감을 갖게 하는 데 도움이 되었습니까?

6. 본 교육 프로그램에서 개선되어야 할 부분은 무엇입니까?

7. 본 교육 프로그램의 지도자 수준은 어느 정도입니까?

   매우 만족( ) 만족( ) 그저 그렇다( ) 불만족( ) 매우 불만족( ) 기타( )

8. 본 교육 프로그램의 발표자 혹은 이적 자원들의 참여 정도에 대해서는 어떻게 평가합니까? 구체적으로 서술해 주십시오.

교육 참석자: ____________
날짜: ____________

출처: Wilson(1976: 149-159);한국복지연구회 (1997: 172-175, 재인용).

〈표 7-7〉 교육 참가자 반응 양식

프로그램명: **날짜:**

본 교육 프로그램에 대한 귀하의 느낌과 반응을 공유할 수 있게 되어 감사드립니다. 질문에 가능하면 솔직하게 응답해 주시기 바랍니다. '3. 기타사항'에는 귀하의 의견 및 건의 사항을 기재하여 주십시오.

1. 전반적으로 교육 프로그램은 귀하에게 얼마나 도움이 되었습니까?
   매우( ) 조금( ) 그저 그렇다( ) 별로( ) 전혀( )

2. 아래의 각 질문에 V 표를 하십시오.
   1) 프로그램 내용이 잘 구성되었습니까?
      매우( ) 조금( ) 그저 그렇다( ) 별로( ) 전혀( )
   2) 교육자가 제시한 자료가 자원봉사활동을 하는 데 참고가 되었습니까?
      매우( ) 조금( ) 그저 그렇다( ) 별로( ) 전혀( )
   3) 교육자가 귀하의 관심 분야를 충족시켜 주었습니까?
      매우( ) 조금( ) 그저 그렇다( ) 별로( ) 전혀( )
   4) 참가자가 제기한 이슈나 질문에 교육자가 충실히 대답하였습니까?
      매우( ) 조금( ) 그저 그렇다( ) 별로( ) 전혀( )
   5) 물리적인 교육환경은 어떠했습니까?
      매우( ) 조금( ) 그저 그렇다( ) 별로( ) 전혀( )

3. 기타사항

출처: Wilson(1976: 149-159); 한국복지연구회(1997: 172-175, 재인용).

Chapter 08

자원봉사자의 배치

01 배치의 개념과 의미

1) 개념

자원봉사자의 배치는 자원봉사자의 관심과 기술 등 제반 특성과 자원봉사 대상 및 분야의 특수성과 자원봉사기관의 사정 등에 적절하게 맞추어 실제로 자원봉사활동을 할 수 있도록 돕는 과정이다. 자원봉사자의 배치는 자원봉사활동 조정자나 관리자에 의해 이루어진다. 배치에서는 자원봉사기관에서 자원봉사를 신청받고, 신청자가 적절한 시간과 내용의 교육, 훈련을 받게 한 다음, 자원봉사자의 대상과 분야의 필요에 따라서 적절하게 연결하여 활동할 수 있도록 지원한다. 따라서 배치는 교육과 훈련 이후에 이루어지는 것이 일반적이다. 경우에 따라 접수와 함께 이루어지기도 하고, 한 장소 혹은 한 대상자와 함께 일하던 것에서 이동하여 배치되는 경우도 있으나, 자원봉사라는 일련의 연속적인 과정에서 이론적으로 말하자면 교육 후 배치과정이 실행된다.

2) 의미

배치과정은 자원봉사의 관리과정에서 중요한 의미를 지닌다. 적절한 배치가 중요한 이유는 다음과 같다.

첫째, 봉사활동을 위한 준비가 된 이후 배치가 잘못되었을 경우 자원봉사자는 자원봉사활동에 대한 관심과 흥미가 떨어지고 결과적으로 중도탈락으로 이어지는 경우가 많다. 최근에는 자원봉사활동이 많아지고 여러 사람과 집단이 한꺼번에 자원봉사활동에 참여함으로써 배치가 어려운 상황이다. 또 자원봉사자를 접수하여 배치할 수 있는 곳도 개발하기가 쉽지 않을 뿐만 아니라, 자원봉사기관 역시 기본적인 업무의 폭증과 전문 직원의 부족으로 적절한 자원봉사자의 관리와 배치가 쉽지 않다.

둘째, 이로 말미암아 자원봉사활동의 효과성과 효율성이 낮아지게 된다는 것이다. 결국, 자원봉사자의 관심과 기술에 적절하지 않은 곳이나 대상에게 자원봉사자들이 배치됨으로써 처음에 자원봉사자가 가졌던 자원봉사활동에 대한 열의가 식고 성실하지 못한 봉사활동이 전개되는 경우가 많다. 그래서 자원봉사자, 대상자 및 기관이 함께 어려움에 처하는 경우도 있다. 자원봉사기관은 자신이 가진 목표달성에도 난관에 봉착하게 된다.

그러므로 자원봉사자의 배치는 전문적인 안목과 세밀한 검토를 기반으로 이루어지는 자원봉사 조정자의 전문적인 기술이다. 또 자원봉사자의 배치는 자원봉사의 성공과 실패를 가름하는 중요한 자원봉사자 관리과업 중의 하나다.

흔히 자원봉사자를 배치하는 과정에서 고려해야 할 사항을 제이콥슨(Jacobson)은 다음과 같이 제시하였다.

① 자원봉사자는 유급 직원을 대치하는 역할을 담당해서는 안 된다.
② 자원봉사자는 그들이 가진 기술능력 및 욕구들을 적절히 반영할 수 있는 역할에 배정되어야 하며, 차별적인 대우가 있어야 한다.
③ 자원봉사자는 그들의 능력과 그들에게 요청되는 일을 수행하겠다는 의욕에 따라서 업무를 배정받아야 한다.

④ 자원봉사자에게는 기관에 대해 동정심과 헌신적인 마음을 줄 수 있을 정도로 충분히 도전적이고 자원봉사자에게 성장의 계기를 마련할 수 있는 업무가 제공되어야 한다.

⑤ 자원봉사자의 선발 시 클라이언트는 물론 기관에 대해서도 책임성을 강조해야 한다.

⑥ 자원봉사자의 업무 배정은 초기 접촉 후에 최소한의 시간적 지연 내에 이루어져야 한다.

⑦ 가능한 한 업무에 적합하지 않은 자원봉사자는 수용되지 않아야 하며, 다른 기회를 찾아보도록 권유해야 한다.

⑧ 잠정적인 자원봉사자는 장기간의 봉사를 약속받기 전에 얼마간의 견습을 위한 대리적 기회를 가져야 한다.

⑨ 상호협정에 의해 체결된 계약은 자원봉사자의 욕구보다는 자원봉사자의 능력에 맞게 조정되어야 한다.

⑩ 자원봉사자의 특수하고 독특한 기술, 경험 그리고 재능을 충족시키기 위해서는 이들의 업무가 새로이 창조되어야 한다.

⑪ 자원봉사자가 자원봉사자 교육 및 훈련기관에 의해 의뢰가 된 경우 의뢰받은 기관 또는 부서는 최소한 다음의 요구사항들을 준비하고 자원봉사자를 수용해야 한다.

- 의뢰된 자원봉사자를 수용하는 기관 및 부서는 자원봉사자 서비스를 최대한 잘 활용할 것을 동의한다.
- 서면으로 작성된 업무분장을 준비해야 한다.
- 자원봉사자를 지도, 감독할 직원을 배정한다.
- 자원봉사자에 대한 오리엔테이션과 훈련을 제공해야 한다.

⑫ 자원봉사자는 반드시 기관에 배속되고 특정 개인에게 전적으로 의뢰되어서는 안 된다.

02 자원봉사자의 배치상담

1) 배치상담의 중요성

자원봉사활동 조정자는 자원봉사활동 지원자가 자원봉사활동을 하고자 하는 동기, 관심, 원하는 활동 분야 등에 대한 정보를 수집하여 기관에서 필요로 하는 자원봉사 프로그램에 배치하기 위한 배치상담을 한다. 따라서 배치상담은 자원봉사를 지원한 개인의 목표와 자원봉사활동 조정자의 조직 목표를 일치시키는 과정이다. 만약, 배치상담을 통해 양자의 목표가 일치하는 합일점에 도달하지 않으면 자원봉사자는 자원봉사활동에 만족하지 못하여 중간 탈락하게 되고, 기관 측에서는 목표 달성의 효과성이 떨어지게 된다.

자원봉사활동 조정자가 자원봉사 지원자와의 배치상담을 거쳐 자원봉사자를 선정하는 것이 부적절하다고 느끼는 이유는 우연적이고 피상적인 방식을 사용하기 때문이다. 샤이어(Scheier)는 자원봉사활동의 안정성, 적절성, 질 관리를 확실히 하기 위해서는 배치상담이 필요하고 자원봉사자에게 적절하지 않은 임무일 경우에는 재배치되어야 함을 강조하였다. 그 이유를 살펴보면 다음과 같다(Wilson, 1976: 122).

① 클라이언트는 보호되어야 하기 때문이다. 즉, 자원봉사자의 개입으로 클라이언트가 방해받는 일이 없어야 한다.
② 기관의 명성은 기관에서 활동하는 자원봉사자에 의해 크게 영향을 받는다.
③ 자원봉사자가 부적절하게 배치될 때 직원과 자원봉사자의 사기가 저하된다.
④ 부적절한 배치의 경우에 자원봉사자 당사자가 힘들어한다.

특별한 기술, 조직할 수 있는 능력, 잠재력을 가진 자원봉사자를 사장시키는 것은 철저한 배치상담이 이루어지지 않고, 일단 한 번 배치된 이후로 변동이 없었기 때문이다. 따라서 기관, 자원봉사자, 직원, 클라이언트 등 모두의 이익을 위해서는 반드시 배치상담을 통해 자원봉사자가 선정(selection)되어야 한다. 그러나 현실적으로 배치상담을 친교를 위한 우호적 담소 정도로 인식하여 즉흥적으로 취급하거나 극단적으로 그 필요성조차 느끼지 못하는 경우도 있다. 배치상담은 현재의 프로그램을 설계하고 이행하는 데 필요한 적절한 사람을 선정하는 과정으로써 자원봉사활동 조정자의 중요한 임무다(한국복지연구회, 1997: 153-154).

2) 배치상담 시 검토사항

자원봉사활동 조정자가 지원자의 욕구와 필요를 올바르게 파악하고 충족시킬 수 있는 기회를 분명히 제공하고자 할 때에 업무배치를 전제로 한 실질적인 대화가 시작된다고 볼 수 있다. 자원봉사활동 조정자가 배치상담을 할 때에는 다음 사항들을 유념해야 한다.

① 자원봉사지원자는 크게 진정한 자원봉사자가 되려고 하는 경우와 사회적인 과시를 위해 자원봉사자가 되려는 경우 등 두 부류의 지원자가 있다.
② 지원자에 대한 정보를 얻기 위해서는 배치상담을 하는 동안 그 목적을 늘 염두에 두어야 한다.
③ 간단하고 비형식적이며 함축적인 질문 목록을 준비한다.
④ 기관과 업무에 대한 지원자의 느낌을 알아본다.
⑤ 기관에서 실시되고 있는 활동, 현재와 미래의 주안점에 대해 가능한 모든 정보를 제공한다.
⑥ 배치상담을 하는 동안 지원자가 압박감을 느끼지 않고 생각할 수 있는 시간을 충분히 준다.
⑦ 수용의 태도를 가지고 자신의 느낌과 생각을 정리하는 기술을 기르도록 한다.
⑧ 의사소통의 실마리를 찾을 수 있는 좋은 경청자가 되도록 노력한다.
⑨ 기관의 자원봉사활동에 참여 가능한 기회를 설명할 수 있는 준비를 한다.
⑩ 가능한 기록양식을 사용하여 면접 내용을 요약하도록 한다.

이에 덧붙여서, 자원봉사활동자로 등록은 했지만 등록자가 원하는 적합한 일이 없어 활동 분야를 연결하지 못할 경우에는 대기목록을 작성하거나 타 기관에 의뢰하여 지원자에게 맞는 일을 적극적으로 찾아서 빠른 시일 내에 활동 분야를 연결하도록 한다. 자원봉사활동 조정자의 명함, 자원봉사자 등록 약식, 자원봉사활동에 관한 팸플릿 및 홍보지, 기관의 팸플릿, 기존 자원봉사자들의 활동상황을 한눈에 볼 수 있는 사진들을 마련하여 원활한 배치상담이 이루어지도록 한다(한국복지연구회, 1997: 154-155).

03 자원봉사자 배치의 실제: 배치과정

실제로 배치는 배치상담을 마친 후 자원봉사 조정자에 의해 자원봉사자를 구체적인 자원봉사대상이나 분야에 연결시키는 과정이다. 이를 위해서는 먼저 자원봉사 대상이나 분야 혹은 봉사 장소 등에 대한 세부적인 조사 및 준비가 선행되어야 한다.

재가복지의 경우 자원봉사 조정자는 원칙적으로 자원봉사 대상자인 재가복지 대상자로부터 직접 자원봉사를 요청받거나 때로는 재가복지를 전담하는 사회복지기관 등에 의해 자원봉사자를 의뢰받는 경우도 있다. 아예 재가복지를 전담하는 사회복지기관, 예를 들어 지역사회복지관이나 노인복지기관 등에서 재가복지 대상을 위한 가정방문서비스나 가정봉사원서비스를 위해 자원봉사자를 모집하는 경우도 있다.

어떤 사례이든 간에 자원봉사자가 배치상담을 끝낸 후에는 자원봉사의 현장으로 배치되어 자원봉사활동을 수행하게 된다. 따라서 자원봉사활동 조정자는 자원봉사자를 배치하기 전에 재가복지 대상자의 가정을 방문하여, 그 대상자의 욕구와 문제가 무엇인지를 조사하고 사정하는 작업을 하여 자원봉사자가 수행해야 할 과업을 설정하여야 한다. 쉽게 말하자면, 재가복지 대상자의 차트나 욕구조사표 등을 작성하여, 자원봉사활동이 이루어지기 전에 자원봉사활동에 대응해야 한다는 것이다.

현재 우리나라의 경우에는 각 읍면동사무소의 사회복지 전담공무원이 이들에 관한 복지욕구조사표를 근거로 한 기본적인 통계와 생활실태 등 관련 자료를 확보하고 있다. 따라서 자원봉사활동 조정자는 먼저 관할 읍면동사무소에 가서 이들에 관한 자료를 확보하여 욕구나 문제를 일차적으로 분석하고, 다시 보다 정확한 자료를 확보하기 위해 재가복지 대상자가 살고 있는 가정이나 현장에 방문을 하는 것이 일반적이다. 가정방문이나 현장방문을 하여 기존의 자료와 실제상황에서의 변화를 비교하여 자원봉사자에게 구하게 될 현재에 필요한 도움의 내용이나 빈도 등을 확정하는 작업을 수행해야 한다. 그리고 자원봉사활동 조정자는 앞으로 자원봉사자가 대상자에게 직접 와서 자원봉사활동을 하게 될 것이며, 어떤 사람인가를 알려 줌으로써 대상자 역시 마음의 준비를 하고 기다리게 한다. 물론, 조정자는 자원봉사자가 손쉽게 대상자의 가정을 방문할 수 있도록 약도를 상세하게 그려 놓고, 연락처를 확인하는 등의 세부적인 노력을 점검한다.

이러한 작업을 마친 후에 자원봉사활동 조정자는 자원봉사자와 함께 대상자의 가정에 함께 가서 양쪽을 소개하고 자원봉사활동을 시작하도록 연결시킨 후에 기관으로 돌아온다. 그리고 정기적으로 자원봉사를 수행할 경우, 필요에 따라 자원봉사 현장에 종종 가서 적절한 자원봉사활동이 이루어지는지, 조정자로서 도움을 제공해야 할 사항이 있는지, 기관에서 지원해야 할 사항은 무엇인지 등에 대하여 살펴보고, 지도 감독 및 평가를 수행해야 한다.

Chapter 09

자원봉사의 평가

01 평가의 개념과 내용

1) 평가의 개념

평가는 개인적 · 집단적 활동을 어떤 기준에 비추어 보는 작업이다. 즉, 자원봉사활동의 평가란 자원봉사활동이 목표를 어느 정도 달성하였는지를 판단하는 작업이다. 물론, 평가의 기준이 무엇이며, 누가 평가하며, 언제 평가하는가, 평가방법과 척도는 무엇인가, 어떤 목적으로 평가하는가 등등 여러 가지 측면이 평가와 관련하여 중요하고, 이것들에 따라 평가결과가 달라질 수 있다. 그럼에도 불구하고 자원봉사활동에 대한 평가는 자원봉사의 성공 여부와 지속 여부를 판단하는 데 중요한 기능을 한다.

일반적으로 자원봉사활동의 평가는 자원봉사활동의 마지막 단계 혹은 자원봉사관리의 최후의 단계에 이루어지는 관리과정으로 볼 수 있다. 또 평가결과를 다시 피드백하여 자원봉사 프로그램을 만들고, 자원봉사활동의 홍보와 봉사자의 모집 등 제반 과정에 반영시킬 수 있다. 그리하여 자원봉사활동의 전체적인 질적 수준을 향상시키고, 효과적이고 효율적인 목표달성을 가능하게 한다.

2) 평가의 내용

자원봉사의 평가 내용은 전체적인 과정과 연관하여 여러 가지 측면이 포함될 수 있다. 자원봉사자의 모집부터 교육 및 훈련, 배치 등을 포함하여 프로그램의 개발, 지도 감독 및 각종 행정 · 재정 관계 활동에 이르기까지, 그리고 자원봉사활동을 지원하는 인격, 조직 및 기관 전체도 평가의 대상과 내용이 될 수 있다.

일즈리와 니에미는 자원봉사 프로그램의 구성요소 혹은 프로그램의 실행과 관련한 각 단계와 과정의 내용을 체계화하여, 이들의 내용을 세부적으로 구분하면서 평가할 수 있는 내용과 측정기준을 제시하였다(한국복지연구회, 1997: 204-207, 재인용). 〈표 9-1〉은 평가 요소 측정 기준으로, 자원봉사활동을 관리하는 관리자나 조정자가 자신의 기관과 조직에 적절하게 응용하면서 필요에 따라 발췌하여 사용할 수 있을 것이다.

〈표 9-1〉 평가 요소 측정 기준

프로그램	측정 기준
Ⅰ. 프로그램 설계	• 결과 목표 • 목표성취
1. 프로그램 계획	• 목표에 대한 열의 • 프로그램 산출 • 자원봉사자 조정자의 만족도 • 상위 의사 결정자의 만족도 • 학생 혹은 클라이언트의 만족도
2. 업무설계	• 자원봉사자의 만족도 • 자원봉사 조정자의 만족도 • 중도탈락률 • 결근율 • 유급 직원의 의견 • 배치되지 않은 자원봉사자의 수 • 부족한 자원봉사 업무의 수

프로그램	측정 기준
3. 설비	• 작업환경 • 저장 공간 • 조명 • 좌석 • 시청각 사용 빈도 • 비용 • 프로그램의 목적에 관한 유급 직원의 지식
4. 유급 직원과의 조정	• 유급 직원에 의해 쓰여진 시간 • 유급 직원의 관여 정도 • 협동에 관한 문서상의 지침 • 조직에 관한 자원봉사자의 지식
II. 선발	• 소요된 시간과 노력
5. 모집	• 비용 • 신문, 라디오, TV 등 사용된 방법들의 성공률 • 탈락률 • 자원봉사자 대상 자원 • 배치/비배치의 비율
6. 면접	• 자원봉사자의 수행 • 자원봉사자 만족도 • 면접계획 혹은 면접 안내서의 적절성 • 면접관의 자질 • 탈락률 • 자원봉사에 주어진 정보의 질과 정확성 • 면접에 드는 시간 • 자원봉사자의 의견 • 수용된 자원봉사자의 수 • 거부된 자원봉사자의 수 • 자원봉사에 동의한 이유
7. 선발결정	• 종결일까지의 합의와 열의 • 탈락률
III. 사회화와 훈련	• 새로운 자원봉사자에 대한 적응 과정
8. 오리엔테이션과 사전훈련	• 팀워크, 집단응집력, 민주적 과정의 정도와 증거 • 사용된 방법과 기술 • 소비된 자원 • 기술, 태도, 학습된 지식이 업무에 적절한가에 대한 증거 • 자원봉사자 동기와 열의 • 유급 직원의 의견

프로그램	측정 기준
9. 배치	• 자원봉사자에게 유용한 정보의 특성 • 자원봉사자에게 제공된 선택 • 탈락률 • 배치에 사용된 척도 • 자원봉사자의 만족도 • 유급 직원의 만족도
10. 활동 중 훈련	• 빈도와 지속성 • 소비된 자원 • 학습이 발생된 증거 • 사용된 방법과 기술 • 흥미 수준 • 자원봉사자의 태도 • 탈락률 • 훈련회의의 평가 • 자원봉사자의 수행 • 자원봉사자의 기술, 태도, 지식이 담당 업무에 적절한지에 대한 증거 • 자원봉사자의 의견
Ⅳ. 지도	• 근무계약에 대한 열의
11. 지도 감독/동기	• 자원봉사자의 후원에 대한 증거 • 사용된 동기화 기술 • 사용된 인식 기술 • 업무 재배당의 수 • 업무 교대량 • 주세 유형 • 자원봉사자의 목표 • 탈락률 • 자원봉사자의 만족도 • 집단정신 • 자원봉사자 사기 앙양에 사용된 방법 • 의사소통 흐름 • 자원봉사 조정자의 접근성 • 의사소통 흐름 • 발휘된 지도력 유형 • 위계의 성격
12. 관리	• 활용된 문제해결기술 • 총책임자 • 책임 소재의 명확성과 특화

프로그램	측정 기준
12. 관리	• 조직의 협동성 • 지역연계의 특성 • 사용된 자원 • 계획의 타당성 • 조직적 관계 • 관리에 대한 자원봉사자의 의견 • 탈락률 • 자원봉사자 집단의 역동성
13. 인정	• 예정된 활동 • 자원봉사자의 의견 • 사용된 홍보기술 • 보상체계, 즉 수료증, 브로치, 상패
V. 행정	• 모집에 사용한 시간과 노력
14. 지역연계	• 구두 계약자와 합동 캠페인의 수 • 계획한 연계 유형 • 실현된 연계 유형 • 행정상의 의사결정자의 의견
15. 기록과 보고	• 유용한 자료의 유형 • 필요한 자료의 유형 • 기록과 보고의 목적 • 사용시간 • 기록, 보고의 정도
16. 예산	• 서류상의 제안 • 자금 출처 • 자금 배당 • 기록의 명확도
17. 평가·목적	• 평가대상 • 선택된 척도 • 평가에 사용된 시간과 비용 • 평가의 빈도 • 결과의 유용성 • 결과의 신뢰성 • 사용된 방법과 기술 • 결과가 유용하다는 증거 • 결과가 공유되었다는 증거 • 결과가 실행되었다는 증거

출처: Ilsley & Niemi(1981: 101-103); 한국복지연구회(1997: 204-207, 재인용).

02 평가방법, 평가자 및 결과의 활용

1) 평가방법

자원봉사활동에 대한 평가는 일반적으로 사용되는 평가방법을 적절하게 활용할 수 있다. 그중에서도 흔히 사용되는 자원봉사 평가방법은 질문지법, 면접법, 프로그램 기록분석법, 관찰법 등이 있다. 평가대상이나 목적에 따라서 이들 방법을 적절하게 활용하면 되는데, 경우에 따라서는 두 가지 이상을 병행할 때도 있다.

현실적으로 자원봉사활동의 평가방법은 함께 사용되기도 하고, 경우에 따라 특정의 한 가지 방법을 활용하기도 한다. 평가자의 전문성이나 취향 등에 따라서 평가방법이 자유롭게 선택될 수 있다.

(1) 질문지법

질문지법은 자원봉사활동에 대해 평가하려는 내용을 몇 가지 질문화하여 대상자에게 견해를 응답하게 하는 방법이다. 질문지법의 장점은 ① 비용을 절약할 수 있고, ② 처리 방법이 손쉽고, ③ 한 번에 많은 사람의 견해를 알 수 있으며, ④ 경우에 따라서는 우편이나 전화로 질문할 수 있고, ⑤ 비밀을 보장할 수 있는 점이다.

질문지법의 단점은 ① 응답자에게 부담을 줄 수 있으며, ② 질문이 선택이나 견해를 강요할 수 있으며, ③ (특히 폐쇄형 질문일 경우) 선택의 범위가 제한되며, ④ 편견이 질문의 신뢰도를 약화시킬 수 있고, ⑤ 질문지의 회수율이 낮아질 가능성이 있으며, ⑥ 질문의 의미가 사람에 따라 달라질 수 있으며, ⑦ 질문은 응답자가 생각하는 중요한 점 모두를 제기할 수 없는 점이다.

(2) 면접법

면접법은 평가자와 응답자가 만나서 대면하여 이루어지는 평가방법이다. 물론, 공식적으로나 비공식적으로 이루어지기도 한다. 평가자는 구조화된 질문 목록을 가지고 대화를 하면서 질문을 하고 응답을 구한다. 평가자의 역량이 매우 중요하고, 평가자의 태도와 언어가 경우에 따라서 평가결과에 영향을 미칠 수 있다.

면접법의 장점은 ① 문제와 관련된 어떤 사람이라도 면접할 수 있고, ② 획득된 정보는 보다 완전하며, ③ 중요한 질문을 던질 수 있는 융통성이 존재하고, ④ 타당도 높은 자료를 얻기 위한 기회를 가질 수 있고, ⑤ 응답률이 대부분 높고, ⑥ 질문을 오해하거나 이해할 수 없는 경우가 적고, ⑦ 질문지법보다는 보다 많은 정보를 획득할 수 있다는 점이다.

반면에 면접법의 단점은 ① 보다 많은 시간과 재정이 필요하며, ② 보다 높은 수준의 전문성이 요구되고, ③ 태도, 생활변수 및 현장 등과 같은 여러 가지 요인이 결과에 영향을 미치며, ④ 비밀이 보장된다 하더라도 신뢰성이 확보되어야 하고, ⑤ 면접법을 시도하는 사람의 편견이 질문의 타당도에 영향을 끼칠 수 있고, ⑥ 질문은 관련된 문제를 해결하는 데 도움을 제공할 수 없으며, ⑦ 면접법의 질문이 사람에 따라 가끔 변화되며, ⑧ 자료를 분석하는 것이 어렵다는 점이다.

(3) 프로그램 기록분석법

자원봉사활동 조정자는 자원봉사의 단계별 활동에 대한 기록을 체계적으로 정리하는 것이 필요하다. 이는 모든 단계에서 자원봉사자나 그를 담당하는 조정자, 관리자 및 유급의 직원 모두를 위해, 그리고 기관 전체를 위해 바람직하다. 특히, 자원봉사자를 대상으로 하는 프로그램에 대한 기록은 더욱 중요하다. 자원봉사자가 자원봉사활동 프로그램에 대하여 평가하려고 할 때, 이미 활동 단계별로 기록해 놓은 자료들을 사용하여 평가할 수 있다. 평가의 한 방법으로서 프로그램 기록분석법은 이런 점에서 좋은 평가방법이 될 수 있다.

프로그램 기록방법이 가진 평가방법으로서의 장점은 ① 기록은 다른 자료를 보완하는 특성이 있으며, ② 이용하기가 용이하며, ③ 기록은 자료수집과정의 출발점이 될 수 있다는 점이다.

반면에 기록분석법이 가진 평가방법으로서의 단점은 ① 기록을 검토하는 것이 관련된 모든 평가 초점을 충족시킬 수는 없고, ② 기록은 그 해석이 어려우며, ③ 용어의 개념이 가끔 달라서 그에 따라 잘못된 정보를 획득할 수 있으며, ④ 신뢰도와 타당도가 낮아질 수 있고, ⑤ 기록이 불완전하고, ⑥ 개인적인 프라이버시 문제로 가끔 기록을 볼 수 없다는 점이다.

(4) 관찰법

관찰법은 평가방법으로 가장 흔히 사용되는 기법이다. 자원봉사자 교육 및 훈련에 대한 반응을 관찰하는 것은 자원봉사자의 만족 여부를 판단할 수 있는 기회가 되기 때문이다. 다만, 관찰법은 평가할 대상과 내용에 대하여 체계적이고 전문적인 전략을 가지고 적절하게 계획되어야 한다. 관찰자는 여러 가지 편견에 따라 자료수집 절차부터 잘못된 정보를 획득할 수 있는 위험이 있다.

관찰법의 장점은 ① 관찰자는 방해되지 않는 범위 내에서 평가가 가능하며, ② 예상하지 못했던 결과도 검토 대상이 될 수 있으며, ③ 프로그램에 대해 흥미롭고 유용한 통찰이 발견될 수 있고, ④ 면접법보다는 많은 정보를 관찰자에 의해 확보할 수 있다는 점이다.

반면에 단점은 ① 많은 시간이 필요하고, ② 모든 상황이 좋은 관찰을 위해 요청되는 것이 아니며, ③ 관찰자는 자료를 운용할 수 없으며, ④ 기록된 자료의 체계적인 방법이 요구되며, ⑤ 관찰자에 의해 한 사람의 개인적이고 진실한 신념을 구분하는 일이 어렵고, ⑥ 관찰자의 편견이 자료의 질적 특성에 쉽게 영향을 미칠 수 있다는 점이다.

2) 평가자

자원봉사활동 조정자나 관리자는 자원봉사활동에 대한 평가를 하는데, 궁극적인 목적은 그 결과를 자원봉사활동을 바람직한 방향으로 이끌어가는 데 있다. 따라서 평가목적을 달성하기 위해 자원봉사활동과 관련된 다양한 사람들의 견해를 참고해야 하며, 따라서 관련된 사람들의 다양한 측면의 평가 견해를 정리해야 한다. 대체로, 자원봉사자, 유급 지도직원, 자원봉사활동 조정자 및 관리자, 외부 평가 전문가, 행정 의사결정자, 지역사회 대표, 자문위원, 학생 혹은 클라이언트 등이 평가자로 포함될 수 있다.

(1) 자원봉사자

자원봉사자가 무엇을 경험하고 어떻게 느끼며, 그들의 동기와 목표가 무엇이고, 프로그램을 개선시키기 위하여 그들이 가지고 있는 제안사항이 무엇인지 알려면, 그들에게 물어보아야 한다. 프로그램에 대해 자기만의 독특한(한 가지) 생각을 가지고 있기 때문에 그들의 판단은 중요하다.

(2) 유급 지도직원

자원봉사자와 직접 연관되어 있는 유급 지도직원 역시 프로그램-그 추세, 지도력, 잠재력-에 대해 특별한 관점을 가지고 있으므로 많은 자료의 원천이 될 수 있을 것이다. 특별히 능력 있는 자원봉사자와 일할 때 유급 직원은 경쟁적인 요구를 하거나 지나친 개입으로 방해할 수 있다. 그리고 프로그램에 전반적으로 왜곡된 견해를 형성할 수 있다. 예를 들면, 상호존중관계가 자원봉사자와 유급 직원 사이에 형성되면, 유급 직원은 자원봉사자의 업무수행에 대한 공평성을 잃을 수도 있다.

(3) 기타 유급 직원

프로그램에 직접 관여하여 매번 활동하는 것은 아니지만, 그들은 그 프로그램에 의하여 얼마나 영향을 받았고, 어떤 자세를 갖게 되었는지를 설명함으로써 평가과정에 대하여 다른 시각을 더해 줄 수 있다(Ilsley & Niemi, 1981 : 104).

(4) 자원봉사활동 조정자

자원봉사자에 대한 책임은 주로 자원봉사 조정자에게 있기 때문에 그는 그 프로그램의 강점과 약점을 이해하고 평가의 실행을 도울 수 있는 가장 좋은 위치에 있는 사람이다. 그리고 평가의 결과에 따라 행동하여야 하기 때문에 정보가 어디로부터 오는지, 어디에서 얻어야 하는지를 잘 알고 있다.

(5) 외부 평가 전문가

평가는 특히 프로그램이 어려움에 처했을 때 유용하다. 이사회나 직원, 자원봉사자의 의견이 다를 때, 행정상 프로그램을 지속시키는 것에 심각하게 의문을 가질 때 필요한 것이다. 이때는 결과에 편견이 없고 가능하면 의미가 있도록 하기 위해, 자원봉사 정신에 대한 지식이 있는 외부인에게 맡기는 것이 좋다. 일단 맡기면, 전폭적으로 지지하고, 충고를 실행하여야 한다(Wilson, 1976: 90-91). 보통 컨설턴트에게 맡기지만, 비용이 많이 들고, 프로그램에 대하여 제한된 지식을 가진 단점이 있다.

(6) 행정 의사결정자

라포 형성과 프로그램 개선을 위하여 전반적인 판단을 할 수 있다.

(7) 지역사회 대표

자원봉사 프로그램은 지역사회의 참여와 지원으로 이루어진다. 지역사회 대표자는 프로그램의 이미지나 모집 기술, 홍보 등에 관한 자료를 제공해 준다.

(8) 자문위원

프로그램에 대해 잘 알고 있으며, 지역 연계와 홍보 등의 행정정책에 관한 의견이 중시된다.

(9) 학생 혹은 클라이언트

자원봉사 프로그램에 가장 영향을 주는 학생과 클라이언트의 의견은 목표달성을 위해 어떤 발전을 하여야 하는지를 지적해 줄 수 있기 때문에 매우 중요하다(한국복지연구회, 1997: 211-212, 재인용).

각각의 평가자는 자기의 책임 영역에 따라 관점이 다르겠지만, 목표가 뚜렷하면 그들은 수동적인 역할을 하려 할 것이다. 지도직원은 자기 책임과 관련된 프로그램 요소인 업무설계, 유급 직원과의 조정, 슈퍼비전 동기에 더 관심이 있을 것이고, 자원봉사자 조정자는 평가의 어느 부분에서도 소외되고 싶어 하지 않을 것이다. 그러나 목표가 뚜렷하면 그들은 수동적인 역할을 하려 할 것이다. 전체 후원단체의 안녕에 관심을 가져야 하는 더 상위의 의사결정자에게는 프로그램 계획, 유급 직원과의 조정, 관리, 지역사회 연계기록과 보고, 예산, 평가 등에 관여하여야 한다(한국복지연구회, 1997 : 211).

〈표 9-2〉는 프로그램 요소에 따른 평가항목/지표와 평가자, 평가시기, 평가방법을 요약한 것이다.

〈표 9-2〉 프로그램 요소별 평가항목/지표와 평가자, 평가시기, 평가방법

프로그램 요소	평가항목/지표	평가[1]	평가시기	평가방법[2]
1. 프로그램 계획	지역사회 각층의 잘 조정된 자원봉사자 집단 수	5, 6, 4	완료 시, 계속	비공식적으로 2, 3, 1, 4
2. 업무 연계	미충원된 자원봉사자 수	9, 1, 4, 3	매년	2, 3, 1
3. 설비	자연적·인공적 조명의 적절성	9, 1, 4	매년	2, 4
4. 유급 직원과의 조정	자원봉사자와 보내는 시간	6, 4, 3, 1	매년	2, 3, 1
5. 모집	매체 활용의 효과	5, 4, 1, 7	모집활동에 따라	2, 3, 1
6. 면접	중도탈락률	10, 4, 1, 5	매월	2, 3
7. 선발 결정	선발 기준	4, 1	매월	3
8. 오리엔테이션과 사전훈련	참여율	11, 4, 12, 13, 5	강의 종료 시	2, 1, 4
9. 배치	자원봉사자의 만족도	4, 3, 1, 9	매월	2, 3
10. 활동 중 훈련	참여자의 만족도	11, 4, 12, 13, 5	각 부문	종료 시/시작 후
11. 지도 감독/동기	사기진작을 위한 업무 교대율	4, 1, 3, 5	비공식적으로 계속	3, 2, 1

프로그램 요소	평가항목/지표	평가[1]	평가시기	평가방법[2]
12. 관리	관리에 대한 자원봉사자의 의견 (수료증, 브로치, 소패)	6, 4, 1, 5	매년	4, 2, 3
13. 인정	상과 인센티브 체계	4, 3, 1	매년	3, 2, 1
14. 지역 연계	자원봉사자 조정자에게 문의	6, 4, 7, 5	매년/새로운	연계 형성 이전 3, 2
15. 기록과 보고	기록과 보고에 소요된 시간	6, 4, 1	매년	3, 2
16. 예산	제공받은 기금의 총량	14, 4, 6	매월/매	자문회의 이전 2, 3
17. 평가	행정가의 지식: 프로그램의 질	5, 4, 1, 6	매년	3, 4, 2

주: 1) 1. 자원봉사자, 2. 유급 지도직원, 3. 기타 유급 직원, 4. 자원봉사 조정자, 5. 외부 평가 전문가, 6. 행정 의사결정자, 7. 지역사회 대표, 8. 자문위원, 9. 학생 혹은 클라이언트, 10. 면접전문가, 11. 프로그램 기획자, 12. 발표자, 13. 참가자, 14. 기금조성자 대표.

2) 1. 질문지, 2. 면접, 3. 기록, 4. 관찰.

출처: Ilsley & Niemi(1981: 105-110); 한국복지연구회(1997: 211-212, 재인용).

3) 평가결과의 활용

모든 평가의 목적은 당초의 프로그램이나 조직이 지향하는 바를 어느 정도 달성하였는가를 알아보기 위한 것이다. 자원봉사와 관련하여 평가는 여러 측면에서, 여러 과정에서, 그리고 여러 가지 목적을 가지고 이루어질 수 있다. 어떤 평가이든지 간에 평가를 통해 얻은 결과물은 활용과 관련하여 다양하게 사용될 수 있다.

그중에서 먼저 지적할 수 있는 평가결과의 활용은 자원봉사활동이 전체적으로 어느 정도 소기의 목적을 달성하는 데 성공적이었나를 판단하는 준거를 삼고자 하는 작업과 관련되어 있다. 물론, 자원봉사활동의 성공 여부를 판단하는 기준은 이미 평가의 기준과 척도에 반영되어 있으므로 그 결과물을 가지고 적절한 해석을 통해 성공 여부가 가려진다.

또 자원봉사활동의 전반적인 성공 여부는 각각의 하위적인 목표나 혹은 자원봉사활동의 전체를 구성하는 하위 부분이나 영역, 예를 들어 자원봉사교육, 자원봉사의 배치, 자원봉사자의 모집과 홍보 프로그램의 성공과 실패를 가름하는 평가와 연관하여 진술될 수 있다. 따라서 평가는 이들 영역이나 목표와 연관한 평가를 시도할 수 있고, 그 결과를 가지고 성공 여부를 판단할 수도 있다.

다음으로는 이러한 평가결과는 기존의 자원봉사 관련 프로그램을 개선하고, 더 나아가 자원봉사조직이나 기관의 정책이나 활동방향을 개선하고 수정하는 데 유용하게 사용될 수 있다. 평가결과를 통해 드러난 자료를 분석하여 어떤 결점이나 한계, 실패 요인을 찾아내어 그것을 해결하는 방향으로 활용할 수 있다.

이러한 활용을 궁극적으로 자원봉사기관에 속한 인적 구성원의 역량을 높이고 상호 협력관계를 증진시키며, 경우에 따라서는 기관의 목표나 비전을 변경하는 것과 관련한 교육, 훈련자료로 사용될 수 있다. 경우에 따라서는 자원봉사자나 관련 인적 구성원의 노고를 인정하고 보상을 제공하는 기본자료로 활용되기도 한다.

그러나 평가결과의 부정적인 측면도 발생할 가능성이 있다. 평가결과를 지나치게 확대하여 해석하거나 잘못 해석함으로써, 또 정치적 · 정략적으로 이용함으로써 특정의 집단이 어려움을 당하거나 이익을 추구하는 매개체로 전락할 수도 있다. 따라서 평가결과를 활용할 때는 객관적이고도 신중하게 그 파급효과를 살피는 자세가 필요하다.

Chapter 10

자원봉사 유지와 인정

01 유지

1) 개념

자원봉사자가 지속적으로 자원봉사활동에 참여하도록 도움을 제공하는 일을 유지관리라고 한다. 자원봉사자는 여러 가지 이유에 의해 자원봉사에 참여하고 있고, 참여할 경우 저마다 각기 다양한 기대와 목적이 있다. 그리고 자원봉사를 수행할 때 희망하는 분야와 대상도 다르다.

대부분의 자원봉사자가 자원봉사활동을 지속하지 못하고 짧게는 교육과정에서, 배치 후 하루 혹은 며칠이 지나지 않아서, 그리고 1~3개월 내에 중도탈락하는 경우가 빈번하다. 즉, 대체로 자원봉사자로서 활동하는 기간이 매우 짧은 것이 일반적인 현상이다.

자원봉사활동을 지속적으로 유지할 수 없을 경우는 대상자의 욕구충족과 문제해결에도 지장을 초래할 뿐만 아니라, 자원봉사에 대한 긍정적인 측면을 감소하게 하는 영향을 끼친다. 또한, 그로 말미암아 자원봉사자의 자아성장과 발전은 말할 것도 없고, 자원봉사기관의 발달을 저해하고 사회적 공동체 의식을 감소시키기도 한다. 따라서 자원봉사자가 지속적으로 자원봉사활동을 할 수 있도록 유지관리하는 일은 매우 중요한 관리 영역이다.

2) 자원봉사활동 지속동기

일반적으로 자원봉사자가 자원봉사활동을 지속하는 배경은 무엇인가? 그것은 아마도 기대동기와 연관되는 것으로, 선호도, 수단성 및 기대성 등을 예거할 수 있다(김상욱, 1990: 17-20 참조).

인간은 사고와 이성을 지닌 존재로서 현재와 미래의 행위에 대해 의식적인 선택을 한다고 가정할 수 있다. 기대이론은 왜 자원봉사자가 계속해서 자원봉사활동에 참여하는지를 설명하는 데 가장 설득력이 있다고 평가된다. 즉, 자원봉사자가 담당하는 업무가 그의 기대에 상응하지 못할 때는 그 활동을 하려는 동기가 감소할 것이기 때문에 자원봉사자를 계속해서 그 프로그램에 머물러 있게 하려면 봉사업무의 수준과 성격이 그들의 기대에 적합하도록 유지되어야 한다는 것이다. 자원봉사자가 자신이 하고 있는 일에 대하여 흥미를 느끼며 그 일을 통해 자신이 바라는 보상을 받을 수 있으며, 아울러 이 일을 잘 수행할 수 있다고 여길 때 그 일을 지속할 것이다.

(1) 선호도: 일에 대한 흥미

선호도란 자원봉사와 관련하여 자원봉사자가 하나의 특정한 결과나 일에 대해 스스로 부여한 가치의 정도라고 할 수 있다. 사람은 자신이 하는 일이 중요하고 가치 있다고 여길 때 만족하고, 따라서 지속적으로 그 일을 수행하고 유지한다. 자원봉사활동을 유지하려면 먼저 자신이 하고 있는 자원봉사활동에 대하여 흥미롭고 가치 있게 느껴야 한다.

그러므로 자원봉사 관리자나 조정자는 자원봉사자가 개별적인 동기나 흥미에 따라서 관심을 가지고 의미를 찾을 수 있는 것과 연계하여 자원봉사활동을 수행하도록 지원하는 일이 중요하며, 이를 위한 다양한 프로그램을 만들어야 한다.

(2) 수단성: 욕구충족에 대한 신념

수단성은 자원봉사자가 현재 수행하는 활동이 자신의 자원봉사활동 참여 동기나 욕구를 충족시킬 수 있다는 신념이 있어야 가능하다는 것이다. 즉, 자원봉사활동은 대상자의 문제해결이라는 목적과 연결되어 있으나, 자원봉사자의 입장에서는 자신이 가진 목적으로서 동기와 욕구도 동시에 만족시킬 수 있어야 한다. 예를 들어, 사회가 복잡해짐에 따라 점차 소외되어 가는 상황에서 특정 집단에 소속되거나 다른 사람과 사귀기를 희망하여 시작한 자원봉사활동이라면, 자원봉사자는 자신이 바라는 친구를 사귀는 가능성이 있고 그것으로부터 얻어지는 만족감이 있을 때 자원봉사를 지속할 수 있다는 설명이다.

조정자는 이러한 자원봉사자의 숨겨진 욕구와 동기를 잘 헤아려서 자원봉사자 간에 상호 소속감이나 집단적 결집력 혹은 동질감을 나눌 수 있도록 여러 가지 프로그램을 제공해야 한다. 경우에 따라서는 자원봉사활동을 통해 동일한 집단 사이에 아름다운 교제도 이루어지고 소속감도 생긴다. 자원봉사활동 조정자 및 관리자는 자원봉사활동 프로그램 외에도 자원봉사자 간의 유대감을 증대하고 자아성장을 할 수 있는 부가적인 프로그램도 운용할 수 있어야 하는데, 그 이유는 바로 수단성이라는 것과 연결되어 자원봉사자를 지속적으로 활동에 참여시키려는 목적에서다.

(3) 기대성: 봉사활동 수행능력에 대한 신념

자원봉사활동을 지속하려면 앞의 두 가지 요인만으로는 부족하다. 즉, 자신이 자원봉사활동을 가치 있고 중요하다고 여기고, 또한 활동이 자신의 참여 동기를 충분히 충족시킬 수 있다는 신념이 있어도 자원봉사활동을 감당할 수 없다고 느낄 때는 중단하게 된다. 따라서 자원봉사활동을 지속적으로 수행하려면 주어진 봉사활동을 잘 수행할 수 있다는 신념이 자원봉사자에게 있어야 하는데, 바로 이 점이 기대성이다.

자원봉사자의 기대성에 영향을 미치는 요인은 여러 가지가 있다. 예를 들어, 자기의 기술능력에 대한 평가, 자신감의 정도, 특정 과업에 대한 경험의 정도, 그리고 과업을 성취하는 데 따르는 어려움을 극복하는 과정에서 타인으로부터 받는 인상 등이 있다. 자원봉사활동과 관련하여 자원봉사자가 획득할 수 있는 기대가 높을수록 이를 지속적으로 시도하고자 하는 힘이 점점 커질 수 있다.

자원봉사활동 조정자나 관리자는 자원봉사자가 주어진 봉사활동을 적절하고 효과적으로 수행할 수 있도록 개인의 흥미나 역량에 맞추어 배치하는 한편, 자원봉사 교육훈련을 통해 자원봉사활동 수행능력을 배양시켜 주어야 한다. 이러한 자원봉사활동을 통해 자원봉사자가 자신의 수행능력 증진을 경험할수록 만족감을 가질 수 있고, 자원봉사활동을 지속적으로 유지하려는 경향이 생긴다. 이런 관점에서 보면, 자원봉사활동 조정자와 관리자의 관리기술이 얼마나 중요한지를 알 수 있다.

3) 유지방법

자원봉사자로 하여금 지속적으로 자원봉사활동에 참여하게 하는 유지방법에는 어떤 것이 있는가? 이 문제는 결론적으로 자원봉사자가 가진 개별적인 동기, 목적 및 기대 등을 성취할 수 있도록 지원하는 방법이다. 또 자원봉사자가 처음에 자원봉사활동에 참여할 때는 갖지 못하였으나, 자원봉사활동에 참여하는 과정을 통해 경험하는 개인적 성취감이나 자아성장 등의 욕구충족도 중요한 유지방법이 될 것이다. 이러한 방법은 이미 자원봉사자의 동기에 대한 부분에서 설명하였던 내용을 바탕으로 자원봉사자를 지원하는 방법을 모색하는 것으로 풀이될 수 있다.

이 내용을 바탕으로 하면서 흔히 있을 수 있는 현실에서 실행할 수 있는, 자원봉사자로 하여금 자원봉사활동을 지속할 수 있도록 유지하는 데 도움이 되는 방법은 다음과 같다. 여기에는 ① 자원봉사자의 적절한 배치, ② 시기에 따른 자원봉사자의 관리, ③ 의미 있는 활동과 역할 부여, ④ 팀워크의 개발, 그리고 ⑤ 인정과 보상이 있다(김성이 · 박영희 편저, 2003: 165-170; 김범수 외, 2001: 87-91 참고). 이 중에서 인정과 보상은 절을 달리하여 설명하고자 한다.

(1) 자원봉사자의 적절한 배치

자원봉사를 성공적으로 유지하기 위해서는 자원봉사자가 가진 배경, 기술, 욕구, 동기 그리고 책임 수준에 적합한 업무에 그들을 배치하여야 한다. 일단 기관의 욕구가 무엇인지를 규명하고, 이에 따른 일련의 업무기술을 개발하고, 지배적인 동기와 적합한 책임 수준을 결정하는 것이 성공적인 자원봉사자의 활동유지를 위한 기반이 된다.

❶ 개인적 역량

자원봉사자를 배치할 경우 그가 가진 교육과 직업 경력 등을 고려하여야 한다. 물론, 자원봉사자로서 활동하기 위해 처음으로 자원봉사기관에 찾아왔을 때나 교육훈련을 받게 될 경우, 그가 어떤 일에 관심과 흥미를 느끼는지를 면접을 통해 확인하는 것은 매우 중요하다. 이때 그가 가진 교육과 직업상의 경력이 고려되어야 하는데, 자원봉사활동을 반드시 동일한 경력과 직업에 맞출 필요는 없고, 오히려 정반대의 분야에서 활동을 원하는 경우도 있으므로 자원봉사자의 희망을 알아보는 것이 중요하다.

❷ 동기와 목적

자원봉사자의 참여 동기는 매우 다양하다. 자원봉사는 자신이 해결하기를 바라는 대상의 문제의 성격과 욕구가 가장 중요하지만, 서비스 공급자가 가진 욕구와 동기 역시 중요하다. 이러한 맥락에서 자원봉사자가 지속적으로 활동에 참여할 수 있도록 유지하는 방법의 선택은 결국 자원봉사자의 동기와 욕구를 알고 이에 대응하는 것이다.

자원봉사자의 참여 동기를 요약하면, 친밀감, 소속감 등의 욕구와 성취, 자아실현 등의 욕구 그리고 권력 관련 동기 등이다. 친밀감의 욕구를 가진 자원봉사자는 그들의 업무수행에서 다른 사람과 상호작용하려는 욕구를 강하게 가진다. 이런 유형의 사람은 다른 사람과 고립되어 있는 자원봉사활동은 부적합하다. 성취동기를 가진 사람은 고도의 과업 중심적인 사람이며, 타인과의 상호작용이 적거나 없는 업무에서 잘 기능한다. 권력 동기와 관련한 동기를 가진 사람은 자신의 활동에 대한 통제력을 행사하거나 타인의 성공적인 업무를 위해 동기를 불어 넣고자 하는 사람이다. 특정의 자원봉사활동에서 어떤 집단이나 조직을 이끌고 가야 할 책임을 맡을 사람이 필요하다면, 이러한 유형의 동기를 가진 사람이 적절하다.

❸ 책임 수준

자원봉사자의 활동 내용이 독자적인 의사결정을 해야 하는가, 혹은 매우 제한적인 범위 내에서 주어진 역할만을 수행해야 하는가는 결국 자원봉사자의 책임 수준에 관한 것이다. 자원봉사활동은 구체적이고 명확한 책임 수준의 범위 내에서 이루어지는 것이 바람직하고, 자원봉사활동을 수행하기 전에 그 범위를 밝히는 것이 일반적이다. 그러나 자원봉사활동은 상황의 변화에 따라서, 특히 대상이 사람인 경우에는 욕구가 변화한다. 자원봉사활동 과정에 대상자와 자원봉사자와의 관계에서 욕구가 변화하는 것은 당연하다. 이러한 과정에서 자원봉사자는 위임받은 범위 내에서 책임을 수행하지만, 경우에 따라서는 책임 수준을 넘어서 활동을 수행해야 할 경우가 있고, 이때 봉사활동의 위험과 지속성의 유지가 문제가 될 수 있다.

물론, 자원봉사자의 봉사 경험이 길어지고 지식과 방법이 확장될수록 책임 수준도 향상되는 것이 좋다. 경우에 따라서는 자원봉사조직 내에서 역할과 책임도 적절한 시기에 따라 변경하고 상승시키는 전략이 강구되어야 할 것이다.

(2) 시기에 따른 자원봉사자의 관리

자원봉사자가 자원봉사활동을 계속해서 유지할 수 있도록 지원하는 한 방법은 자원봉사자를 특정의 시기에 맞추어서 적절하게 대우하는 일이다.

❶ 초기단계

자원봉사자가 봉사활동을 지속하느냐 그만두느냐 하는 결정은 자원봉사활동을 시작한 초기단계에서 일어난다. 이러한 결정에 기간은 정해진 것은 없지만, 자원봉사자는 대략 1개월이나 처음 몇 주 동안 자원봉사를 경험하면서 초기에 가졌던 기대와 동기에 비추어 자신이 관계하는 자원봉사기관의 이념과 특성, 자원봉사조직 구성원 사이의 특성, 자원봉사활동의 내용, 자원봉사 조정자 및 관리자와의 관계 등을 살피고, 그에 따라 자원봉사활동 지속 여부를 결정하게 된다.

자원봉사자는 이러한 요소들과 자신의 동기 및 욕구가 조화롭다고 생각하면 자원봉사활동을 유지할 것이고, 아니면 중도에서 그만둘 가능성이 크다. 그러므로 조정자 및 관리자는 자원봉사자가 이러한 초기단계에서 자원봉사에 대한 적응을 잘할 수 있도록 안내와 지도를 하여야 한다.

❷ 특별한 날

자원봉사자는 큰 프로젝트의 종결, 자원봉사활동 기간의 완료, 1년의 종료와 시작, 소속 기관의 행사일 등 특별한 날인 기념일에 상대적으로 더 많은 관심을 가져주기를 희망한다. 자원봉사자는 이러한 특별한 날에 자신이 활동하고 있는 일에 대해 스스로 평가하고 의미를 부여하는 경우가 많다.

따라서 자원봉사활동 조정자와 관리자는 자원봉사활동에 대한 의미부여와 평가를 시도하는 한편 새로운 흥미와 목적을 찾을 수 있도록 유도하여야 한다. 한 시기를 종결하고 새로운 시기로 넘어가는 과정에서 자원봉사자의 활동 지속 여부에 대한 결정은 당연한 것이며, 이 시기에 조정자와 관리자의 유지방법과 프로그램이 효과적이어야 자원봉사자를 지속화시킬 수 있다.

❸ 업무 배정과 적절한 일감

자원봉사 교육훈련이 끝났다면 그 수준에 맞는 일을 신속하게 배정하여야 하는데, 이는 유지에 중요한 역할을 한다. 만일, 자원봉사자를 모집하여 교육 훈련한 다음 적절한 역할을 제공하지 않거나 만족할 만한 일감을 주지 못하면, 자원봉사자는 중도탈락의 위험에 놓이게 된다. 교육훈련으로 자원봉사활동에 대한 동기가 한층 높아지고 현장에 배치될 것으로 기대했음에도 불구하고 적절한 시기에 배치되지 않았다거나 주어진 일감이 보잘것없는 일이라면, 자원봉사자는 활동을 하지 않을 가능성이 크다.

(3) 의미 있는 활동과 역할 부여

자원봉사자가 자원봉사활동에 관여하는 동기 중의 하나는 자원봉사활동을 가치 있는 일로 간주하기 때문이다. 자원봉사자가 자원봉사기관에 찾아오는 이유도 봉사활동을 통해 보람 있는 일을 하고 지역사회에 공헌하고자 하는 동기가 있기 때문이다. 자원봉사 조정자와 관리자는 이러한 동기를 이해하고 동기에 적절한 역할과 직무를 자원봉사자에게 부여해야 한다.

❶ 역할부여

자원봉사자에게 자신이 하는 봉사활동이 대상자에 어떤 도움을 주며, 기관과 지역사회에 어떻게 공헌하는지를 이해시켜야 한다. 기관의 사명과 설립 이념에 대한 설명과 자원봉사활동의 업무와 역할의 연관성을 설명함으로써, 자원봉사자는 자신의 역할이 의미 있는 것임을 이해한다. 이때 비로소 자원봉사자는 지속적으로 활동에 참여할 수 있는 동기부여가 이루어진다.

❷ 환경조성

자원봉사자가 역할을 수행하기 위한 환경을 조성해야 하는데, 여기에는 자원봉사자가 모일 수 있는 공간과 활용 기자재, 교육교재, 컴퓨터, 그리고 이들을 돕는 전문 인력 등이 포함된다. 자원봉사자가 자유롭고 자율적으로 활동할 수 있는 분위기와 공간, 그리고 지도 감독 인력과 재원 및 지원체계가 잘 확보되어 있을 때 자원봉사자의 동기부여가 되고 사기도 높아지고, 이에 따라 지속적으로 자원봉사활동을 할 수 있을 것이다.

❸ 인정과 보상

자원봉사자의 활동이 의미 있는 일이 되기 위해서는 지속적으로 자원봉사자의 활동에 대한 평가와 인정이 있어야 한다. 이러한 평가를 통한 인정과 그에 상응한 보상이 주어질 때, 자원봉사자는 자신의 일이 의미 있는 것으로 수용되고 있음을 알 수 있고, 또한 기관과 지역사회에 기여하고 있음을 이해하고 자원봉사활동을 지속적으로 수행하게 된다. 이 부분에 대해서는 제2절에서 자세히 다루고 있다.

(4) 팀워크의 개발

자원봉사활동의 특성 중 하나는 조직을 구성한다는 것이다. 자원봉사자가 소속감을 느끼고 상호 밀접한 유대관계를 내심으로 희망하고 있음은 잘 알려진 사실이다. 또 여러 사람이 함께 일한다는 사실은 그것 자체가 현대사회에서의 소외와 고립을 해소하고 서로 좋은 영향력을 주고받는 즐거운 경험이 되기도 한다.

따라서 자원봉사자가 지속적으로 자원봉사활동에 참여하기 위해서는 조직의 구성원으로서 위치를 부여하는 것이 중요한데, 이 경우 자원봉사기관에 소속되어 있는 다양한 하위 조직 중에서 어떤 조직에 자원봉사자를 배치할 것인지를 신중히 고려해야 한다. 처음으로 배정받은 자원봉사자가 기존의 자원봉사자와 함께 좋은 관계를 유지할 수 있도록 조정자와 관리자가 지원하는 한편, 자원봉사기관의 전임자들과도 한 가족으로서 일체감을 가질 수 있도록 지원해야 한다. 결국, 이러한 자원봉사자에 대한 처우는 자원봉사자 역시 자원봉사기관의 유급 전임직원과 마찬가지로 한 구성원으로서 중요한 역할을 맡고 있다는 인식을 하도록 하며, 실제적으로 특정한 일을 수행할 경우 자원봉사자 간에 혹은 자원봉사자와 전임직원들 사이에 좋은 팀워크를 개발하는 것으로 연결된다. 팀워크의 개발은 자원봉사자로 하여금 지속적인 활동을 유지할 수 있도록 하는 중요한 연결고리로 작용한다.

02 인정과 보상

1) 개념

자원봉사는 반대급부를 받지 않고 이루어지는 활동이다. 이러한 자원봉사활동에 대해 기관의 유급 직원이나 자원봉사기관은 금전적인 급여가 아닌 방법으로 지속적으로 그 대가를 교환한다. 주로 이때는 심리사회적인 내용의 제반 반대 급여를 제공하는 특성을 가진 것이 인정과 보상이라고 볼 수 있다.

자원봉사자의 측에서 보면, 자원봉사기관과 유급 전임직원에 의해 제공되는 인정과 보상을 통해 자원봉사활동의 의미와 공헌을 이해하게 되며, 자원봉사자가 가지고 있는 동기와 목적을 성취하고 있다는 인식을 하는 기회가 되기도 한다. 따라서 이러한 기회를 기반으로 하여 자원봉사자의 활동이 지속적으로 유지되는 것이므로, 자원봉사활동 조정자 및 관리자의 인정과 보상관리는 매우 중요한 기능을 한다.

2) 인정과 보상의 종류

인정과 보상의 종류는 매우 다양하다. 다음은 흔히 사용되는 몇 가지 보상과 인정의 종류를 정리한 것인데, 이러한 내용을 자원봉사기관의 특성과 성격에 적절하게 맞추어서 활용하는 것이 필요하다.

(1) 공식적인 보상과 인정

플레처(Fletcher)는 자원봉사자의 참여 동기 및 욕구에 대한 보상이나 인정을 전달할 수 있는 요소에는 다음과 같은 것이 있다고 하였다(Fletcher, 1989: 69; 조휘일, 2002: 176, 재인용).

- 특정한 기술(skill)을 사용할 수 있는 기회
- 특정한 기술을 활용하고 개발할 수 있는 기회
- 미래의 고용준비를 위한 업무훈련의 기회
- 가능한 자신의 경력을 탐색할 수 있는 기회
- 개인이 특히 관심 있는 문제에 대해서 무언가 행동할 수 있는 기회
- 기관의 한 부분이 될 수 있는 기회
- 대인관계의 기술을 발달시킬 수 있는 기회
- 이전에 도움을 받은 경험이 있는 사람이 이에 대한 교환적 욕구에 부응할 수 있는 도움을 베풀 수 있는 기회
- 사회적 개입의 기회
- 특정 활동(및 행동)의 한 부분으로의 역할을 할 수 있는 기회

- 사회적으로 쓸모 있는(유용한) 활동에 참여하려는 욕구충족
- 자신이 필요한 존재로 인정받고 감사를 받는 경험(지역사회 봉사상 시상 대상자 추천)
- 공식적 행사에서 인정받을 수 있는 기회(연말 자원봉사자 만찬 또는 파티에서의 감사장 전달)
- 어떤 상징적 핀이나 자격증을 받는 기회(장기 자원봉사자 명단에 기록 및 게재)
- 뉴스레터, 신문 또는 다른 대중매체에 이름이나 관련 기사가 오르는 것

(2) 비공식적인 인정과 보상

다음은 비공식적으로 자원봉사자에게 제공할 수 있는 인정과 보상의 방법이다(Fletcher, 1989: 70; 조휘일, 2002: 177, 재인용).

- 수시로 적절한 시기를 맞추어서 감사하다는 말을 전하는 것
- 자원봉사자의 불편을 고려해서 훌륭한 물리적인 환경을 조성하는 것
- 자원봉사자가 '메시지'를 받을 수 있는 우편함을 설치해 주는 것
- 불가피한 사정으로 또는 근무 일정이 없어서 결근했다가 출근했을 시에는 그 동안의 안부와 기관이 아쉬워했다는 말을 전하는 것
- 자원봉사자에게 기관의 새로운 변화나 발달적 사실들을 반드시 전달하는 것
- 자원봉사자의 직원회의, 직원 현임훈련 프로그램 그리고 직원의 사교 행사에 참여시키는 것
- 점심 또는 커피 모임에 자원봉사자와 동반해서 참여하는 것
- 경험이 많은 자원봉사자에게 새로운 자원봉사자 훈련을 도와줄 것을 요청하는 것
- 자원봉사자의 준비 상태를 점검하여 새로운 책임을 부과하는 것
- 자원봉사자 개개인의 특별한 기술이나 전문적 능력의 영역에 대한 자문을 구하는 것

- 자원봉사자가 활동과 관련된 비용을 자비로 지출했을 때 상환해 주는 것
- 자원봉사자의 생일에 카드를 보내거나 기관 내에서 생일케이크를 준비해서 축하하는 것
- 자원봉사자의 직위 및 업무와 관련된 훈련과정 참여 비용을 제공하는 것
- 자원봉사자가 잘 수행한 특정의 업무에 대해 칭찬해 주는 것

3) 인정과 보상의 사례

인정과 보상의 내용을 보다 구체적이고 실제로 적용하고 있는 프로그램의 목록을 제시해 보면 다음과 같다. 맥컬리와 빈야드(McCurley & Vineyard)는 이를 '자원봉사자의 이득 및 혜택 목록'이라고 부른다(McCurley & Vineyard, 1986: 50; 조휘일, 2002: 178, 재인용).

- 자원봉사활동 비용 상환
- 자원봉사직원 신분증
- 적절한 훈련
- 진급 기회의 보장
- 장기근속의 인정과 상징물 부여
- 고정된 자원봉사자 공간 제공
- 세금 감면 제도
- 자동차보험
- 건강보험
- 책임보험
- 기관 활용료 감면 혜택
- 탁아서비스
- 급행 통행권 발부
- 연말 파티 또는 만찬 초대
- 업무수행 기술 기록 체계 유지

- 대통령 자원봉사자 표창에의 추천
- 지역자원봉사자 시상에의 추천
- 고용주에의 추천서 작성
- 유니폼, 배지, 이름표의 배려
- 직위 명찰 부여
- 무료 주차
- 자원봉사활동 훈련 경험의 학점 부여 혜택
- 휴가제도
- 다른 자원봉사기관과의 교류 프로그램
- 유급 직원 선발 시 우선권 부여

Chapter 11

자원봉사 프로그램 개발

01 프로그램 개발의 의미

1) 프로그램 개발의 중요성

자원봉사기관이나 자원봉사를 수행하기 위해 모인 자원봉사 집단 혹은 자원봉사를 실행하기 위한 실천 주체가 무엇이건 간에 자원봉사는 수행되어야 한다. 그러면 어떤 자원봉사를 할 것인가? 자원봉사활동을 하는 데 몇 명의 인원과 어떤 기술이 필요하고, 자원봉사 대상은 누구이며, 특히 자원봉사 대상자의 규모와 특성은 어떠한가? 자원봉사를 어느 정도 규칙적으로 혹은 지속적으로 수행하여야 하는가? 이러한 질문은 자원봉사를 수행하기 위해 기본적으로 점검되어야 하는 것들이다. 또한, 이러한 질문은 결국 성공적인 자원봉사를 위해 필요한 것이다.

따라서 자원봉사활동과 관련된 여러 가지 측면에 대한 검토는 자원봉사를 시작하기 전에 이루어져야 하며, 자원봉사활동을 시작하는 데 필수적이다. 자원봉사 프로그램은 이러한 맥락에서 중요하고 필요한 것이다.

프로그램은 특정의 목적을 달성하기 위해 만들어진 조직적인 활동이다. 미국 사회복지사협회에서는 프로그램을 수행되어야 하는 것들에 대한 계획과 지침이며, 클라이언트의 욕구에 부합하여 설계된 조직과 절차라고 하였다. 이렇게 볼 때, 일반적으로 프로그램을 이루고 있는 구성요소는 ① 대상자, ② 제공자, ③ 활동내용, ④ 영향 등이라 볼 수 있는데, 자원봉사 프로그램을 개발할 경우에도 이러한 구성요소를 살펴야 할 것이다.

본서에서는 자원봉사자가 자원봉사를 수행할 경우 필요한 프로그램을 말하므로, 이때의 프로그램은 결국 ① 자원봉사활동의 대상이나 분야, ② 자원봉사 공급자인 자원봉사자, ③ 자원봉사의 매개체인 자원봉사기관, ④ 자원봉사활동의 방법 등의 구성요소를 포함한다. 따라서 다음에서는 자원봉사 프로그램의 구성요소를 중심으로 프로그램의 개발을 살펴보고자 한다.

2) 프로그램 개발 계획

자원봉사활동은 프로그램의 수립을 필요로 한다. 따라서 프로그램 개발은 자원봉사활동이 실행되기 전에 체계적으로 계획되어야 한다. 계획이란 어떤 일을 하기에 앞서 방법, 순서, 규모 등을 미리 생각하여 세운 내용을 의미한다. 본서에서는 자원봉사활동 프로그램을 개발하기 위한 사전의 노력을 계획이라고 부른다. 그러므로 앞서 언급한 자원봉사활동 프로그램의 4가지 구성요소를 포함한 계획을 잘 수립하는 노력을 해야 한다.

던(Dunn)은 자원봉사 프로그램을 기획함에 있어서 다음의 몇 가지 질문을 제시하여야 한다고 하였다(Dunn, 1995: 484; 조휘일, 1998: 361, 재인용).

① 자원봉사 프로그램을 통해 무엇을 성취하려 하는가의 목적 또는 사명을 명확히 하고, 이에 따른 구체적 목표를 설정한다.

② 자원봉사 프로그램을 확립하고 운영하는 데 이사회 그리고 상급관리자들이 얼마나 책임감을 느끼고 있는가를 확인한다.

③ 자원봉사자에 대한 직원들의 태도는 어떠하며, 직원들이 자원봉사자와 함께 일할 수 있도록 동기화되고, 필요한 훈련을 제공하고, 지도 감독의 의무를 감당할 사명감을 가지고 있는가를 알아야 한다.

④ 기관이 자원봉사자에 대한 확고한 정책을 가지고 있거나 가지려고 하고 있는가를 확실히 해야 한다.

또 다른 측면에서 자원봉사 프로그램의 창조(성)를 고려할 때에는 프로그램을 위한 조직이나 지역사회의 준비 상태를 점거하기 위해 다음의 기본적 질문 사항들이 응답되어야 한다.

① 자원봉사 프로그램을 통해 무엇을 성취하고자 하는가?
② 자원봉사 직원을 위한 합법적인 요구나 필요성이 있는가?
③ 자원봉사 프로그램을 확립하고 운영하는 것에 대해 이사회나 상급 관리자들이 얼마나 책임감을 느끼는가?
④ 기관의 사업이 구체적 업무들로 세분화되어 이들 중 일부가 시간제 자원봉사자에 의해 수행 가능한가?
⑤ 자원봉사자의 가용성, 배치감독, 근무시간 융통성, 기타 업무의 특성의 견지에서 모집의 잠재력이 있는가?
⑥ 직원이 필요한 훈련을 제공할 수 있거나 다른 가능한 수단이 가용한가?
⑦ 자원봉사자에 대한 직원의 태도는 어떠한가?
⑧ 직원은 자신의 업무에 대해 얼마나 관심을 기울이고 있는가?
⑨ 직원이 자원봉사자와 함께 일할 수 있도록 동기화되고, 도움을 받거나 배울 수 있는가?
⑩ 정규 직원이 시간제 자원봉사자의 업무를 규정하고, 훈련시키고 지도 감독할 수 있게 사명감을 가지고 있는가?
⑪ 기관(조직)이 자원봉사에 관한 일관된 정책을 가지고 있거나 또는 가지려고 하는가?

이러한 응답을 통해서 자원봉사활동에 관한 긍정적 분위기가 확립되어 있다고 결정되면, 프로그램을 시작하거나 확정할 수 있는 올바른 시기라고 볼 수 있으며, 기획의 과정에 착수될 수 있다. 기획은 성공적인 자원봉사 프로그램의 초기 구상에 중요할 뿐 아니라 실제 적용과정에서 나타날 수 있는 가능한 장애물들을 확인하고 해결책을 마련하는 데 필요한 지속적인 평가과정에도 매우 중요하다(Dunn, 1995: 485; 조휘일, 1998: 361-362, 재인용).

자원봉사활동 프로그램은 일반적으로 자원봉사 조정자나 관리자 등이 계획하는 경우가 많다. 물론, 이 과정에는 자원봉사기관의 여러 부서의 직원들이 함께 참여할 수 있으나, 관련 전문가나 직원이 주도적으로 계획을 개발한다.

3) 프로그램 개발의 범위

프로그램 개발에 포함되는 내용은 어떤 것인가? 이는 앞서 언급하였듯이, ① 자원봉사활동의 대상이나 분야, ② 자원봉사 공급자인 자원봉사자, ③ 자원봉사의 매개체인 자원봉사기관, ④ 자원봉사활동의 방법 등의 내용이 주요한 것으로 포함된다.

(1) 자원봉사활동 대상에 따른 프로그램

간단히 말하면, 대상은 어린아이부터 노인에 이르기까지 연령별로 다양할 수 있고, 직면한 문제의 내용으로 보면 이들이 가진 빈곤문제부터 질병, 보건의료, 주택, 여가, 일상적인 도움까지 여러 가지가 존재한다. 물론, 현실적으로는 이들 내용이 중복되고 복합적으로 얽혀 있는 경우가 대부분이다. 자원봉사 대상에 대해서는 제6장에서 자세히 다루고 있다.

다른 한편으로, 대상은 사람이 아닌 환경이나 지역사회의 특정 문제나 기회, 구조 등의 사회제도나 전체환경을 변화시키려는 노력이 될 수도 있다. 경우에 따라서는 사회적 약자의 권익을 옹호하기 위해 기존의 제도적 장치나 법률을 개선하려는 노력도 전개될 수 있다.

결국, 자원봉사 프로그램을 계획할 때에는 자원봉사기관이나 자원봉사회 등이 놓인 처지나 입장을 고려하면서, 동시에 기관이 존재하는 지역사회의 특성, 기관이 가진 인적 · 물적 잠재력을 고려하여 대상을 제한하여야 한다. 가장 중요한 것은 기관의 설립 목적과 사명, 직원의 역량 등을 고려하여 자원봉사 프로그램의 우선순위를 결정하는 것이다.

(2) 자원봉사자에 따른 프로그램

마찬가지로 자원봉사활동 프로그램의 계획에서 또 하나 고려해야 할 요소는 참가하는 자원봉사자의 수적 규모와 역량 등이다. 사회복지기관이 아무리 좋은 목표와 이념을 가지고 있더라도, 기관의 목적과 사명에 동조하지 못하는 자원봉사자가 있다면 손쉽게 자원봉사활동 프로그램을 계획할 수 없다. 또한, 자원봉사자가 중고등 학생이거나 대학생일 경우, 일반인으로서 여성일 경우, 전문자원봉사자일 경우 등 다양한 경우를 생각해야 한다.

반대로, 자원봉사기관은 자원봉사활동의 목표와 내용에 따라서 특정의 기술과 지식을 가진 사람만을 활용하여 실행하는 자원봉사 프로그램을 개발하기도 한다.

(3) 자원봉사기관에 따른 프로그램

자원봉사자를 활용하는 기관의 특성에 따라서 프로그램이 달라질 수 있다. 자활후견기관, 노인복지기관 및 시설, 여성복지시설, 아동복지시설 등에 따라 서로 다른 자원봉사 프로그램이 계획되어야 한다. 물론, 기본적으로 자원봉사자에게 요청되는 프로그램도 동시에 고려되어야 한다. 예를 들어, 자원봉사자 오리엔테이션이나 자기성장과 같은 프로그램은 자원봉사자와 대상이나 기관의 차이와 상관없이 꼭 필요한 프로그램이기도 하다.

(4) 자원봉사활동의 방법

자원봉사활동의 방법은 여러 가지가 있을 수 있는데, 대상이나 문제의 특성에 따라서, 자원봉사활동으로 제공하려는 서비스의 내용에 따라서 다양하게 달라질 수 있다. 자원봉사 관련 서적에서 찾을 수 있는 것은 확산형, 서클형, 피라미드형, 순환형 1, 순환형 2로 대개 다섯 가지가 있다(자원봉사정보안내센터, 1996: 112-117; 한양대학교 사회봉사단, 1997: 159-164; 한국사회복지협의회, 1997: 99-104). 여기서는 조직과 적용사례를 살펴보고자 하는데, 실질적으로 조직에서는 이러한 방법들이 혼합되어서 사용되는 경우가 많다(현외성, 1998: 221-226).

❶ 확산형

확산형은 가장 대표적인 방법으로, 자원봉사자를 문제나 욕구별로 나누어서 대상을 지원하는 방법이다. 조직방법은 한 대상의 여러 가지 욕구나 문제에 대해 팀을 조직해서 팀별로 욕구나 문제의 해결을 모색한다. 또한, 욕구나 문제가 늘어나면 지원팀(자원봉사자)의 숫자가 늘어난다. 이 방법은 사회적으로 약자인 노인, 장애인 등의 지원에 사용될 수 있다. 이것을 그림으로 나타내면 [그림 11-1]과 같다.

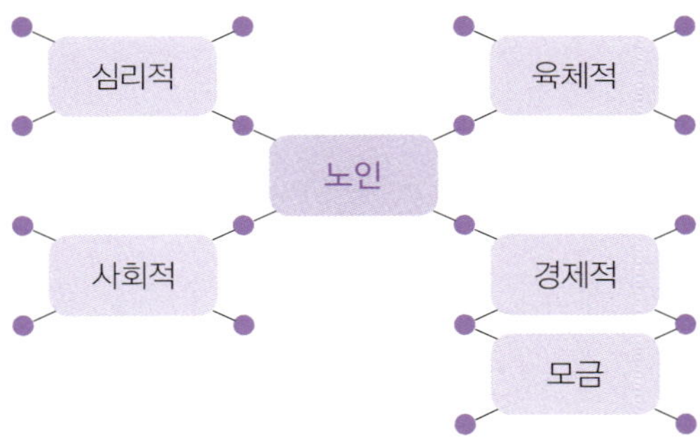

[그림 11-1] 확산형 팀 조직

확산형은 자원봉사자를 대상자의 문제나 욕구별로 분류한 다음, 각 팀의 참가자 수를 계속 늘려 가는 방법이다. 예를 들면, 시설 노인의 문제와 욕구를 분류하고, 그에 맞는 자원봉사자를 팀으로 조직한다. 욕구별 팀에 참가하는 자원봉사자 수는 제한이 없다. 욕구해결을 위해 어떠한 자원봉사 프로그램을 조직하고 운영할 것인지는 각 팀에서 결정한다. 따라서 다양하고 재미있는 아이디어가 구상될 수 있다.

확산형은 긴급한 상황이 발생해 많은 자원봉사자가 지원한 경우에 특히 효과적이다. 이 방법에서의 자원봉사자는 활동의 의미를 알고(공익성), 재미있는 아이디어를 내고(자발성), 계획대로 실천(지속성)한다. 그리고 전체 팀이 모여서 하나의 연합체가 구성되어 자원봉사동아리를 구성하거나 단체가 성립된다.

❷ 서클형

서클형은 확산형과는 달리 자원봉사자를 기능별로 엮는 것이다. 조직은 한 문제나 욕구를 해결하기 위해 기능별로 팀을 조직하고, 각 팀을 하나로 묶어 전체 팀을 구성한다. 그리고 전체 팀에서 대표와 진행자 등을 선출하여 자체적으로 운영한다. 이 방법은 확산형의 하부 구조로 이용할 수 있고, 재가의 독거노인을 위한 반찬을 만들어 배달하는 서비스, 모금 이벤트, 스포츠 행사, 캠프 등에 적용할 수 있다. 이것을 그림으로 나타내면 [그림11-2]와 같다.

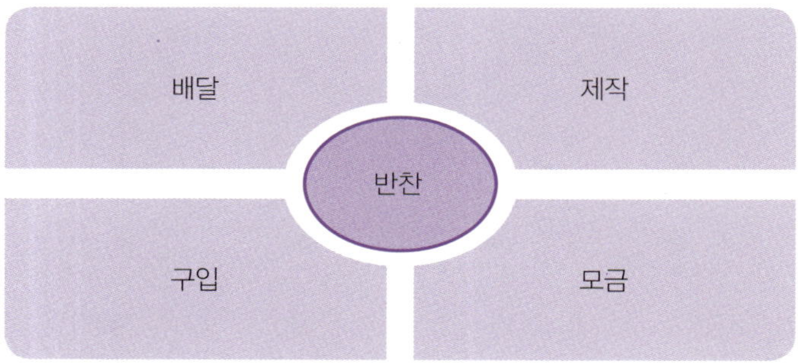

[그림 11-2] 서클형 팀 조직

[그림 11-2]를 보면 반찬이라는 한 가지 과업에 대해 자원봉사자가 제작, 모금, 구입, 배달이라는 기능별로 업무를 분담한다. 즉, 독거노인에게 음식을 만들어 배달한다는 과제가 정해지면 각 봉사자가 팀별로 업무를 분담한다. 한 팀은 시장에서 재료를 구입하고, 한 팀은 음식을 만들고, 한 팀은 배달하고, 나머지 한 팀은 이에 필요한 재원을 마련한다. 담당 관리자는 전체 팀을 하나로 연합시켜서 스스로 봉사회를 운영할 수 있게 한다.

이 방법은 확산형 및 욕구별 팀 접근과는 다소 차이가 있다. 관련된 팀들을 하나로 묶을 수 있다는 것은 비슷하지만, 각 팀 간의 유기적 관계에서 큰 차이가 있다. 서클형은 확산형보다 팀 간의 관계에서 팀워크가 훨씬 강조된다.

❸ 피라미드형

피라미드형은 자원봉사자를 체계적으로 조직하는 방법에서는 확산형, 서클형과 동일하지만 그 내용에는 차이가 있다. 피라미드형에는 각각 다른 봉사활동을 희망하는 자원봉사자를 팀별로 분리하여 각 팀을 지도할 상급자를 배치하고 그 상급자 위에 최상급자를 배치한다. 특히, 이 방법은 초중고등학생, 난해한 문제의 해결, 처음으로 자원봉사활동을 시도하는 지원자에게 적합하다. 이것을 그림으로 나타내면 [그림 11-3]과 같다.

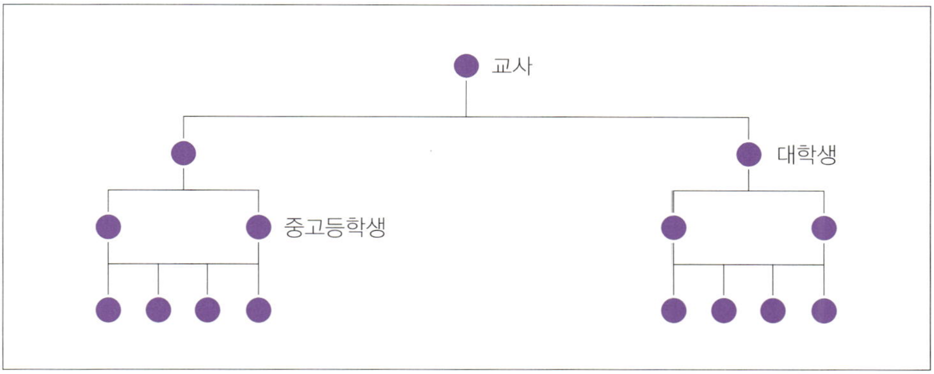

[그림 11-3] 피라미드형 팀 조직

이 방법은 확산형, 서클형과 달리 팀들 간에 공통의 문제 · 욕구 또는 공통의 목표가 없을 때 유효하다. 각 팀이 각자 원하는 자원봉사를 하고, 조정자 또는 관리자는 단지 관리체계만을 수립할 때 필요한 것이다. 이는 1989년 디국의 미네소타 주 정부가 지원한 미네소타 워크어바웃(MnnesotaWalk-About) 프로그램과 같은 것이다.

즉, 고등학생이 초등학생이 원하는 봉사 프로그램을 팀별로 지도한다. 각 팀의 프로그램 간에는 아무런 연관성이 없다. 따라서 초등학생이 자유롭게 사회복지, 환경, 문화, 예술 등 프로젝트를 구상할 수 있다. 조정자 또는 관리자는 이러한 팀별 프로그램을 [그림 11-3]과 같이 중고등학생, 대학생을 배치하고 단순히 관리만 하면 되는 것이다.

❹ 순환형

순환형 팀 조직은 특정의 한 사업을 여러 팀이 돌아가면서 봉사할 때 조정자 또는 관리자가 단지 봉사팀의 규모와 순서만을 정해 주고 관리하는 것이다(순환형 팀 조직 1). 또 다른 방법은 자원봉사자가 여러 분야를 경험하고자 할 때 각각의 프로그램을 순환하면서 맡아 보는 것이다(순환형 팀 조직 2). 이것을 그림으로 나타내면 [그림 11-4]와 같다.

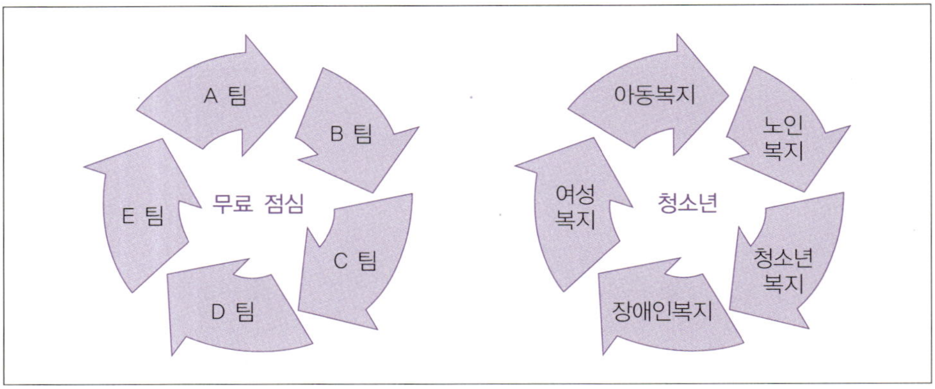

[그림 11-4] 순환형 팀 조직 1 · 2

순환형 팀 조직 1은 특정의 한 가지 과업 또는 목표를 여러 팀이 돌아가면서 하는 방법이다. 예를 들면, 지역사회에서 급식 설비가 되어 있는 곳에서 노인의 무료급식 서비스를 제공한다고 하면, 조별 또는 지역별로 팀을 구성하여 자원봉사를 하는 것이다. 이 경우 각 팀의 팀장은 그 팀을 운영 · 관리하고, 서비스의 실시자 또는 감독자는 이것에 대한 보고만 받으면 된다. 순환형 팀 조직 1은 앞서 제시한 3가지 유형과 비교하면 여러 자원봉사자가 한 가지 특정의 목표만 반복해서 하는 특징이 있다. 팀별로 방법상의 아이디어를 낼 수는 있지만 큰 차이는 없다.

순환형 팀 조직 2는 자원봉사자가 여러 분야를 경험하려고 할 때 사용되는데, 예를 들면 종합사회복지관이 무슨 일을 하는지 알려 주기 위한 방법으로 학생으로 하여금 노인 분야, 청소년 분야, 장애인 분야, 여성 분야, 아동 분야를 돌아가면서 활동하도록 만드는 것이다.

02 프로그램 개발과정

자원봉사 프로그램의 개발은 일반적으로 수행되는 사회복지 프로그램의 개발과 유사한 과정을 거치면서 개발된다. 사회복지 프로그램의 개발에 대해 로퍼(Lauffer)는 ① 문제의 정의와 개념화, ② 인간관계의 구조와 네트워크의 수립, ③ 정책의 형성과 대안전략의 서술, ④ 계획안 및 프로그램 설계 감독, ⑤ 환류 및 평가의 5단계로 나누었다. 요크(York)는 ① 행동범위의 설정, ② 문제의 분석, ③ 욕구의 사정, ④ 목적 및 효과 목적, ⑤ 우선순위 수립, ⑥ 대안의 확인, ⑦ 대안의 선택, ⑧ 자원요구의 확인 및 결과목표의 정의, ⑨ 집행, ⑩ 평가 등의 10단계로 구분하였다. 또한, 미나한 외(Meenaghan et al.)는 ① 문제서술/윤곽, ② 정책/목표형성, ③ 자원분석, ④ 목표의 선택, ⑤ 프로그램 대안 설정, ⑥수행을 위한 프로그램 설정, ⑦ 평가 등 7단계로 나누었다. 스키드모어(Skidmore)는 ① 구체적 목표의 설정, ② 관련 정보수집 및 가용자원 검토, ③ 목표달성을 위한 대안적 방법 모색, ④ 대안의 실시조건 및 기대효과 평가, ⑤ 최종안 선택, ⑥ 구체적 실행계획 수립 등의 6가지를 제시하였다(정무성 · 정진모, 2001: 35-36, 재인용).

이러한 프로그램의 개발과정을 활용하여 자원봉사자가 효과적이고 적절하게 자원봉사활동을 수행할 수 있도록 프로그램을 개발하는 과정을 체계적으로 구분하면 다음과 같다. ① 자원봉사기관의 이념, 사명 및 사업 범위 확정, ② 문제의 확인과 대상자의 발굴, ③ 자원봉사활동 목표와 서비스의 설정, ④ 자원봉사활동 방법의 선택, ⑤ 자원봉사활동 업무 배분 등이다.

물론, 자원봉사기관에서 자원봉사의 활동을 생각하여 자원봉사자를 모집하여 교육하고 배치시켜 활동을 하게 하며, 이들에 대한 지도 감독과 평가, 자원봉사자를 위한 기록, 인정을 포함한 행정적 지원 등 모든 관련 사항에 대한 프로그램의 개발도 존재한다. 이러한 프로그램 개발과정은 자원봉사 관리와 관련한 프로그램의 개발이라는 보다 광범위한 개발로 이어진다. 여기에서 말하는 프로그램의 개발은 단지 자원봉사자에게 자원봉사활동을 수행할 수 있게 하는 프로그램 자체만을 개발하는 좁은 개념으로 포착하고자 한다.

1) 자원봉사기관의 이념, 사명 및 사업범위 확정

자원봉사 프로그램을 개발할 경우 가장 먼저 생각하여야 할 점은 자원봉사자는 무엇이든지 간에 자원봉사할 수 있지만, 되도록이면 자원봉사기관의 설립 이념이나 사명, 그리고 현재 수행 중인 사업 등과 관련하여 양립할 수 있는 성격의 자원봉사활동 프로그램이어야 한다는 사실이다. 이 부분은 자원봉사 프로그램의 개발에서 가장 먼저 고려해야 할 것이다. 결국, 프로그램의 방향은 지역사회에 무수하게 존재하는 문제나 해결되어야 하는 과제 중 자원봉사기관의 특성과 관련된 몇 가지 사항에 비추어서 선택되는 것이라고 볼 수 있다.

2) 문제 확인 및 대상자 발굴

자원봉사 프로그램 개발의 다음 단계는 지역사회에서 해결되어야 할 문제와 과제들이 무엇인지를 확인하는 작업이다. 물론, 이 과정에는 보다 세부적으로 자원봉사 대상자를 발굴하는 과업도 포함된다. 이는 자원봉사활동의 수요와 연관되는 프로그램의 계획과정이다.

자원봉사를 통해 해결해야 할 문제와 욕구의 확인은 사회복지조사방법에서 개발된 방법을 사용하면 가능하다. 특히, 자원봉사활동 대상자의 욕구측정과 관련하여서는 이미 사회복지학에서 개발된 측정방법을 활용하면 좋다. 조사된 자료를 바탕으로 자원봉사자가 할 수 있는 몇 가지 일을 확정하는데, 보통 이러한 작업은 전문사회복지 프로그램의 실천과정과 연계하여 부분적으로 자원봉사자가 돕는 형태로 프로그램이 결정되는 경우가 많다. 예를 들어, 노인재가복지 프로그램 중 도시락 배달사업에서 자원봉사자가 도시락을 배달하거나, 아예 도시락을 만들어 배달하면서 가정봉사원 파견사업을 함께 실행하는 경우다.

3) 자원봉사활동 목표와 서비스의 설정

대상자가 결정되면, 자원봉사자가 활동할 수 있는 목표와 서비스를 선정해야 한다. 앞의 예에서 자원봉사자가 도시락 배달을 지원할 경우, 몇 사람의 자원봉사자가 일주일에 몇 회 참여할 수 있는가, 그들이 제공할 수 있는 다른 서비스는 어떤 것이 있는가 등을 설정해야 한다. 이는 자원봉사활동의 공급체계와 관련된 프로그램의 계획을 말한다.

이 계획은 자원봉사기관의 역량과 자원봉사자의 가능성이 함께 고려되어야 하는 작업이다. 지나치게 과도한 목표를 설정하거나 실행할 수 없을 정도로 전문적이거나 과다한 분량을 계획해서는 안 된다. 또 목표나 서비스의 특성상 자원봉사활동의 어느 단계에 제공하는 것이 가장 적절한지를 고려해야 한다. 또 경우에 따라서는 지역 단위로 여러 기관과 단체가 연합하여 수행하는 사업의 경우도 있다.

4) 자원봉사활동 방법의 선택

자원봉사활동 방법의 선택은 자원봉사활동의 목적과 내용, 자원봉사자의 특성과 역량 등에 따라 이루어진다. 확산형, 서클형, 피라미드형, 순환형 등에서 가장 적절한 것을 선택하여 효과를 얻을 수 있도록 한다. 이러한 활동방법은 현실적으로 상호중첩적으로 활용된다. 그리고 시간이 지날수록 기존에 선택되었던 활동방법이 다른 형태의 활동방법으로 전환되기도 한다.

5) 자원봉사활동 업무 배분

업무의 배분은 자원봉사자를 현장에 배치하여 자원봉사활동이 실제로 이루어질 경우 참여하는 자원봉사자에게 각자의 업무를 할당해 주는 작업이다. 간단한 자원봉사부터 복잡하고 규모가 큰 자원봉사에 이르기까지 다양한 자원봉사활동이 있을 수 있다. 또 전문적인 자원봉사활동도 존재한다. 여러 사람이 함께 자원봉사에 참여하게 되면 각자의 역할 분담이 더욱 상세하게 계획되어야 하고, 이들을 총괄하는 사람도 있어야 한다.

자원봉사자 집단에서 자체적으로 리더가 있는 경우도 있지만, 자원봉사활동을 지원하는 자원봉사기관에서 전임직원이 때때로 리더 역할을 하면서 전체적인 자원봉사활동을 이끄는 경우도 있다. 가능한 경우 자원봉사자들 사이에 경험 있고 유능한 리더가 탄생되어 전체를 이끌고, 시간이 흐름에 따라 다양한 분야의 자원봉사집단으로 분화되며, 중간 리더가 만들어지면서 각자의 역할을 분담하는 것이 바람직하다. 이러한 자원봉사자 집단의 발달이야말로 집단의 결집력을 높이고 자아성장을 이루며, 효과적인 자원봉사활동을 펼칠 수 있게 한다.

PART 03

자원봉사 환경과 조직관리

Chapter 12 자원봉사의 법적·행정적 환경
Chapter 13 자원봉사조직의 기금 및 재정관리
Chapter 14 자원봉사조직의 갈등관리와 리더십

Chapter 12

자원봉사의 법적·행정적 환경

2017년 현재 자원봉사는 정부의 여러 부서에서 관장하면서 민간 차원에서 활동이 전개되고 있다. 행정자치부, 보건복지부, 여성가족부 등을 중요한 정부부서로 손꼽을 수 있다. 여기서는 이를 중심으로 한 법적 환경을 살펴보고자 한다.

01 자원봉사의 법적 환경

1) 「자원봉사활동 기본법」

(1) 연혁 및 제정 배경

「자원봉사활동 기본법」은 2005년 8월 4일에 제정되었고, 2006년 2월 5일부터 시행되었다. 제정 이유는 다음과 같다. "시민사회의 성숙에 따라 자원봉사활동이 사회 각 분야에 널리 확대되고 있으나 이에 대한 국가적 차원에서의 체계적인 지원이 미흡한 실정이므로 자원봉사에 관한 기본적인 사항을 정하여 국민의 자원봉사활동에 대한 참여를 높이고 행복한 공동체를 건설하는 데 기여하려는 것"이다.

(2) 주요 내용

당시 규정되었던 「자원봉사활동 기본법」의 주요 내용은 다음과 같다.

첫째, 자원봉사활동의 진흥을 위한 국가 등의 책무(제4조)다. 국가와 지방자치단체는 자원봉사활동의 진흥에 관한 시책을 강구하여 국민의 자원봉사활동을 권장 · 지원하도록 함으로써 자원봉사활동이 건전한 시민운동으로 정착될 수 있는 기반을 조성한다.

둘째, 자원봉사진흥위원회의 설치(제8조)다. 자원봉사활동의 진흥을 위한 국가 기본계획 및 연도별 시행계획 등을 심의하기 위해 자원봉사진흥위원회를 두되, 자원봉사활동이 사회 전반에 걸쳐 진행되고 있고 이에 관한 업무도 여러 중앙행정기관과 관련되는 점을 감안하여 국무총리 소속으로 설치한다.

셋째, 자원봉사자의 보호(제14조)다. 국가와 지방자치단체는 자원봉사활동이 안전한 환경 속에서 이루어질 수 있도록 노력하여야 하고, 자원봉사자에 대한 보험의 가입 등 보호의 종류와 내용에 관하여 필요한 사항은 대통령령으로 정하도록 한다.

넷째, 한국자원봉사협의회의 설립(제17조)이다. 자원봉사단체는 회원단체 간의 협력 및 사업 지원 등 전국 단위의 자원봉사활동을 진흥 · 촉진하기 위해 행정자치부 장관의 인가를 받아 한국자원봉사협의회를 설립할 수 있도록 한다.

다섯째, 자원봉사센터의 설치 · 운영(제19조)이다. 국가기관 및 지방자치단체는 자원봉사센터를 설치 · 운영할 수 있고, 필요한 경우 자원봉사센터를 법인으로 하거나 비영리 법인에 위탁하여 운영할 수 있도록 한다.

(3) 목적, 기본방향 및 자원봉사활동의 범위

이 법의 목적은 동법 제1조에 "자원봉사활동에 관한 기본적인 사항을 규정함으로써 자원봉사활동을 진흥하고 행복한 공동체 건설에 기여함을 목적으로 한다."라고 규정되어 있다. 그리고 자원봉사활동의 진흥을 위한 정책은 다음 사항을 기본방향으로 한다고 규정하고 있다(제2조).

1. 자원봉사활동은 국민의 협동적인 참여 능력을 높일 수 있는 방향으로 추진하여야 한다.
2. 자원봉사활동은 무보수성, 자발성, 공익성, 비영리성, 비정파성, 비종파성의 원칙 아래 수행될 수 있도록 하여야 한다.
3. 모든 국민은 나이, 성별, 장애, 지역, 학력 등 사회적 배경에 관계없이 누구든지 자원봉사활동에 참여할 수 있도록 하여야 한다.
4. 자원봉사활동의 진흥을 위한 정책은 민 · 관 협력의 기본 정신을 바탕으로 하여 추진하여야 한다.

다음으로 이 법에서 규정하는 자원봉사활동의 적용 범위는 다음과 같다(제7조).

1. 사회복지 및 보건 증진에 관한 활동
2. 지역사회 개발 · 발전에 관한 활동
3. 환경보전 및 자연보호에 관한 활동
4. 사회적 취약계층의 권익 증진 및 청소년의 육성 · 보호에 관한 활동
5. 교육 및 상담에 관한 활동
6. 인권 옹호 및 평화 구현에 관한 활동
7. 범죄 예방 및 선도에 관한 활동
8. 교통질서 및 기초질서 계도에 관한 활동
9. 재난 관리 및 재해 구호에 관한 활동
10. 문화 · 관광 · 예술 및 체육 진흥에 관한 활동
11. 부패 방지 및 소비자 보호에 관한 활동
12. 공명선거에 관한 활동
13. 국제협력 및 국외봉사활동
14. 공공행정 분야의 사무 지원에 관한 활동
15. 그 밖에 공익사업의 수행 또는 주민복리의 증진에 필요한 활동

(4) 한국자원봉사협의회의 설립

자원봉사단체는 전국 단위의 자원봉사활동을 진흥 · 촉진하기 위한 다음의 활동을 하기 위해 한국자원봉사협의회를 설립할 수 있다. 협의회는 법인으로 하며, 행정자치부장관의 인가를 받아 등기함으로 설립될 수 있다(재17조).

1. 회원단체 간의 협력 및 사업 지원
2. 자원봉사활동의 진흥을 위한 대국민 홍보 및 국제교류
3. 자원봉사활동과 관련된 정책의 개발 및 조사 · 연구
4. 자원봉사활동과 관련된 정책의 건의
5. 자원봉사활동과 관련된 정보의 연계 및 지원
6. 그 밖에 자원봉사활동의 진흥과 관련하여 국가 및 지방자치단체로부터 위탁받은 사업

(5) 자원봉사센터의 설치 및 운영

국가기관 및 지방자치단체는 자원봉사센터를 설치할 수 있다. 이 경우 자원봉사센터를 법인으로 하여 운영하거나 비영리 법인에 위탁하여 운영하여야 한다. 자원봉사활동을 효율적으로 추진하기 위해 필요하다고 인정할 때에는 국가기관 및 지방자치단체가 운영할 수 있다. 또한, 국가는 자원봉사센터의 설치 · 운영이 활성화될 수 있도록 적극적으로 노력하여야 하며, 지방자치단체는 자원봉사센터의 운영에 필요한 경비를 지원할 수 있다.

(6) 자원봉사단체에 대한 지원

국가 및 지방자치단체는 자원봉사단체의 활동에 필요한 행정적 지원을 할 수 있으며, 「비영리민간단체지원법」에 의한 사업비를 지원할 수 있다.

(7) 자원봉사자의 날 및 자원봉사 주간

국가는 국민의 자원봉사활동에 대한 참여를 촉진하고 자원봉사자의 사기를 높이기 위하여 매년 12월 5일을 자원봉사자의 날로 하고 자원봉사자의 날부터 1주간을 자원봉사 주간으로 설정한다.

(8) 소관 부서: 행정자치부의 지방행정실 민관협력과

이와 같은 업무는 중앙정부의 행정자치부에서 주관하며, 각 지방정부에서 실제로

이를 집행하고 있다. 행정자치부의 지방행정실 산하에 있는 민관협력과에서는 자원봉사 관련 업무를 맡고 있다. 여기서는 주로 주민생활서비스와 관련된 민관의 협력 업무를 담당하고 있는 가운데, ① 자원봉사 관련 법 · 제도의 운영 및 개선, ② 자원봉사활동 진흥을 위한 국가기본계획 및 연도별 시행계획의 수립 · 시행, ③ 자원봉사진흥위원회의 운영, ④ 자원봉사자의 날 기념행사 및 포상의 운영, ⑤ 한국중앙자원봉사센터 및 지역 자원봉사센터의 활성화 지원, ⑥ 자원봉사단체 지원, 자원봉사자 보호 및 자원봉사문화 확산, ⑦ 자원봉사활동 지원 시스템 운영 및 고도화 추진, ⑧ 자원봉사활동 조사연구 및 국제 교류 · 협력 지원, ⑨ 기부금품의 모집 및 사용에 관한 법령의 제정 · 개정에 관한 사항, ⑩ 기부문화 활성화를 위한 제도의 기획 및 지원, ⑪ 기부금품 모집제도 운영 및 개선 등에 관한 사항, ⑫ 자발적 기탁금품의 접수 · 심의에 관한 사항 및 기부금 대상 민간단체의 추천 · 지원, ⑬ 기부활동 지원 시스템의 운영 및 고도화 추진 등의 관련 업무를 담당한다(http://www.moi.go.kr).

2) 자원봉사활동 관련법

(1) 「사회복지사업법」상 자원봉사활동 규정

보건복지부 소관 「사회복지사업법」 제9조 '사회복지 자원봉사활동의 지원 · 육성' 규정에 자원봉사에 대한 국가의 지원과 육성에 대한 내용이 포함되어 있다. 그 내용은 다음과 같다.

> 제9조(사회복지 자원봉사활동의 지원 · 육성) ① 국가와 지방자치단체는 사회복지 자원봉사활동을 지원 · 육성하기 위하여 다음 각 호의 사항을 실시하여야 한다.
> 1. 자원봉사활동의 홍보 및 교육
> 2. 자원봉사활동 프로그램의 개발 · 보급
> 3. 자원봉사활동 중의 재해에 대비한 시책의 개발
> 4. 그 밖에 자원봉사활동의 지원에 필요한 사항
>
> ② 국가와 지방자치단체는 제1항 각 호의 사항을 효율적으로 수행하기 위하여 사회복지법인이나 그 밖의 비영리법인 · 단체에 이를 위탁할 수 있다.

이 규정에 근거하여 현재 보건복지부는 한국사회복지협의회와 그 산하의 시 · 도 협의회 및 시 · 군 · 구협의회를 중심으로 자원봉사활동을 교육, 육성, 지원하고 있으며, 특히 이를 인증제로 하여 자원봉사활동을 체계적으로 관리하고 있다.

사회복지와 관련하여 이루어지는 자원봉사활동은 다른 법률이나 정부부서보다는 사실상 보건복지부 소관인 사회복지협의회에서 인증제로 취급하는 것이 대부분을 차지한다.

(2) 「청소년활동 진흥법」상 청소년 자원봉사활동

❶ 개요

「청소년활동 진흥법」의 소관 부서는 이전에는 문화체육관광부이던 것이 현재는 시행 시기부터 여성가족부로 되어 있다.

이 법의 제정 목적은 「청소년기본법」 제47조 제2항의 규정에 따라 다양한 청소년 활동을 적극적으로 진흥하기 위해 필요한 사항을 정하는 것이다. 따라서 청소년 자원봉사활동은 다양한 청소년 활동 중에서 문화활동의 하나로서 분류되고 있다. 즉, 동법에 "청소년 문화활동(이하 '문화활동'이라 한다)이라 함은 청소년이 예술활동 · 스포츠활동 · 동아리활동 · 봉사활동 등을 통하여 문화적 감성과 더불어 살아가는 능력을 함양하는 체험활동을 말한다."라고 되어 있다.

청소년 자원봉사활동은 전국에 16개의 지방청소년활동진흥센터(기존의 청소년 자원봉사센터)내에서 지원되고 있다. 그리고 청소년자원봉사활동의 정부 주관부서는 여성가족부의 청소년활동진흥과로 되어 있다.

❷ 한국청소년활동진흥원의 설치

한국청소년활동진흥원은 법인으로 하며, 그 주된 사무소의 소재지에서 설립등기를 함으로써 성립한다. 이에 대한 「청소년활동 진흥법」의 내용은 다음과 같다(제6조).

> ① 청소년육성을 위한 다음 각 호의 사업을 하기 위하여 한국청소년활동진흥원(이하 "활동진흥원"이라 한다)을 설치한다.

1. 청소년활동 · 청소년복지 · 청소년보호에 관한 종합적 안내 및 서비스 제공
2. 청소년육성에 필요한 정보 등의 종합적 관리 및 제공
3. 청소년수련활동 인증위원회 등 청소년수련활동 인증제도의 운영
4. 청소년 자원봉사활동의 활성화
5. 청소년 활동 프로그램의 개발과 보급
6. 국가가 설치하는 수련시설에 대한 유지 · 관리 및 운영업무의 수탁
7. 국가 및 지방자치단체가 개발한 주요 청소년수련거리의 시범운영
8. 청소년활동시설이 실시하는 국제교류 및 협력사업에 대한 지원
9. 청소년지도자의 연수
10. 제18조의 3에 따른 수련시설 종합 안전점검에 대한 지원
11. 수련시설의 안전에 관한 컨설팅 및 홍보
12. 그 밖에 여성가족부장관이 지정하거나 활동진흥원의 목적을 수행하기 위하여 필요한 사업

❸ 지방청소년활동진흥센터의 설치

지방청소년활동진흥센터의 설치에 관한 법의 내용은 다음과 같다(제7조).

① 특별시 · 광역시 · 도 · 특별자치도(이하 "시 · 도"라 한다) 및 시 · 군 · 구(자치구를 말한다)는 해당 지역의 청소년활동을 진흥하기 위하여 지방청소년활동진흥센터를 설치 · 운영할 수 있다.

② 제1항에 따른 지방청소년활동진흥센터(이하 "지방청소년활동진흥센터"라 한다)는 다음 각 호의 사업을 수행한다.

1. 지역 청소년활동의 요구에 관한 조사
2. 지역 청소년자원봉사활동의 활성화
3. 청소년수련활동 인증제도의 지원
4. 인증받은 청소년수련활동의 홍보와 지원
5. 청소년활동 프로그램의 개발과 보급
6. 청소년활동에 대한 교육과 홍보
7. 제9조의 2에 따른 숙박형 등 청소년수련활동 계획의 신고에 대한 지원
8. 제9조의 4에 따른 정보공개에 대한 지원
9. 그 밖에 청소년활동을 위하여 필요한 사업

③ 지방청소년활동진흥센터는 제2항에 따른 사업을 수행하는 경우 활동진흥

원과 연계 · 협력한다.

④ 국가 및 지방자치단체는 예산의 범위에서 지방청소년활동진흥센터의 운영에 필요한 경비의 전부 또는 일부를 지원할 수 있다.

02 자원봉사의 행정적 환경: 자원봉사센터

1) 자원봉사센터

(1) 개관

자원봉사활동을 지역 단위에서 실제로 전개하는 중심 전달체계는 앞서 살펴본 것처럼 행정자치부의 자원봉사센터, 보건복지부의 자원봉사정보안내센터 및 재가복지정보센터이며, 또한 여성가족부의 여성정책과에서는 「양성평등기본법」상 규정되어 있는 여성자원봉사활동 지원을, 그리고 여성가족부의 청소년활동진흥과에서 청소년자원봉사활동을 주관하고 있다. 이 중에서 청소년자원봉사활동은 전국에 16개의 지방청소년활동진흥센터(기존의 청소년자원봉사센터) 내에서 지원되고 있다. 이 중에서 행정자치부의 자원봉사센터에 대해 살펴보고자 한다.

(2) 운영 현황

자원봉사센터는 「자원봉사활동 기본법」에 의해 설립 · 운영되고 있다. 자원봉사센터는 행정자치부 소관으로 되어 있으며, 전국의 시 · 도, 시 · 군 · 구에 1개소씩 총 245개에 이른다. 2005년 이래 직영, 위탁, 법인 등의 형태로 운영되고 있는데, 최근에 와서는 위탁에서 법인 형태로 조금씩 운영 형태가 변화하고 있다. 2007년부터 각 센터당 2명씩 민간 전문코디네이터(조정자) 근무지원으로 자원봉사활동이 활성화 · 체계화되고 있다.

〈표 12-1〉 연도별 자원봉사센터 운영형태 현황

(단위: 개소)

구분	계	직영	위탁	법인
2005년	250	146(58.4%)	95(38.0%)	9(3.6%)
2010년	246	151(61.4%)	68(27.8%)	27(11.0%)
2014년	245	134(54.7%)	55(22.5%)	56(22.8%)
2015년	245	132(53.9%)	50(20.4%)	63(25.7%)

출처: 행정자치부(2016. 7.). 2016년 자원봉사센터 현황.

자원봉사센터를 통한 연도별 자원봉사활동 현황을 살펴보면, 2005년 연인원 7,634,183명으로 시작하여, 2010년의 경우 실인원이 2,051,412명에 연인원 14,979,864명으로 늘어났다. 그리고 2015년에 와서는 실인원이 3,746,577명에 연인원 24,822,008명으로 확대되고 있다.

〈표 12-2〉 연도별 자원봉사 활동 현황

(단위: 명)

구분	실인원	연인원	참여율
2005년		7,634,183	
2010년	2,051,412	14,979,864	7.30
2014년	3,174,876	22,648,601	7.13
2015년	3,746,577	24,822,008	6.63

출처: 행정자치부(2016. 7.). 2016년 자원봉사센터 현황.

자원봉사센터를 통해서 자원봉사활동을 수행하는 분야를 보면 매우 다양하다. 그중에서 14가지의 주된 자원봉사활동 분야별 세부 참여 현황은 다음의 표와 같다. 사회복지 분야가 일반적으로 많은 비중을 차지하고 있으나, 이 분야를 보건복지부 소관의 사회복지자원봉사센터에서 담당하고 있으므로, 행정자치부에서는 상대적으로 생활편의가 다수를 차지하고 그다음이 안전 · 방범 분야의 자원봉사로 되어 있다. 그리고 세 번째로 많은 분야는 문화행사 순으로 나타난다.

〈표 12-3〉 자원봉사활동 분야별 현황

(단위: 명)

구분	생활편의	주거환경	상담	교육	보건의료	농어촌	문화행사
실인원	899,887	151,930	38,351	393	44,865	19,633	497,848
연인원	6,424,823	898,482	272,394	1,857,903	314,928	143,129	2,884,211
평균횟수	7.1	5.9	7.1	4.7	7.0	7.3	5.8
구분	환경보호	행정보조	안전 · 방범	인권 · 공익	재해 · 재난	국제협력	멘토링
실인원	343,070	313,478	616,801	11,982	10,515	8,305	26,774
연인원	1,787,184	1,621,146	4,090,863	68,250	71,642	95,780	266,664
평균횟수	5.2	5.2	6.6	5.7	6.8	11.5	10.0

*기타: 실인원(369,355명), 연인원(4,024,609명), 평균횟수(10.9) 포함

출처: 행정자치부(2016. 7.). 2016년 자원봉사센터 현황.

2) 자원봉사 정보망

(1) 개념

자원봉사 정보망은 인터넷을 통하여 전국 어디서나 손쉽게 접근하여 자원봉사에 대한 정보와 활동 참여를 할 수 있도록 해 주는 일종의 네트워크 역할도 수행하며, 자원봉사자의 모집부터 활동에 이르기까지 자원봉사의 전반적인 활동을 지원하고 관리하는 가상공간상의 센터라고 할 수 있다. 자원봉사 정보망은 자원봉사센터에서 주로 관리 · 운영하면서 현실의 지역사회에 자원봉사활동으로 연계, 활동하게 하는 전달체계라고 할 수 있다.

자원봉사 정보망은 현재 행정자치부의 자원봉사종합관리 시스템과 보건복지부에서 한국사회복지협의회를 통해서 실행하고 있는 사회복지봉사활동 인증관리 DB 시스템 등이 있다. 이 중에서 사회복지봉사활동 인증관리 DB 시스템은 본서의 다른 부분에서 다루고 있으므로, 여기서는 행정자치부의 자원봉사종합관리 시스템 중에서 서울시의 자원봉사센터에서 운영하고 있는 자원봉사종합관리 시스템을 살펴보고자 한다.

(2) 기능

우리나라의 자원봉사 정보망의 시작은 1994년 대구광역시 사회복지협의회가 전국 최초로 자원봉사 정보은행을 설치하여 자원봉사통합관리 소프트웨어를 개발·보급한 때부터라 할 수 있는데(대구사회복지신문, 2004. 1. 1.), 이것은 자원봉사 정보망이기보다는 자원봉사 관리업무를 전산화하는 수준이었다. 자원봉사 정보망의 개념을 반영한 시스템 출현은 인터넷이 급속히 확산되기 시작한 2000년 이후로, 지금의 자원봉사 정보망 대부분이 이 시기에 개발을 시작하여 개설·운영되고 있다(박태영, 2004: 214-215).

한국정보문화센터에서는 자원봉사 정보망의 기능으로 ① 자원봉사자 및 수요자 간 적재적소 수급, ② 자원봉사제도의 공적 전달체계, ③ 자원봉사 관리인력의 양성과 교육, ④ 기업·학교·단체 등의 대규모 봉사자집단의 관리(류기형 외, 1999: 260-262) 등을 언급하고 있다. 한편, 박태영(2004: 214-217)은 자원봉사 정보망이 가지는 기능을 다음의 5가지로 정리하고 있다.

❶ 언제, 어디서나 편리하게 자원봉사활동에 참여할 수 있는 기회 제공

자원봉사 정보망은 자원봉사 희망자가 편리한 시간에, 가정과 직장과 같은 편리한 장소에서 개인용 PC의 키보드 조작을 통한 편리한 방법으로 자원봉사활동의 참여를 가능하게 한다. 과거 사회복지기관이나 시설을 직접 방문하고 자원봉사활동 전반에 대한 정보가 부족한 상황에서 이루어진 자원봉사 참여 상황을 고려해 본다면, 자원봉사 정보망을 통한 자원봉사활동의 참여는 자원봉사자 중심의 자원봉사활동 참여를 가능하게 하는 매우 중요한 매개체로서의 기능을 수행한다.

❷ 자원봉사자와 자원봉사 수요처 간의 적재적소 수급

자원봉사 희망자와 자원봉사 수요처 간의 수급상의 부조화 문제는 오프라인상에서 자주 제기되어 온 중요한 자원봉사활동의 저해 요인이다. 자원봉사 희망자는 자신의 욕구와 적성을 반영한 봉사활동을 찾는 데 어려움을 겪고 있으며, 자원봉사 활동처 또한 그 활동에 적합한 자원봉사자를 찾지 못하고 있는 실정이다.

자원봉사 정보망은 자원봉사 희망자와 자원봉사 수요처 간 수급의 적합성을 높여 자원봉사 인력의 효과적 활용을 도모하는 데 시스템 구축의 목표를 두고 있다. 자원봉사 활동처에 대한 다양한 자원봉사 정보와 자원봉사 희망자의 자세한 신상정보 및 희망 활동정보의 공유는 자원봉사활동에 대한 자원봉사자의 사전 적합도를 높일 수 있으므로 이 활동에 대한 이탈을 최소화하는 기능을 수행한다.

❸ 자원봉사활동의 효율적이고 효과적인 운영관리

자원봉사자의 관리과정이 어떻게 행해지느냐 하는 것은 자원봉사자의 소속 기관에 대한 만족도 및 지속성에 결정적인 역할을 할 뿐 아니라 지역주민에게 제공하는 서비스의 질과 효율성을 결정하는 중요한 부분이다(류기형 외, 1999: 191). 따라서 자원봉사자의 효율적이고 효과적인 활용 방안을 강구하기 위해서는 보다 체계적이고 과학적인 관리과정이 도입되어야 한다.

자원봉사 정보망은 자원봉사활동의 관리 영역, 즉 자원봉사자의 모집, 교육, 실천, 보상, 평가의 전반적인 과정을 계획적이고 체계적 · 조직적으로 관리하는 것을 가능하게 한다. 이것은 자원봉사자 관리 업무의 표준화를 전제로 하여 자원봉사 관리자의 관리 업무 전반을 간소화할 수 있도록 도와주고, 자원봉사 수요처에 정보의 투명성 확보를 통해 전체적인 신뢰성을 증진시키는 데 도움을 줄 수 있다.

❹ 자원봉사 수요처 간 상호연계 · 협력체계 구축

지역사회 내의 사회복지 수요자의 다양한 욕구충족, 제한된 사회복지자원의 효과적 · 효율적 활용과 공공 및 민간 자원의 남루 · 누수의 방지를 위해서는 자원봉사 활동처 간의 상호연계 · 협력을 통한 적정 해결 노력이 중요하다. 사회복지기관 간의 연계 · 협력을 위해서는 온라인상에 지역 내의 각종, 각 기관의 프로그램 정보, 클라이언트의 정보 등을 공유할 수 있는 지역사회복지 정보체계 구축이 필요하다.

자원봉사 정보망은 지역사회 중심형 복지 정보의 통합화를 통한 각종 복지자원의 공동 활용을 가능하게 한다. 지역사회 내의 자원봉사 활동처 간의 연락 · 협력 매개체로서의 역할뿐만 아니라 가상공동체를 통해 자원봉사자 간에도 연계와 협력체계 구축이 가능하도록 지원할 수 있다.

❺ 정보화시대에 걸맞은 더불어 살아가는 공동체 분위기 조성

더불어 살아가는 공동체의 구현은 사회복지 이념을 반영하는 중요한 사회복지의 목적이다. 인터넷을 통한 사이버 커뮤니티는 그 개념만으로 사회복지의 이념을 어느 정도 포함하고 있다. 따라서 사이버 커뮤니티는 정보화 시대에 걸맞은 지역주민 간의 연대의식을 고취시키는 데 중요한 역할을 할 것으로 기대할 수 있다.

자원봉사 정보망은 사회 연대감을 포함한 복지의식을 인터넷을 통해 전파시키는 매개체로서의 역할을 수행할 수 있다. 즉, 정보화시대에 걸맞은 복지의식 및 자원봉사교육을 통해 더불어 살아가는 공동체 분위기를 확산시킬 수 있다. 자원봉사자에게 필요한 전문 자료와 정보, 온라인 교육 콘텐츠를 언제, 어디서나 가장 좋은 내용으로 공유할 수 있도록 도와줄 수 있다.

(3) 자원봉사 종합관리 시스템

자원봉사 종합관리 시스템은 행정 환경 변화에 따른 새로운 종합 복지행정 서비스 제공과 복지행정정보 공개를 통한 대민 신뢰도의 증진 및 자원봉사의 생활화 유도, 복지 관련 기초정보 제공으로 복지 관련 정책의 방향 제시 및 사업 육성 등을 목적으로 시작하여 광역시 · 도는 물론 시 · 군 · 구 단위까지 자원봉사센터 정보망이 설치 · 운영되고 있다(배기효 외, 2007).

이 중에서 서울시 자원봉사센터의 2017년 6월 현재 주요사업 현황을 살펴보면 다음의 〈표 12-4〉와 같다.

〈표 12-4〉 서울시 자원봉사센터 주요사업 소개

주요사업
1. 일상에서 꽃피는 자원봉사 문화 • 시민주도형 자원봉사 프로그램 개발 보급으로 시민참여 활성화 – 우리 동네에서 만들어 가는 자원봉사 – 자치구센터 지역 맞춤형 프로그램 지원 • 시민이 직접 참여하고 만들어 가는 온라인 플랫폼 'V세상' 운영 – 사회적 이슈와 연계된 프로모션 및 협업으로 새로운 자원봉사 세대 유입 – 시민참여 연간 캠페인 주제 선정 및 추진 • 자치구자원봉사센터 홈페이지 'V세상' 연계 구축 – 자치구센터 홈페이지 신규 구축 지원을 통해 자원봉사 정보에 대한 시민 접근성 향상
2. 온전한 시민성을 실현하는 자원봉사 • 어린이–청소년 시민성 경험학습 – 건강한 시민으로 성장 지원 '어린이가족봉사단' 운영 – 자기 주도적 청소년 봉사학습 운영을 위한 청소년 동아리 지원 • 온전한 시민으로 성장하는 평생교육 모형 확산 – 서울시평생학습진흥원과 협업하는 평생학습 동아리의 자원봉사활동 • 시민리더 역량 강화를 통한 자원봉사의 성장과 성숙 – 자원봉사 교육 콘텐츠 개발 및 강사 양성 – 지역 거점 상담가 및 아파트 리더의 시민성 강화 및 리더십 함양 • 자원봉사 관리자 역량 혁신으로 전문성 강화 – 자원봉사 관리자 역량 혁신을 위한 학습 플랫폼 운영 – 자원봉사 전문화를 위한 현장 연구 및 연구 공모 지원 사업 • 예비 자원봉사 관리 전문가 육성 – 서울 청년 자원봉사 코디네이터(서울뉴딜일자리사업) 육성·자치구 배치
3. 연대와 협력의 자원봉사 네트워크 구축 • 동아시아 주요 도시 간의 협력 과제 발굴 및 공동캠페인 추진 – SDGs의 주요 과제인 기후 변화와 자원봉사 사업 개발 및 국제협력 확대 – 제3세계 및 개발도상국에 서울시 자원봉사 운영·관리 노하우 및 시스템 보급 • 서울을 넘어선 전국의 센터와 상생하는 협력체계 구축 – 타 시·도 지역과 연계하는 도농상생(相生)볼런티어 프로그램 개발 추진 – 서울의 자원봉사 자원의 폭넓은 공유·협력 • 서울 지역의 유관기관 간 협업을 통한 공동의제 도출 및 공동 실천 – 4대 종단 및 광역단체와의 공동 사업 진행 – 재난안전 전문 기관과 연계한 재난관리 운영 프로세스 제시 • 기업–지역사회 연계를 위한 지역 자원봉사 활성화 – 지역사회기반 기업자원의 효율적 지원 연계를 통한 임직원 봉사활동 운영 확대

출처: 서울시자원봉사센터(http://volunteer.seoul.go.kr/).

Chapter 13

자원봉사조직의 기금 및 재정관리

01 기금관리

1) 기금관리의 의미

자원봉사활동을 주된 사업으로 하는 자원봉사조직이나 사회복지기관은 사람, 사업 및 재원이 요청된다. 자원봉사조직은 자발적으로 만들어진 조직이므로 조직을 이끌어 가기 위해 필요한 재원은 조직을 만들고 운영하는 사람들이 스스로 마련해야 한다. 소위 민간자원의 동원이 핵심적인 재원이다. 즉, 자원봉사조직이나 민간 사회복지기관을 운영하는 데 필요한 재원을 기금이라고 하며, 이러한 기금을 어떻게 조달하고 조직활동에 배분할 것인지를 포함하는 일련의 활동을 기금관리라고 한다.

결국, 기금관리는 자원봉사조직을 만들고 운영하는 데 없어서는 안 되는 핵심 요소이므로 자원봉사 조정자 및 관리자는 이러한 활동에 대해서 이해하고 관여하여야 한다. 조정자 및 관리자가 자원봉사자와 그 대상자, 그리고 자원봉사 관련 공공조직과 연계하거나 이들과 합력적으로 일하는 것에만 관여한다면 좋겠지만, 현실적으로는 부가적으로 기금관리가 중요하다. 또 자원봉사활동과 동일 선상에서 혹은 대칭되는 측면에서, 나눔활동이 중시되는 현대사회에서 종종 나눔활동의 하나로서 기금을 모금하고 기부금을 모집하는 활동 역시 자원봉사활동의 넓은 연장선상에서 이루어진다고 볼 수 있다. 이런 점에서 기금관리는 자원봉사활동의 관리 못지않게 조정자 및 관리자에게 중요한 역할이다.

2) 기금의 유형

기금에는 종교기관의 모금, 회원의 회비, 유명인사나 개인의 기부금, 기업의 후원금, 각종 공익재단의 지원금, 사회복지공동모금회의 배분금, 정부의 보조금, 캠페인 등을 통한 모금, 수익사업을 통한 기금, 법인 전입금, 차용금 등 여러 종류가 있다.

최근에는 사회복지공동모금회를 비롯하여 공익재단에서 사회복지사업, 자원봉사단체의 활동 및 사업에 대해 기금을 지원하는 곳이 늘어나고 있으며, 지원금도 증가하고 있다. 자원봉사 관리자 및 조정자는 자원봉사활동을 진작시키고 자원봉사활동을 통해 수행하려는 사업을 수립하기 위해, 경우에 따라서는 자원봉사활동을 위해 이러한 기금배부처로부터 기금을 배분받을 수 있도록 노력해야 한다. 이른바 사업계획서를 적절하게 수립하는 동시에 배분신청서를 잘 작성하여 사업에 필요한 비용을 배분받을 수 있도록 역량을 발휘해야 한다.

3) 성공적인 기금의 확보

(1) 회원 및 후원자의 회비

자원봉사단체나 사회복지조직의 재원은 항상 부족하기 마련이다. 기존의 욕구도 그렇지만, 새로운 욕구, 그동안 존재하였으나 발견 · 발굴하지 못하였던 욕구의 출현, 사업 및 프로그램 비용의 부족, 인력의 부족과 인건비의 열악함 등의 여러 가지 이유로 민간 사회복지기관과 자원봉사기관은 대개 재정 부족 상태에 놓여 있다. 또한, 자원봉사활동 자체적으로도 비용이 필요하기도 하다. 따라서 자원봉사의 모집과 유지 못지않게 재원조달 문제를 유능하게 해결하는 일도 관리자에게 부가적으로 주어지는 과업이다.

자원봉사조직이나 사회복지기관은 재원 조달을 위해 흔히 회원들로부터 회비를 정기적으로 받고 필요시 부정기적으로 후원자들로부터 후원금을 일시적으로 받기도 한다. 자원봉사자가 자원봉사와 관련하여 여러 행사와 사업을 전개하는 것이 보통이고, 이 과정에 후원금이 필요하다. 경우에 따라서는 자원봉사자가 소위 '스폰서'라고 하는 형태로 특정 행사의 비용을 일시적으로 해소하기 위해 각기 스폰서를 개발하여 후원금 형태로 경비를 확보하기도 한다.

뜻을 함께하여 스스로 경비를 모금하여 행사나 사업 경비로 지불하도록 하는 작업도 자원봉사활동 자체에 속한다. 비용문제는 항상 예민한 것이므로 자원봉사자에게 부담을 주지 않을 정도로 과업 배분을 하여야 하며, 후원자나 회원 발굴 및 영입은 자원봉사단체나 사회복지조직의 설립 이념과 사업 내용, 그리고 이사회 구성원의 면면을 잘 이해시키고, 향후 이 조직이 나아가고자 하는 활동 방향을 잘 이해시킨 다음 이러한 일이 이루어져야 한다. 특히, 스폰서 개발은 미래에 개인적으로나 조직의 부담과 같은 성격을 지니므로 신중하게 진행되어야 한다.

(2) 종교기관의 모금 혹은 후원금

종교기관의 모금이나 종교기관을 통한 후원금 개발은 동일한 종교를 믿는 조직이나 조직의 이사회 등을 통해 통상적으로 이루어진다. 최근에는 기독교, 가톨릭, 불교 등의 사회복지법인이 상당하게 설립되었고, 이들 법인 산하의 사회복지조직과 자원봉사단체가 지역사회에서 많은 활동을 전개하고 있다.

따라서 종교기관의 모금이나 후원금은 자연스럽게 법인 전입금이나 대표이사인 종교지도자를 통한 후원금, 혹은 경우에 따라서는 자원봉사나 사회복지사업 목표를 설정해 놓고 종교기관에서 모금을 하거나 후원금을 모집하는 경우도 있다. 종교기관으로부터 모금이나 후원금을 받았다고 할지라도 자원봉사단체나 사회복지기관은 활동을 할 때 종교적 차별을 하지 않는 것이 바람직하다. 자원봉사자 역시 자신의 종교적 믿음과 신념을 바탕으로 평등하게 사람을 대하고 공명정대하게 일을 처리해야 한다.

(3) 유명인사나 개인의 기부금

소위 '노블레스 오빌리주'라는 말이 유행하면서 국내외의 사회적 지도층이 자신의 물질적 재산이나 시간 혹은 물품을 사회에 환원하는 사례가 대중매체에 보도되고 있다. 연예인, 기업가, 체육인, 정치가, 학자 등이 기부금을 자원봉사단체나 자선단체 (이것 역시 자원봉사조직이나 사회복지기관에 속함)에 전하는 것은 이제 일상적인 일이 되었다. 유명인사가 개인적으로 혹은 여러 사람이 모여 자원봉사기관을 만들고 활동을 하는 경우도 있다.

(4) 기업의 기부금

기업이 자원봉사기관에 기부금을 제공하거나 아예 자원봉사조직을 하여 활동을 전개하는 일은 기업경영의 핵심이 되었다. 봉사경영, 나눔경영, 더 나아가 사회공헌을 위한 경영은 시대의 흐름이다. 기업은 지역사회 자원봉사활동과 선한 사업을 위해 적절한 형태로 참여하고 공헌하려는 준비를 하고 있다. 이러한 배경을 활용하여 기업으로 하여금 자원봉사활동에 동참하게 하며 기부금을 제공하도록 하는 일은 관리자에게 주어진 과업 중 하나다.

(5) 캠페인을 통한 모금

자원봉사조직이 지역사회 내에서 아직 관심을 받지 못하고 있거나 지역사회 주민이 함께 지원하고 노력해야 하는 일이 있을 경우, 이것을 사람들에게 알리고 동참하도록 하는 작업이 캠페인이다. 이 과정에서 사람의 참여와 행동이 필요하고, 금전적인 지원이 필요할 경우 모금활동을 해야 한다. 모금활동 자체가 자원봉사활동이고, 모금 자체가 자원봉사활동의 목표다.

(6) 사회복지공동모금회 배분금

사회복지공동모금회에서는 연중 모금을 통해 확보된 모금액을 전국 단위나 지역을 단위로 매년 사회복지사업이나 자원봉사활동 등에 지원한다. 사회복지공동모금회의 배분사업을 관리자는 그 사업목적에 맞는 자원봉사활동과 사업을 구상하고 계획을 세워, 배분지원을 신청할 수 있어야 한다. 자원봉사조직이라고 하더라도 지역사회 내에서 필요한 자원봉사활동을 전개할 경우, 이를 사업화하고 배분신청을 제대로 한다면 배분금을 확보하여 훌륭한 지원봉사활동으로 연결시킬 수 있기 때문이다. 이를 통해 자원봉사단체는 사회복지공동모금회의 지원을 받게 됨으로써 지역사회 내에서 그 활동과 단체의 위상을 인정받는 부가적인 효과도 거두게 된다.

(7) 공익재단의 기금

사회복지공동모금회와 마찬가지로 각종 공익재단은 사회븍지사업이나 자원봉사활동에 대한 사업계획서를 신청하면 재단의 기준에 따라 사업비용을 지원하여 준다. 대기업이나 개인적으로 공익재단을 만들어 연구개발이나 자원봉사와 같은 공익을 위한 활동비용을 지원하는 것이다. 자원봉사 조정자 및 관리자는 어떤 공익재단에서 언제, 어떤 기준으로 얼마의 경비를 지원하는지, 그리고 그 기금을 지원받기 위해서 준비해야 하는 사업실적이나 사업계획서 등에 대해 숙지하고 있어야 한다. 또는 자원봉사조직의 회장이나 총무 등에 이러한 정보를 알려 주어 그들 스스로 사업계획서를 작성하여 공익재단에 제출할 수 있도록 도울 수도 있다. 어느 쪽이든지 공익재단의 기금을 확보하여 자원봉사활동이 활성화되고 지역사회에 유익한 효과를 가져올 수 있도록 노력해야 한다.

(8) 나눔활동을 통한 기금

최근 들어 나눔활동이 활성화되고 있는데, 나눔활동이란 자신이 가진 금전적 자원이나 물품, 시간, 재능 등을 다른 사람에게 유용할 수 있도록 제공하는 활동을 말한다. 대표적인 나눔활동 단체로 '아름다운 재단'이 있다. 그 외 '유산 남기지 않기 운동', 장기기증운동 등도 나눔활동의 영역에 속한다. 가톨릭이나 기독교 단체에서 나눔운동을 활발하게 추진하고 있으며, 북한이나 전 세계 저개발 국가에도 나눔운동을 전개하는 것을 볼 수 있다.

나눔운동은 무엇을 나누는가에 관계없이 자원봉사와 연결되며, 특히 나눔운동을 통해 금전이나 물품으로 재원을 마련하는 점에서 자원봉사활동의 기금모금 유형으로 분류하여 설명하고 있다. 유명 연예인이 사용하던 물품을 기증받아 이를 경매하여 재원조달을 하는 경우가 흔히 이 사례에 속한다.

(9) 정부의 보조금

정부의 보조금은 일반 사회복지사업에 중앙정부가 직접 재원을 지원하는 경우(이를 국고보조금이라 함), 그리고 광역자치단체에서 제공하는 보조금, 그리고 기초자치단체에서 지원하는 보조금으로 구분할 수 있다. 대개는 중앙정부, 광역자치단체, 그리고 기초자치단체가 재원을 분담하여 제공하는 경우가 많다. 그러나 사회복지사업의 성격상 국고보조금, 분권교부세에 의한 사업, 그리고 이들의 혼합 방식 등이 있다. 참여정부에서 지방분권을 강조하는 가운데 국고보조사업의 일부를 지방으로 이양하여 그 재원을 분권교부세로 활용하도록 하면서 분권교부세가 만들어졌다. 당시 2005년부터 2009년 동안 한시적으로 분권교부세를 운용하기로 되어 있었으나, 여러 가지 논란 끝에 2015년부터 보통교부세로 전환하기로 하였다.

정부의 보조금은 결국 관련 법에 의해 제공되는 재원이지만, 중앙정부나 지방정부의 재량에 따라 어느 정도의 비용 지원이 늘어날 수 있다. 이러한 배경에서 자원봉사 관리자 및 조정자는 사회복지사업 중 예산지원이 가능한 사업의 일부분을 위탁 운영함으로써 일정 부분의 재원조달을 안정적으로 확보하는 효과를 가진다. 다만, 자원봉사단체가 정부와의 관계에서 건강한 민관 협력관계를 해치지 않는 범위에서 위탁운영이 이루어지도록 하는 것이 바람직하다.

정부 보조금과 달리, 매년 비영리사회단체 보조금이라는 명목으로 지원하는 보조금이 수년 전부터 생겨났다. 이는 비영리사회단체의 활동은 지역사회에 유용하지만 이들 사회단체가 재정적 어려움에 처하는 경우가 있는 점을 파악하여 정부에서 매년 일정 금액을 사업계획서 신청을 받아 심사를 거쳐 지원하는 형식으로 사업비를 지원하고 있다. 관리자 및 조정자는 이러한 사실을 잘 이해하여 적절한 시기에 사업계획서를 작성하거나 지원할 수 있도록 자원봉사단체를 돕는 것이 필요하다.

(10) 수익사업을 통한 기금

자원봉사단체는 각종 수입사업을 통해 기금을 마련한다. 수익사업 중에 눈에 띄는 활동은 일일 찻집, 알뜰 장터(바자회), 자체 연극공연을 통한 재원 확보, 각종 행사를 통한 스폰서 확보(걷기운동, 마라톤, 음악회, 미술전시회 등), 자원봉사자가 특정 사업을 수행하여 남겨진 이익으로 자원봉사활동의 비용을 사용하는 것 등이다. 수익사업은 지역의 특성이나 회원들의 역량을 살피면서 기획하고 실행하는 것이 좋다.

특히, 수익사업은 그 자체 활동과정이 자원봉사활동이고, 그 과정을 통해 회원들 사이의 소속감과 유대감이 증진되어 조직을 결속시키고, 자원봉사활동을 강력하게 만드는 계기가 되기도 한다. 반대로 금전적인 측면이 종종 갈등의 소지가 될 수 있으므로 신중하게 수익사업을 실행하는 것이 좋다.

02 재정관리

1) 의미와 특성

자원봉사 관리자 및 조정자는 자신이 속한 조직의 재정을 관리하는 사람은 아니지만, 자원봉사단체나 조직을 지원하는 과정에 조직이 필요로 하는 재정적인 부분에 관심을 가지고 이를 지원하거나 관리하는 데 지원하지 않을 수 없다. 이러한 점에서 관리자로서 재정관리는 필수적으로 이해해야 하는 사항이다. 자원봉사단체 역시 사람들의 모임이고, 여기에는 재정이 필요하고 재정관리가 요구되기 때문이다.

사회복지조직에서 재정관리는 재정자원을 동원하고, 예산을 수립하여 효율적으로 집행하는 과정으로 구성된다. 일반적으로 재정관리는 기관의 목표달성을 촉진하고, 재원과 기타 관련 자원을 법적 및 사회복지 윤리성에 근거하여 통제하고, 계획적으로 사용하는 데 관여한다. 목적의 측면에서 볼 때, 사회복지조직에서 재정관리는 예산, 교부금 신청, 인건비, 세금 및 여비 지급 등과 관련된 기술적이며 부차적인 문제다. 그러나 수단적인 측면에서 보면, 사회복지기관의 근본적인 활동에 광범위하게 관계하고 있다. 즉, 재정관리는 사회복지조직의 관리과정을 구성하는 가장 중요한 요소 중의 하나로 사회복지 행정에서 필수 불가결한 요소다. 또한, 재정관리는 기획, 인사관리, 지역사회관계와 같은 다른 관리적 이슈와 구별되는 일련의 과업을 포함한다. 따라서 재정적인 문제는 전문가에게 어느 정도 의존하지만, 일반 관리자도 자신의 역할과 관련된 재정문제에 지속적인 관심을 가져야 한다(Lohmann, 1980; 황성철 외, 2003, 재인용).

비영리조직으로서 사회복지조직은 영리적인 이윤을 추구할 수 없기 때문에 모금활동과 같은 외부적 재원 확보에 많은 시간과 자원을 투자할 수밖에 없다. 이러한 비영리조직 재원 확보 행태는 사회복지조직의 태생적 특성과 재원의 유형에 따라 영향을 받는다. 일반적으로 사회복지조직의 재원은 정부보조금, 기부금, 이용료 수입 등으로 구성된다. 조직의 형성 초기에는 재원 확보 체계가 다양하고 변동적이지만, 안정적인 단계에 돌입하면 비교적 고정적인 재원을 확보하게 된다. 조직의 업무 특성과 양, 재원의 통제 가능성과 예측 가능성 등에 따라 다양한 차이를 보인다.

비영리조직 중에서도 사회복지조직은 외부 재원의 영향을 특히 많이 받는다. 하센펠드(Hasenfeld, 1992)는 사회복지조직과 재원과 관계에 관한 주요 특징을 다음과 같이 제시하였다(황성철 외, 2003, 재인용).

첫째, 사회복지조직은 일반적으로 재원의 지속적인 조달을 직접적으로 통제할 수 없으며, 통제하려 하지도 않는다. 사회복지조직은 법적으로 위임된 서비스라 할지라도 재정 할당 정도를 스스로 정할 수 없고, 입법기관에서 정해 주어야 한다. 이는 사회복지조직이 예산과 관련된 정책결정과정에 참여할 수 있는 권한을 제한당하는 것을 의미한다. 또한, 영리 부문과 비교할 때 사회복지조직은 그들이 제공하는 서비스의 전체 비용을 기꺼이 지불하거나 지불할 수 있는 소비자에게 접근할 준비가 미흡하다. 즉, 수입을 늘릴 수 있는 홍보, 마케팅, 기타 다른 시도를 충분히 하지 못하는 것이다. 또한, 사회복지조직이 이러한 시도를 발달시킨다면, 영리조직으로부터 '부당한 경쟁'이라고 비난받을 수도 있다.

둘째, 사회복지조직은 매우 다양한 재원을 갖는다. 예를 들어, ① 정부로부터 직접적으로 받거나 계약의 형태로 지원받는 정부보조금, ② 재단지원금, 협찬후원금, 직접적인 개별 기부, 유증, 종교기관 기부 등의 형태로서의 기부금, ③ 서비스 요금, 대여, 상품 판매 등의 수익사업에 의한 이용료, ④ 기타 특별행사나 기증, 투자 등의 수입 등 다양하다. 이러한 각각의 유형은 사회복지조직 특성에 따라 중요성의 비중이 달라진다. 미국 시카고 지역의 사회복지조직을 분석한 결과에 따르면, 전체 사회복지조직 중 2/3는 정부보조금과 서비스 요금, 직접적인 개인 기부를 동시에 받는 조직이었으며, 2/5는 재단지원금이나 협찬후원금을 받고 있었고, 1/4은 공동모금회, 기증 또는 다른 투자, 판매에 중점을 두었으며, 1/5은 종교단체나 다른 연방기금의 자원을 주요 재원으로 하고 있었다.

셋째, 이러한 다양한 원천으로부터 재원을 확보하기 위해 사회복지조직은 특별한 업무를 수행해야 한다. 즉, 재단에 사업제안서(proposal)를 쓰거나, 정부와 계약관계를 맺고, 기부자에게 후원금을 요청하거나, 공동모금회 회원단체들과 연대하여 모금행사에 참여하고, 클라이언트에게 요금을 지불하도록 마케팅하고, 기부금품을 모집하거나 접수받고, 특별행사를 조직화하는 등의 다양한 재원 확보전략을 추진해야 한다.

2) 재정관리과정

사회복지조직에서 재정관리과정은 조직의 운영 목표달성을 위해 필요로 하는 재화와 용역을 조달하고 관리·운용하는 제반 경제활동, 즉 재정활동을 의미한다. 재정활동에서는 예산뿐만 아니라 수입과 관련된 각종 경제활동과 결산 및 재산의 관리, 세입 · 세출의 현금출납업무까지 포괄하지만, 이러한 활동은 주로 예산이라는 계획하에 진행된다. 따라서 재정관리의 과정은 일반적으로 예산 편성 및 집행을 중심으로 이루어진다(황성철 외, 2003).

사회복지기관이나 자원봉사단체에서 자원봉사 관리자 및 조정자로 활동하는 사람은 자신이 속한 기관이나 조직의 재정관리과정을 잘 이해하고 있고 경우에 따라서는 재정관리과정에 직간접으로 참여하는 역할도 동시에 수행하게 된다. 또 재정관리과정에서 자원봉사에 관한 재정을 배분받고, 그것을 목적에 합당하게 집행하는 업무도 수행하게 된다. 그러므로 관리자 및 조정자는 재정관리과정을 잘 숙지하고 활용할 필요가 있다.

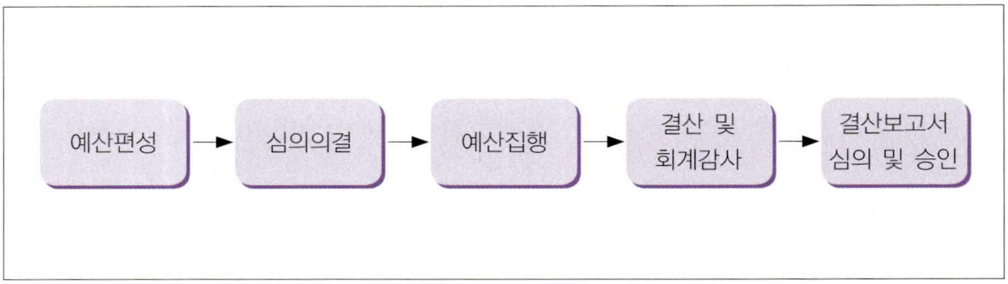

[그림 13-1] 재정관리과정의 흐름

3) 예산의 의의와 기능

국가적 차원에서 예산(budget)이란 일정 기간에 걸친 국가의 수입 · 지출의 예정액 또는 계획안으로서, 국가의 재정수요와 이에 충당할 재원을 대조하고 안배한 1회계연도에서의 세입 · 세출의 예정계산서를 말하며, 「헌법」과 「국가재정법」에 의거하여 편성되어 국회의 심의 · 의결을 거친 재정계획이라고 할 수 있다. 조직적 차원에서 예산이란 일정 기간(회계연도)에 걸친 조직의 수입 및 지출에 관한 예정액 혹은 계획안이라고 할 수 있다. 사회복지조직에서는 사회복지법인 · 시설 재무회계규칙이 정하는 바에 따라 법인(시설)이 일정한 규칙과 형식에 의하여 편성하고 이사회 또는 예산(안)에 대한 심의의결기구의 심의 · 의결을 거쳐 확정된 1회계연도 기간 동안의 재정계획(형식적 의미의 예산)을 말한다. 예산의 효력은 세입예산과 세출예산에 따라 다르나, 세입예산은 세출예산의 재원으로서의 어정수입일 뿐이며, 세입예산의 범위 내에서 수납하는 것은 아니다. 반면에 세출예산은 1회계연도 내에 지출할 수 있는 최고액 한도를 표시한 것으로서 이를 초과하여 집행할 수 없다.

사회복지조직은 지역사회와 주민의 복지증진을 위해 각종 복지사업을 수행하는 독립된 경제 주체다. 법인격을 가진 독립적 경제 주체로서의 사회복지법인은 영리를 추구하는 민간기업 등과는 달리 지역사회와 주민 전체를 대상으로 하는 특징이 있다. 따라서 수입에서는 법인(시설)의 기본재산운용에 의한 과실금과 후원금 및 국고 또는 자치단체보조금을, 그리고 지출에서는 '사회복지법인 재무 · 회계규칙'에 의한 엄정한 회계절차를 따라야 하는 책임성이 요구되며 관련 제도와 정책의 기준하에서 자율적으로 운영한다(황성철 외, 2003).

자원봉사 관리자 및 조정자는 자원봉사활동에 필요한 비용을 자신이 속한 조직이나 기관으로부터 배정을 받아 집행하게 되는데, 이 집행과정에서 합법적이고 적절할 회계활동을 펴야 한다. 따라서 관리자 및 조정자는 예산 및 회계활동을 전문적이고 적절하게 할 수 있는 능력을 갖추어야 한다.

4) 회계활동과 감사

회계(accounting)란 원리와 기술뿐만 아니라 공식적인 전문 대변인이 있는 작업이기 때문에 '금전, 거래, 최소한 부분적으로는 재정적 성격을 띠고 그 결과를 해석하는 여러 가지 사건의 관점에서 본 기록과 분류 및 요약의 기술'이라고 한다. 따라서 정확하고 표준화된 재정보고서의 준비가 회계와 사회복지서비스를 연결해 주는 핵심이 된다.

회계는 재정적 거래를 분류, 기록, 요약하고 그 결과를 해석하는 표준화된 기술적 방법이다. 회계는 목적에 따라 재무회계와 관리회계로 나뉜다. 재무회계는 내부 및 외부 정보 이용자의 경제적 의사결정에 유용하도록 일정 기간의 수입과 지출사항을 측정 보고하는 것이며, 거래자료 기록, 시간표 작성, 분개 작성, 결산을 주요 내용으로 하고 있다. 관리회계는 행정책임자가 행정적 의사결정을 내리는 데 필요하도록 재정관계 자료를 정리하는 것으로 예산 단위의 비용을 계산하여 예산의 실행 성과를 분석하는 것을 주요 내용으로 한다(이하 내용은 신복기 외, 2002: 293-296 참조).

(1) 주요 회계활동

❶ 기록 업무

수입과 지출에 관한 다양한 기록 장부를 마련하고 회계원칙에 따라 장부에 기록한다. 사회복지법인 재무회계규칙에 따르면, 법인회계와 수익사업회계는 복지부기에 따르도록 되어 있으며, 시설회계는 단식부기에 의하도록 되어 있다. 수입과 지출이 발생한 경우에는 분개장과 보조부에 기록하고 분개장의 기록을 총계정 원장에 옮겨서 시간표를 작성하고 정리분개를 하여 정산표를 작성하든가 혹은 대차대조표, 손익계산서, 이익잉여금 처분계산서, 재무상태변동표 등의 재무제표를 작성하여 결산분개를 한 후에 다시 거래로 돌아오는 순환과정을 거친다.

❷ 정리 업무

각종 장부에 기록된 사항을 월별 혹은 분기별로 주기적으로 종결하여 정리하는 업무로서 정기적으로 재정 상태를 파악하기 위한 재정보고서 작성에 필요한 절차다.

❸ 재정보고서 작성 및 발행

사회복지조직의 재정 상태를 정기적으로 파악하기 위해 월별 · 분기별의 재정보고서를 작성하여 시설 내부 및 이사회에 보고한다. 그리고 회계연도 말에는 1년 동안의 수입과 지출의 현황을 파악할 수 있는 대차대조표 등을 포함한 보고서를 작성하여 정부기관과 이사회에 반드시 보고하고 재정지원조직이나 개인에게도 보고 또는 공개하여 그들이 제공한 재정자원이 유용하게 활용되었는지 밝히는 것이 좋다.

(2) 회계감사

❶ 회계감사의 의의와 절차

회계감사(audit)의 주요 관심사는 재정기록의 정확성과 표준화된 양식을 얼마나 잘 지켰느냐에 있다. 이것은 일반적으로 사회복지서비스 기관이 지출을 교부금이나 계약의 요구사항을 잘 따랐느냐 하는 것을 포함한다. 회계감사는 결산과 더불어 예산과정 중의 마지막으로, 예산을 정확하게 그리고 효율적으로 집행하기 위해서 필요하다(Lynch, 1979: 181). 그리고 회계감사는 품목 중심의 예산제도하에서 회계기록을 대상으로 지출의 적법성을 검증하는 것뿐만 아니라 프로그램 중심 예산제도하에서의 프로그램의 능률성과 효과성을 검증하는 것도 대상으로 할 수 있다.

법인의 회계감사는 당해 법인과 시설에 대하여 매년 1회 이상 감사를 실시해야 한다. 법인의 대표이사는 시설의 장과 수입원 및 지출원이 사망하거나 경질된 때에는 그 관장에 속하는 수입, 지출, 재산, 물품 및 현금 등의 관리 상황을 감사로 하여금 감사하게 해야 한다(사회복지법인 재무회계규칙 42조 1, 2항). 감사는 감사보고서를 작성하여 당해 법인의 이사회에 보고하여야 한다. 만일, 재산 상황 또는 업무진행에 관하여 부정 또는 불미한 점이 발견될 때에는 시장・군수・구청장에게 보고하여야 한다(사회복지법인 재무회계규칙 42조 4, 5항).

❷ 회계감사의 종류

회계감사는 사회적으로 할당된 자원들에 대하여 조직이나 프로그램들이 제 기능을 수행하고 있는가를 확인하는 과정으로 규정준수 회계감사와 운영 회계감사가 있다.

규정준수 회계감사(compliance audit)의 목적은 기관의 재정운영이 적절한 절차에 따라 시행되며, 재정이나 다른 보고서들이 적절하게 구비되었는지, 조직에 적용된 각종 규칙과 규제를 조직이 잘 준하고 있는지를 확인하는 과정이다. 규정준수 회계감사는 전통적인 품목별 예산 형식에서 요구하는 방식이다. 즉, 주어진 자금이 규정된 항목별로 올바르게 사용되었는지를 확인하는 것이다. 본래 이것의 목적은 개인의 욕심으로 재원이 잘못 사용되는 것을 방지하려는 데 있었으며, 공적인 목적과 수단들이 점차 복잡해지면서 감사기능으로 확대된 것이다. 규정준수 회계감사는 실제로 업무의 효과성이나 능률적인 경비 지출 여부를 중요시하는 것이 아니라 규칙과 절차, 항목의 규정에 맞게 집행되었는가 하는 데 관심을 둔다. 따라서 지나치게 형식에 집착하여 문제해결을 어렵게 만들어 관료적 병폐를 드러나게 할 수도 있다.

반면, 운영 회계감사(operational audit)는 예산과 관련하여 바람직한 프로그램 운영의 산출 여부, 조직목표를 달성하는 데 효과성과 능률성 등의 문제에 관심을 나타내어 규정준수 회계감사의 약점을 보완하는 감사다. 운영회계 감사를 위해서는 기능별 예산이 프로그램 예산과 같은 형식으로 되어야 한다. 이러한 양식에 의해 목표달성을 하였는지 또는 어느 정도의 산출물이 예산비용과 관련하여 발생하였는지를 판단할 수 있다.

자원봉사 관리자 혹은 조정자는 자원봉사활동에 필요한 비용을 자신이 속한 사회복지기관이나 자원봉사조직에서 배분받아 집행하게 된다. 자원봉사자들 역시 자체적으로 회비를 통해 자체적인 활동비를 마련하기도 하지만, 각종 자원봉사 교육훈련을 포함한 각종 프로그램 집행비는 결국은 담당조직에서 예산을 수립하고 배정받아, 지출하게 된다. 이 과정을 자원봉사 조정자 및 관리자는 기관에서 정해 놓은 회계활동에 관한 각종 서류 양식에 따라 정리하여, 정기적으로 기관장이나 이사회 등에 보고한다. 이러한 배경에서 조정자와 관리자는 예산 및 회계활동도 적절하게 수행해야 한다.

Chapter 14

자원봉사조직의 갈등관리와 리더십

01 갈등관리

1) 갈등의 의미

갈등의 개념은 여러 가지 측면에서 정의된다. 조직관리의 관점에서 갈등이란 자원의 부족이나 업무활동에 대한 목표, 가치, 인지 등의 차이가 존재할 때, 둘 이상의 개인 간이나 집단 내에서 일어나는 대립적 작용이라 할 수 있다.

루탄스(Luthans, 1985: 386)는 갈등을 상호 간의 목표 달성을 방해하는 고의적인 행동으로 감정적으로 적대감을 느끼는 가치 또는 목표 사이에 존재하는 목적의 비양립적 조건이라고 정의하고 있으며, 토마스(Thomas, 1992: 651-717)는 어떤 개인이 관심을 갖고 있는 것에 대하여 다른 사람이 부정적으로 영향을 주거나 영향을 줄 것으로 지각할 때 일어나는 과정이라고 정의하고 있다. 박연호(1994: 341)는 조직 내에서의 갈등이란 희소 자원이나 업무의 불균형 배분 또는 목표, 가치, 인지 등의 차이 때문에 개인, 집단 및 조직의 심리, 행동 또는 그 양면에 나타나는 대립적 상호작용이라고 정의하고 있다(한국사회복지행정학회 편, 2003, 재인용).

특히, 폰디(Pondy)는 갈등을 5가지 유형으로 구분하였는데, 갈등이 발생하는 과정에 착안한 것으로 보인다. 잠재적 갈등, 지각된 갈등, 느껴진 갈등, 표면적 갈등, 갈등의 결과 등이 그것이다. 그 내용을 살펴보면 아래와 같다(이성록 편역, 1995, 재인용).

(1) 잠재적 갈등

갈등이 야기될 수 있는 단계로서 갈등을 내재한 여러 조건으로 구성되어 있다. 이 조건들에는 불충분한 자원을 얻기 위한 경쟁, 자율성을 얻기 위한 충동과 의욕 및 목표 간의 차이, 역할의 불일치, 해소되지 않은 이전의 갈등, 의사소통의 장애 등이 포함된다. 무엇이든지 선행조건이 있으면 갈등이 시작된다.

(2) 지각된 갈등

인지단계라고도 하는 이 단계는 갈등의 잠재성을 지각하는 단계로서 아직 갈등을 심각하게 느끼지는 않는다. 즉, 전 단계의 선행조건들이 실제적 · 잠정적인 차이의 기반으로 인정될 때 지각된 갈등이 존재한다.

(3) 느껴진 갈등

지각된 갈등의 다음 단계로서 전 단계의 갈등상황에서 흥분하거나 적개심 또는 분노 등의 감정을 지니게 되는 경우다. 다시 말해서 지각된 갈등과 느껴진 갈등은 서로 다른 단계로, 갈등이 느껴지면 어떤 형태의 적대적 행동의 전주곡이 일어난다.

(4) 표면적 갈등

적대적인 행동이 나타나면 실제로 갈등행동이 일어남을 의미한다. 즉, 이 단계는 갈등의 감정이 현실적으로 표면화되어 행동으로 나타나는 단계다. 여기에는 공격으로부터의 무관심 또는 엄격하게 규정에 집착하려는 등의 여러 가지 유형이 포함된다.

(5) 갈등의 결과

표면적 갈등이 일어난 이후의 효과단계로서 갈등관리의 결과 및 잠재적 갈등에 영향을 미치게 된다. 즉, 갈등의 처리방법이 이후의 갈등에 영향을 미치게 된다는 의미에서 갈등현상은 계속되는 일련의 과정이 된다.

그러므로 자원봉사 관리에서 갈등은 자원봉사자 사이에서나 혹은 자원봉사자와 대상자 사이에서, 혹은 자원봉사자와 관리자 · 조정자들 사이에서, 혹은 자원봉사 대상자와 관리자 및 조정자들 사이에서 일어나는 갈등을 말한다. 결국, 자원봉사 관리자 및 조정자의 갈등관리는 그 업무상 필수적으로 발생하는 업무 내용이므로 갈등을 적절하게 관리하는 기술과 방법을 습득해야 할 것이다.

한 연구에 따르면, 조직의 관리자들은 그들의 시간 가운데 대략 20% 정도를 갈등을 해결하는 데 소비한다(Thomas & Schmidt, 1976: 315-318). 자원봉사활동이 이루어지고 자원봉사자들을 관리, 조정해야 하는 사회복지조직 및 자원봉사조직에서도 이와 유사한 현상이 일어나고 있다. 오히려 사회복지기관이나 자원봉사조직은 사람을 처우하고 사람을 대상으로 하는 인간서비스(human service) 조직이므로 더욱더 갈등이 유발될 가능성이 크다. 따라서 관리자의 갈등관리는 그만큼 성공적인 조직관리에 중요한 요소로 작용한다.

2) 갈등의 원천과 영역

(1) 개관

갈등은 왜, 어떻게, 어디에서 발생하는가? 갈등의 원천과 영역은 매우 다양하다. 이에 대해 많은 학자는 제각기 갈등의 원인과 배경을 논의하고 있다. 오스틴(Austin)은 대부분의 사회복지기관에서 불일치를 초래하는 갈등은 조직과 개인의 두 가지 원천에서 생긴다고 하였다. 그리고 이 불일치는 동료나 위계질서상의 두 가지 구분된 영역으로 나타날 것이라고 하였는데, 그는 갈등의 원천과 영역을 〈표 14-1〉과 같이 정리하였다.

〈표 14-1〉 갈등의 원천과 영역

	갈등의 원천	
갈등의 영역	조직 차원	개인 차원
동료 차원	X	XX
위계 차원	XXX	XXXX

출처: Austin(1981); 한국사회복지행정학회 편(2003, 재인용).

즉, 동료 간 갈등(슈퍼바이저와 슈퍼바이저, 부하직원과 부하직원) 또는 위계상의 갈등(슈퍼바이저와 부하직원)은 조직 차원(권위와 불명확한 책임성)이나 개인 차원(인격 장애, 타인과의 관계능력 부족)의 결과로 나타나게 된다. 실제 현장에서 발생하는 갈등은 이러한 두 가지 측면의 원천과 모두 관련되는 경우가 많다.

이와 같이 갈등은 개인이나 조직 어디서든지 발생할 수 있는데, 그것은 갈등 자체가 많은 다양한 원인에 의해 발생하기 때문이다. 즉, 갈등은 개인 간 성격의 차이와 같은 주관적 · 심리적 요인에 의해 발생할 수도 있고, 또한 조직이 처한 상황적 특성에 따라 갈등의 발생 여부도 달라질 수 있다. 따라서 지역사회복지관에 근무하는 사회복지사들에게 갈등을 유발시키는 상황이 무엇인가를 구체적으로 파악해 볼 필요가 있다.

질라기와 왈라스(Szilagyi & Wallace)는 조직에는 많은 갈등의 원천이 존재하고 있지만 가장 보편적인 것으로 목표의 양립성, 의사결정의 요구, 과업수행의 기대 등의 3가지를 들고 있고, 루탄스는 조직갈등이 발생하는 원인으로서 ① 양립할 수 없는 목표들이 존재하는 상황, ② 상반되는 수단 또는 상반되는 자원 분배의 존재, ③ 부적합한 지위의 문제, ④ 인식에서의 차이 등의 4가지를 들고 있다. 그리하여 그는 조직갈등의 원인은 주로 개인의 역동성, 집단 간의 상호작용 및 심리적 과정에서 초래된다고 하였다. 또한, 해리슨(Harrison)은 갈등원인이라는 표현 대신 갈등의 결정요인(determinants of conflict)으로서 ① 상호 의존성의 정도, ② 의사소통의 문제, ③ 성과기준 및 보상, ④ 역할 불만족, ⑤ 개인 특징, ⑥ 지각의 차이, ⑦ 목표의 차이를 들고 있다.

보다 구체적으로 로빈스(Robbins, 1983)는 갈등의 원인을 크게 의사소통 차원, 구조적 차원, 개인 행위 차원으로 나누고, 각 차원의 세부적인 내용을 다음과 같이 분류하였다. ① 의사소통 차원은 어의상의 차이, 정보의 불충분한 교환, 채널상의 잡음, ② 구조적 차원은 권력의 차이, 작업 흐름이 상이한 과업 의존성, 목표와 보상의 분권화, 전문화, 자원의 공유, 역할 갈등, 신용의 모호성과 비난, ③ 개인 행위 차원은 개인적 속성, 역할 불만족, 목표의 차이 등 모두 15가지를 제시하고 있다. 또한, 두브린(1984)은 직무갈등(Job conflict)의 원천으로서 한정된 자원 획득 경쟁, 상호 의존성, 목표의 차이, 역할갈등, 개인 차이, 공격성 성격, 게임 행위, 로봇화 및 자동화, 성차별, 라인 대 스텝 등의 11가지를 들고 있다.

한편, 도노반과 잭슨(Donovan & Jackson)은 인간봉사조직에서 갈등의 형태를 외부적 갈등과 내부적 갈등으로 구분하고 그 원천으로서 다음의 20가지를 열거하고 있다.

첫째, 외부적 갈등은 다음의 7가지 경우에 의해 발생한다. 즉, 조직의 가치와 목적이 현 정치적 · 제도적 양상과 상충할 경우, 조직이 지향하는 가치와 사회적 규범이 상충할 경우, 조직의 목적과 상충되는 목적을 가진 이익집단의 존재, 현존하는 서비스망에 새롭게 진입하려는 다른 조직과의 갈등, 기존 조직과 여타 조직의 업무수행과 상충할 경우, 클라이언트에 대한 개입과 정상의 계획이나 지원망에 대해 기존 조직과 타 조직 간의 기능이나 역할문제로 분쟁이 있을 경우, 정부기관과 비정부기관(NGA) 간의 재정, 책임성, 통제와 관련된 갈등이다.

둘째, 내부적 갈등은 다음의 13가지 경우에 의해 발생한다. 즉, 인간봉사조직 내 일반 사회복지 실천가와 전문 사회복지 실천가 사이의 갈등, 일반 관리자와 훈련된 인간봉사 관리자 간의 갈등, 조직 내 행정부서와 서비스 전달체계 부문 간의 갈등, 현상 유지를 지향하는 구성원과 발전을 꾀하는 관리자나 스태프 간의 갈등, 조직의 정책, 관리, 서비스에 관련된 업무영역 간의 갈등, 선호하는 업무수행방법과 우선성의 결정에서 부서 간 경쟁이 발생할 경우, 상이한 서비스 이론이나 가치, 실천방식을 가진 다학문적 팀 구성원들끼리의 갈등, 부족한 자원으로 갈등의 소지를 지닌 프로그램이 있을 경우, 프로그램이나 목적에서 조직 내 단위 부서 간에 발생하는 갈등, 조직 내의 전문가와 비전문가 사이의 갈등, 사례관리, 프로젝트 관리, 사례 배치의 상이함에 따른 전문가끼리의 갈등, 자신의 능력과 업무 간의 갈등으로서, 특히 그들의 기술이 기대하는 직위에 맞지 않거나 혹은 과소, 과도한 업무를 수행하는 상황이 발생할 경우, 조직 내의 역할 이외에 외부적인 역할이 있을 경우에 발생한다.

도노반과 잭슨의 갈등원천은 사회복지사가 조직 내의 업무수행상에서 야기되는 갈등원인이라기보다는 주로 집단 간에 발생할 수 있는 갈등원천을 유형화시킨 것이다.

국내 연구물로서 박연호(1994: 358-359)는 갈등상황을 가져올 수 있는 조직상의 요인은 무수히 많다고 하고, 갈등의 원인으로 ① 목표의 상반, ② 구조적 분화와 전문화, ③ 상호 의존성, ④ 인지, 태도 및 기대의 차이, ⑤ 의사전달의 장애, ⑥ 대안선택의 곤란을 들고 있다(한국사회복지행정학회 편, 2003).

(2) 자원봉사조직 및 사회복지조직의 주요 갈등원인

자원봉사조직이나 사회복지기관에서 발생하는 갈등의 원인도 앞서 논의한 모든 것과 연관된다. 이 중에서 특히 흔히 볼 수 있는 갈등원인은 다음과 같다.

❶ 인식의 차이

사람들 사이에 사물과 현상을 바라보는 시각이나 인식의 차이는 함께 일하는 조직 내에서 갈등을 불러일으키는 요인이 될 수 있다. 조직구성원 사이의 차이를 인정하고 조화롭게 융합하면 긍정적인 결과를 도출할 수 있으나, 이러한 작업을 제대로 수행하지 못하면 갈등이 유발될 수 있다.

인식의 차이는 사람들 사이의 살아온 배경, 가치관, 종교관, 교육 정도, 연령, 사회적 관계 등에 따라 생길 수 있다. 특히, 자원봉사조직이나 사회복지기관에서 전문 유급 직원과 자원봉사자 사이에 업무상의 전문성 정도에 따라 보는 눈이 다르고 깊이와 폭이 다를 수 있으며, 경험도 다를 수 있다. 그러므로 이러한 측면을 잘 반영하여 갈등보다는 조화를 이룰 수 있는 역량을 상호 보유하는 것이 바람직하다.

❷ 목표와 역할의 불일치

전문가인 관리자 및 조정자가 가진 조직이나 기관에서의 독표와 비전문가인 자원봉사자의 목표 사이에는 불일치가 존재한다. 조정자 및 관리자는 조직의 전체적인 측면과 자원봉사활동을 연결시키는 입체적인 목표가 존재하는 한편, 자원봉사자는 제각기 다양한 동기와 목표를 가지고 조직이나 기관에 참여하여 자원봉사활동을 수행한다. 또한, 자원봉사 대상자와 자원봉사자 사이에도 동일한 목표의 차이가 존재할 수 있다. 이러한 서로 다른 목표를 가진 조직의 구성원이나 혹은 자원봉사활동의 구성원들 사이의 불일치 관계는 종종 갈등을 유발시키는 요인이 된다.

다른 한편 역할의 불일치에 의해 갈등이 유발되기도 한다. 역할과 역할기대의 차이는 언제나 조직에서 발생할 수 있다. 조직구성원들 사이에 서로에 대한 역할과 역할 기대가 다르고, 적절한 소통이 없는 자원봉사활동을 수행하는 동안 엉뚱한 결과를 만들고, 그것이 갈등을 증폭시키기도 한다. 자원봉사 관리자, 조정자, 자원봉사자 회장, 자원봉사자 회원, 조직의 대표, 이사, 자원봉사 대상자, 지역사회 주민 사이에서 역할과 역할기대의 불일치로 갈등이 발생하는 것을 보는 일은 흔하다.

❸ 과업의 상호의존성

사회복지조직이건 자원봉사조직이건 간에 조직은 사람이 유기적으로 연계되어 움직이는 사람들의 집합체다. 조직에서는 조직의 기능을 수행하는 과정에 조직구성원들이 상호 협력적으로 연계되어 자신에게 주어진 역할과 과업을 적절하게 수행할 것을 요구한다. 즉, 조직이나 집단은 그 목적을 달성하는 과정에 상호 유기적으로 연계되어 있는 구성원들의 상호의존성을 바탕으로 움직여 가는 것이다.

자원봉사활동도 마찬가지다. 한 명의 자원봉사자가 탄생하고 한 가지의 자원봉사활동 프로그램이 수립, 실행되는 것은 여러 사람의 노력과 참여가 긴밀하고 연속적으로 연계되면서 가능하다. 따라서 자원봉사조직이나 사회복지기관에서 수행되는 자원봉사활동은 그 구성원들의 상호의존성에 바탕을 두고 진행된다.

그런데 이러한 상호의존성을 이루는 구성원들 사이에 협력, 정보제공, 동조, 자원제공, 양보, 조정 등이 적절하게 이루어질 때 자원봉사활동과 조직은 성공적인 목표를 달성할 수 있다. 구성원 사이의 상호의존성으로 인해 시간, 자원, 실행방법과 기술, 전략과 전술 등을 선택하는 과정에서 종종 갈등이 발생할 수 있다.

❹ 조직의 제도적 특성

조직은 공식적 · 비공식적 규정과 원칙을 바탕으로 작동된다. 조직의 작동원리를 제도적 장치라고 하는데, 이 제도적 특성이 어떠하느냐에 따라, 경우에 따라서는 제도적 장치를 관리자와 조정자가 어떻게 활용하느냐에 따라 갈등이 유발된다. 예를 들어, 의사결정 형태, 공식화의 정도, 과업과 역할 배분의 정도, 보상체계, 의사소통 방법, 리더의 자질과 역량 등에 따라 갈등이 유발되기도 하고 조화롭게 조직이 작동되어 성공적인 목표달성을 이루기도 한다.

3) 갈등관리

(1) 개관

갈등관리란 조직에 발생하는 갈등을 해소하거나 완화시키는 것을 포함한다. 전통적으로 갈등관리는 갈등을 부정적인 것, 조직에 역기능적인 것으로 이해하였으므로 이를 해소하는 것을 의미하였다. 그러나 오늘날 갈등은 불가피한 것이고, 어떤 경우에는 갈등이 순기능을 하는 것을 알게 된 이상, 이를 적절하게 활용하는 것까지도 갈등관리에 포함시킨다.

앞서 언급하였듯이, 조직의 관리자는 많은 갈등에 직면하고 갈등관리에 보내는 시간이 많다. 자원봉사기관이나 사회복지기관 역시 갈등이 많이 발생하는 조직이다. 따라서 자원봉사 관리자 및 조정자는 발생하는 갈등을 적절하게 관리하는 역량이 요구된다.

갈등관리방법으로 여러 학자가 제안하는 방법은 다음과 같다. 로빈스(Robbins, 1992: 177-182)는 문제해결, 상위목표 설정, 자원확충, 회피, 완화, 타협, 권위적 명령, 조직 구성원의 교체, 조직구조 변경 등의 9가지를 들고 있다. 지용(Zhiyong, 1997: 29)은 공공행정 분야에서 대안적인 갈등해결 전략으로서 공통의 목표 설정이나 합의 구축, 공동으로 문제해결, 협상, 비공식적 중재, 조정, 비결속적 해결, 갈등

확장, 갈등 억제, 협력, 감정폭발 등의 11가지를 들고 있다. 또한, 호제트(Hodgetts, 1999: 364-365)에 따르면, 갈등관리에는 여러 가지 다양한 방법이 있는데, 그는 가장 일반적인 방법으로서 상담을 들고 있으며, 다른 접근방법으로는 상호 문제해결, 자원확충, 완화, 합의를 제시하고 있다. 국내 연구자로서 신철우(1999: 545-550)는 갈등관리전략을 두 가지로 구분하여 갈등 감소방법으로 직접 대면, 권한계층의 개입, 행동변화 유도, 설득과 협상, 통합자(integrator)에 의한 중재나 조정 등 5가지를 들고 있고, 집단갈등의 예방전략으로 상위목표의 설정, 자원의 확충, 규정과 절차에 의한 제도화, 조직구조의 개선, 공동경쟁 대상의 설정, 의사소통의 활성화 등 6가지를 들고 있다(한국사회복지행정학회 편, 2003, 재인용).

(2) 자원봉사 및 사회복지 조직의 갈등관리

❶ 관리자 및 조정자와 자원봉사자 사이의 갈등관리

자원봉사조직이나 사회복지조직에 근무하는 조정자 및 관리자와 자원봉사자 사이의 갈등관리는 앞서 논의한 갈등원인을 잘 이해하고 해소하는 방향으로 나아가는 것이 핵심 내용이다. 즉, 인식의 차이를 극복하며, 목표와 역할의 불일치를 해소하며, 과업의 상호의존성을 이해하여 협력적이 되며, 조직의 제도적 특성을 적절하게 이해하여 합리적이며 공정하게 일을 처리하는 것이 갈등관리의 요체일 것이다.

이러한 4가지의 핵심적인 갈등관리와 함께 생각해 볼 수 있는 주요한 내용은 결국 의사소통, 합리적인 보상과 역할 배분, 투명한 사후관리 등이 될 수 있다. 갈등을 불러일으키는 요소를 이해하였다면 공식적 · 비공식적 의사소통 채널을 만들고 정기적으로 업무에 대해 함께 논의하고 업무결과를 구성원들이 알 수 있도록 공개하며, 업무수행과정에서 일어났던 사항을 알리고 합리적인 보상과 역할의 재조정과 배분을 실행하는 것이 중요하다. 그리고 정기적으로 평가를 한 다음 피드백으로서 사후관리를 제대로 하는 작업 등은 갈등관리를 효과적으로 수행하는 작업이다.

경우에 따라 자원봉사자 전체와 조정자 및 관리자가 기관과 자원봉사에 대해 토론회, 워크숍 등을 함께 진행하면서 발전방안을 만들어 보는 것도 좋은 갈등관리의 하나가 될 수 있다. 또한, 비공식적 의사소통의 한 방법으로서 자원봉사자 조직과 야유회, 체육대회, 등산, 국내외 선진지 견학 등을 하면서 상호 이해의 폭을 넓히고 고충을 해소하는 것도 갈등관리의 한 방법이다.

❷ 자원봉사자들 사이의 갈등관리

자원봉사자들 사이에서도 갈등은 발생한다. 자원봉사자는 본래 자원봉사를 위해 선의로 모여 함께 활동하는 사람이지만, 봉사활동과정에 예상하지 못한 갈등이 유발된다. 자원봉사들 사이에 발생하는 갈등을 지적하면 다음과 같다. 개인적인 특성의 차이, 즉 연령, 성별, 학력, 종교, 출신 지역, 사회경제적 지위, 성격 등의 차이로 자원봉사활동 과정에 갈등이 발생할 수 있는데, 관리자 및 조정자는 이를 적절하게 관리할 수 있어야 한다.

또한, 자원봉사자들이 팀을 이루거나 조직을 구성하여 움직여 가는데, 이때 팀이나 조직 내에서 부여되는 역할과 이를 바탕으로 이루어지는 과업수행과정에서 의견 충돌이 생겨나기도 하고, 자원봉사활동의 경험 차이로 갈등이 발생하기도 한다. 관리자와 조정자는 집단역학을 잘 이해하면서 조직과 팀 내의 개인 자원봉사자들의 동기와 심리적 내용을 분석하여 갈등관리를 할 수 있어야 한다. 따라서 팀과 조직을 구성하는 과정에서 이러한 갈등관리 차원에서 역할과 과정 배분 시 체계적이고 전문기술적인 배려가 요구된다.

자원봉사자들 사이에 일어날 수 있는 갈등을 이상적으로 관리하는 방법 중 흔히 사용되는 방법은 보상과 처벌, 체계적인 교육을 통한 자원봉사자 개인별 자아성장과 집단통합력, 결속력을 지속적으로 증대시켜 가는 방법이다. 또한, 지속적으로 조직의 변화를 통해 역할을 배분하고 새로운 과업을 제공하여 구성원들로 하여금 자원봉사활동에 대한 매력과 자부심을 제공해야 한다.

❸ 자원봉사 대상자와의 갈등관리

자원봉사 대상자에 의해 자원봉사자 혹은 자원봉사기관과 갈등이 유발되기도 한다. 이러한 갈등의 원인은 자원봉사나 서비스 혹은 관련 제도의 이해 부족, 의무보다는 권리 요구, 의존성, 무례 등이 있을 수 있다. 자원봉사 대상자가 일으키는 갈등의 요소를 인내와 사랑으로 자원봉사자와 기관에서 해결하고 처리할 수 있도록 자원봉사 조정자와 관리자는 지속적인 슈퍼비전을 제공하여야 한다. 예를 들어, 자원봉사활동 이전의 오리엔테이션부터 활동현장의 지도, 사후평가와 사례관리를 통한 학습 등을 사용하여 갈등관리를 하여, 자원봉사자의 개인적 갈등 및 조직 간의 갈등을 완화시키고 해결할 수 있도록 한다. 경우에 따라서는 갈등관리를 위해 조정자 및 관리자들과 상담할 수 있는 제도적 장치를 마련해야 한다.

02 리더십

1) 리더십의 의미

리더십은 직위와 능력으로 정의된다. '직위'로서의 리더십은 어떤 상황을 통제할 책임을 지고 지도하고 관리하는 직위를 의미한다. '능력'으로서의 리더십은 다른 사람과의 관계에 영향을 끼쳐서 지도자가 택한 길을 따라 오도록 하는 재능이나 기술을 말한다. 즉, 리더십은 다른 사람의 생각, 감정, 행동 등을 따르게 하는 일종의 움직임을 의미한다.

또 다른 측면에서 리더십은 매우 다양하게 정의되고 있다. 먼저 스토그딜(Stogdil)은 리더십의 정의를 다음과 같이 11가지로 요약하고 있다. 즉, ① 집단과정의 초점, ② 성격과 그 효과, ③ 복종을 유도하는 기술, ④ 활동 또는 행동, ⑤ 설득의 형태, ⑥ 영향력 행사, ⑦ 권력관계, ⑧ 목표 달성의 수단, ⑨ 상호작용 효과, ⑩ 분화된 역할, ⑪ 조직구조의 주도와 유지 등이다.

테리(Terry)는 "사람들로 하여금 집단의 목표를 기꺼이 달성하게끔 영향을 미치는 활동"이라 하였으며, 로빈스(Robbins)는 "목표달성을 지향하도록 집단에 영향을 주는 능력"이라 규정하였다. 트렉터(Trecter)는 "공동목표의 달성을 위해 협동하여 일하도록 영향을 주는 능력"이라 하였으며, 성규탁은 "어떤 목표를 달성하기 위해 사람에게 행사하는 영향력, 기술, 혹은 이를 행사하는 과정"이라고 정의하였다.

최근의 상황이론에서는 리더십 개념에 상황을 고려하여 "어떤 주어진 상황에서 개개인이나 집단의 활동이 목표달성을 위한 노력이 되도록 영향을 미치는 과정"(Harsey & Blanchard, 1982: 83)이라고 정의하였다. 그리고 최성재와 남기민(1993: 293)은 리더십이란 "조직의 목표달성에서 조직의 구성원들이 조직과 관련된 행동에 자발적으로 종사할 수 있도록 어떤 주어진 상황에서 공식적 직위에 있는 사람이 영향력을 행사하는 과정"이라 주장하였다(신복기 외, 2002, 재인용).

결국, 리더십이란 조직이 가진 목표를 달성하기 위해 조직구성원들로 하여금 자발적으로 행동하게 하는 능력을 말한다. 모든 조직에는 존재의 목표가 있으며, 이를 달성하기 위해 구성원들이 활동하는데, 이와 관련하여 자신이 희망하는 방향으로 움직여서 조직의 목표를 달성하게 만드는 과정 혹은 역량이 리더십이다. 대체로 이러한 리더십의 행사는 조직의 대표자부터 중간지도자나 초급지도자에 이르기까지 모두 이루어진다.

그러므로 자원봉사조직이나 사회복지기관에서 근무하는 관리자 및 조정자는 자원봉사와 관련 여러 사람을 움직여서 그 조직이나 단체가 원하는 방향으로 나아가게 하고 주어진 목표를 달성하도록 리더십을 행사하는 것이다. 이런 맥락에서 자원봉사 조정자 및 관리자의 리더십이 매우 중요하다.

2) 리더십의 필요성

사회복지 조직에서 리더십이 필수불가결한 이유를 살펴보면 다음과 같다(Neugeboren, 1985: 145; 신복기 외, 2002, 재인용).

① 많은 전문가가 고용되어 있는 사회복지조직에는 전문가의 자율성 욕구와 조직의 통제 욕구 사이에 부단한 긴장이 존재하며, 이와 같은 긴장으로 구성원들은 조직의 규칙과 과정을 준수하도록 동기부여할 리더십을 필요로 한다.

② 사회복지서비스 분야에는 끊임없이 변화하는 환경적 압력이 증가일로에 있으

며, 외부 요구의 이와 같은 변화를 고려한 조직체계를 갖는 것은 불가능하기 때문에 이에 적절히 대응할 리더십을 필요로 한다.

③ 사회복지서비스 분야에서 새로운 기술 또는 새로운 구조의 도입과 같은 중요한 내부적 변화는 이와 같은 변화가 조직에 통합될 수 있도록 리더십을 필요로 한다.

④ 사회복지조직에서 구성원들의 전문적 목표는 조직의 목표와 완전히 일치하지 않을 수 있다. 구성원의 목표와 조직의 목표 사이에 가능한 많은 일치를 가져올 수 있도록 노력하는 데 리더십이 요구된다.

자원봉사조직 역시 사회복지조직 못지않게 리더십이 필요하다. 그것은 자원봉사조직이나 사회복지조직이 다른 조직, 예를 들어 군대나 회사조직과는 달라 출입이 유연할 뿐만 아니라, 강제되거나 금전적인 강한 규범을 가진 조직이 아닌 소위 '투과성' 조직의 특성이 있고, 활동으로 제공되는 서비스가 인간서비스가 대부분이므로 리더십의 행사가 어렵고 목적달성이 쉽지 않기 때문이다. 자원봉사조직은 구성원의 수준이 다양하고 조직에 구속되거나 결속된 힘이 약하다. 변화가 많은 환경과 과업에 대응해서 자원봉사활동이 이루어진다.

특히, 자원봉사자의 지속성이 길지 못하고 중도에서 탈락하는 비율이 높은 우리나라와 같은 환경에서, 자원봉사조직을 이끄는 자원봉사자 회장단이나 자원봉사 관리자 및 조정자의 리더십은 권력을 가지지 않은 리더십, 권위의 리더십을 발휘하면서 조직의 목표달성과 구성원의 동기부여를 통해 이루어야 하는 점에서 리더십의 중요성이 더욱 돋보인다.

3) 리더십의 유형

학자마다 리더십을 각기 다른 유형으로 분류하고 있으나, 여기서는 지시형, 참여형, 자유형으로 구분하여 설명하고자 한다(Carlisle, 1997; 신복기 외, 2002, 재인용).

(1) 지시형

지시형은 명령과 복종을 강조한다. 따라서 지도자는 독선적이며 조직구성원들을 보상-처벌의 연속선에서 통제하고 관리한다. 따라서 지시형의 장점은 통제와 조정이 쉽고 정책의 해석과 집행에 일관성이 있다는 것이다. 또한, 의논이 필요 없고 신속한 결정이 가능하므로 위기 시에 기여할 수 있다. 그렇지만 이와 같은 리더십은 사람들이 통제받기를 싫어하기 때문에 사기를 저하시키고 조직구성원의 적대감과 소외감 그리고 경직성을 초래할 수 있다. 또한, 다른 구성원을 이해시키지 못하는 단점을 가진다.

(2) 참여형

참여형은 민주적 리더십으로, 어떠한 결정을 하는 데 부하 직원에게 의견을 묻고 이들을 결정과정에 참여시킨다. 따라서 직원들의 일에 대한 동기와 사명감이 증진될 수 있고, 의사소통의 경로가 개방됨으로써 새로운 정보의 교환이 활발하게 이루어질 수 있다. 즉, 참여형의 장점은 동기 유발적이며, 개인의 지식과 기술을 잘 활용한다는 것이다. 또한, 개인의 중요성을 강조하므로 인간의 가치와 신뢰 및 개방성을 형성하고, 개방적 의사소통으로 보다 많은 정보를 얻고 참여를 통해 개인의 기술을 발전시킬 수 있다. 단점은 참여에 시간이 걸리고 긴급한 결정을 할 경우 진행이 어렵다는 것이다. 또한, 책임이 확산되어 활동성이 떨어지고 참여기술을 학습하기 어렵고, 구성원 모두 비슷한 지식과 지위가 있어야 잘 이루어진다.

(3) 자유형

자유형은 방임적 리더십이다. 이것은 대부분의 의사결정권을 부하 직원에게 위임하는 형태로, 위임적 지도력이라고도 한다. 직원들은 스스로 프로그램의 목표를 세우고 그에 따르는 계획을 수립하게 된다. 따라서 특정 과업해결을 위한 전문가 중심조직에 적합할 수 있다. 그렇지만 자유방임형 리더는 자문기관의 역할을 하며, 부하 직원에게 지시 · 감독 등 절차적인 일의 처리에 필요한 정보제공 및 명확한 설명을 해 주지 못한다. 결과적으로 확고한 권한을 가지지 못한 리더는 부하 직원이 조언을 요구하지 않는 한 내부적 갈등이 생겨도 이를 해결하지 못하게 된다. 따라서 공식조직에서 자유방임형 리더십은 본래 계획 · 지휘 · 조정 및 통제를 하지 못함에 따라 혼란을 야기시킬 수 있다.

4) 리더십의 수준

사회복지조직에서 리더십의 수준은 최고관리층의 리더십, 중간관리층의 리더십 그리고 하위관리층의 리더십이 있다. 이를 간단히 설명하면 다음과 같다(최성재 · 남기민, 1993: 303-308). 이러한 리더십의 분류는 자원봉사 현장에서 관리자 및 조정자의 리더십은 어느 수준에 해당할 것인가, 그리고 자원봉사자 집단 내에서 회장, 부회장 및 팀장의 리더십은 어느 수준과 관련을 지니는가 하는 것을 생각하는 데 중요한 시사점을 제공한다. 일반적으로 자원봉사 관리자 혹은 조정자의 경우는 중간관리층의 리더십이며, 특히 조정자의 경우는 하위관리층의 리더십에 해당할 것이라 판단된다.

(1) 최고관리층의 리더십

최고관리층이란 사회복지조직을 이끌어 나갈 전반적인 책임을 지고 있는 사람들이다. 최고관리층의 리더십은 두 가지 주요한 과업의 달성을 필요로 한다. 첫 번째 과업은 내부 운영을 지시하고 조정하는 것이고, 두 번째 과업은 환경의 관계를 확립하는 것이다. 이와 같은 과업을 수행하는 데 최고관리층은 다음과 같은 형태의 중요한 의사결정을 해야 한다.

① 조직의 기본적 임무의 설정
② 임무를 수행하기 위한 서비스 기술의 선정
③ 내부 구조를 발전시키고 유지함
④ 변화를 주도하고 수행함

이러한 의사결정 형태들은 조직의 발전단계에 따라 그 중요성과 관련되는 정도가 달라지는데, 이것이 바로 상황이 변하면 이에 필요한 리더십 기술과 행동도 달라지는 좋은 예다.

(2) 중간관리층의 리더십

사회복지조직에서 중간관리층이라 함은 조직의 주요한 프로그램 부서를 책임지고 있는 사람들을 말한다. 중간관리층의 리더십은 두 가지 종류의 기술을 필요로 한다. 하나는 수직적 · 수평적 연결고리로서의 기술이고 다른 하나는 개개 직원들의 욕구를 조직의 목표에 통합시키는 기술이다. 사회복지조직에서 수직적 연결쇠의 기능은 중요하다. 한편, 수평적 차원에서 통합도 사회복지조직에서 매우 필요한데, 이의 목적은 각기 다른 하위 부서 간의 조정을 용이하게 하기 위한 것이다.

(3) 하위관리층의 리더십

하위관리층은 일선 직원들과 매일 정상적으로 접촉하는 슈퍼바이저를 포함한다. 그들은 프로그램을 감독하고 일선 직원들에게 업무를 위임 · 분담시키고 서비스가 제대로 제공되고 있는가를 검토한다. 그들은 일반적으로 사례를 다루는 결정에서 일선 직원을 상담하는 주요 책임을 맡고 있으며, 단위 감독자, 조정자, 팀 리더의 역할을 수행한다.

하위관리층의 리더십은 두 가지 종류의 기술을 필요로 하는데, 첫째는 기술적 지식이고, 둘째는 형평에 대한 관심이다. 기술적 지식은 슈퍼바이저가 직업과 자원을 효율적이고 효과적으로 활용하는 데 도움을 줄 수 있다. 한편, 사회복지조직에서는 보상과 제재의 분배가 공정해야 한다. 형평을 유지하려는 하위관리층의 책임은 그들이 직원들의 동기부여 및 조직에의 일체감을 발전시키는 데 중요하다. 만약, 승진과 보상이 윗사람에게 아첨하고 난처한 질문을 하지 않음으로써 윗사람을 위협하지 않는 등의 기준에 따라 이루어진다면 직원은 최소의 수준에서 일하려는 경향이 있을 것이다.

5) 자원봉사 및 사회복지 조직의 리더십

자원봉사조직이나 사회복지조직의 리더십은 그 조직이나 집단의 특성과 목적, 수준, 구성원의 규모 등에 따라 달라진다. 또한, 조직의 위계상 주어진 조직의 수준 등에 따라 달라진다. 그러나 무엇보다 중요한 점은 자원봉사자 관리자나 조정자는 조직에서 리더로서 리더십을 발휘해야 하는 위치에 있으면서 등시에 자원봉사자 집단 내에서 벗어나 있는 존재로서 영향력을 행사해야 하는 입장이라는 것이다. 자원봉사자 집단 내의 회장이나 부회장 혹은 팀장, 조장은 집단 속의 지도자로서 리더십을 행사하는 사람들이다.

그러므로 자원봉사 관리자 및 조정자는 자원봉사자 집단 외부에서 내부의 지도자와 함께 협력하면서 리더십을 행사하는 위치에 있다. 다른 측면에서는 집단 내의 지도자인 자원봉사자 회장이나 팀장이 적절한 리더십을 행사할 수 있도록 지원하고 조직과 연계하는 리더십을 발휘해야 하는 위치에 있음을 명심해야 한다. 따라서 자원봉사자 집단에 구성원으로서 속하여 리더십을 발휘하지는 않으나, 자원봉사조직이나 사회복지기관의 입장에서 보다 전문적이고 체계적인 관점을 가지고 주어진 자원봉사활동을 적절하게 수행하도록 하고, 더 나아가 자원봉사집단이 소속하고 있는 자원봉사단체나 사회복지기관의 목적에 맞추어 자원봉사자가 움직이도록 연계해야 하는 임무를 가지고 있다.

이러한 점에서 자원봉사 및 사회복지 기관에서 근무하면서 자원봉사자를 모집하고 배치하는 조정자 및 관리자는 여러 형태의 리더십을 발휘해야 하는 전문가다. 한편으로는 자원봉사 집단을 향하여, 다른 한편으로는 사회복지조직을 향하여 리더십을 행사한다. 그 리더십은 권력이 없고 세상적인 힘을 가지지 않은 리더십이어야 한다. 자원봉사 조정자 및 관리자는 한편으로는 조직의 목적달성을 위해, 다른 한편으로는 자원봉사자 개인의 동기부여와 성장을 위해, 또는 자원봉사 대상자나 지역사회를 위해서는 문제해결과 복지증진을 위해 리더십을 활용하는 전문가다.

PART 04

자원봉사의 영역: 실천 주체와 대상

Chapter 15 자원봉사의 실천 주체
Chapter 16 자원봉사의 대상과 분야

Chapter 15

자원봉사의 실천 주체

01 자원봉사의 실천 주체

1) 의의

자원봉사의 실천 주체는 자원봉사활동을 실천하는 데 직접 관여하는 개인, 집단 및 조직을 말한다. 본서에서는 이를 공급체계라고 한다. 물론, 실천 주체가 공급체계와 함께 자원봉사의 매개체계 혹은 추진체계 기능까지 동시에 수행하는 경우도 많다. 예를 들어, 특정 사회복지관은 자원봉사의 실천 주체이면서 동시에 매개체계 혹은 추진체계로서의 기능도 수행하는 것과 같이, 현실적으로 실천 주체와 추진 주체가 동일 조직이나 기관인 경우가 많다. 더욱이 자원봉사의 대상 혹은 수요체계가 공급체계와 추진체계의 역할을 중복적으로 수행하는 경우도 많다. 기존의 노인복지시설과 같이 자체적으로 자원봉사자를 필요로 하는 경우, 스스로 자원봉사자를 모집하여 교육, 훈련시켜 자신의 시설 수용자나 대상자를 위해 자원봉사활동을 수행할 수 있도록 하는 경우가 그것이다.

2) 유형 분류

현대사회에 혼재되어 존재하는 자원봉사 실천 주체를 이론적 학습을 위해 인위적으로 몇 가지로 구분하여 분석하는 것이 필요하다. 다만, 이 경우에 어떤 기준을 사용하여 자원봉사 실천 주체를 분류할 것인지가 문제다.

볼런티어 21에서 한국갤럽과 공동으로 1999년에 조사한 '한국인의 자원봉사의식 및 활동현황' 보고서에서는 자원봉사활동기관을 〈표 15-1〉과 같이 13개로 분류하였다. 참고로 당시 조사된 자원봉사활동기관별 자원봉사활동 빈도와 비율을 함께 제시하였다.

〈표 15-1〉 한국 자원봉사활동기관별 활동

자원봉사활동기관	활동 빈도	활동 비율(%)
보건의료기관	17	5.6
교육기관	24	7.9
종교기관	105	34.4
사회복지기관	73	23.9
환경단체	16	5.3
시민단체	34	11.2
성인취미단체	8	2.6
예술문화단체	5	1.6
노동조합	7	2.3
정치조직/정당	4	1.3
청소년단체	7	2.3
기업운영 민간재단	4	1.3
국제기업	1	0.3
합계	305	100

출처: 볼런티어 21(1999).

한국자원봉사단체협의회에서 발행한 「한국자원봉사단체현황」(2002) 자료는 한국자원봉사단체를 협의의 자원봉사단체 26개와 광의의 자원봉사단체 26개로 분류하였다(표 15-2 참조). 이러한 분류는 현존하는 단체를 중심으로 조사연구할 대상을 선정하는 과정에서 현실적 편의에 기준을 두고 자원봉사단체를 분류한 결과다.

〈표 15-2〉 한국의 자원봉사단체 유형: 협의와 광의의 유형

	협의의 자원봉사단체	광의의 자원봉사단체
정부	자원봉사센터(행정부) 여성자원활동센터(여성부) 청소년자원봉사센터(문화부) KOICA(외교통상부)	주민자치센터(읍면동) 범죄예방위원회(법무부) 도서관, 미술관 등 공공기관 공무원, 군부대
기업	사회봉사단, 사회공헌팀	사회봉사동아리, 노동조합 봉사활동
대학, 기타 교육기관 및 언론	사회봉사센터	중고교 자원봉사팀, 학생회, 동아리 사회교육원, 야학단체 중앙일보 전국 자원봉사 축제 언론사 환경보호운동
사회복지	재가봉사센터 복지관(종합, 노인, 장애인)	복지시설(이용 생활시설)
청소년단체	청소년자원봉사센터	수련관, 수련시설, 상담소 보이스카웃, 걸스카웃
시민사회단체	한국119유선봉사단 장애인봉사단체	대부분의 시민사회단체 환경단체, 소비자단체
구호단체	대한적십자사(구호)	적십자사(병원 등), 구세군
종교단체	불교자원봉사단, 기독교연합봉사회, 천주교사회복지회	교회, 성당, 사찰 봉사팀
멤버십단체		라이온스, 로타리클럽
보건의료기관	한방의료봉사단	병원, 보건의료기관(호스피스)
국제구호단체	월드비전, 국제기아대책기구, 굿네이버스	아프칸난민구호 NGO연대
국제봉사단체	세계청년봉사단, 태평양아시아협회	지구촌나눔운동, 우리민족서로돕기
국제단체	유엔봉사단(UNV) 세계자원봉사협회(IAVE)	UNICEF UNESCO
행사단체	2001 IVY한국위원회 2002 IAVE서울대회	월드컵문화시민운동협의회
전문단체	자원봉사단체협의회 자원봉사센터협의회 자원봉사인증센터 자원봉사연구기관	대학자원봉사 연구소

출처: 한국자원봉사단체협의회(2002).

이것을 바탕으로 한국자원봉사단체협의회는 최종 13개의 자원봉사단체로 유형을 구분하여 현황을 조사하였고, 그 결과 중에서 참고로 각 단체의 설립 주체를 조사한 결과를 함께 제시해 보면 〈표 15-3〉과 같다.

〈표 15-3〉 자원봉사단체의 유형별 설립 주체

설립 주체 단체	n (표본)	정부 및 자치단체	기업 및 기업재단	사단, 재단, 학교, 의료, 비영리재단	사회복지 법인	임의단체 기타
자원봉사센터	101	69.3	0	16.8	4.9	9.9
여성자원활동센터	94	83.0	0	2.2	0	14.9
주민자치센터	152	94.7	0	0.7	0	4.6
범죄예방위원회	20	55.0	0	10.0	0	35.0
시민사회단체	174	4.6	0.6	64.9	4.6	25.3
사회복지관, 시설	390	7.2	0	21.0	69.7	2.1
청소년단체, 시설	70	58.6	0	37.2	0	4.3
문화예술스포츠	78	65.3	0	27.0	0	7.7
기업 자원봉사단체	28	0	82.1	7.2	0	10.7
대학 자원봉사단체	78	10.3	0	88.5	0	1.3
병원, 의료기관	89	7.9	U	75.3	2.2	13.5
국제봉사단체	29	0	0	79.3	3.4	17.3
자원봉사 전문단체	28	10.7	0	39.3	42.9	7.1
전체	1,331	33.7	1.9	32.7	22.5	9.2

출처: 볼런티어 21(1999).

이러한 분류를 기초로 하여 본서에서는 사회복지기관, 공공기관, 학교, 종교기관, 기업, 시민사회단체 등으로 분류하면서, 각각 세부적으로 설명하고자 한다(표 15-4 참조). 이러한 분류 방법은 현실에 존재하는 자원봉사 실천 주체를 감안하는 한편, 각 실천 주체의 공통성과 상이성을 염두에 두면서 포괄적이고 분석적으로 설명하려는 시도에서 구분해 본 것에 지나지 않는다.

〈표 15-4〉 본서의 자원봉사 실천 주체 분류

실천 주체	세부 단체
사회복지기관	사회복지기관, 사회복지관, 시설 및 단체
공공기관	정부 관련 자원봉사단체(각종 봉사센터, 위원회 등)
학교	대학 및 중고등학교
종교기관	각종 종교별 자원봉사단체
기업	
시민사회단체	여성, 환경, 교육, 스포츠, 문화, 예술, 국제봉사단체 등의 자원봉사단체

출처: 볼런티어 21(1999).

이러한 분류에 따라서 다음에서는 차례대로 자원봉사의 실천 주체를 설명하고자 한다.

02 사회복지기관

1) 의의

자원봉사의 실천 주체로서 사회복지기관 및 시설은 매우 다양하고, 수적으로 많다. 또한, 개별 사회복지기관 및 시설도 각기 개별적으로 자원봉사자를 모집하고 교육시켜 배치하는 경우도 있고, 수용시설이나 재가복지시설도 자체적인 필요에 의해 사회복지 대상자를 위해 자원봉사자를 이용하기도 한다.

가장 대규모적이고 연합적인 성격을 가진 사회복지협의회와 분야별 협의체 역시 자원봉사활동 실천 주체인 동시에 추진체계이기도 하다. 그중에서 한국사회복지협의회와 개별 사회복지시설을 중심으로 자원봉사활동 동향을 살펴보고자 한다.

2) 한국사회복지협의회

한국사회복지협의회는 사회복지관 및 시설을 회원으로 하는 단체로서 전국 규모의 조직을 가지고 있고, 최근에는 시 · 군 단위에까지 조직을 설립할 수 있도록 관련 법이 개정되었다. 이에 따라 앞으로 사회복지협의회의 기능이 활성화되는 한편 자원봉사활동도 번성할 것으로 전망된다.

2001년 11월부터는 한국사회복지협의회에서 자체적으로 자원봉사활동을 기획하고 배치하는 한편, '사회복지봉사활동 인증관리사업'을 실행하고 있다. 여기서는 한국사회복지협의회에서 관장하는 사회복지봉사활동 인증관리사업을 중심으로 최근의 현황을 제시하고자 한다(한국사회복지협의회 사회복지정보센터, 2003: 63-64).

(1) 사회복지봉사활동 인증관리사업 개요

인증관리사업은 사회복지 자원봉사활동 활성화를 위해 보건복지부 위탁으로 한국사회복지협의회 및 16개 시 · 도 사회복지협의회가 2001년 11월부터 시행하는 정부의 정책사업이다. 동 사업은 개인별 자원봉사활동 실적을 인증관리하고 누적된 실적에 대한 인센티브를 제공하여 지속적인 자원봉사활동 참여를 유도함으로써 자원봉사활동의 활성화를 도모하려는 취지에서 시작되었다.

사회복지봉사활동 인증관리사업의 운영체계는 [그림 15-1]과 같다.

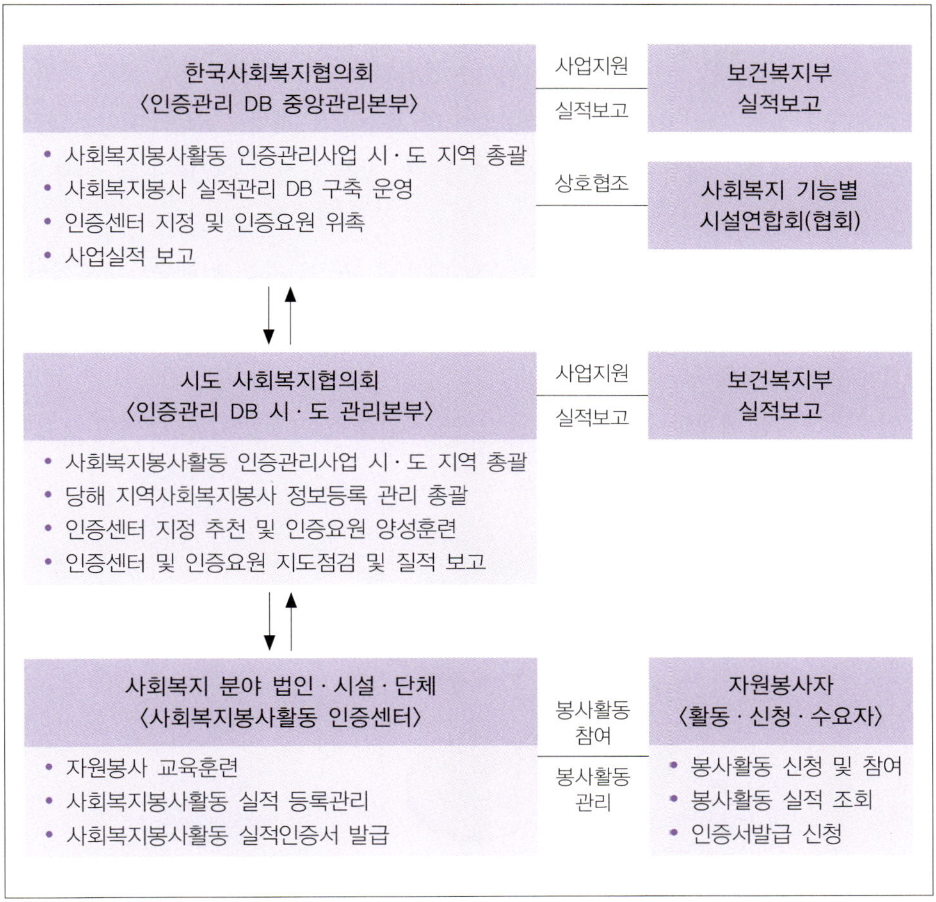

[그림 15-1] 사회복지봉사활동 인증관리사업 운영체계

[그림 15-1]과 같이 한국사회복지협의회가 중앙본부로서 전국 인증관리사업 및 사회복지봉사활동 인증관리 DB(이하 '인증관리 DB')를 총괄운영하고, 사회복지봉사활동 인증센터(이하 '인증센터') 지정 및 사회복지봉사활동 인증요원(이하 '인증요원') 위촉 권한을 행사한다. '인증센터'란 사회복지 분야 자원봉사자를 양성 · 관리하는 법인, 단체, 시설 중 한국사회복지협의회장이 인증관리사업 수행에 적합하다고 인정하여 지정한 자이며, '인증요원'이란 인증센터 종사자 중 인증요원 교육이수 후

한국사회복지협의회장이 위촉한 자로서 자원봉사자 관리 등을 포함한 인증관리업무를 직접 수행한다. 16개 시 · 도 사회복지협의회는 시 · 도 본부로서 해당 지역 내 인증센터를 총괄 관리하며, 인증요원 양성 및 보수교육 계획을 수립, 시행한다. 전국 인증센터는 일선에서 사회복지 자원봉사활동 실적을 실질적으로 등록, 인증관리하고 있다.

이처럼 인증관리사업은 횡적 · 종적으로 연계된 전국망을 통해 한국사회복지협의회-시 · 도 사회복지협의회-인증센터-자원봉사자 상호 간 협력하에 조직적 · 체계적으로 운영되고 있다.

인증관리사업 체계하에서 사회복지 자원봉사활동은 [그림 15-2]와 같이 전개된다.

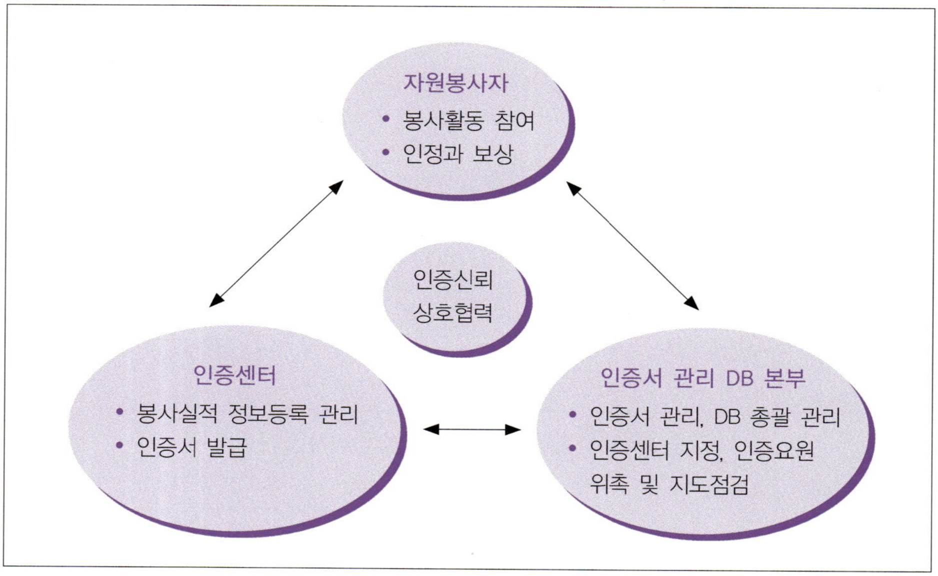

[그림 15-2] 사회복지 자원봉사활동 운영체계

자원봉사자는 인증센터를 통해 자원봉사활동에 참여하고, 인증센터는 이러한 자원봉사자의 봉사활동 실적정보를 인증관리 DB에 등록하며 자원봉사자가 요구하는 경우 '사회복지봉사활동 실적인증서'를 발급한다. 전국 인증센터에서 등록된 정보들은 중앙 인증관리 DB 서버로 전달, 취합되며, 인증관리 DB 본부는 전국에서 전달된 사회복지 자원봉사활동 정보를 총괄 관리하고, 이를 바탕으로 자원봉사자에게 각종 인센티브를 부여하거나 자원봉사활동 활성화를 위한 연구분석 및 정책건의와 함께 정책개발에 필요한 정보 등을 제공하는 기능을 수행한다.

(2) 사회복지봉사활동 인증관리사업 운영 현황

2017년 6월 현재 사회복지 자원봉사관리센터의 운영 현황을 살펴보면 다음 표와 같다. 전국에 전체 13,334개소가 운영되고 있으며, 경기도가 2,049개소로 가장 많고 그다음이 서울로서 1,918개소가 운영되고 있다.

〈표 15-5〉 2017년도 자원봉사관리센터 현황

(단위: 개수)

총계	서울	부산	대구	인천	광주	대전	울산	세종
13,334	1,918	764	537	674	923	695	347	48
경기	강원	충북	충남	전북	전남	경북	경남	제주
2,049	547	521	798	576	956	887	777	317

출처: 사회복지자원봉사인증관리 홈페이지(2017. 6.).

사회복지 자원봉사센터에서 활동하고 있는 시 · 도별 인증요원은 2017년 6월 현재 전체 41,297명이고, 서울이 7,340명으로 가장 많고 그다음이 경기도로 6,320명 순으로 되어 있다.

〈표 15-6〉 2017년도 자원봉사 인증관리요원 현황

(단위: 명)

총계	서울	부산	대구	인천	광주	대전	울산	세종
41,297	7,340	2,371	1,915	1,614	2,383	2,425	1,308	120
경기	강원	충북	충남	전북	전남	경북	경남	제주
6,320	1,746	1,352	1,964	2,007	2,191	2,652	2,373	1,216

출처: 사회복지자원봉사인증관리 홈페이지(2017. 6.).

3) 사회복지기관, 시설 및 단체

(1) 개념

엄격하게 말하면, 사회복지기관은 사회복지 대상자를 수용하지 않고 사회복지서비스를 제공하는 사회복지조직이다. 사회복지시설은 입소 및 이용시설로 구분할 수 있는데, 입소시설은 사회복지 대상자를 마치 가정처럼 수용하여 보호하는 조직이며, 이용시설은 대상자가 자신의 집에 거주하면서 필요한 사회복지 서비스와 프로그램을 활용할 수 있도록 돕는 사회복지조직이다. 대표적인 이용시설이 사회복지관인데, 이 시설은 재가복지서비스를 중심으로 하여 지역사회에 거주하는 사회적 취약계층의 어려움을 해결하는 데 도움을 제공하는 시설이다. 사회복지단체는 기관과 유사한 개념으로서 아직은 비교적 공식적 · 제도적으로 체계를 갖추지는 못하였으나, 사회복지기관으로서 각종 서비스를 제공하는 조직이라고 할 수 있다.

(2) 사회복지기관의 자원봉사활동 배경

사회복지기관에서 자원봉사활동을 수용하여 활용하는 배경에는 여러 가지 이유가 있을 것이다. 그중에서 몇 가지 필요성을 살펴보면 ① 사회복지 관련 공적 내지 사적인 조직의 인건비 지출예산의 제한성에 의한 인력부족현상, ② 사회복지 전문인력의 효율적인 이용과 전문성의 요구가 상대적으로 낮은 업무를 비전문가에게 이양해야 할 필요성의 증대, ③ 사회복지의 효과성을 제고시키기 위해서는 지역사회 참여가 필수적이라는 현대 사회복지의 새로운 조류 형성 등으로 요약된다.

자원봉사자를 필요로 하는 사회복지기관에서는 대개 다음과 같은 면에서 효과가 있기 때문에 이를 필요로 한다(이찬희, 1997 : 8-9).

첫째, 서비스의 양적인 면을 증가시킬 수 있다. 서비스양의 증가는 인적 자원의 부족으로 제공받지 못했던 서비스를 더 많은 클라이언트에게 줄 수 있다. 서비스의 양적 증가는 인간을 대상으로 하는 인간복지조직에서는 해당 조직의 힘을 기르는 데 필수적인 요건 중의 하나다. 서비스의 양적 증가에 따라 그만큼 사업 영역이 넓어지기 때문이다.

둘째, 서비스의 질적인 면에서 보다 더 향상되고 전문적인 서비스를 제공할 수 있다. 즉, 한 사람의 클라이언트를 돕는 시간이 연장되거나 자원봉사자의 도움으로 시간이 절약됨으로써 전문 직원은 클라이언트에게 보다 더 책임성 있는 서비스를 지원할 수 있다.

셋째, 자원봉사자의 도움이 있을 때에 클라이언트 개인 및 집단에 주어지는 서비스 효과가 커진다. 따라서 기관의 책임성도 높아진다. 기관의 책임성이 높아진다는 것은 지역사회에서 해당 기관에 대한 신임도가 높아지므로 기관의 이용도나 서비스를 받고자 하는 의욕이 많아진다는 것을 의미한다. 또한, 자원봉사자가 직접 클라이언트에게 도움을 주는 경우, 자원봉사자와 클라이언트가 비슷한 사회환경적인 수준에 놓여 있을 때 상대방을 이해하는 이해도가 높아진다. 클라이언트에 대한 이해도가 높아진다는 것은 전문 직원이 접근하기 어려웠던 일을 자원봉사자가 쉽게 접근할 수가 있다는 의미다.

넷째, 자원봉사자를 활용하려면 기관 내에서 그들을 위한 훈련과 사전지도(orientation)가 필요하다. 이러한 훈련과 사전지도를 되풀이하는 일은 직원들의 지위 향상에 도움이 된다.

다섯째, 지역사회 내에서 자원봉사 인력이 많을 때 기관의 프로그램이나 활동업무에 관한 홍보활동에 도움이 될 뿐 아니라 해당 지역사회의 유휴노동력을 활용할 수 있다는 점에서 매우 효과적이다.

(3) 자원봉사활동 동향

인증센터를 중심으로 2009년 한 해 동안 전국의 사회복지시설에서 자원봉사활동을 수행한 총수는 1,081,041명으로 집계되었다. 그중에서 노인복지시설에서 자원봉사활동을 한 사람은 285,611명으로 가장 많고, 두 번째가 장애인시설로 258,209명, 그다음이 복지관 187,105명 순이었다(표 15-7 참조).

〈표 15-7〉 자원봉사자 현황(시설종별)

(단위: 명)

총계	사회				복지				보건 의료	기타
	아동 시설	노인 시설	장애인 시설	여성 시설	정신요양 시설	부랑인 시설	복지관	법인/ 단체		
1,081,041	87,327	285,611	258,209	6,574	16,807	17,336	187,105	81,502	47,152	93,368

출처: 보건복지부(2010).

인증센터를 중심으로 2009년 동안 자원봉사활동을 하고 있거나 등록되어 있는 사람들의 현황을 살펴보면 〈표 15-8〉과 같다. 전국적으로 등록자원봉사자는 2001년 1월부터 2009년 12월 말까지 등록된 봉사자를 말하는데, 총인원은 3,233,713명이다. 반면에 2009년 한 해 동안 실제로 1회 이상 자원봉사활동을 한 전국의 자원봉사자 수는 1,081,041명이다. 결국, 활동을 하는 자원봉사자는 등록 자원봉사자의 약 1/3인 것으로 추정된다.

〈표 15-8〉 자원봉사자 현황(시 · 도별)

(단위: 명)

총계		서울	부산	대구	인천	광주	대전	울산	경기
등록 자원 봉사자[1]	3,233,713	665,369	172,691	139,813	128,041	226,933	154,539	103,038	460,734
		강원	충북	충남	전북	전남	경북	경남	제주
		109,732	90,679	183,521	127,916	209,592	180,122	216,522	64,441
활동 자원 봉사자 총계[2]	1,081,041	서울	부산	대구	인천	광주	대전	울산	경기
		220,985	58,384	42,901	40,668	75,053	51,695	44,708	148,627
		강원	충북	충남	전북	전남	경북	경남	제주
		38,760	32,156	59,216	37,372	69,811	61,539	73,709	25,457

주: 1) 등록자원봉사자는 '인증관리사업' 정보등록 기준년도인 2001. 1.~2009. 12. 31.에 등록된 봉사자임.
2) 활동자원봉사자는 2001. 1.~2009. 12. 31.에 1회 이상 활동한 봉사자로, 본 통계 연보의 모든 기준이 됨.

출처: 보건복지부(2010).

지역별로 자원봉사활동을 수행한 자원봉사자 수를 살펴보면, 서울이 220,985명으로 가장 많았고, 그다음이 경기도 148,627명, 광주 75,053명, 경상남도 73,709명, 전라남도 69,811명 순이었다. 사회복지 부문의 자원봉사활동자 수는 940,521명이었다. 그중 노인시설이 285,661명으로 가장 많은 자원봉사활동이 이루어졌고, 그다음이 장애인시설이 258,209명 순이었다.

다음으로 연령대별 · 성별 자원봉사자 현황, 그리고 직업별 · 종교별 현황을 알아보자(표 15-9 참조). 연령대별로는 10대 이하가 430,063명으로 가장 많았고, 그다음이 20대로서 202, 877명, 40대가 166,026명으로 세 번째로 많았다. 10대와 20대는 학교에서 단체로 자원봉사활동이 전개될 수 있는 시기라고 생각되며, 40대가 30대, 50대, 60대에 비하여 많은 것은 시사하는 바가 크다. 그리고 60대 이상도 60,645명으로 상당한 수치로, 노인의 자원봉사활동도 눈에 두드러진다.

〈표 15-9〉 자원봉사자 현황(연령대별/성별)

(단위: 명)

총계		10대 이하	20대	30대	40다	50대	60대
계	1,081,041	430,063	202,877	11,745	166,794	108,917	60,645
남자	446,476	192,574	96,986	52,927	60,026	30,364	13,599
여자	634,565	237,489	105,891	58,818	106,768	78,553	47,046

출처: 보건복지부(2010).

직업별로는 학생이 많았는데, 그중에서도 고등학생과 대학생 자원봉사자 수가 많았다(표 15-10 참조). 퇴직자도 많았고, 사무관리직이 공무원이나 전문직보다 많았다. 이는 학생의 경우는 상급학교 진학이나 취업에 자원봉사활동 경력이 중요한 요인으로 작용하는 것으로 평가된다. 그리고 사무관리직의 자원봉사자가 많은 것은 기업 단위의 사회공헌활동으로서 자원봉사활동이 최근 늘어난 것과 연관성이 있을 것으로 생각된다.

〈표 15-10〉 자원봉사자 현황(직업별)

(단위: 명)

<table>
<tr><th rowspan="5">총계

1,081,041</th><th>공무원</th><th>사무관리직</th><th>전문직</th><th>자영/
서비스직</th><th>기술/
단순노무직</th><th>농수산업</th><th>군인</th></tr>
<tr><td>29,511</td><td>67,497</td><td>39,948</td><td>22,341</td><td>11,130</td><td>2,705</td><td>17,311</td></tr>
<tr><th colspan="4">학생</th><th colspan="2" rowspan="2">무직
(퇴직자 포함)</th><th rowspan="2">기타</th></tr>
<tr><th>초등</th><th>중등</th><th>고등</th><th>대학</th></tr>
<tr><td>144,462</td><td>21,031</td><td>193,864</td><td>164,204</td><td>148,428</td><td>19,004</td><td>199,605</td></tr>
</table>

출처: 보건복지부(2010).

종교별 자원봉사자 수는 개신교인이 59,037명으로 가장 많았고, 그다음이 불교 38,918명, 그리고 가톨릭 교인이 27,015로 나타났다(표 15-11 참조). 그리고 종교를 가진 자원봉사자 중에서는 남성보다는 여성이 많았다.

〈표 15-11〉 자원봉사자 현황(종교별/성별)

(단위: 명)

총계		개신교	불교	가톨릭	기타 종교	종교 없음	무응답
계	1,081,041	59,073	38,918	27,015	2,675	796,120	157,240
남자	446,476	21,513	11,142	8,760	970	347,371	56,720
여자	634,565	37,560	27,776	18,255	1,705	448,749	100,520

출처: 보건복지부(2010).

자원봉사자 1인당 연간 평균봉사시간을 시설종별 · 지역별로 살펴보면 〈표 15-12〉, 〈표 15-13〉과 같다. 사회복지 부문의 경우 시설종별로는 여성시설이 29.38시간으로 가장 많은 시간 동안 봉사하였으며, 법인/단체가 28.59시간으로 두 번째, 복지관이 22.34시간 순이었다. 보건의료시설은 31.81시간으로 사회복지 부문의 평균보다 많은 시간 동안 봉사하는 것으로 나타났다. 전국 평균은 20.28시간이었고, 대구가 25.82시간으로 가장 많은 시간을 봉사하였으며, 그다음이 인천으로 25.65시간, 충청북도가 24.31시간 등으로 조사되었다. 지역별 평균봉사시간은 부산이 28.1시간으로 가장 많았고, 두 번째는 대구가 25.82시간, 세 번째가 인천으로 평균 25.63시간이었다.

〈표 15-12〉 자원봉사자 1인당 연간 평균봉사시간(시설종별)

(단위: 시간)

평균	사회				복지				보건의료	기타
	아동시설	노인시설	장애인시설	여성시설	정신요양시설	부랑인시설	복지관	법인/단체		
20.28	18.9	19.56	15.73	29.38	15.94	16.23	22.34	28.59	31.81	20.07

출처: 보건복지부(2010).

〈표 15-13〉 자원봉사자 1인당 연간 평균봉사시간(시 · 도별)

(단위: 시간)

총계	서울	부산	대구	인천	광주	대전	울산	경기
20.28	20.95	28.1	25.82	25.63	20.25	18.26	19.15	19.49
	강원	충북	충남	전북	전남	경북	경남	제주
	20.98	24.31	15.82	21.08	19.07	19.95	14.05	14.58

출처: 보건복지부(2010).

자원봉사자 1인당 연간 평균봉사횟수를 시설종별과 지역별로 나누어 고찰하면 〈표 15-14〉, 〈표 15-15〉와 같다. 시설종별 횟수를 살펴보면, 사회복지 부문의 경우 여성시설이 7.81회로 가장 많았고, 법인/단체가 6.93회로 그다음을 차지하였다. 세 번째가 복지관으로 6.79회 등이었다. 평균 자원봉사자 1인당 평균봉사횟수는 5.63회였고, 부산이 8.86회로 봉사횟수가 가장 많았다. 그다음이 대구로 7.33회, 인천이 7.18회 등이었다.

〈표 15-14〉 자원봉사자 1인당 연간 평균봉사횟수(시설종별)

(단위: 회)

총계	사회				복지				보건의료	기타
	아동시설	노인시설	장애인시설	여성시설	정신요양시설	부랑인시설	복지관	법인/단체		
5.63	5.49	5.64	4.09	7.81	3.94	4.35	6.79	6.93	9.24	5.11

출처: 보건복지부(2010).

〈표 15-15〉 자원봉사자 1인당 연간 평균봉사횟수(시 · 도별)

(단위: 회)

총계	서울	부산	대구	인천	광주	대전	울산	경기
5.63	5.85	8.86	7.33	7.18	5.35	4.67	5.64	5.38
	강원	충북	충남	전북	전남	경북	경남	제주
	5.56	6.08	3.93	6.13	5.01	5.27	4.2	4.56

출처: 보건복지부(2010).

03 학교

여기서는 초중고등학생 및 대학생의 자원봉사활동 중 중고등학생 자원봉사활동을 중심으로 정리하고자 한다. 대학생 자원봉사활동은 본서의 보론인 '대학의 자원봉사'에서 다루고 있으므로 여기서는 대학생의 자원봉사활동을 언급하지 않는다.

1) 중고등학생 자원봉사활동의 의의와 필요성

(1) 중고등학생 자원봉사활동의 의의

중고등학생의 자원봉사활동은 체험학습을 통해 개인적 만족감을 증진시킬 뿐만 아니라 사회참여의 기회와 사회적 책임을 실천할 기회가 된다는 이중적인 의의가 있다. 또한, 청소년은 학교에서 교과학습을 통해 얻은 지식과 기술을 지역사회에서 실천함으로써 그 지식과 기술을 보다 실제적인 것으로 만들 수 있다.

특히, 중학생의 자원봉사활동이 갖는 의의는 다음과 같다. 중학생은 정신적 · 육체적으로 성인의 준비 시기로 들어가게 된다. 그런가 하면 초등학생과 같은 특성이 여전히 남아 있어 몸과 마음은 불균형을 이룬다. 이들은 여러 가지 면에서 감수성이 예민하며, 성인의 생활과 문화에 관하여 동경과 불신을 하고 있다.

이러한 시기에 자원봉사활동은 첫째, 이 활동을 통해 사회의 여러 가지 문제에 관하여 인식을 높이는 기회가 된다. 사회인으로서 알아야 하는 사회의 다양한 문제와 과제에 관하여 항상 관심을 갖는 태도를 기를 필요가 있다.

둘째, 기본적 인권의 중요성을 인식하고 존중하는 태도를 익힌다. 자원봉사활동을 통해 노인과 장애인의 생활을 접하며 인간의 존엄성을 존중하는 태도를 몸에 익히도록 한다.

셋째, 다양한 기획과 문제를 자신의 손으로 해결하는 능력을 기른다. 중학교에서는 학생회 활동이 활발하므로 다양한 기획과 실행, 반성의 과정을 통해 앞으로 활동의 방향을 정해가는 능력을 기르도록 한다.

넷째, 그룹에서 활동하는 체험을 통해 선후배와 남녀 간의 협력관계를 기른다. 자원봉사활동의 체험을 통해 상호이해와 협력관계를 구축하도록 배려하고 협동을 통해 목적을 달성하는 경험을 기르도록 한다(한국여성개발원, 1994: 13-14; 현외성, 1996: 67).

(2) 중고등학생 자원봉사활동의 필요성

교육부에서 제시한 학생봉사활동 관련 지침서는 학생의 봉사활동 필요성에 대하여 두 가지로 구분하여 설명하고 있다. 즉, ① 학생 개인의 필요성, ② 교육적 장의 확대다. 이를 살펴보면 다음과 같다.

❶ 개인적 필요성

봉사활동을 통해 학생은 바람직한 인성을 함양할 수 있다. 다음과 같은 내용의 경험을 통해서 학생은 좋은 성품을 만들어 가는 데 도움을 받을 수 있다.

ㄱ. 인간존중의 정신과 태도 형성

봉사활동을 통해 학생은 자기의 존재 의미와 자기 존중의 정신을 깨달을 수 있고, 인간의 존엄성과 가치를 인식하여 건전한 인격 형성의 바탕을 마련할 수 있다.

ㄴ. 사회성 개발

봉사활동은 학생으로 하여금 다른 사람과 협력하고 원만한 인간관계를 유지시킬 수 있는 사회성을 길러 준다. 다른 사람이나 낯선 집단과의 접촉기회를 제공함으로써 다른 사람들을 좀 더 잘 이해하고, 그들과 원만한 생활을 유지할 수 있는 능력을 길러 준다.

ㄷ. 자신감과 지도력 형성

학생은 봉사활동을 통해 자신감을 갖고, 잠재적인 지도력을 개발할 수 있다. 학생은 봉사활동과정에서 집단활동을 통해 자기를 표현할 기회를 가짐으로써 자신감을 갖게 되고, 다른 사람과 협동하고 돕는 과정에서 잠재적인 지도력을 개발하게 된다.

ㄹ. 공동체 의식 함양

학생은 봉사활동을 통해 어려운 사람을 도와 함께 살아가는 공동체 의식을 기를 수 있다. 요즘 우리 사회가 도시화 · 산업화되면서 점차 자기중심적이고 가족 이기주의적인 경향이 나타나고 있다. 봉사활동은 이러한 이기주의적인 태도를 극복하고, 구성원이 서로 돕고 살아가는 사회를 이룩하려는 공동체 의식을 길러 준다.

ㅁ. 민주시민으로서 책임감 형성

학생은 봉사활동을 통해 바람직한 민주시민의 자질을 함양할 수 있다. 봉사활동에 적극적으로 참여함으로써 학생은 자발성, 협동정신, 책임감과 같은 민주시민의 자질을 함양하게 된다.

ㅂ. 보람 있는 여가생활

학생은 봉사활동을 하면서 의미 있는 여가생활을 보낼 수 있다. 학생이 자발적으로 자기 취미에 맞는 봉사활동을 하면서 보람을 찾을 수 있을 뿐만 아니라, 탈선이나 비행을 예방할 수 있다.

ㅅ. 진로 선택에 도움

봉사활동은 학생이 자신의 적성을 발견할 수 있는 기회를 제공하며, 새로운 기술을 학습할 수 있게 하고, 이미 가진 기술을 더욱 발전시킬 수 있도록 해 준다. 이렇게 함으로써 봉사활동은 학생의 장래 진로 선택에 도움을 준다.

❷ 교육적 장의 확대

봉사활동을 통해 교육의 장을 넓힐 수 있다. 중고등학생의 자원봉사활동은 생활 현장에서 봉사활동을 통해 체험하는 학습활동의 연장선으로 볼 수 있다. 이러한 맥락에서 자원봉사활동은 학습의 장소, 현장을 확대하는 다음과 같은 의미를 지닌다.

① 봉사활동을 통해 학생은 지역사회에 대한 이해를 넓힐 수 있다. 지역사회에서의 다양한 봉사활동은 학생이 학교에서 배운 것을 보충하고 심화시킬 수 있게 해 준다. 곧, 봉사활동을 통해 교육의 장을 학교뿐만 아니라 지역사회에까지 확대하는 효과를 얻을 수 있다.
② 봉사활동을 통해 학교에서는 제한적으로 제시할 수밖에 없는 체험을 통한 교육의 기회를 풍부하게 제공할 수 있다. 학생은 체험교육의 기회를 통해 성인 생활을 준비하는 데 도움을 얻을 수 있다.
③ 봉사활동을 통해 학교와 지역사회와의 관계를 증진시킬 수 있다. 학교가 지역사회로부터 고립되지 않고 서로 협력하고 교류할 수 있는 관계를 형성할 수 있다.

2) 중고등학생 자원봉사활동의 내용

중고등학생 자원봉사활동의 내용은 일반 성인이 수행하는 봉사활동만큼이나 다양하고 많은 봉사활동이 있으며, 현재 전국에서 이루어지고 있다. 여기서는 이들의 전체적인 현황을 정리하기는 어렵고, 다만 서울시 교육청에서 예시한 중고등학생 봉사활동의 내용을 살펴보고자 한다. 서울시 교육청에서는 중고등학생이 실행할 수 있는 봉사활동의 내용을 4가지 영역으로 구분하여 다음의 〈표 15-16〉과 같이 제시하고 있다.

〈표 15-16〉 중고등학생 봉사활동 영역별 내용

활동영역	세부유형	
지역사회 봉사활동 (이웃돕기 활동)	• 지역사회 개발발전 • 문화, 관광, 예술, 체육 진흥 • 민주시민 사회구현 • 민원 안내, 업무 보조 • 일손돕기 재능나눔	• 교통 안전 활동 • 지도활동 재능나눔 • 위문공연 재능나눔 • 재난관리, 구호활동
자연환경 보호활동	• 환경보호, 시설정비 활동	• 환경감시
캠페인 활동	• 의식개선 활동	• 헌혈
기타	기타 구체적 활동 내용은 학생, 학급, 학년, 학교 및 지역사회의 특성에 맞게 학교에서 기준을 정하여 자율적으로 운영.	

출처: 서울특별시교육청(2017). 2017학년도 학생 봉사활동 운영 계획.

04 종교기관

1) 의의

종교기관의 주된 사회적 기능은 사회통합으로 볼 수 있다. 종교적 교리의 가르침을 따름으로써 개인적으로 안정적이고 나눔의 생활을 영위하게 되어 평화롭고 안정된 사회를 이루게 되는 것이다.

종교의 수만큼이나 교리도 다양하지만, 근본 바탕을 이루는 내용을 단순하게 말하자면, 인간의 개인적 구원과 다른 사람에 대한 이타적인 봉사로 요약할 수 있다. 개신교와 가톨릭의 구원과 이웃사랑, 그리고 불교의 상구보리 하화중생, 즉 위로는 깨우침으로써 불타의 지혜를 구하고 아래로는 중생을 교화하는 것에서 알 수 있듯이, 다른 사람에 대한 사랑으로서 봉사와 섬김은 종교의 필수적인 요소다.

다만, 세속적 · 제도적인 사회복지와 종교적인 자원봉사가 다른 점은, 전자는 사회복지 혹은 자원봉사자의 욕구에 대한 것이 일차적인 관심인 반면, 후자는 자원봉사자의 종교적 교리의 발로에서 나온 것으로서 자원봉사자의 종교적 교리상의 상급이 중시된다는 점이다. 그럼에도 불구하고, 종교기관의 자원봉사는 기존의 사회복지기능을 보완하며, 다른 부문의 자원봉사와 함께 중요한 기능을 수행하는 것으로 수행된다. 특히, 우리나라의 경우 국가복지가 취약하고 민간복지 부문을 도입하여 보충해야 하는 상황에서 종교기관의 자원봉사는 매우 중요한 역할을 수행하고 있고, 또 앞으로도 지속적으로 자원봉사가 활성화되어야 할 것이다.

2) 개신교

개신교가 우리나라에 들어오면서 사회복지와 자원봉사는 함께 수행되어 온 역사적 경험이 있다. 현재 개신교는 수십 개의 교단이 서로 독립이 되어 각기 다른 교리에 따라 독자적으로 자원봉사활동을 수행하고 있어, 전체를 하나로 묶어서 자원봉사활동을 설명하기가 어렵다. 또한, 동시에 워낙 많은 자원봉사활동이 곳곳에서 이루어져서 한마디로 정리하는 일이 쉽지 않고, 이와 같은 자료도 없다. 다만, 몇 개의 대표적인 교단이 자체적으로, 일부 교회나 성도를 대상으로 조사연구한 연구보고서들이 있을 뿐이다.

그래서 여기서는 감리교단의 사례를 들어보고자 한다. 감리교단은 중앙의 본부에 사회평신도부를 두고 이 부서 중 사회봉사부가 주로 자원봉사와 사회복지 부문을 맡아 감리교단 소속의 전국 교회에서 자원봉사활동을 유도하고 있다. 2004년도 감리교단의 사회봉사부 활동 내용을 소개하면 다음과 같다. 물론, 중앙의 본부와는 달리 개체 교회별로 자원봉사활동이 이루어지고 있고, 교회 부설로 사회복지 관련 법인이나 기관을 설립하여 운영하는 곳도 있다. 여기서는 모두를 언급하기 힘들기 때문에 감리교단의 본부에 소속되어 있는 사회평신도국 산하의 사회봉사부서 활동 내용을 소개한다(http://www. kmcweb. or.kr).

(1) 사회복지 컨설팅 팀 운영

사회복지에 관심이 있는 교역자들의 시설 설립을 위한 종합적인 지원체제를 갖춰, 감리교회의 사회복지 시설을 활성화시킨다. 필요한 각종 조사 및 정보를 제공하고, 사업선택, 조직 등을 지원하는 분야별로 선발된 전문인으로 구성한다.

(2) 자원봉사자 교육 및 자원봉사자협의회

감리교회의 인적 자원을 활용하여 사회봉사활동을 활발하게 전개하고자 평신도 자원봉사자 교육을 실시한다. 또한, 자원봉사자협의회를 조직하여 천재지변에 의한 재난 시 조직을 활용한 자원봉사 활동체제를 구축한다.

(3) 자원봉사 꿈나무 영성훈련

감리교 청소년을 자원봉사 영성훈련과 봉사 체험을 통해 21세기 한국과 세계 지도자로 양육한다. 특히, 학교의 자원봉사 학점 습득과 연계하여 효과를 극대화시키고 감리교회의 미래를 책임질 건전한 신앙으로 청소년을 육성한다.

(4) 의료봉사단

청장년선교회의 의사회와 연계하여 국내외 의료선교봉사를 한다.

(5) 사회문제(재난, 재해 등) 대책반 운영

사회에서 발생하는 사회문제 현안에 대한 신속한 대책을 마련하며 재해에 대한 지원도 배분한다.

(6) 불우이웃돕기 운동

예수 그리스도와 존 웨슬리의 복음적인 삶을 본받아 복음의 실천적 생활인 물질과 봉사를 통해 소외되고 어려운 이들을 보살피는 섬김과 나눔의 운동을 전개한다(불우이웃돕기 저금통 운동, 특별헌금, 일반 후원금 등).

(7) 호스피스 사업

죽음을 앞둔 말기 환자가 하나님의 사랑으로 두려움 없이 죽음을 맞이하고, 마지막 시간까지 행복하게 살다가 천국 소망을 가지고 떠날 수 있도록 호스피스 사업을 실시한다.

(8) 사회복지 후원회 구성

감리교회의 사회복지시설 및 어려운 이웃에게 기도와 물질적 봉사를 제공할 수 있는 사회복지 후원회를 조성한다.

(9) 재해 기금 조성

천재지변에 의한 긴급재해로 지원이 필요한 국내외 재난 · 재해 지역과 이재민을 도울 수 있는 지원금을 모금하고 재해 기금을 조성한다.

(10) 산타클로스운동

감리교단 전체의 모금을 통한 다양한 취약계층을 돕는 활동을 한다.

3) 가톨릭

서울가톨릭사회복지회를 중심으로 사회복지와 자원봉사의 관련 부분을 살펴보면 다음과 같다. 가톨릭사회복지 역시 본당 중심의 사회복지회와 독립된 사회복지법인과 시설 등이 사회복지활동과 자원봉사활동을 전개하고 있다. 이 중에서 본당 사회사목활동 중의 모범사례를 살펴보면 다음과 같다. 다른 본당들과는 달리 서울대교구에서 유일하게 프란치스코 살레시오회에서 사목하고 있는 구로3동 천주교회는 살레시오회의 파현우(라이문도) 신부가 초대 주임신부로 부임하면서 30여 년간의 역사를 시작했다. 1960년대 초 한국 빈민촌의 대표 격이었던 지역의 특성상 주로 어려운 교우와 지역주민에게 구호물자 배급 등의 활동으로 이웃과 함께해 온 오랜 전통이 오늘날의 본당 사회복지의 모범으로 자리 잡게 할 수 있었던 기반이 되었다.

이 지역은 서울 지역의 대표적인 도시빈민지역으로 인근에 구로공단이 형성되어 미혼 및 기혼의 노동자 및 일용근로자들이 주종을 이루고 있었으나 최근에는 공단의 탈도시화 현상으로 재개발이 많이 이루어지고 있는 상태다. 그러므로 사회복지 관련 문제, 청소년문제, 노동문제, 임대차문제 등이 지역의 문제로 상존하고 있는 상황에서 빈첸시오회와 위령봉사회의 활동이 두드러지게 나타나고 있는 것은 당연한 필요성이었는지도 모른다. 빈첸시오회에서는 비누공장을 운영하며 폐유로 비누를 생산하여 매주 일요일에 신자들에게 판매하고 있다.

또한, 지역 특성상 공단이 인근에 위치한 관계로 산업재해, 임금체불 등 어려운 문제를 안고 있는 근로자를 위해 '노동문제상담연구소'를 운영하고 있으며, 노동문제상담소와 함께 있는 '청소년 열림터'는 지역의 청소년을 위한 상담, 탁구장, 쉬어가는 방, 노래방, 영화방 등의 프로그램으로 청소년의 여가를 건전하고 활기차게 이끌어 주고 있다.

이 밖에도 무의탁 노인을 위한 '안나의 집'에서는 정부기관과 본당의 보조로 현재 7명의 노인에게 휴식과 안식처를 제공하고 있다. 그 외에도 신자들이 운영하는 우리 농산물 직판장인 '꿀벌 생명공동체', '꿀벌유치원' 등 구로 3동 성당은 마을 회관처럼 지역에 늘 열려 있는 공간으로 제공되고 있다. 특히, 위령봉사회의 활동은 매우 활발한데, 위령봉사회 임원은 임종에 가까운 교우의 집을 방문하여 임종 준비부터 하관에 이르기까지 모든 장의 절차를 대행해 주고 있다(http://caritasseoul.or.kr).

4) 불교

불교의 경우도 여러 종파가 있다. 이 중에서 조계종은 1995년 총무원 산하에 사회복지재단을 설립하여 불교자원봉사센터를 설치 · 운영하고 있으며, 재단에서는 지방 자원봉사 활성화를 도모하기 위해 사찰 및 단체에 대한불교 조계종 자원봉사단 지방지회를 설치하도록 하고 있다. 또한, 단원의 의견을 수렴하고 봉사조직의 건실한 운영대책과 공동과제를 협의하기 위해 자원봉사센터에서는 불교자원봉사협의회를 두고 있다.

불교 역시 각 사찰에서 신도들이 자원봉사활동을 전개하는 한편, 조계종 소속의 사회복지법인과 기관들이 사회복지와 자원봉사활동을 전개하고 있다. 그 내용과 영역 역시 개신교와 가톨릭과 마찬가지로 다양하다. 예를 들어, 보건의료, 임종, 환경, 시설봉사활동, 급식 지원 등에서부터 물질적 후원과 인명구조활동에 이르기까지 지역사회와 주민에게 필요한 자원봉사활동을 수행한다. 특히, 최근에는 명예퇴직과 조기퇴직에 따른 실업자문제와 홈리스문제 등에 대해 사회복지활동을 활발하게 하고 있다(류기형 외, 2002: 358-359).

05 기업

1) 기업의 자원봉사참여 의의와 필요성

(1) 기업의 자원봉사활동 참여 의의

기업은 전통적으로 생산의 주체로 기능하여 왔다. 자본주의 사회에서 기업주는 이윤을 극대화시켜 사회에 기여하는 것이 주된 목적으로 간주되었다. 그러나 현대사회에서 기업은 지역사회와 함께 성장해야 한다는 경영이념을 도입하게 되었다. 이것은 기업의 자기 발전적 전략에서뿐만 아니라 시대적 · 사회적 요청이기도 하기 때문이다. 이로 말미암아 기업은 생산의 활동과 함께 점차 지역사회를 위한 봉사와 공헌을 위해 노력하고 있다.

과거에는 기업주가 단순히 이윤의 일부를 출자하여 사회적 공익을 위한 재단법인을 만들어서 의미 있는 일을 하거나 장학재단 등을 통해 인재를 양성하거나 문화, 체육 부문에 관심을 기울여 왔다. 하지만 최근에는 기업주의 개인적인 활동을 넘어서 임직원은 물론 기업체 종사자 전체가 자원봉사활동에 참여하는 경향을 보여 주고 있다. 그만큼 우리 사회가 생산활동 못지않게 자원봉사가 중시되는 시대이기 때문이다.

2) 기업의 자원봉사활동 참여 필요성

기업이 자원봉사활동에 참여하는 이유와 필요성은 여러 가지 각도에서 분석할 수 있다.

(1) 기업의 측면

❶ 종사자의 사기 진작

기업의 자원봉사활동 참여는 종사자들로 하여금 새로운 경험을 획득하게 하는 기회가 된다. 사회적 취약계층을 돕거나 사회문제를 해결하는 과정을 통해 자신을 돌아보며 사회에 대한 새로운 인식을 하게 됨으로써 자아성장과 가치를 발견한다. 또 자원봉사활동 과정을 통해 종업원 상호 간의 멤버십 훈련을 하게 되고, 직원 사이의 결집력이 생기게 된다. 더 나아가 종사자들을 함께 묶는 정체성을 발견함으로써 기업체 종사자의 사기가 향상되는 결과를 가져온다(현외성, 2003).

❷ 생산성의 향상

기업의 자원봉사활동은 종사자의 사기를 진작시키고, 결집력을 높이는 긍정적인 결과를 가져온다. 그 결과 종사자는 조직에 충성하고 열의를 가짐으로써 생산성 향상에 기여한다.

❸ 기업 이미지의 제고

기업은 지역사회나 국가 전체에 새로운 이미지를 형상화하는 데 도움을 준다. 지역사회의 복지나 취약계층에게 조건 없는 자원봉사활동을 전개하면 지역주민과 그 대상자들은 기업에 대한 호감을 갖게 된다. 기업의 자원봉사활동 참여는 지역의 소비자에게 우호적인 기업 이미지를 갖게 하고, 그 기업의 상품을 선호하게 하는 긍정적인 효과를 가져다준다.

(2) 기업의 임직원 측면

❶ 자기성찰과 반성의 계기

기업체 종사자들은 자원봉사활동을 하는 과정에 자신, 가정 및 기업을 돌아보게 된다. 직장생활과 일상생활에서 생겼던 스트레스를 해소하는가 하면, 새로운 경험을 함으로써 자기를 둘러싼 주위를 살펴보는 기회를 갖는다. 또한, 가족과 회사의 소중함을 알고 직장동료에 대한 고마움을 생각하는 경험을 갖게 된다. 사회적 취약계층의 생활을 지원하는 자원봉사활동을 통해 임직원은 새로운 결단과 가치관을 변화시키기도 한다.

❷ 인화와 성장의 기회

임직원이 자원봉사활동을 하면서 상호 협력하고 자원하여 하나의 작품을 만들고 새로운 일을 하게 될 때, 서로의 존재를 인정하고 수용하는 기회를 갖게 된다. 자원봉사활동을 하는 전체 조직으로서, 함께하는 조직의 구성원으로서 연합하는 과정에서 인화와 단결력을 높이게 된다. 그리고 새로운 현실과 문제에 부딪혀서 문제를 해결하는 과정에서 새로운 현실을 배우게 되고 개인적으로 성장하는 계기도 된다.

(3) 사회의 측면

❶ 지역사회 문제해결

기업의 자원봉사활동은 지역사회 주민의 어려움을 해소하여 개인적인 복지증진에 기여하는 한편, 지역 전체의 생활향상에도 기여한다. 어떤 자원봉사활동은 개별적으로 가족이나 개인 생활상의 어려움을 해소하지만, 다른 자원봉사활동은 대규모로 지속적으로 지역의 숙원사업을 해결하는 것도 있어 지역사회문제 해결에 공헌한다.

❷ 지역사회 발전에 기여

기업체의 자원봉사활동은 당장의 문제해결에도 도움을 주지만, 지역이 안고 있는 거시적인 문제에도 기여하는 측면이 있다. 도로를 만들거나 환경오염을 방지하는 등의 자원봉사활동, 지역주민의 인식과 관계를 개선하는 자원봉사활동을 통해 지역주민들 사이의 인간관계가 새로워지고 지역의 환경이 개선됨으로써 지역사회 전반이 발전되는 계기가 되기도 한다.

2) 기업의 자원봉사활동 내용

(1) 사회공헌활동

전국경제인연합회(이하 전경련)에서 발행한 『2008 기업사회공헌백서』(2009)에는 기업의 자원봉사활동을 포함하여 사회공헌활동 전반에 대한 내용이 정리되어 있다. 우선 기업의 사회공헌을 한국, 미국, 일본을 비교하여 사회공헌활동의 발전단계를 〈표 15-17〉과 같이 비교하였다. 미국은 최근 해외활동을 활성화하고 있으며, 일본은 NGO와의 전략적 협력관계를 강화하고 있다. 우리나라도 사회공헌의 역사는 짧지만 선진국의 동향과 유사한 방향으로 발전하고 있다(전경련, 2009: 44 참조).

기업의 자원봉사활동에 대해 전경련은 매년 기업사회공헌백서에 포함시켜 조사결과를 발표하고 있다. 2008년 백서에서는 매출액 상위 500대 기업 중 209개 기업을 대상으로 2009년 6월 2일부터 9월 30일까지 조사하여 그 결과를 정리하였다.

조사대상 기업의 분포는 제조업 91개, 금융업 40개, 서비스업 및 공기업 31개, 유통업 40개소 등으로 총 209개 기업이다(표 15-18 참조).

〈표 15-17〉 한 · 미 · 일 사회공헌활동 발전단계 비교

	미국	일본	한국
~1950	• 기업가 개인재단 설립: 카네기(1911) 등 • 기업 기부금 세전이익 5% 인정(1936): 영리사업 관련 기부	• 재벌가 중심의 자선사업: 복지, 의료, 도서관 등 중앙자선협의회 설립 • 장학재단 및 과학재단	• 소규모 재단 설립 • 자선적 동기에서 출발 • 삼양사 양영회 설립(1939): 국내 기업 재단 효시
1950~1970	• 순수기부 법적 인정: A.P. 스미스사 판결(1952) • 기업공헌활동 본격화: GE 재단 설립(1953) • '보웬'의 『기업가의 사회적 책임』 발간(1953)	• 기업사회공헌활동 확대: 환경오염 등 반기업적 사회 여론에 대한 대응	• 1970년대 들어 기업가들이 장학재단을 설립하기 시작: 한국고등교육재단(1974), 아산재단 (1977), 대우문화복지재단(1977) 등
1980년대	• 기부금 인정 한도 10% • 기업사회공헌 폭발적 성장: 6억 달러(1970)→40억 달러(1983)	• 사회적 비난여론 지속: 지나친 해외투자 등 • 경단련 미국에 사회공헌조사단 파견(1988)	• 사회복지재단 설립 확대: 삼성생명공익재단(1982) 등 • 기업출연 기업재단 증가
1990년대	• 전략적 사회공헌 등장: 구조조정기를 거치며 주주와 타협책으로 등장 • DSJI 지구 구성요소(기업사회공헌활동 채택)	• 사회공헌 선진화 노력: 1% 클럽, 사회공헌추진위원호 결성 등	• 1990년대 중반부터 기업의 사회공헌 체계화 노력: 삼성사회봉사단(1995), CJ사회공헌팀(1999)
2000~	• 해외사회공헌활동 확대 등	• NPO와의 협력 강화 등	• 사회공헌 선진화 노력

출처: 전경련(2009).

〈표 15-18〉 조사대상 기업분포(업종별)

업종	제조업	건설업	유통업	금융업	정보통신업	기타 서비스업 및 공기업	계
기업 수	91	16	25	40	6	31	209

출처: 전경련(2009).

이들 조사대상 기업의 경상이익 대비 사회공헌지출은 2008년도 평균 4.0%로 나타났다(표 15-19 참조). 이는 2007년에 대비해서 큰 폭으로 증가한 것이다. 세계경기 침체에 따라 응답 기업들의 경상이익은 2007년에 비해 대체로 감소한 가운데 사회공헌비는 오히려 늘어남에 따라 사회공헌지출비 비중은 상대적으로 증가한 것으로 보인다.

〈표 15-19〉 경상이익 대비 사회공헌활동 지출 비용현황

(단위: 백만 원, %)

구분	2002년 (185개)	2004 (193개)	2005년 (189개)	2006년 (193개)	2007년 (206개)	2008년 (208개)
경상이익	59,816,055	55,397,171	57,686,151	67,072,594	78,321,669	53,498,091
사회공헌활동 지출비용	746,847	1,032,442	1,164,246	1,789,174	1,954,631	2,160,063
비율추이	1.2	1.9	2.0	2.7	2.5	4.0

주: 해당 항목 응답 기업 기준.
출처: 전경련(2009).

이 중에서 사회복지를 포함하여 사회공헌활동의 여러 분야를 지출비용추이를 연도별로 정리하였는데, 〈표 15-20〉과 같다. 이 중에서 사회복지 분야가 가장 높은 지출을 보이고 있고, 그다음이 문화예술 및 체육, 그리고 교육 · 의료 · 학술연구 등의 순서다.

〈표 15-20〉 분야별 직접 운영 프로그램 지출비율 추이

(단위: %)

분야	2002년	2004년	2005년	2006년	2007년	2008년
사회복지	20.6	40.3	38.4	35.3	25.3	45.2
의료보건	0.7	4.2	5.8	0.3	0.3	0.4
교육 · 학교 · 학술연구	17.2	6.8	7.2	9.9	10.1	10.5
문화예술 및 체육	22.2	11.3	9.8	8.3	9.7	12.8
환경보전	0.4	5.6	7.9	1.8	3.1	1.2
응급 및 재난구호	0.3	0.8	0.2	0.2	0.3	0.1
국제구호활동	0.1	0.1	0.1	4.4	4.6	5.7
농촌지원활동	–	–	–	3.9	3.0	2.3
기타	38.5	31.0	30.5	35.8	43.6	21.7

주: 1) 직접운영 프로그램 지출총액 중 각 해당항목 지출액이 차지하는 비율.
2) 해당 항목 응답 기업 기준(2002년 202개사, 2004년 201개사, 2005년 208개사, 2006년 200개사, 2007년 198개사, 2008년 178개사).

출처: 전경련(2009).

2) 사회봉사활동

응답 기업들의 사회봉사활동 촉진제도 도입현황은 2007년에 비하여 전반적으로 증가하였다. 이 중에서 가장 높은 도입률을 보인 제도는 전사 차원의 봉사조직으로 응답 기업의 77.7%를 기록하였는데, 임직원 봉사활동을 바탕으로 한 참여적 형태의 봉사활동이 전개되고 있음을 알 수 있다. 아울러 우수봉사 활동자에 대한 표창제도인 '사회봉사활동자 표창제도'를 도입한 기업은 59.1%, '봉사활동휴가제도'를 도입한 기업은 51.3%, '봉사활동자 등록제도'를 도입한 기업은 50.8%, '봉사활동 교육프로그램'을 도입한 기업은 48.75%를 차지하여 임직원의 봉사활동을 적극적으로 장려하는 문화가 되고 있는 것으로 나타났다(그림 15-3 참조).

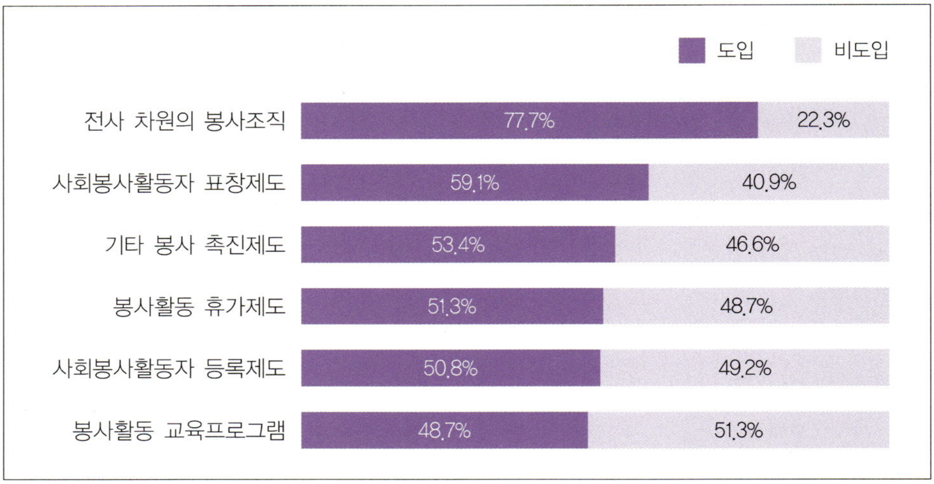

[그림 15-3] 사회봉사활동 촉진제도 도입비율

주: 해당 항목 응답 기업 193개사 기준.
출처: 전경련(2009).

기업들은 최근 임직원의 자원봉사 범위를 전 직원으로 확대하거나 기업사회봉사단을 창단하는 등의 사회봉사활동에 대한 기업들의 관심과 노력이 증대하고 있다. 2008년 응답 기업의 사회봉사활동도 전년에 비해 건수 및 평균시간 면에서 증가한 것으로 나타나, 이러한 경향이 확산되고 있음을 시사하였다.

임직원 자원봉사활동을 실시하고 있다고 응답한 156개사의 기업별 자원봉사 평균 건수는 1,615건으로, 2004년 이후 지속적으로 증가 추세를 보이고 있다. 1인당 투입하는 봉사활동 시간은 평균 11시간으로 2007년과 비슷한 추이를 보여 주었다(표 15-21 참조).

〈표 15-21〉 봉사활동 평균건수와 시간 추이

(단위: 건, 시간)

구분	2004년	2005년	2006년	2007년	2008년
기업당 평균건수	572	727	1,094	1,205	1,615
기업별 일인당 평균시간	3	6	7	11	11

주: 해당 항목 응답 기업 기준(2004년 208개사, 2005년 192개사, 2006년 153개사, 2007년 149개사, 2008년 163개사).

출처: 전경련(2009).

마지막으로 기업 임직원의 자원봉사활동 참여율은 꾸준히 증가하고 있다(표 15-22 참조). 임직원의 자원봉사활동 참여가 없다는 기업이 2007년 8개소에서 1개소로 줄어든 반면, 75~100% 이하로 참여하고 있다고 응답한 기업은 2007년도 60개소에서 2008년에는 106개소로 급속하게 증가하였다. 전반적으로 사회봉사활동이 전담부서 차원을 넘어, 사회봉사활동에 참여하는 임직원의 비율이 전사적으로 확대되고 있는 추세를 나타내고 있다.

〈표 15-22〉 사회봉사활동 임원 참여비율

구분	2004년	2005년	2006년	2007년	2008년
없음	97(46.6)	93(44.7)	9(4.5)	8(4.5)	1(0.5)
1~25% 이하 참여	23(11.3)	20(9.9)	32(16)	25(14.0)	20(9.6)
26~50% 이하 참여	22(10.6)	18(8.8)	27(13.5)	18(10.1)	23(11.0)
51~75% 이하 참여	19(9.4)	21(11.1)	15(7.5)	24(13.5)	22(10.5)
76~100% 이하 참여	21(10.3)	41(19.1)	67(33.5)	60(33.7)	106(50.7)
모름/무응답	26(12.5)	13(6.3)	50(25)	43(24.2)	37(17.7)

주: 1) 해당 항목 응답 기업 기준(2004년 208개사, 2005년 208개사, 2006년 200개사, 2007년 178개사, 2008년 174개사).

2) 괄호는 비율.

출처: 전경련(2009).

06 시민사회단체

1) 시민사회단체의 자원봉사활동 배경과 설립 주체

시민사회단체란 시민이 자발적으로 특정의 목적을 위해 결성한 조직이다. 이 특정의 목적은 매우 다양하고 조직의 역할 또한 여러 가지를 포함하고 있다. 20세기 이래 국가 조직이 국민의 생활 전반을 지원하고 주도해 왔지만, 사회가 점차 복잡해지고 다양화하면서, 다른 한편으로는 국가기능의 한계로 말미암아 민간 차원에서 국가의 기능에 대한 협력자로서 때로는 보완자 혹은 비판자로서 역할을 수행하는 것이 필요하면서부터 시민사회단체가 활성화되었다.

흔히 시민사회단체를 NGO(Non Governmental Organization: 비정부기구)와 통칭하는 개념으로 사용하고 있으므로, 여기서는 자원봉사활동의 주체로서 공공기관, 사회복지기관, 기업, 종교, 학교 등을 제외한 시민사회단체를 의미한다. 물론, 시민사회단체는 종교, 기업, 학교 등이 지원하고 후원하는 기관이 많지만 여기서는 분석의 편의상 이들 주체를 제외한 시민사회단체를 말한다.

우리나라의 시민사회단체는 1960년대 이후 존재하여 왔으나, 1990년대 이후 급속하게 팽창하였다. 이는 이미 앞에서도 언급하였듯이, 1990년대 이래로 시민사회의 성장이 두드러졌고 국가 기능에 대응하여 사회기능이 점진적으로 활성화되는 시기이기 때문으로 해석하고 있다.

우리나라의 시민사회는 1990년대 중반부터 최근까지 급성장해 왔다(주성수, 2001a, 2001b). 시민사회의 성장과 관련된 시민사회단체 설립에 관한 자료를 살펴보면, 2000년에 시행된 「비영리민간단체 지원법」에 의해 중앙정부 부처와 지방정부 부처에 등록된 시민사회단체들의 설립 시기는 1996년 이후가 45.8%를 차지할 정도로 매우 최근의 일이라는 것을 알 수 있다. 〈표 15-23〉에서 누계를 보면 2000년 말 현재 중앙부처에 등록된 시민사회단체의 수는 3,236개인데, 이들 대부분(65%)이 1990년대에 설립되었다. 또 2001년에 그 수가 3,664개로 늘었고, 2002년 3월 말까지는 3,892개로 증가하며 연간 10% 이상 꾸준히 증가하는 추세를 보인다. 중앙부처에 등록한 시민사회단체의 수는 전체의 11%에 지나지 않고 지방에서 활동하는 시민사회단체가 전체 89%를 차지하고 있다. 한국자원봉사단체의 2002년도 조사에서 드러난 것처럼, 시민사회단체에서 자원봉사활동이 활성조직, 체계적으로 자원봉사 업무를 관장하고 있지 않기 때문에 자원봉사자 인적사항에 관한 기본 자료조차 입수하기가 어려웠다. 자원봉사자의 체계적인 모집부터, 교육훈련, 현장배치, 평가 등 일련의 전문화된 업무의 체계를 갖춘 시민사회단체는 거의 찾아볼 수 없었다고 한다. 시민사회단체의 성격상 자원봉사자의 활동에 크게 의존하면서도 단체의 열악한 재정과 인력상의 사정으로 체계적인 자원봉사행정을 하고 있지 못하는 실정인 것이다.

시민사회단체의 설립 주체는 정부나 기업이 아닌 제3섹터이지만 우리나라의 경우 일부 관변단체들이 정부에 의해 설립되었다. 〈표 15-24〉에서 볼 수 있듯이, 단체의 설립 주체가 정부기관인 경우가 4.6%이며, 사단법인과 비영리법인, 그리고 임의단체가 각기 43.7%, 17.8%, 19%를 차지한다.

〈표 15-23〉 정부부처에 등록된 시민사회단체(NGO)의 설립 시기: 1950~2000년

	1950년대	1960년대	1970년대	1980년대	1990년대	1996~2000
중앙	9	10	8	33	295	240
지방	48	100	174	740	1,319	1,242
누계	57	167	349	1,122	3,236	(2000년 말 현재)
(합계, %)	1.8%	3.4%	5.6%	23.9%	65.3%	45.8%

출처: 한국자원봉사단체협의회(2003).

〈표 15-24〉 시민사회단체의 설립 주체(N=174)

정부, 자치단체	사단 법인	재단 법인	사회복지 법인	비영리 법인	임의 단체	기타
4.6	43.7	3.4	4.6	17.8	19	6.3

출처: 한국자원봉사단체협의회(2003).

2) 자원봉사활동 분야

한국자원봉사단체협의회에서 실시한 2002년도 조사결과를 살펴보면(표 15-25 참조), 시민사회단체의 자원봉사 활동 분야는 사회복지가 36%로 가장 많고, 다음으로 환경, 교육, 계몽과 지도, 지역사회 개발 순서로 나타났다(한국자원봉사단체협의회, 2003).

〈표 15-25〉 시민사회단체의 자원봉사 활동 분야(N=168)

(단위: %)

활동 분야	시민사회단체(%)		
	1순위	2순위	3순위
경제와 노동	2.4	3.4	1.6
정치와 행정	4.8	2.0	3.1
사회복지	36.3	13.6	11.0
교육	11.9	15.6	12.6
환경	16.7	19.0	11.0
소비자	1.2	2.7	3.1
문화예술	3.6	5.4	4.7
스포츠	0	1.4	1.6
국제협력	2.4	3.4	0.8
지역사회개발	5.4	13.6	17.3
계몽, 지도	8.9	15.0	18.9
기타	6.5	4.8	14.2

출처: 한국자원봉사단체협의회(2003).

Chapter 16

자원봉사의 대상과 분야

01 자원봉사 대상 및 분야의 의미와 유형

1) 의의

자원봉사의 대상과 분야는 이른바 수요체계 전체를 말하는 것으로서, 자원봉사자가 자원봉사활동을 통해 다양한 서비스를 제공하려는 인적 · 물적 대상 전체를 가리킨다. 현대사회에서 자원봉사활동을 필요로 하는 대상과 분야는 매우 다양하고, 사회가 발달하고 변동하는 과정에서 새롭게 생겨나는 경향을 보인다. 다른 한편으로, 자원봉사의 기술과 경험이 축적될수록 자원봉사의 대상과 분야가 세분화되는 경향을 보인다. 그리고 점점 자원봉사가 전문화되는 경향을 지니면서 그 문제해결의 정도가 깊어지고 확대되고 있다. 또 자원봉사 대상자와 문제는 보통 한 가지 이상의 욕구와 문제가 복합적으로 섞여 있는 것이 많다.

2) 유형

자원봉사 대상을 어떤 기준으로 분류하는가는 대상에 대한 학습을 위해 필요한 구분이다. 현대사회는 여러 가지 모양으로 얽혀 있고 그 존재 모습 역시 상이하므로, 연구와 학습목적에 따라 이러한 내용을 질서정연하게 체계화하여 분석함이 요청된다.

첫째, 사람 중심으로 분류할 것인가 혹은 물적 대상 중심으로 분류할 것인가에 대한 논의다. 이 논의는 결국 자원봉사의 대상이 혼재되어 있으므로 양자 모두를 함께 사용해야 한다. 따라서 본서에서는 우선 사람 중심으로 구분하면서, 필요에 따라 물적 대상을 포함하여 분류하면서 설명하고자 한다.

둘째, 현대사회에 존재하는 제도나 프로그램 중심으로 자원봉사 대상을 구분할 것인가 혹은 이론적 측면에서 대상을 분류할 것이냐 하는 문제다. 예를 들어, 재가복지사업에 참여하는 자원봉사활동일 경우 재가복지라는 분야로 구분하지 않고 재가복지의 대상자인 노인, 장애인, 아동 등의 대상으로 분류하여, 그 대상이 가진 특성에 따른 자원봉사활동으로 분류한다. 이러한 배경을 바탕으로 여기서는 이론적 측면에서 사람 중심으로 구분하면서 물적 대상을 포함하는 방향으로 유형화하고자 한다.

셋째, 자원봉사활동의 개입 수준에 관한 것으로, 일반적인 문제와 특수한 문제에 대응하는 것으로 자원봉사 대상을 구분하는 것이다. 이는 결과적으로 자원봉사활동의 전문성 유무에 대한 것으로 구분된다. 여기서는 일반적인 수준에서 수행되는 자원봉사활동의 대상을 주로 취급하고자 한다.

넷째, 대상을 미시적 수준 혹은 거시적 수준으로 구분할 수 있다. 사회환경 전반을 변경하고자 하는 것과 관련된 자원봉사활동이나 사회복지정책이나 농업정책을 바꾸려고 하는 등의 거시적인 수준에 초점을 맞춘 자원봉사활동이 있다. 반면에 한 개인이나 가족의 문제를 해결하는 데 지원하는 자원봉사활동은 미시적 수준의 자원봉사라고 볼 수 있다. 여기서는 두 가지 대상 모두를 살펴볼 것이다.

02 아동 · 청소년

1) 아동 · 청소년 자원봉사의 의의

(1) 의의

사회복지학에서는 아동과 청소년을 구분하기도 하고 통합적으로 아동으로 취급하기도 하는데, 여기서는 통합하여 취급하고자 한다. 이 시기는 의존, 성숙, 민감성, 욕구, 적응 및 학습으로 그 특성을 집약할 수 있다. 아동 · 청소년기에는 이러한 특성을 갖고 있는 데서 오는 여러 가지 생활상의 어려움을 기본적으로 가지고 있으면서, 이들을 둘러싼 사회 전반의 환경 여건에서도 큰 부담을 받고 있다. 도시화, 핵가족화, 성개방 풍조, 이혼의 증가, 교육 여건의 미흡, 그리고 최근의 청년실업과 구조조정에 의한 명예퇴직 및 조기퇴직자의 증가 등에 따라 개인, 가족 및 사회는 아동 · 청소년이 건전하게 성장하고 적응하는 데 어려움을 가져다주고 있다.

아동 · 청소년을 위한 기존의 공식적 · 제도적 복지제도와 프로그램이 지속적으로 확대, 개선되어 가고 있음에도 불구하고 이들을 위한 대책은 역부족 상태다. 따라서 민간 차원에서도 다양한 아동과 청소년 프로그램을 수립하여 실행하고 있으며, 전문적인 서비스 역시 진전되어 가고 있다. 이러한 아동 · 청소년 대책의 보완적 기능 혹은 협력자로서의 자원봉사활동은 중요한 의의를 갖는다.

(2) 아동을 위한 자원봉사활동의 필요성과 초점

아동을 위한 자원봉사활동을 할 때에는 앞서 언급한 아동기의 여러 가지 특성과 아동을 둘러싼 환경 여건을 고려하여 자원봉사활동의 초점을 조정하여야 한다. 아동을 위해 자원봉사활동을 할 때 염두에 두어야 할 자원봉사활동의 역할들은 다음과 같다(한국여성개발원, 1990: 67-69).

❶ 인간화의 역할

자원봉사활동은 사회의 비인간적인 요소나 분위기를 보다 인간적인 분위기로 전환시키는 역할을 수행하게 된다. 또한, 자원봉사지도력은 인력의 낭비를 예방하는데 이바지하고 있다.

자원봉사활동이란 인간에 대한 관심에서 출발하여 바람직한 인간관계를 지향하고 개인의 인적 낭비를 예방할 수 있는 활동이다. 우리 주변이나 사회에는 조그마한 봉사나 지도의 혜택을 받지 못하여 귀중한 인생을 낭비하는 사례가 많다. 인간은 누구나 발전할 수 있는 잠재능력을 가지고 있는데, 불우하거나 원만치 못한 가정환경으로 낮은 자아상을 가지며 변화에 잘 적응하지 못하여 자립의지를 상실한 아동을 그대로 방치해 둘 수는 없다. 이들이 고독이나 불행을 극복하여 힘차게 성장할 수 있도록 자원지도력이 활용되어야 한다.

❷ 사회화의 역할

인간은 나면서부터 사회화 과정을 경험한다. 건전한 사회화는 건전한 사회인으로 성장 · 발달하게 하는 요소로 작용한다. 그러나 오늘날과 같이 복잡하고 급변하는 사회에서 건전한 사회화는 생각만큼 쉽지 않다. 아동의 사회화 과정은 가정을 비롯하여 유희집단, 친구집단, 학교나 직업환경 등을 통해 이루어진다. 그러나 부적절한 사회화 과정에서 야기되는 문제들, 즉 정서적 문제, 가출, 비행이나 윤락 등의 많은 사회문제는 개인은 물론이고 가족, 사회, 국가에 큰 부담을 안겨 주고 있다. 따라서 이들의 정상적인 사회화를 위해서는 누군가의 도움이 요청되는데, 즉 사회화 과정에서 아동으로 하여금 사회의 기대를 받아들이게 하며 한편으로는 자력을 개선하고 개척해 나가도록 도움을 제공하는 역할이 필요하다.

자원봉사자의 역할은 아동이 올바른 사회화를 할 수 있도록 그들로 하여금 스스로의 감정을 언어로 표현하도록 격려하며, 적의나 소극적 감정을 적극적인 것으로 승화시킬 수 있도록 하고, 원만한 대인관계를 가지도록 하며, 목표나 목적달성의 의지를 굳히게 함으로써 건전한 사회인으로 성장하게 하는 것이다.

❸ 민주화의 역할

자원봉사자의 민주적 가치나 그 실천을 향한 지도력이 일찍부터 생활화된다면 모든 생활과 활동 면에서 원만한 민주시민으로 성장할 수 있을 것이다. 그리하여 타인의 인격을 존중하고 의사를 자유롭게 표현하며 결정된 일에 대해서는 책임감을 가지고 폭넓게 참여하며 협력하는 생활방식을 성취할 수 있을 것이다. 또한, 자원봉사활동에서 평등의 개념을 중시한다면 인간적 격차를 줄이는 가교적 역할도 수행할 수 있을 것이다.

❹ 문제해결의 동참자로서의 역할

자원봉사활동은 자선활동과는 달리 문제를 가진 사람과의 공동작업이다. 오늘날과 같이 가치관의 혼란에서 비롯되는 청소년의 가정이탈, 비행 및 윤락 등의 산적해 있는 문제에 대처하기 위해서는 국가나 한정된 민간단체의 기능만으로 부족하므로 자원봉사 동참자로서의 역할이 요청된다.

2) 자원봉사 형태와 내용

(1) 대상자 중심 분류

자원봉사활동이 요청되는 아동 · 청소년은 모든 아동과 청소년이라 할 수 있지만, 흔히 있을 수 있는 도움을 필요로 하는 아동 · 청소년을 대략 몇 가지로 요약하여 정리하여 보면 다음과 같다(현외성, 1996 : 37-40). 이들은 다른 아동이나 청소년에 비하여 더욱 도움의 손길이 필요한 자원봉사활동대상자라 할 수 있다.

❶ 아동

ㄱ. 빈곤가정의 아동

가정의 경제적 빈곤 때문에 아동은 정상적인 관심과 필요한 욕구를 충족하기 어려운 상태에 놓일 수 있다. 특히, 빈곤가정의 아동은 일반적으로 부모가 경제 활동을 함에 따라 제대로 된 보호와 양육 및 교육을 받기 어렵다. 이러한 경우 사회적 서비스로서 양질의 보육서비스가 빈곤가정 아동에게 제공되어야 한다. 이 경우 자원봉사자는 빈곤가정의 아동에 대하여 보육소에서 혹은 아동이 거주하고 있는 가정에서 보육서비스를 제공할 수 있다.

ㄴ. 유기 혹은 학대 아동

부모로부터 양육을 거부당하거나 방치되는 아동을 유기아동이라고 할 수 있는데, 이들에게는 전문적인 서비스와 함께 자원봉사자의 도움이 필요하다. 유기아동은 신체적 · 정신적 손상을 입게 되며, 성장에 어려움을 지니게 되어 특별한 보호와 양육이 필요하다.

좁은 의미로의 학대는 신체적인 것을 의미하는데, 보호자가 어떠한 결과를 고려하지 않고 아동에게 고통을 주고 상처를 입히며, 완력을 사용하여 가해하는 모든 형태의 신체적 공격행위를 말한다. 넓은 의미로는 비신체적인 정서적 · 심리적 · 성적 · 사회적 학대를 말하는데, 애정결핍에 의한 거부와 방임, 저조한 영양상태, 불충분한 의료적 보호조처, 위협적인 언사, 조소와 적대감을 나타내는 말의 사용, 아동에게 필요한 오락 및 교육의 기회나 정서적 활동에 대한 부당한 금지 및 성적 이용 등으로 그 양상은 매우 다양하다. 사회적 학대의 형태로는 유해한 오락이나 유흥업소의 번성 등과 같은 사회적 병리현상과 아동의 건전한 성장을 저해하는 병폐적 문화 및 대중매체의 영향 등을 들 수 있다(장인협 · 오정수, 1993). 이러한 학대아동은 드러나지 않는 경우가 많고 전문적인 개입도 어렵다. 학대아동은 대부분 전문적 서비스를 제공하는 시설에서 보호되는 경우가 많은데, 이때 전문가를 도와 자원봉사자가 학대아동으로 하여금 건강한 인격을 기르며, 사회적응을 할 수 있도록 서비스를 제공할 수 있다.

ㄷ. 기아

기아란 버려진 아동을 말하는데, 미혼모와 이혼 · 별거 등이 급증하는 사회적 추세에 따라 기아 역시 증가 추세에 있다. 기아는 일반적으로 일시적인 보호소나 혹은 영아원이나 보육소에서 보호 · 양육되며, 경우에 따라서는 입양되기도 한다. 자원봉사자는 이들을 위해 적절한 역할을 수행할 수 있다. 자원봉사자의 따뜻한 보살핌이 이들 아동이 잘 자라게 하는 중요한 요소가 될 수 있다.

ㄹ. 장애인 가정의 아동

부모 중 한 사람이, 혹은 양부모가 모두 장애인인 가정에 살고 있는 아동에 대해서도 자원봉사자의 도움이 요청된다. 특히, 어머니가 장애인일 경우 일상적인 가사 활동부터 생활의 여러 가지 영역을 자원봉사자가 도울 수 있다.

ㅁ. 시설아동

영아시설 혹은 육아시설 등에서 보호·양육되고 있는 아동을 위한 자원봉사자의 역할은 현재 가장 활발하게 이루어지고 있다. 이들 활동 역시 시설 자체에 대한 자원봉사자의 도움과 시설에 거주하고 있는 아동에게 직접 제공되는 자원봉사로 구분될 수 있다.

❷ 청소년

자원봉사자의 대상이 되는 청소년은 소위 문제 청소년에 속하는 경우와 일반적으로 청소년기에 맞이하게 되는 심리적·정서적 어려움과 교육적 환경상의 적응에 어려움을 느끼는 청소년이다.

ㄱ. 일반 청소년

일반 청소년은 주로 개인의 심리적 성격상의 문제를 해결하기 위해 자원봉사자의 대상이 될 수 있다. 이 경우는 흔히 볼 수 있는데, 청소년상담실과 같이 상담을 포함한 심리적 문제해결에 자원봉사자가 참여할 수 있다. 특히, 최근에는 각 시·도 교육청 단위나 혹은 학교 단위로 상담활동이 학부모를 중심으로 활발히 이루어지고 있는데, 상담자원봉사자는 주로 어머니로 구성되어 있다.

그리고 일반 청소년을 위해서 자원봉사자가 할 수 있는 활동은 청소년 건전 육성과 관련되는 각종 캠프나 수련활동 등의 프로그램에 참여하여 도움을 주는 것이다.

ㄴ. 비행청소년

비행청소년의 종류는 매우 다양한데, 이들은 마약 및 약물중독, 가출·퇴학 또는 중도탈락자, 기타 폭력 및 절도 등의 범죄를 저지른 청소년이다. 이들이 재활하여 가정이나 사회에 적응할 수 있도록 돕는 데 자원봉사자가 도움을 제공할 수 있다.

비행청소년을 위한 프로그램은 상담이나 집단활동 등의 형태로 재활프로그램이 이루어지며, 장소는 지역사회나 혹은 청소년 관련 수용보호시설 등에서 이루어진다. 때로는 결연 형태를 취하고, 자원봉사자가 프로그램에 함께 참여하여 비행청소년의 사회적응에 도움을 제공한다.

ㄷ. 근로청소년

근로청소년은 우리나라에서 매우 중요한 청소년 집단이며, 이들을 위한 각종 사회서비스 제공에 자원봉사자가 참여할 수 있다. 이들을 위한 프로그램은 교육, 레저, 오락, 교양 등이 있으며, 여기에 자원봉사자가 참여할 수 있다.

(2) 현장 중심 분류

❶ 아동

아동을 위한 자원봉사활동을 대상자 중심으로 분류한 것과는 다르게 자원봉사활동이 이루어지는 장소나 현장 중심으로 혹은 이를 직접적 자원봉사활동과 간접적 자원봉사활동으로 구분하여 정리할 수 있다. 현장마다 다양한 자원봉사활동이 아동・청소년의 욕구와 문제에 대응하여 전문가와 함께 협력함으로써 제공될 수 있다. 그 자세한 내용을 간략하게 요약하여 제시하면 〈표 16-1〉과 같다(한국사회복지협의회, 1997).

〈표 16-1〉 아동을 위한 자원봉사활동의 종류와 내용

구분	자원봉사 종류	자원봉사 내용	
직접적 자원봉사	상담	• 또래상담 • 전화상담 • 가족과의 상담	• 학교부적응아동 상담지도 • 문제행동아동 상담지도
	심리적 지지	• 결손가정 아동지도 • 요보호아동 결연	• 실직가정 아동심리 • 정서지도

구분	자원봉사 종류	자원봉사 내용
직접적 자원봉사	교육 지원	• 어린이 공부방 학습지도 • 학습부진아 지도 • 어린이 교육프로그램 지도(한글, 영어, 한자 등) • 어린이 컴퓨터 지도 • 아동 자원봉사자를 위한 교육
	여가선용 지도	• 취미교육(미술, 음악, 종이접기, 동화구연, 무용) • 동아리활동 지도(연극, 영화, 만화, 노래, 댄스, 영어, 문학 등) • 캠프활동 보조 • 레크리에이션지도 • 독서 지도 • 전통문화놀이 지도(사물놀이, 탈춤)
	사회활동 지원	• 동반 외출 • 농촌활동 지도
	보호활동	• 방과 후 아동보호 지도 • 영유아보호시설아동 돌보기 • 일일 위탁부모 • 보육시설아동 돌보기
간접적 자원봉사	업무 보조	• 아동단체 시설 업무 보조 • 아동 숙박시설(수련장) 업무 보조
	초청 및 방문	• 사회복지시설 방문봉사
	조사활동	• 유해 문화환경 조사 감시 • 위험장소 검사

출처: 한국사회복지협의회(1997).

❷ 청소년

청소년을 위한 자원봉사활동 역시 대상자 중심과는 다르게 현장 중심으로 구분할 수 있다. 요즈음은 청소년을 위해 다양한 자원봉사활동이 실행되고 있는데, 이를 체계화시켜 포괄적으로 제시하기 위해 다음과 같이 2가지로 분류하여 요약하였다. 그 하나는 청소년에게 직접적으로 서비스를 제공하는 활동이고, 다른 하나는 청소년을 위한 각종 시설을 운영하는 일이나 환경을 조성하는 활동을 지원하는 자원봉사활동이다. 각각의 자원봉사활동 종류별 내용을 요약하면 〈표 16-2〉와 같다(한국사회복지협의회, 1997).

〈표 16-2〉 청소년을 대상으로 하는 자원봉사활동 프로그램

목표	체계	분야별	프로그램
자립기능 향상 (직접 서비스)	심리적 지지	상담	청소년상담(전화, 면접, 집단상담), 학교상담자원봉사, 비행청소년상담(법무부, 검찰청 관련)
		결연	소년소녀가장, 결손가정(시설청소년), 비행청소년 개발 결연 사회성 증진
	사회성 증진	교육 지원	기능교실(컴퓨터, 서예 등) 지원, 방과후 학습지도, 청소년 자원봉사자를 위한 교육
		사회활동 지원	산업시찰 및 역사탐방, 농촌활동 지도
		여가선용	음악, 그림, 문학, 연극, 캠프, 전통놀이 지도
	생활 안정	취업지원 서비스	직업훈련, 취업 알선 및 사회적응 훈련
		생활 및 가사 지원 서비스	결식청소년 무료급식 및 노력 봉사, 불우청소년 도시락 및 밑반찬 전달, 이·미용 제공, 차량 지원, 청소, 식사준비 및 취사, 세탁, 생필품 구입, 시장보기 등 가사봉사서비스
		보호활동	가출청소년일시보호(쉼터), 민간 가정위탁
사회적 지지 (간접 서비스)	시설 지원	업무 보조	시설환경 정리, 행정업무 보조, 차량 지원
		시설장비	아동복지시설 화단 만들기, 보일러·수도 등 각종 시설정비, 놀이터 등 장비정비, 아동복지시설 자연학습장 만들기
		방문활동	시설에서의 레크리에이션 지도, 보호관찰소, 소년원 등 위문
	사회 환경 조성	조사·정보제공·캠페인	청소년 유해 문화환경 조사·감시, 청소년 신문 제작, 아동·청소년 욕구조사 등 사회조사, 근로청소년을 위한 음악회 개최, 청소년 유해환경 단속 및 계몽, 불우아동 및 청소년 장학금 모금을 위한 활동(바자회), 청소년을 위한 금연, 성교육, 약물남용방지 캠페인, 가출청소년을 위한 아웃리치

출처: 한국사회복지협의회(1997).

03 노인

1) 노인을 위한 자원봉사의 필요성

현대사회에서 평균 수명의 연장과 노인 인구의 증가는 다양한 사회적 파급효과를

낳는다. 여기에 도시화, 핵가족화, 기술정보사회의 특성, 빠른 사회변동, 능력 중심의 사회, 부양의식의 감퇴, 특히 우리나라의 경우 구조조정과 경기불황에 의한 명예퇴직과 조기퇴직의 일반화 등 사회 전반적인 여건과 환경이 노인에게 불리한 요인으로 작용하고 있다. 이러한 배경에서 노인문제는 날로 심각하게 대두되고 있으나, 이에 대응하는 공식적인 사회정책적 대안은 미흡하다. 노인을 위한 자원봉사활동은 이러한 환경과 시대적 상황에서 매우 필요하다.

노인을 위한 자원봉사는 이러한 전체적인 배경을 바탕으로 하면서, 다음과 같이 몇 가지 사항을 구체적인 노인자원봉사의 필요성으로 요약해 보고자 한다.

(1) 노년기 자아통합

노년기에는 일반적으로 신체적 · 정신적 노쇠로 인해 자신을 스스로 제어하는 일이 쉽지 않다. 특히, 은퇴 이후에 자신의 정체성과 자아를 유지하는 일도 만만치 않다. 물론, 스스로 자아통합과 자아를 잘 유지하는 노인도 있으나, 자신의 신체적 · 정신적 노쇠와 친구나 배우자의 죽음 등으로 자아통합에 어려움을 느낄 수 있다. 그러나 올바른 신앙을 가진 노인은 영적으로 한결 성숙해지면서, 자신이 처한 기회의 상실과 신체적 · 정신적 노쇠, 그리고 각종 삶의 어려운 조건을 극복하면서 자아통합을 이루어 가기도 한다.

또 노인복지조직에서 노인을 우호적으로 대하며 돌보는 환경 속에서, 사회에서 상실하고 좌절할 수 있었던 경험과 상처를 해소할 수 있는 기회가 되기도 한다. 이런 점에서 청장년 세대가 노인에게 제공하는 봉사활동은 노인이 자아통합을 이루고, 노년기를 만족스럽게 영위할 수 있도록 돕는다. 그러므로 노인을 위한 자원봉사는 단순히 노인이 가진 문제를 해결하는 것을 넘어서 노인의 심리적 안정과 자아통합을 가능하게 하여, 궁극적으로는 만족스러운 노후를 보내게 하는 데 필요하다.

(2) 노인문제에 직면한 노인과 가족 돌봄

노년기에는 신체적 · 정신적 기능이 감퇴되어 생기는 문제는 말할 것도 없고, 사회적 · 경제적 활동의 감소, 혹은 은퇴에서 비롯되는 문제, 그리고 가족이나 지역사회의 문화 변화와 사회변동에 의한 문제 등 다양한 문제가 노인은 물론이고 노인을 부양하는 가족과 지역사회, 그리고 사회 전체에 부담을 주는 현상으로 출현한다.

노인복지조직에서는 문제에 직면한 개인과 가족을 돌봄으로써 노인 개인과 그 가족의 통합과 행복을 회복하는 데 도움을 제공할 수 있다. 노인과 가족 그리고 지역사회가 직면하는 문제는 노인을 위한 자원봉사 프로그램에서 다루고 있다. 노인복지조직에서 자원봉사를 통해 노인과 그 가족이 당하는 어려움을 어느 정도 해소할 수 있는 방안이 될 수 있는데, 이는 곧 자원봉사의 필요성이라고 할 수 있다.

(3) 노인문화의 지역공동체 형성

현대사회는 기능적 업적 중심의 경쟁사회, 이익사회라는 특성을 지니고 있으므로, 노인은 상대적으로 사회적 약자집단으로 전락할 수 있다. 그러나 선진 국가들은 20세기의 발전과정을 통해 21세기에는 고령사회를 맞이하고 있으며, 지역 단위의 공동체가 절실하게 필요하다는 인식을 하게 되었다. 이러한 전망과 인식하에서 발생한 노인문제를 해결하는 것과 더불어 노인문제를 근원적으로 해결하고 발생 구조와 환경을 바꾸어야 함을 깨닫게 되었다.

물론, 다른 사회문제의 발생도 마찬가지겠지만, 노인문제에 관해서는 현대사회에 걸맞은 노인문화를 새로이 구축해야 하고, 또한 연령을 넘어서 지역구성원이 함께 참여하고 행동하는 지역공동체를 만들어가야 하는 필요성을 자각하게 되었다. 노인복지조직에서 자원봉사를 통해 노인이 창조적이고 능동적으로 사회에 참여하고 활동할 수 있는 기회와 경험을 제공해야 하며, 노인 세대와 청장년 세대가 함께 만들어가는 지역사회를 경험할 수 있도록 해야 한다.

(4) 공적 노인복지사업의 보완

노인문제는 공식적으로 존재하는 각종의 노인복지사업을 실천함으로써 해결하는 것으로 되어 있다. 하지만 사회변동과 욕구변화, 사회복지의 재원의 한계, 인력부족 등으로 공적 노인복지 사업은 여러 가지 어려움과 사각지대를 가지고 있다. 예를 들어, 교회는 다른 민간 사회복지부문과 함께 이러한 부분을 보완하는 기능으로 자원봉사를 활용할 수 있다. 목회자와 평신도는 노인 자원봉사를 수행하는 과정에 노인복지사업과 관련되는 프로그램과 그것을 수행하는 관련 노인복지기관이나 시설을 잘 이해해야 하며, 동시에 그들과 협력해야 할 필요가 있다. 특히, 교회에서 노인을 위한 자원봉사 프로그램을 실행할 때, 지역사회단위에서 '중복과 배제' 현상이 생기지 않도록 적절하게 자원봉사활동을 펴고 서비스를 제공하는 효율적인 자원봉사가 요망된다.

2) 자원봉사 프로그램의 형태와 내용

(1) 노인의 욕구와 문제 중심 분류

노인을 위한 자원봉사활동 프로그램은 매우 다양하다. 먼저 노인의 욕구와 문제에 대응한 노인복지와 자원봉사활동 프로그램을 일대일로 대응하여 보면 〈표 16-3〉과 같이 압축할 수 있다. 〈표 16-3〉은 사회복지학의 내용을 정리할 경우에 사용되는 매슬로우의 욕구 5단계를 응용하여 이론적으로 노인의 욕구, 문제, 노인복지 및 자원봉사 프로그램을 정리한 것이다. 현대사회에서는 개괄적인 이 체계를 활용하여 여러 가지 노인의 특수성이나 지역적 특성 및 기관의 목적 등에 적절하게 맞추어서 자원봉사 프로그램을 만들 수 있다.

그리고 잘 알려져 있듯이, 이들 프로그램은 이론적으로는 낮은 욕구로부터 우선적으로 시행되는 것이 바람직하지만, 지역사회에 살고 있는 노인의 다양한 욕구와 문제를 포괄적이고 종합적으로 시행할 필요성에서 낮은 차원의 욕구와 함께 보다 높은 수준의 욕구에 대응하는 자원봉사활동 프로그램을 실행할 수 있다(현외성, 2002: 189).

(2) 실행되는 현장 중심 분류

노인을 위한 자원봉사활동을 노인이 살고 있는 현장에 따라서 체계화할 수 있다. 이것도 여러 가지로 구분할 수 있으나, 여기서는 재가노인 및 시설노인으로 구분하여 각 프로그램을 살펴보고자 한다. 사실 이러한 프로그램은 노인의 욕구와 문제에 비하여 현대사회에서 현재 진행 중인 여러 가지 자원봉사 프로그램을 분류한 것에 가깝다(사회복지협의회, 1997; 류기형 외, 2002: 414-416).

〈표 16-3〉 노인의 욕구 · 문제에 따른 노인복지와 노인을 위한 교회 자원봉사 프로그램(예시)

노인욕구	노인문제	노인복지	노인을 위한 교회 자원봉사
생리적 욕구	배고픔, 갈증, 성적 좌절, 긴장, 피로, 질병	소득보장 의료보장 노인복지서비스보장	후원금품 · 생활용품 · 밑반찬 지원 직업 및 부업 알선, 공동작업장 설치 무료진료 · 건강진단, 간병인 서비스 무료재활 · 건강체조, 무료약국 무료요양 · 양로시설 · 유료요양 · 유료양로 무료탁노소, 무료급식소
안전의 욕구	주거생활, 불안, 갈구, 상실감, 두려움, 강박감	소득보장 보건의료보장 주거보장 노인복지서비스보장	직업 및 부업 알선 · 공동작업장 설치 간병인 · 호스피스 서비스 가정방문 서비스, 이미용 서비스 보장구 지급 무료탁노소 · 경로당 · 주간보호소
사랑의 욕구	불안전감, 좌절, 갈구, 상실감, 공허감, 소외, 고독	노인복지서비스보장	취미교실 · 경로대학, 노인상담실 가정방문 서비스 시설방문 · 지원 서비스 노인복지회관 · 경로당 · 주간보호소 노인친구 만들기 프로그램
존경의 욕구	무능력감, 열등감, 부정적인 감정	노인복지서비스보장	경로잔치 · 효도관광 · 야유회 세대 간 교량 프로그램 가정방문 서비스 은퇴준비교실 은퇴자 자원봉사 · 사회참여 프로그램
자아 실현의 욕구	삶의 의미 상실, 권태, 한정된 생활, 칩거	노인복지서비스보장	경로대학 취미 교실, 은퇴준비교실 은퇴자 자원봉사 · 사회참여 프로그램

출처: 현외성 외(1994: 13)와 현외성 외(2001: 49)의 분석틀을 활용함.

❶ 재가노인을 위한 자원봉사활동

재가노인을 위한 서비스는 지역사회에 거주하는 노인의 집이나 이용시설을 방문하여 노인 및 부양자에게 필요한 서비스를 제공하는 사업이다. 가정방문봉사, 주간보호, 단기보호, 임종간호(호스피스), 그리고 노인안부전화 등이 대표적인 봉사활동이다.

ㄱ. 가정방문봉사

자원봉사자가 도움이 필요한 노인의 집을 방문해서 가사봉사(청소, 세탁, 시장 보기, 식사 준비 등), 간병봉사(병간호, 병원 동행, 수발, 약물복용), 심리사회적 봉사(말벗, 상담, 잔심부름, 편지 써 주기, 행정 대서, 후원자 결연, 정보제공) 등을 행하는 활동을 말한다.

ㄴ. 주간보호

심신이 허약한 노인의 부양자가 직장 또는 정기적인 사업으로 낮에 노인을 돌보지 못할 경우 아침부터 오후까지 일시적으로 노인을 보호해 주는 프로그램이다. 급식, 목욕, 기능훈련, 재활, 운동, 오락, 건강교육 등을 행한다.

ㄷ. 단기보호

급식, 간호보조, 방문봉사활동, 말벗, 상담, 위문 프로그램 등을 행한다.

ㄹ. 임종간호(호스피스)

가정, 병원 또는 지역사회의 시설에서 임종을 앞둔 노인과 그 가족을 위하여 제공하는 의료적 · 심리적 · 정서적 지지 프로그램이다. 일반적인 가정 간호, 휴식보호서비스, 간병 · 수발 봉사, 말벗 · 상담, 종교적 봉사 등이 있다.

ㅁ. 안부전화

질병으로 누워 있거나 거동이 불편한 무의탁 노인 중 정서적 지지가 필요한 노인을 대상으로 정기적으로 안부전화를 걸어 노인의 일상생활이나 신체, 건강상의 변화 및 문제, 이웃관계 등에 대한 이야기를 나누는 프로그램이다.

❷ 시설노인을 위한 봉사활동

시설노인을 위한 봉사활동으로는 말벗, 상담, 각종 행사돕기, 취미교육, 오락지도, 청소, 물리치료 보조, 위문활동 등 다양한 서비스를 제공할 수 있다. 또한, 시설노인을 위한 후원자 결연사업, 재정후원, 시설장비 · 도구 지원 등 다양한 서비스 프로그램을 계획하고 지원할 수 있다.

ㄱ. 시설환경 정리

노인 이용 시설이나 수용 시설은 정리정돈 및 깨끗한 환경을 유지하는 데 많은 인력과 손길이 필요하므로 자원봉사자를 활용하여 청소, 정리하는 프로그램이다.

ㄴ. 노인시설 위문공연

개인이 아닌 동호회 및 어린이집, 체육관, 학원 등 집단으로 구성된 기관 및 단체에 소속된 봉사자들이 각자의 취미 및 특기를 살려 노인이 집단으로 생활하고 있거나 이용하는 장소에서 위문공연을 하는 프로그램이다.

ㄷ. 노인급식

노인 이용 시설 또는 수용 시설에서 실시 · 운영하는 경로식당에서 노인에게 제공되는 음식을 만들거나 음식 나르기 등을 하는 프로그램이다.

04 장애인

1) 장애인을 위한 자원봉사의 의의

현재 우리나라 장애인은 전체 인구의 3% 정도로 추정되고 있다. 환경오염, 도시화, 산업화 등으로 선천적 · 후천적 장애 인구가 점차 증가하는 추세인데, 대략 장애인구의 약 89.4%가 산업화 진전에 따른 질병, 사고 등에 의한 후천적 장애인이라는 사실에서 우리 모두 잠재적 장애인의 가능성 속에서 살고 있다.

그럼에도 불구하고, 사회복지정책으로서 장애인 복지정책과 사회복지시설로서의 장애인시설이 부족하며, 사회적으로 장애에 대한 경각심과 배려 역시 미흡한 상태다. 특히, 장애인의 대다수는 전문적인 장애인 복지서비스를 받지 못하고 단순히 집에서 보호받고 있는데, 전체 장애인 중 재가 장애인이 96.5%라는 통계자료가 이를 잘 반영하고 있다.

또 장애인의 생활실태는 매우 열악한 상태인 것으로 알려져 있다. 예를 들어, 2000년에 장애인 가구의 월평균 소득은 108만 2천 원으로 도시근로자 가구소득(233만 1천 원)의 46.4% 수준에 불과하고, 전체 장애인 가구의 약 62.5%가 월 100만 원 미만의 소득 수준이다. 장애인이 추가로 지출하는 비용은 월 16만 원으로, 의료비가 8만 원, 교통비가 약 3만 원 지출되며, 일반인에 비하여 장애에 따른 부가비용이 생활상의 빈곤을 가중시키는 요인이 되고 있다.

국가에서 각종 장애인복지와 정책이 시행되고 있으나, 많은 한계를 드러내고 있다. 장애인의 문제해결과 사회적응의 문제는 국가만의 책임이라기보다는 지역사회에 살고 있는 지역주민이 함께 풀어나가야 할 문제다. 장애인의 복지는 이른바 '정상화'의 문제, 그리고 '커뮤니티케어'의 차원에서 함께 살아가는 지역주민들이 삶을 나누고 사회 전반의 환경을 장애인에게 편리하게 접근하고 향유할 수 있도록 노력하는 것이 중요하다. 바로 이러한 맥락에서 장애인을 위한 자원봉사활동은 매우 중요하고 필요한 의미가 있다.

2) 장애인을 위한 자원봉사 형태와 내용

장애인을 위해 자원봉사자가 참여할 수 있는 일은 직접적으로 돕는 일에서 간접적으로 지원하는 일에 따라, 장애의 종류에 따라, 개인적인 일에서 가족이나 집단을 돕는 일 등 인원에 따라, 시설이나 기관 · 가정 · 지역사회 등 장소에 따라서 돕는 일이나 방법 등이 매우 다양하다. 또한, 일의 성격에 따라 전문적인 일, 일반적인 일로 분류할 수 있다. 현재 실시되고 있는 자원봉사활동의 역할과 내용을 요약하면 다음과 같다(정진모, 1994).

① 재활정보 제공과 서비스 기회 확대

- 장애의 발생 예방
- 장애의 조기발견: 진단기관 안내(장애인 종합복지관, 종합병원 재활의학과)
- 장애인등록 안내
- 장애인 경제적 경감시책 안내 등

② 재활서비스 과정의 전문가의 협조자

- 의료재활 분야: 물리치료, 작업치료, 언어치료 등의 분야에서 치료적 활동, 즉 재활기관, 지역의 시설, 가정 등에서 전문가의 지도하에 활동
- 교육재활 분야: 교육과정에서 교사의 보조자로서 놀이, 음악, 그림 그리기, 학습지도, 교육자료 제작 등의 활동
- 직업재활 분야: 직업훈련 중 미술 · 공예 등 전문적인 활동, 취업 전 생활지도, 기업체 방문을 통한 사후지도, 보조작업장 관리 및 납품 지원 등의 활동
- 사회심리재활 분야: 자신의 장애에 대한 이해와 수용을 위한 상담, 재활전화 상담, 사회적응훈련, 체육활동, 레크리에이션, 교양 프로그램, 캠프 지도, 심리극 등의 활동
- 기타: 시각장애인을 위한 번역(점자화)이나 녹음, 수화통역, 아기 돌보기 등의 활동

③ 재가장애인의 방문서비스

- 가사활동: 집 안 청소, 부엌일, 세탁, 물건 수리 등
- 대인적 활동: 목욕, 이 · 미용, 대소변 처리, 말벗, 학습지도, 간병, 안마 등
- 사회적 활동: 민원 업무, 편지 쓰기, 외출(쇼핑, 행사 참여, 친지 방문, 병원 등)의 외출 시 차량 지원 등
- 전문적 활동: 의료집단(진료), 물리치료, 작업치료, 보장구 처방 · 지원, 복용약 지원 등

④ 재활기관 · 시설의 서무 · 행정 · 관리업무 지원

- 서무 · 행정업무: 자료 정리(서류, 도서 등), 컴퓨터, 우편물 관리, 회보발송, 복사 등

- 관리업무: 급식(식단표 작성, 노력 지원), 환경 관리(조정), 실내 장식(인테리어) 및 정돈 등

⑤ 장애인복지 자원 활용
- 물적 자원: 모금활동에 참여 및 동원, 재활장비 및 보조장구 기증 등
- 인적 자원: 특별한 지식 · 기술 및 공 · 사 기관의 지원 연결
- 정보 자원: 재활과 관련된 정보 제공(모니터 활용), 회지 발간 지원 등

⑥ 장애인에 대한 인식 개선 및 권리회복 운동에 참여 · 조장 · 지원
- 장애인에 대한 잘못된 인식(편견) 개선을 위한 계몽활동
- 장애인을 돕는 일에 시민의 참여의식 개발, 연대의식 강화, 불합리한 환경의 개선을 위한 대중의 여론조성 및 정책화를 위한 촉진자 역할
- 약자나 기본적 생존권을 박탈당한 사람들을 옹호해 주는 일(옹호자) 등

⑦ 조사 · 연구활동 참여
- 지역사회 욕구 실태조사 · 프로그램 개발 · 정보수집
- 외국자료 번역

⑧ 지역사회의 재활활동 계획에 참여 및 협력

⑨ 조직(기관)의 계획이나 당면 문제의 해결자 또는 대변자

⑩ 조직(기관)의 계획에 대한 지역사회 반응과 정보 수집, 평가 및 자문

05 지역사회 일반

1) 개관

자원봉사활동의 대상 분야로서 지역사회 일반은 그 범위가 매우 넓고 다양하다. 물론, 어떤 사람이 무슨 일을 할 수 있을 것인가라는 것이 중요한데, 이에 따라서 지역사회의 다양한 분야에서 자원봉사활동을 수행할 수 있다. 그중에서 몇 가지 분야

로 분류하여 흔히 있을 수 있는 자원봉사활동프로그램에 따른 내용을 살펴보고자 한다.

2) 공공기관

(1) 공공기관 자원봉사활동 의의와 특성

자원봉사활동 대상 분야로서 공공기관은 거의 전체 공공기관이 해당될 수 있다. 공공기관은 유급의 전임직원이 역할을 맡고 있고, 필요에 따라 시간제 임시직원을 고용하기도 한다. 그러나 중고등학생 자원봉사활동이 생기면서 지역사회에 있는 공공기관이 주요 자원봉사활동 대상 분야로 손꼽히고 있다. 공공기관에서 중고등학생이 자원봉사활동 하기를 희망하는 이유로 다음의 몇 가지를 지적할 수 있다.

첫째, 학생이 지역의 가까운 곳에 있기 때문에 접근성이 손쉽다는 것이다. 학업에 열중하고 있는 학생이 주로 방학 중이나 주말에 쉽게 접근하여 몇 시간 자원봉사활동에 참여할 수 있기에 공공기관이 무난한 대상이라는 것이다.

둘째, 공공기관에서 수행하는 자원봉사활동이 특별한 교육이나 훈련 없이 즉각적으로 작업에 임할 수 있다는 사실이다. 학생이 일시적으로 몇 시간 동안 자원봉사활동을 부담 없이 할 수 있다는 점에서 공공기관의 자원봉사활동이 선호되는 것 같다.

학생 이외에 일반인이 공공기관의 자원봉사활동에 참여하는 경우는 특별한 시기에 한꺼번에 많은 사람이 집단적으로 참여하는 사례가 있다. 예를 들어, 천재지변에 의한 대규모 재난이 발생하였을 때, 지역 단위나 기업체 단위 등이 연합하여 재난지역에 가서 봉사활동을 펼치는 경우가 그것이다. 2003년에 태풍 '매미'에 의한 각종 재난 때 수많은 사람이 재해 지역인 마산으로 자원봉사활동을 위해 간 사례가 그것이다. 이 경우에 경남도청과 마산시 등에서 각종 구호 물품과 자원봉사자들을 체계적으로 배치하고 배분하여 문제해결에 대응하였다.

다음에서는 여러 가지 경우에 실행 가능한 지역사회를 대상으로 한 자원봉사활동의 형태와 프로그램 내용을 간략하게 살펴보고자 한다.

(2) 자원봉사 형태와 내용

공공기관의 자원봉사활동은 공공기관에서 하는 일에 따라 약간 달라지는데, 여기서는 지역사회에 존재하는 몇 가지 대표적인 공공기관에서 시행할 수 있는 자원봉사활동을 예시하였다(표 16-4 참조). 물론, 이들 자원봉사활동 이외에도 필요에 따라서 다양한 형태와 내용이 있을 수 있다.

〈표 16-4〉 공공기관의 자원봉사 형태와 내용

분야	자원봉사 형태와 내용
시청, 군청 및 읍면동사무소	청소, 민원 안내, 사무보조 등
보건소	가정방문 간호 지원, 재가보건간호 대상자 및 가족의 청소 및 밑반찬 제공, 보건소 내의 환자 안내, 대기실 정리, 거즈 접기, 면봉 만들기, 청소, 사무보조 등
우체국	청소, 민원 안내, 사무보조 등
도서관	서가 정리, 열람실 안내, 사무보조, 청소 등
박물관	문화재 보호 감시 활동, 문화재 훼손현장 신고, 지역사회 문화재 지도 만들기, 박물관 내 안내, 사무보조, 청소 등
경찰서	1. 교통질서 지키기 보조 및 계몽 – 횡단보도 신호 지키기, 횡단보도 정지선 지키기 등 계몽활동 – 무단횡단방지 캠페인 – 버스정류장 줄서기: 교통질서 캠페인 2. 교통 시설물 정비 – 각종 교통표지판 등을 세척, 정비함으로써 쓰임새 및 중요성 인식 3. 기초질서 지키기 활동 참여 – 길거리 담배꽁초 줍기 – 인도 바닥의 붙은 껌 떼기 4. 경찰서 내 청소, 사무보조 등
소방서	청소, 사무보조 등
문화회관	각종 행사 지원, 청소, 사무보조
공원시설물	공원 이용객 안내 및 문화, 체육행사 시 질서 유지, 청소, 제설 작업 등 공원 환경 정비, 공원 이용 모니터링, 주차장 차량 정비 및 안내, 식물원 꽃묘장 관리 보조 등

3) 병원

자원봉사활동 대상 영역으로서 병원은 중요한 위치를 점유하고 있다. 병원의 소재가 접근하기 쉬운 곳에 있다는 점도 있지만, 자원봉사활동의 형태와 내용이 자원봉사자가 봉사활동을 하기에 손쉽고 다양하다는 이점도 있다. 이러한 몇 가지 측면에서 자원봉사조직은 병원을 자원봉사활동영역으로 삼아 활발한 활동을 전개하고 있다. 병원에서 자원봉사자를 수용하여 자원봉사활동을 실행하게 하는 의미는 다음과 같이 정리할 수 있다(이찬희, 1997: 15-16).

(1) 병원 측면에서의 의의

병원 측면에서 볼 때 자원봉사자의 활용으로 서비스의 양적 · 질적 확대가 가능하다.

❶ 서비스의 양적 확대

인력 부족으로 활용하지 못했던 부문에서 자원봉사자를 활용함으로써 다양한 서비스를 제공할 수 있다. 자원봉사활동에 참여하는 사람들의 경력과 학력 또는 전문가로서의 안목이 많이 향상된 현재는 단순한 업무 보조 형태의 서비스만이 아닌 전문적인 분야에 이르기까지 자원봉사 분야의 확대가 가능하며, 자원봉사자는 정규직원의 대체효과를 갖는다.

❷ 서비스의 질적 보완

자원봉사자의 활용은 단순한 업무의 확장이 아니라 자원봉사자가 활동함으로써 병원의 이미지를 제고할 수 있다. 또한, 병원 직원만으로는 해결할 수 없었던 영역의 업무를 자원봉사자가 수행함으로써 서비스의 질적 보완이 가능해졌다.

(2) 병원 자원봉사자의 역할

병원 자원봉사자의 역할을 좀 더 구체적으로 구별해 보면, 다음의 8가지로 제시할 수 있다.

❶ 정보제공

병원을 이용하는 과정에서 직면하는 여러 가지 궁금증을 해소해 주며, 보험 관련 내용, 진료과 선택과 관련한 내용에 대해 적절한 정보를 제공하고, 대필을 해 주는 등 병원을 손쉽게 이용하도록 안내한다. 이러한 활동은 병원의 외래안내센터에서 이루어지고 있다.

❷ 환자의 보호 및 심리상담

환자 주변에 간호할 사람이 없거나 무의탁 환자, 보호자가 없는 환자의 경우 원활히 병실생활을 할 수 있도록 일상적인 생활을 도와주며 심리적으로도 투병 동기를 강화해 주는 상담자의 역할을 수행한다.

구체적인 봉사 내용으로는 식사보조, 체뇨, 운동보조, 환자 이동 시 부축, 환자복 교환, 손톱 · 발톱 깎기, 환자의 외출 돕기 등의 간병봉사와 환자를 위한 병문안, 말벗, 책 읽어 주기 등의 환자위문봉사, 환자의 종교에 맞는 기도 및 대화를 나누는 종교봉사 등을 들 수 있다.

❸ 호스피스 활동

의사의 진단 이후 더 이상의 의료적인 치료가 불가능한 환자와 그 가족을 대상으로 호스피스 활동을 하게 되는데, 이들에게는 환자의 질병치료보다 보호 중심의 간호와 정신적 지지가 요구된다. 즉, 신체적 · 심리적 · 사회적 그리고 영적인 간호를 통해 증상을 완화시켜 줌으로써 환자를 편안하고 의식을 명료하게 하여 일상생활을 되도록 활기 있게 해 준다. 또한, 가족구성원의 죽음으로 신체적 · 정서적 · 사회적 · 경제적으로 혼란이 초래될 가능성이 큰 환자에 대해서는 그들의 요구에 따라 장례식이나 종교적 의식에 함께 참여함으로써 남은 가족을 지지해 줄 수 있다.

호스피스활동을 위한 팀의 구성원으로서 자원봉사자는 환자와의 동등한 입장에서 대화가 가능하므로 환자의 이야기를 들어 줄 수 있고, 지속적으로 환자의 곁에 있어 줌으로써 임종환자와 그 가족들이 소외되거나 격리되지 않도록 하면서 임종환자가 가족과 함께 편안함과 안락함을 영위하도록 하여 인간으로서의 존엄 및 인간미를 지키면서 여생을 보다 효과적으로 보낼 수 있도록 돕는다.

이를 위한 구체적 활동으로 자원봉사자는 환자에게 책을 읽어 주며 대화를 나누고 잔심부름 등을 하거나 오락, 예술, 음악치료 등의 활동도 할 수 있다.

❹ 업무 보조

단순한 업무 또는 일과성 업무, 반복적인 업무 등에서 직원을 보조하는 역할을 하며, 필요한 물품이 제때 공급되도록 지원하거나 투약 업무를 보조하며, 투약 대기 시간을 단축시키거나 원활한 진료 행위가 이루어지도록 지원한다.

구체적인 봉사 내용으로는 의무기록과에서의 차트정리 등의 업무 보조, 중앙공급실에서 진료에 필요한 거즈나 솜 등의 의료 소모품을 정리, 포장하거나 수술실에서 수실에 필요한 의료 소모품을 정리, 포장하거나, 제약실에서의 제약업무 보조, 병동 내에서의 간호 업무 보조 등을 들 수 있다.

❺ 알선

지역사회기관 등과 긴밀한 유대관계를 맺고 병원 서비스에 대한 내용을 알려 지역주민이 정확한 정보를 알고 병원을 이용하도록 도우며, 필요한 경우 환자의 재활시설 안내 또는 수용업무 등을 담당하며 지역사회와 연대의식을 갖도록 지원한다.

❻ 대변

병원을 이용하는 과정에서 이용자의 불만사항을 들어주고, 그들의 입장을 대변하며 매개하는 안전핀 역할을 수행한다. 적절한 통로를 통해 이용자의 건의사항을 병원 당국에 전달하고 제반 문제가 해결되도록 조력한다. 이러한 봉사활동의 구체적인 내용으로 라운딩 봉사를 통해 환자의 불편사항을 처리하는 경우를 들 수 있다.

❼ 후원

질병이나 장애와 관련된 교육 프로그램 등을 후원하여 프로그램에 직접 참가하거나 조언을 제공하며, 필요한 경우 자금동원자로서의 역할도 수행한다. 또한, 헌혈 및 장기기능 봉사를 행함으로써 환자를 후원할 수 있다.

❽ 조사

질병의 치유와 원인방지에 관한 의료적 조사를 지원하며 지역사회 특성 등에 관련된 조사를 실시함으로써 지역사회에서 필요로 하는 서비스가 무엇인지를 파악하여 이를 병원에서 실시할 수 있도록 한다.

(3) 자원봉사 형태와 내용

미국의 경우, 보건 영역에서의 자원봉사자는 인근 보건센터의 보조자, 접수보조원, 의료사회사업의 보조자 및 순회간호사의 보조자로 일하고 있다. 또한, 자원봉사자는 건강사업을 확충하려는 견해를 갖고, 시민에게 어떤 종류의 서비스를 활용할 수 있도록 도와주어 시민이 필요로 하는 서비스를 받을 수 있도록 연결시켜 준다. 자원봉사자는 환자를 위해 차를 운전해 주고, 불의의 사고나 질병 또는 사망과 같은 어려운 일을 당한 가정에 대해 긴급방문자로서 봉사하고 있다. 많은 자원봉사자는 소비자교육의 보조자로서, 그리고 식이요법과 건강생활 분야의 정보와 지원을 필요로 하는 사람의 자문위원으로서 활동하고 있다.

우리나라의 경우 노인을 대상으로 한 한방·물리 치료, 호스피스 활동, 백혈병 어린이를 위한 위로 방문을 행하거나 보건의 한 영역으로서의 환경 영역에서의 자원봉사활동으로 암벽낙서 지우기, 벽보 제거·낙서 지우기, 조류보호 활동, 저공해 비누제작, 길바닥의 껌 떼기 등의 활동이 행해지고 있다. 또 우리나라의 자원의료봉사단이 르완다에 가서 인술을 펼치는 것, 점차 확대되어 가고 있는 장기기증운동 등도 이 영역에서의 자원봉사활동이라 할 수 있다(이찬희, 1997: 13).

자원봉사자의 병원에서의 주된 활동 내용을 보면 〈표 16-5〉와 같다.

〈표 16-5〉 병원에서의 활동 내용

자원봉사 실천주체	세부 활동
입원환자를 위한 활동	대화 상대, 병원생활에서의 각종 보조, 세탁, 물건 사오기 심부름, 편지 대필, 기도, 아동 대상 놀이·학습 지도, 물리치료 보조, 산책보조, 이동도서 대출, 수예·생화·조화·그림 지도, 호스피스, 레크리에이션·간호보조원 등
외래환자를 위한 활동	접수·안내·대필·지참물 맡기는 일 돕기, 동행 아동 보호, 대합실 잡지 정리 및 꽃 갈아주기
병원(보건소) 내 업무 지원 및 서비스	위생 재료 만들기, 식사에 관한 보조, 병원 내 환자 이송, 병상 만들기, 공동세탁 및 청소, 사무보조, 자원활동센터 운영, 광역 활동, 화단정리, 보건위생 강좌, 계몽, 상담 등

4) 환경

(1) 의의와 특성

환경문제에 대한 관심이 높아지면서 환경보호나 각종의 환경문제를 해결하기 위한 시민사회단체(NGO)가 다양한 목적으로 설립되어 활동하고 있다. 시민사회단체의 특성상 이들 단체의 활동은 직접적인 서비스의 제공을 위한 활동을 하기보다는 거시적 여건과 정책, 그리고 시민의 의식과 생활태도를 개선하기 위한 노력에 일차적인 초점을 두고 있다. 따라서 이들 단체의 활동은 주로 캠페인, 공동집회, 옹호자로서의 역할 등에 주력하는 경향이 있다. 자원봉사활동도 이들 시민사회단체의 활동과 연관하여 시민운동에 참여한다든지, 이들 행사를 지원하는 역할을 한다든지, 혹은 각종 프로그램 개발에 도움을 주는 등의 활동으로 이루어진다.

환경과 관련된 자원봉사활동은 자원봉사자 조직이 환경과 연관하여 자원봉사를 위해 스스로 프로그램을 개발하여 자원봉사활동을 실행하는 경우와 환경단체의 자문을 받거나 이들과 연합하여 자원봉사활동을 수행하는 경우가 있을 수 있다. 환경이라는 추상적 물적 영역이 자원봉사활동의 대상이므로, 일반적으로 개인이나 사람의 집단을 대상으로 하는 자원봉사활동과는 차이를 보인다.

앞서 언급하였듯이, 환경단체의 설립목적과 활동이 주로 환경운동과 관련된 활동이므로 환경단체에 회원으로 가입하여 자원봉사활동을 하게 될 경우에는 기본적으로 환경단체 자체의 활동을 지원하는 자원봉사활동과 환경운동 관련 자원봉사활동이 주로 이루어진다.

(2) 자원봉사 형태와 내용

일반적으로 환경 관련 자원봉사활동을 예시하면 다음과 같다. 우선 환경보호를 위한 예방적 차원에서의 활동에는 환경보호 캠페인, 산불방지 및 예방 활동, 무공해비누제작 및 판매, 산 · 바다 · 강 오염방지운동, 무공해영농과 생협운동 참여, 환경보호교육 참여 등이 있을 수 있다.

환경오염해결을 위한 활동에는 환경감시와 고발, 환경오염 지도 제작과 배포, 샛강 살리기, 매연차량 감시, 대기오염이나 수질오염 정화와 감시, 소음 방지활동, 기타 자연보호활동 등을 예로 들 수 있다.

그리고 사회적으로 쟁점이 되는 환경문제해결을 위한 시민운동 참여, 정부의 잘못된 환경정책의 개선을 위한 활동, 환경오염 피해자를 위한 옹호활동, 시민의 환경의식 제고를 위한 활동 등의 거시적 운동론적 활동에도 자원봉사활동을 전개할 수 있다.

PART 05

사회공헌활동과 나눔활동

Chapter 17 사회공헌활동
Chapter 18 나눔활동

Chapter 17

사회공헌활동

01 사회공헌활동의 의미와 배경

1) 사회공헌활동의 의미

(1) 사회공헌활동의 의미

사회공헌은 사회와 공헌의 합성어이다. 공헌이란 이바지, 기여라는 의미로서 사회공헌이란 사회의 유익을 위해서 이바지하고 기여한다는 뜻이 있다. 대상으로서 사회는 두 사람 이상의 집합체를 말하거나 두 사람이 이상이 모여 집합체를 이룬 체계를 일컫기도 한다. 따라서 사회공헌이란 두 사람 이상의 사회 혹은 사회 체계에 기여하는, 이바지하는 것을 말한다.

본서에서 사회공헌을 활동이라고 이름 짓는 것은 사회공헌 자체도 동사형이 있으나, 사회공헌활동이라고 함으로써 사회공헌을 목적으로 하는 활동성을 강조하기 위함이고, 특별히 자원봉사와 마찬가지로 자원봉사활동이라고 명명한 것과 동일한 맥락으로 보아 그 역동적 움직임을 강조하기 위한 목적으로 이해하면 좋겠다.

여기서 말하는 사회봉사의 주체는 다양한 주체 중 기업을 주로 말하고 있는데, 그것은 한국에서뿐만 아니라 전 세계적으로 기업의 사회공헌활동이 현대사회에서 중요한 쟁점이기 때문이다. 기업의 사회적 책임에 대한 인식증대와 함께 기업을 포함하는 전체 사회환경이 기업의 존립 근거를 사회의 열린 체계로 받아들여지고 있고, 기업이 단순히 경제활동의 주체를 넘어 열린 사회조직의 하나로서 기능을 강조하는 시대에 접어들었기 때문이다.

그러므로 여기서는 주체로서 기업의 사회공헌활동을 말하는데, 기업이 존재하는 지역사회나 사회 전체의 유익이나 발전을 위해서 도움을 제공하고 이바지하는 일체의 활동을 기업의 사회공헌으로 개념정의하고자 한다. 캐롤과 부흐홀츠(Carroll & Buchholtz, 2000)는 사회공헌활동을 기업의 전통적이며 본질적인 경제활동을 넘어서 기업의 요구 또는 선택에 의하여 의무화되지 않은 사회적 활동에 순수하고 자발적으로 참여하는 것이라 하였다. 신유근 · 한정화(1990)는 사회공헌활동을 사회가 기업에 기대하는 법적 · 경제적 역할 수행의 차원을 넘어 기업이 보유하고 있는 자원을 적극 활용하여 윤리적이며, 자발적인 차원에서 사회의 바람직한 관계 형성을 위한 기업의 사회적 반응 활동이라고 하였다. 김해동(1996)은 기업의 사회공헌활동이란 기업이 축적 보유하고 있는 각종 재무적 · 물적 · 인적 자원을 활용하여 사회가 필요로 하는 비영리적 서비스나 자원을 제공하는 활동이라고 하였다(김형구 · 최종윤, 2011).

(2) 사회공헌활동과 자원봉사활동

그렇다면 사회공헌활동과 자원봉사활동은 어떤 연관성을 지니는가? 학자에 따라 다양한 관점을 가지고 있는데, 어떤 학자는 사회공헌활동이 금전적인 기부와 비금전적인 자원봉사로 분류할 수 있다고 하여 자원봉사활동을 기업의 사회공헌활동의 한 영역으로 구분하기도 한다. 실제로 우리나라 전경련에서 매년 발표되는 기업의 사회공헌활동 조사실태 자료를 보면 사회공헌이 주로 금전적 비용을 바탕으로 한 활동이라면 비금전적 활동으로서 기업의 임직원들이 수행한 자원봉사활동을 한 영역으로 따로 구분하여 그 실태를 정하고 있다. 전경련이 발표한 '2016년 주요 기업 · 기업재단의 사회공헌백서'(2016. 10.)에서 사회의 발전과 유익을 위한 사회공헌 활동으로 금전적인 기부와 자원봉사활동을 대별하여 그 실태를 조사하고 있다.

본서에서는 자원봉사활동의 중요 연계 영역으로서 기업의 사회공헌과 최근 보다 넓게는 '나눔활동'이 사회적으로 관심을 받고 중요해지고 있어, 이 두 가지 활동을 포함시키게 되었다. 결국, 자원봉사활동, 사회공헌활동, 그리고 다음 장에서 논의하게 될 나눔활동이 서로 유사하고 중요한 연관 영역으로 판단하여, 본서에서 함께 논의하는 것이 자원봉사활동을 공부하는 학생에게 필요하겠다는 생각을 저자가 하였다.

사회복지적 차원에서 보면 자원봉사, 사회공헌, 나눔활동은 복지국가의 진전과 국내외적인 사회 변화 등에 따라 소위 혼합복지의 중요성이 대두되고 기업이나 민간조직 혹은 비공식적 복지활동이 21세기 복지국가에서 중요해지는 환경과 무관하지 않다. 향후 자원봉사, 사회공헌, 나눔활동의 연관성과 공통성 등에 대한 고찰은 자세하게 이루어지리라 생각하며, 저자는 이 세 가지 활동의 유관성과 중요성을 인식하여 본서에서 약간의 설명이 필요하다고 생각하여 2개의 장을 새롭게 첨가하였다.

2) 사회공헌활동의 구성요소와 환경

기업의 사회공헌활동은 여러 가지 차원으로 구성되어 있다. 우선은 사회공헌활동 전체를 내적으로 구성하는 요소와 이를 둘러싼 환경요소로 구분할 수 있을 것이다. 내적으로 사회공헌활동을 구성하고 있는 요소는 대체로 4가지 차원으로 구분할 수 있고 다시 이것을 둘러싸고 있는 환경요소는 국내외적 측면과 개별 사회의 사회공헌활동 관련 법률, 정책, 문화 등이 포함될 수 있다.

사회공헌활동의 주체 측면에서는 기업이지만, 기업에서 독립적으로 설립한 재단에서 혹은 기업 내부의 전담 부서가 사회공헌활동을 실행하는 경우가 있다. 재단은 다시 독립재단과 기업출연재단으로 나뉘는데, 외국의 경우는 기업의 소유주나 최고경영자가 재단을 설립하여 독자적으로 활동하는 독립재단이 많은 반면 국내의 경우는 모기업이 지속적으로 후원하는 기업출연재단이 대부분을 차지한다(문순연 · 김욱, 2007). 재단이 기업과 일정한 관계를 유지하면서 사회공헌활동을 펼친다면 기업 내부의 전담 부서는 물적 기부는 물론 직원들의 자원봉사활동을 동원, 조직, 배치하는 것을 특징으로 한다.

둘째, 대상 차원에서 볼 때 기업의 사회공헌활동은 기업 외부, 특히 기업의 직접적이고 명시적인 이해당사자인 주주 및 투자자, 그리고 소비자와 생산과정상의 협력업체를 벗어난 지역사회 전반을 대상으로 삶의 질 향상 및 지역사회 통합을 목적으로 한다(황보람 · 김환희, 2010). 예컨대, 특정 지역주민의 문제해결을 지원한다든지, 특정의 사회복지 취약계층(장애인, 다문화 가족 등)의 복지 증진을 위한 지원, 사회의 특정 쟁점이 되는 문제해결에 집중한다든지(중독문제 등), 혹은 미래의 발전을 위한 특화된 프로그램의 지원 등이 흔히 볼 수 있는 기업의 사회공헌활동 대상이다. 사회공헌 대상은 지역사회 및 전체 사회의 변화에 따라 발생하는 문제와 새로운 욕구에 대응하여 새롭게 그 대상을 포착하여 프로그램을 만들고 수행하는 경향이 있다.

셋째, 기업의 사회공헌 활동형태인데, 이는 금전적 기부와 인적 자원봉사로 대별할 수 있다. 물론, 금전적 기부 역시 현금 형태이거나 경우에 따라서는 현금화될 수 있는 물품, 또는 프로그램과 서비스 등으로 전환되고 있고, 최근에는 바우처와 같은 형태로 전달되는 것도 생겨나고 있다.

바로 이와 같은 점에서 본서에서 자원봉사를 논의하는 내용에 기업의 사회공헌활동을 포함시키게 되었다. 기업의 사회공헌활동은 최근에 와서 자원봉사활동을 포함하여 기부활동, 나눔활동 등을 포함하는 형태로 확장하는 모습을 보인다. 따라서 사회공헌활동 영역 역시 기존의 사회복지의 주된 대상인 사회적 취약계층에서부터 점진적으로 전반적인 사회문제의 해결 관련 활동으로 더 나아가 사회문제의 예방은 물론 긍정적이고 미래지향적인 사회환경을 만들어 가는 영역에까지 사회공헌 영역과 활동형태를 확장시키고 있는 것을 발견할 수 있다. 이러한 배경에서 본서의 자원봉사활동에 대한 학습과정에 기업의 사회공헌활동을 포함시키게 되었다.

넷째, 사회공헌의 재원으로서 기업의 매출액 일부를 사용하거나 임직원의 자발적 기부로 형성된 재원을 바탕으로 하여 사회공헌활동이 전개된다. 또는 임직원의 정기적인 회비나 임직원이 바자회 등과 같은 자원봉사활동을 통한 재원조달과 모금 등이 사회공헌활동의 중요 재원이 된다.

〈표 17-1〉 기업의 사회공헌활동 구성요소와 환경

구성요소	내용
주체	기업의 전담 부서 및 재단
대상	기업 외부의 지역사회 및 사회 전체(취약계층 및 사회문제 등)
형태	금전적 기부와 자원봉사
재원	매출액의 일부, 임직원의 기부 및 회비, 모금액 등
환경	국제적인 조약, 규약 개별 국가사회의 법률, 정책 및 문화 등

출처: 황보람 · 김환희, 2010의 내용을 저자가 보완함.

다음으로 기업의 사회공헌활동을 둘러싼 환경요소는 국제적인 환경과 개별 국가사회의 환경으로 구분할 수 있다. 개별 국가사회의 기업 사회공헌활동에 대한 법률적 · 정책적 · 문화적 동향과 여건이 기업의 사회공헌활동을 촉진하거나 규제할 수 있다. 더구나 최근에 와서는 기업의 사회적 책임을 강화하는 측면이 국내외적으로 활발하게 전개되고 있는 모습이다. 따라서 기업의 사회공헌활동이 기업활동의 필수적인 기능으로 인정되고 있다.

3) 사회공헌활동의 동기와 배경

현대사회에서는 대부분의 기업이 사회공헌활동을 하고 있으며, 그 형태나 내용도 점차 다양해지고 전문화되고 있다. 이처럼 기업이 사회공헌활동을 하는 이유는 무엇인가? 혹은 그 동기와 배경은 무엇인가? 기업의 사회적 이미지를 제고하고 기업 내부 종사자의 생산성을 높이고 기업의 이해관계자에게 이익이 돌아가도록 하는 것일까? 또는 지역사회와 국가사회에 대한 책임이나 의무감에서 혹은 기업을 규제하고 통제하려는 국가사회의 움직임에 대한 선제적 · 예방적 · 전략적 활동인가?

다음은 기업의 사회공헌활동에 대한 동기와 배경에 대한 이론적 모형을 정리한 내용이다(사회복지공동모금회, 2013; 정무성, 2003; 황창순, 1999 참조).

(1) 신고전주의 모형

이 모형은 기업생산모형이라고도 한다. 기업이 이윤을 남기기 위하여 사회공헌활동을 한다는 것이다. 기업의 사회공헌활동으로 인하여 종업원의 사기가 높아지거나 기업 이미지 개선 등으로 지역사회와의 관계가 원만해짐으로써 장기적으로 기업의 생산성을 증가시키고 재무구조를 개선하는 효과가 있다는 것이다. 기업의 사회공헌활동은 높아진 소비자의 의식을 겨냥한 기업의 마케팅전략이라고 할 수 있다. 단기적으로는 기업의 비용으로 작용하지만 장기적으로는 기업을 홍보하는 동시에 고객을 확보하는 고도의 전략인 것이다.

(2) 윤리적 모형

이 모형은 기업과 기업이 속한 사회는 상호의존적이라는 이해를 기반으로 한다. 경영자의 입장에서 기업의 이윤과 직접적으로 관련되지 않는 자선적인 목적을 추구하는 차원에서 기업의 사회공헌활동을 할 수 있다는 것이다. 이 관점은 기업도 하나의 시민이고 기업가는 박애적인 활동을 기업의 경영전략에 접목시킴으로써 책임경영과 이윤을 창출하는 사회적 지도자 역할을 수행한다고 본다.

(3) 정치적 모형

이 모형은 정부의 권한이 지나치게 성장하는 것에 대한 하나의 대안으로써, 시장에서의 민간기업 주도권을 확보하고 자유경쟁체제에 대한 정부의 간섭을 견제하고 제한함으로써 기업의 권력과 자율성을 보존하자는 것이다. 기업에 불리한 정책결정이나 부정적인 여론으로 입을 손해 가능성에 대하여 사회공헌활동을 통하여 사전에 우호적인 세력들을 구축하고자 하는 의도가 있다.

(4) 이해당사자 모형

이 모형은 기업을 둘러싼 여러 이해당사자의 상이한 이해관계를 충족시키기 위하여 사회공헌활동이 필요하다는 관점을 갖는다. 기업의 소유주인 주주의 이해관계만이 아니라 종업원이나 고객, 일반 시민, 지역사회 등 다양한 이해관계를 수용하기 위해서는 이윤만이 아니라 보다 넓은 범위에서의 사회공헌활동이 이들의 관심을 공통으로 포괄하고 있다고 보는 것이다.

(5) 지역사회투자 모형

이 모형은 글로벌 차원에서 윤리경영을 추진 중인 OECD와 ILO 등이 제시하는 것으로 지역사회를 기업의 이해관계자로 포함시키는 관점이다. 글로벌시대 기업의 지속가능한 발전을 위해서는 이윤환원을 통한 사회공헌활동이 필요하다는 것은 오늘날 글로벌 경영의 보편적인 진리로 통한다. 지역사회에서 기업의 사회적 책임을 이행하는 차원에서 사회적 공헌을 요구하게 된다. 사회공헌활동은 경영자 개인으로서도 기쁘고 보람 있는 일이지만 기업에서는 엄청난 자산가치의 상승으로 이어진다.

〈표 17-2〉 기업의 사회공헌활동에 대한 이론적 근거 모형

모형	주요 내용
신고전주의적 모형 (기업생산모형)	활동 목적이 기업의 이윤추구이기 때문에 사회공헌활동의 성공 여부는 기업의 생산성 증가와 재무구조 개선에 달렸다는 관점
윤리적 모형 (이타주의적 모형)	사회공헌활동은 기업의 이윤에 직접적으로 관련되지 않은 경영자의 자선(이타성)에 목적으로 둔다는 관점
정치적 모형	사회공헌활동을 통하여 자유경쟁체제에 대한 정부의 간섭을 견제하고 제한함으로써 기업의 권력과 자율성을 보존하자는 관점
이해당사자 모형	주주만이 아니라 종업원이나 고객, 지역사회 등 폭넓은 이해관계자에 대한 배려 차원에서 사회공헌활동이 필요하다는 관점
지역사회투자 모형	글로벌 차원에서 윤리경영을 추진 중인 OECD 등이 제시하는 것으로 지역사회를 기업의 이해관계자로 포함시키는 관점

출처: 사회복지공동모금회(2013); 정무성(2003); 황창순(1999) 참조.

02 사회공헌활동의 동향과 미래

1) 사회공헌활동의 배경과 흐름

기업의 사회공헌활동은 국가사회 변화와 함께 기업 자체가 가진 사회적 책임의 진전으로 혹은 자본주의를 기반으로 하는 사회의 변화와 함께 기업의 사회적 책임이 확장 · 발전되는 역사적 과정에서, 다른 한편으로는 복지국가의 황금기를 거친 이후 재정적 위기와 그로 인한 복지공급주체의 다양화 혹은 복지 혼합의 시대적 흐름에 따라 확대 · 발전되어왔다고 볼 수 있다. 외국의 경우 20세기 초반부터 기업의 사회적 책임 문제가 사회적으로 논의되어 왔는데(김형구 · 최종윤, 2011), 미국의 경우 1930년대에 기업의 본질을 주주의 재산으로 보아야 하는지 아니면 사회제도나 사회구성원의 하나로 보아야 할지에 대한 논쟁이 있었다. 1940년대에는 기업의 사회적 책임이란 개념이 더욱 구체화되었으며, 1950년대에는 기업가의 사회적 책임을 사회의 목적과 가치 측면에서 바람직한 정책을 추구하거나 결정하는 일련의 행동을 취해야 하는 기업가의 의무라는 주장이 나타났다. 1970년대에 들어와서는 기업의 사회적 책임을 경제적 책임, 법적 책임, 윤리적 책임, 자선적 책임의 4부분의 피라미드모형으로 나누어 기업의 사회 업적으로 평가하기 위한 방법이 제시되기도 하였다(현광희 · 윤성호, 2015). 바로 기업의 사회적 책임 4가지 중 자선적 책임이 사회공헌활동을 말하는 것이기도 하다(이규영 · 곽재성, 2015). 1980년대에서 1990년대까지는 기업의 사회적 책임에 대한 논의가 실행방안이나 대안모색과 같은 구체적인 형태로 발전하게 되며, 한 국가나 기업에 국한되었던 문제가 국제사회나 다양한 기업으로 확대되기도 하였다. 2000년대에 들어와서는 기업의 사회적 책임이 기업의 지속가능성 문제에 접목시키게 되어, 사회적 책임성을 비용 측면에서 투자 측면 개념으로 해석하였다. 그리하여 기업의 사회적 책임을 사회공헌과 연관시켜 사회공헌활동과 동시에 기업의 목표를 달성시킬 수 있도록 하는 데 도움이 되는 개념으로서 전략적 사회적 책임으로 불리고 있다(현광희 · 윤성호, 2015).

한편, 복지국가의 재정적 어려움과 그 대안으로 등장한 복지공급체계의 다원화 혹은 복지혼합에서 기존의 국가 중심 복지공급체계를 민간영역이나 제3섹터를 활용하는 논의가 1980년대 이후 활발하게 이루어졌다. 이러한 맥락에서 기업의 사회공헌활동은 종사자와 그 가족에게 한정되었던 종전의 기업복지를 넘어, 기업이 한 사회의 복지공급주체로서 기업 외부의 지역사회나 사회 전체를 대상으로 자원봉사활동과 함께 각종의 기부활동을 기반으로 사회에 필요한 니즈와 문제에 대응하여 다양한 서비스나 금전적인 지원을 하게 되었다. 이것이 사회복지를 기반으로 하여 점차 그 영역이 확장되어 간 사회공헌활동으로 볼 수 있다.

따라서 이러한 맥락에서 자원봉사활동과 연관하여 기업의 사회공헌활동이 오늘날 중요하여 본서에서 사회공헌활동을 학습내용으로 포함시키게 되었다.

우리나라 기업의 사회공헌활동은 1970년대 경제개발과 함께 시작되었고, 특히 1990년대 시민사회의 성장과 기업의 사회적 책임에 대한 요청이 증대되면서 크게 성장하였다. 2000년대 들어와서 새로운 사회변동에 따라 신사회문제가 등장하고 복지욕구의 분출로 인하여 국가의 복지기능에 재정적 어려움에 직면하면서 민간복지자원 동원의 필요성과 함께 기업의 사회공헌활동이 주목받기 시작하였다. 이러한 바탕에서 대기업은 물론 중소 · 중견기업까지도 최근에는 사회공헌활동, 나눔활동, 자원봉사활동을 전개하고 있는 추세이다(사회복지공동모금회, 2010; 한국사회복지협의회, 2017 참조).

2) 사회공헌활동의 동향

우리나라 기업의 사회공헌활동은 여러 가지 측면에서 그 실태조사가 이루어지고 있다. 중소기업과 중견기업을 중심으로 하는 사회공헌활동에 대한 실태조사라든지, 주요 대기업을 중심으로 그들의 사회공헌활동이나 그들이 설립한 재단을 통한 사회공헌활동에 대한 실태조사 등이 있다. 또한, 사회공헌활동에 대해서 학자들이 표본조사를 통한 사회공헌활동의 실태조사 등이 있다.

전경련은 거의 매년 회원 기업을 대상으로 사회공헌활동을 백서 형태로 조사보고

해 오고 있다. 2015년도 기업의 사회공헌 실태조사가 최근 이루어졌고 그 결과를 발표하였는데, 여기서는 그 일부를 소개하고자 한다(전경련, 2016).

조사대상 기업은 매출액 상위 500대 기업과 전경련 회원사 등 총 600개 기업을 대상으로 2016년 6월에서 8월 사이에 이루어졌다. 응답 수는 255개였다. 또한, 기업재단은 86개를 대상으로 하였으나 응답 재단은 62개 재단이었다.

〈표 17-3〉 응답 기업 업종별 분포

업종	제조업	금융 보험업	전기 가스 수도	건설업	유통업	방송 통신	운수업	전문, 과학, 기술	문화 예술	기타 서비스	기타
기업 수 (비율 %)	79 (31.0)	69 (27.1)	17 (6.7)	19 (7.5)	18 (7.1)	8 (3.1)	6 (2.4)	8 (3.1)	5 (2.0)	6 (2.4)	20 (7.8)

출처: 전경련(2016).

〈표 17-4〉 연도별 기업 사회공헌 지출 규모 및 증가율 추이

(단위: 백만 원, %)

	2000년 193개사	2002년 202개사	2004년 227개사	2005년 244개사	2006년 202개사	2007년 208개사	2008년 209개사
총지출액 규모 (전년도 대비 증가율 %)	706,060 (112.2)	1,086,594 (53.9)	1,228,432 (13.1)	1,402,510 (14.2)	1,804,816 (28.7)	1,955,642 (8.4)	2,160,141 (10.5)
평균지출액 규모 (전년도 대비 증가율 %)	3,658 (61.6)	5,379 (47.0)	5,412 (0.6)	5,747 (6.2)	8,979 (56.2)	9,402 (4.7)	10,336 (9.9)
	2009년 220개사	2010년 220개사	2011년 225개사	2012년 234개사	2013년 234개사	2014년 255개사	2016년 255개사
총지출액 규모 (전년도 대비 증가율 %)	2,651,756 (22.8)	2,873,505 (8.4)	3,088,382 (7.5)	3,253,478 (5.3)	2,811,483 (−13.6)	2,714,864 (−3.4)	2,902,050 (6.8)
평균지출액 규모 (전년도 대비 증가율 %)	12,053 (16.6)	13,061 (8.4)	13,726 (5.1)	13,903 (1.3)	12,014 (−13.6)	10,730 (10.6)	11,380 (6.0)

출처: 전경련(2016).

전경련이 조사한 기업 사회공헌활동 중 2015년 한 해 동안 지출한 규모는 총 2조 9,020억 5,073만 원이었고, 1개사 평균 지출 규모는 113억 8,059이었으며, 중간값은 23억 3,800만 원이었다.

연도별로 기업의 사회공헌활동은 2000년 이래 꾸준히 증가하다가 2013년, 2014년에 감소 현상을 보였으나 2015년 이후 증가세로 돌아섰다. 사회공헌활동에 참여하는 기업 수도 늘어날 뿐만 아니라 사회공헌 활동비 총지출액 규모와 평균지출액 규모도 연도별로 증가하고 있다.

사회공헌 규모 증가 이유는 지역기반 인프라 프로젝트 추진, 청년지원 프로그램 확대, 내수활성화 사업 추진 때문으로 분석되었다. 지역기반 인프라 건립은 낙후 도서 지역 및 산간 오지에 초고속 통신 인프라를 구축하거나 지역 공터에 공공복합문화공간을 조성하여 사회적 약자 자립 및 시민휴식공간을 마련하는 등 대규모 SOC성 투자 프로젝트를 시행한 것이었다. 청년지원 확대는 정부와 기업, 대학이 손을 잡고 청년 기업가 양성을 위한 체계적인 창업교육시스템을 구축하거나, 협력사 취업 희망자에게 직업훈련과 인턴십을 제공하는 프로그램을 론칭하는 것이었다. 마지막으로 내수활성화 사업을 추진한 것은 농산물 소비 촉진, 전통시장 상품권 구입, 협력회사 지원 등 메르스 여파 극복을 위한 내수 활성화 사업을 확대 추진한 것이다.

한편, 기업의 매출액 대비 사회공헌 지출비율 분포를 보면, 0.1%에서 0.5%를 사회공헌에 지출한 기업이 42.4%로 가장 많았고, 0.5% 이상 1% 미만은 6.7%, 1% 이상은 7.1%로 나타났다.

2015년의 경우 기업 사회공헌의 분야별 지출비율 추이를 보면 취약계층 지원에 대한 지출(33.5%)이 가장 높고, 이어서 교육 · 학교 · 학술(17.5%), 문화예술 및 체육(16.4%) 순으로 나타났다. 취약계층 지원은 전통적으로 기업들이 가장 많은 관심을 보여왔던 영역으로 사회가 복잡 · 다변화되면서 지원 분야(디지털 · 에너지 · 문화 격차, 주거불안 등)와 대상(여성가장, 환우, 영세 자영업자, 범죄피해자 등)의 세분화에 따라 지출비율이 역시 증가되고 있는 것으로 보였다. 문화예술 및 체육 분야에 대한 지출은 16.4%로 2006년 집계 이래 가장 높은 비율을 보였다. 이는 그동안 창의인재의 중요성과 삶의 질을 중시하는 트렌드가 확산되면서 문화예술을 수단으로 활용한 교육 · 치유 프로그램이 증가했기 때문이다(전경련, 2016).

〈표 17-5〉 분야별 사회공헌 지출비율 추이

(단위: %)

분야	2006	2007	2008	2009	2010	2011	2012	2013	2014	2015
취약계층 지원	27.0	27.8	43.2	50.3	43.8	38.3	31.7	33.9	29.5	33.5
교육 · 학교 · 학술	23.2	24.6	20.6	17.6	14.7	23.2	16.1	23.7	18.2	17.5
문화예술 · 체육	11.2	12.6	12.3	6.6	11.8	11.6	11.1	12.7	15.3	16.4
해외지원	2.2	2.4	3.2	1.5	6.9	3.8	2.9	6.5	4.1	3.7
환경보전	2.2	1.9	1.7	1.6	1.6	2.6	2.4	1.4	1.7	1.3
의료보전	6.6	5.2	4.3	3.2	5.1	3.4	5.7	0.8	1.1	1.6
기타	27.5	24.6	19.2	19.2	16.0	17.2	30.2	21.0	30.1	26.0

출처: 전경련(2016).

기업의 사회공헌활동 중 대표적인 활동 대상은 아동청소년 분야 40.1%, 사회 일반 21.0%, 장애인 9.5%, 노인 10.4%, 환경 7.7%, 다문화가정 2.5%, 여성 1.2%, 사회적 기업 2.6%, 기타 4.9% 등으로 조사되었다.

사회공헌 운영방식별 지출현황을 보면, 기업이 뚜렷한 기획 의지를 가지고 참여한 자율 프로그램 비율은 61.8%, 외부 협찬, 재해구호금 등 외부활동을 지원하는 일반기부에 대한 지출은 38.2%인 것으로 나타났다. 사업 파트너로서 NPO를 가장 많이 선택하고 있으며, 정부 · 지자체와의 협업 비율이 2014년 대비로 증가하였다. 이는 최근 기업이 사회문제 해결의 실질적 주체로 등장함에 따라 NPO의 전문성과 더불어 지역사회 니즈 발굴, 대규모 사업 추진에 있어 지자체 및 정부의 행정적 조력을 얻기 위한 까닭으로 분석할 수 있다(전경련, 2016).

사회공헌활동을 통한 사회문제에 대한 접근방식별 활동유형을 보면, 미래자원 육성형이 36.2%로 가장 많이 차지하였으며, 긴급지원형이 27.3% 순서로 나타났다. 미래육성형과 긴급지원형은 각각 교육, 사회복지 분야와 연결된 것으로 분야별 사회공헌 지출 현황비율과도 맥을 같이하고 있다.

〈표 17-6〉 기업 사회공헌활동의 사회문제 접근방식별 구분

구분	정의	비율
긴급지원형	쪽방촌 라면 지원 등 시급한 문제해결을 위한 지원 (물고기를 주는 사업)	27.3%
자립촉진형	사회적 기업 등 자립 지원 (물고기 잡는 법을 가르쳐 주는 사업)	15.0%
미래지원 육성형	미래 인재양성을 위한 교육프로그램 운영 등 (미래의 어부를 키우는 사업)	36.2%
미래 유 · 무형 인프라 조성형	문화예술단체 지원, 나눔문화 확산 등 선진국가 조성을 위한 사업 (물고기가 사는 생태계를 가꾸는 사업)	14.2%
기타	고객봉사단 운영, 인식개선 캠페인 등	7.3%

출처: 전경련(2016).

3) 사회공헌활동의 미래

우리나라 기업의 사회공헌활동은 그동안 꾸준히 성장, 다양화되어 왔다. 1990년대 시민사회의 성장과 함께 또 IMF 사태 이후 민간복지의 중요성이 인식되면서 사회자원으로서 한편으로는 기업의 사회적 책임성 인식의 증대로 인하여 기업의 사회공헌활동은 크게 확대되어 왔다. 앞에서 살펴본 바와 같이 기업의 사회공헌활동은 점점 더 확대되고 중요성 또한 강조되고 있다. 이러한 측면에서 우리나라 기업의 사회공헌활동이 나아가야 할 미래에 대하여 알아보면 다음과 같다.

첫째, 기업의 사회공헌활동에 대한 국가사회의 공식적 · 제도적 장치를 보다 구체화하며 필요한 지원이 요망된다. 기업이 어려운 여건 속에서 나름대로의 목적과 방법을 가지고 사회공헌활동을 지속하여 오고 있다. 물론, 기업의 재무적 · 경제적 목적이나 기업 이미지 향상을 위해 사회공헌활동이 필요하지만 그 이상으로 지역사회와 국가에 열린조직으로서 사회복지 자원의 공급주체 혹은 지원주체로서 오늘날 그 기능은 더욱 중요해지고 있다. 이런 맥락에서 기업의 사회공헌활동을 지속하고 활성화하도록 국가사회적으로 제도적 지원을 아끼지 말아야 할 것이다.

둘째, 기업의 사회공헌 활성화를 위한 사회적 공감대 확산이 요망된다. 이와 함께

사회공헌활동을 지역사회와 국가가 지원함을 물론 적극적으로 참여하는 것이 필요하다. 특히, 기업의 사회공헌활동을 추진과정에서 지역사회의 NGO나 지역주민들이 연합, 연대할 경우 공헌활동에 도움이 되도록 참여함이 요청된다.

셋째, 기업의 사회공헌활동은 관련 최고관리자들이 사회공헌활동을 어떻게 인식하느냐가 결정적으로 중요하다. 전략적 경영, 지속가능한 경영의 차원에서뿐만 아니라 열린조직으로서 기업의 사회공헌은 기업 존립의 필수요건임을 인식하여야 할 것이다. 사회공헌 관련 직원이나 전담 부서만의 업무로 사회공헌활동을 돌리는 것을 넘어 최고관리자로부터 기업체 전 구성원이 사회공헌활동을 공유하고 참여함이 요청된다.

넷째, 기업 사회공헌 전문가의 양성과 활동이 요청된다. 오늘날은 다원사회이면서 전문화된 영역이 많고, 또 사회변동이 빠르고 사회문제 역시 다양하게 출현하고 있다. 이에 따라 기업의 사회공헌활동도 결국 이러한 니즈와 문제에 대응하여 전개됨이 요구된다. 따라서 오늘날 기업의 사회공헌활동은 가능한 한 전문적인 전담 부서가 설정되어 있으면 좋다. 그 전담 부서의 직원은 사회공헌활동과 관련하여 전문가로서 역량을 구비하는 것이 사회공헌활동을 효과적이고 효율적으로 수행할 수 있기 때문이다.

다섯째, 사회공헌활동은 시대적 특성과 니즈에 민감하면서도 기업의 본질적 가치에 부합하는 사회공헌활동 프로그램을 지속적으로 개발함이 요청된다. 이는 관련 학계, 관련 지역사회 NGO, 정부 등이 상호 협력하여 적절한 프로그램을 개발해야 한다. 사회공헌활동을 통해 기업과 지역사회 주민들이 윈-윈하는 관계 상보적인 관계가 확립될 수 있다. 그러므로 사회공헌활동의 기획에서 개발, 시행, 평가 및 피드백에 이르기까지 사회협동하는 노력이 필요하다.

Chapter 18

나눔활동

01 나눔활동의 의미와 배경

1) 나눔활동의 의미

나눔의 사전적 의미는 '나누다', '돕다', '주다'라는 뜻이 포함된 개념으로 나타나 있다. 즉, 나의 것을 다른 사람에게 제공하는 것으로서, 다른 사람을 조건 없이 돕기 위하여 어떤 것을 주는 것을 말한다.

전통적으로 나눔이란 상부상조의 미풍양속으로 어느 사회나 국가에 존재해 왔고 이것을 공식적 제도화 과정에서 사회복지제도로 분화 · 전문화되었다. 다른 한편에서는 나눔의 내용과 관련하여 사회복지제도와 다른 사람들의 노력과 활동을 특히 구분하여 자원봉사라고 부르면서 프로그램화하였다.

물론, 이러한 사회복지와 자원봉사 이외에 나눔은 다양한 형태와 모습, 내용으로 존속되어 왔다. 특히, 지역사회의 비공식 부문의 공동체적인 상호부조활동, 후원, 기부, 회비, 헌혈, 장기기증, 재능기부 등의 내용으로 나눔활동이 존재한다.

최근에 와서는 사회복지와 자원봉사를 넘어 보다 포괄적인 측면에서 나눔활동을 포착하려는 움직임을 발견할 수 있는데, 그것은 현대 국가복지의 한계를 보완하고 보다 넓은 차원에서 공동체적 사회를 모색하려는 정책적이고 학문적인 노력이 각국에서 이루어지고 있기 때문이다. 즉, 기존의 국가 중심의 공식적 · 제도적인 사회복지와 자원봉사를 넘어서 민간 차원에서 혹은 지역사회 단위에서 이루어지는 다양한 원조, 도움활동을 포괄하는 의미에서 나눔활동이라는 용어로 개념화하는 경우가 있다. 다른 한편에서는 기존의 공적인 형식적 제도나 프로그램 형태로 이루어지는 원조 혹은 도움활동이 가진 경직성과 획일성을 개선하고 좀 더 인간적인 모습의 지역사회적 관계를 중시하는 공동체적인 협력과 관계를 강조하는 차원에서 나눔활동을 개념화하는 경우도 있는 것 같다.

그러므로 이런저런 차원에서 볼 때, 나눔 혹은 나눔활동에 대한 개념정의는 다양할 수밖에 없다. 나눔활동이 가진 의미를 이해하기 위하여 여러 학자의 정의를 제시하면 다음과 같다.

〈표 18-1〉 나눔의 정의

구분	내용
Salamon(1992)	공익 목적을 위한 사적 기부(시간 또는 기타 가치) 행위
Payton(2008)	공익을 위한 자발적 행동, 자발적 기부, 서비스의 의미를 포괄
Van Til(1990)	자선적 욕구와 모든 사람의 삶의 질 보장을 위해 현금이나 시간을 자발적으로 주고받는 행동
Schervich(2008)	상호 이해된 욕구를 충족시키기 위한(도덕적 책임에 의한) 사회적 관계
Martin(1994)	공적 목적을 위한 자발적, 사적 기부, 공공의 목적을 가짐
Bentley&Nissan(1996)	기부(giving)와 봉사(volunteering)의 형태로 정의

출처: 사회복지공동모금회 · 나눔연구소(2014).

결국, 나눔 혹은 나눔활동이란 자신의 유익이 아닌 다른 사람이나 공공의 이익을 위해 개인이나 집단이 자발적으로 반대급부를 기대하지 않고 제공하는 현금, 현물 및 봉사 등의 총체를 말한다. 나눔의 주체는 개인이나 집단인데, 집단은 주로 기업, 종교단체, 학교, NGO 등이 해당된다. 나눔의 내용은 현금, 현물, 봉사활동, 생명나눔 등으로 구분할 수 있다. 나눔의 형태는 기부(재능기부 포함), 후원, 봉사활동, 모금, 회비, 기증(장기기증, 헌혈 등) 등이 있다.

참고로 우리나라의 통계청에서 매년 통계정리를 할 때, '나눔'이란 인간의 복지향상과 공공복리의 증진을 위하여 대가 없이 자발적으로 경제적 가치가 있는 자원을 제공하는 것으로서, 기부(현금, 물품), 자원봉사(노동력), 생명나눔(혈액, 장기)으로 구분하고 있다(통계청, 2014).

이때 '기부'란 직접 여부와 관계없이 개인이나 단체에 현금이나 물품을 대가 없이 자발적으로 제공하는 것을 말한다. 여기에는 아래와 같은 내용이 포함된다. ① 보육원, 개인 등 대상자 직접 후원, ARS 등 언론기관을 통한 후원, 월드비전 등 모금단체를 통한 후원, 직장(기업)을 통한 후원, 기부의 정의에 부합된 바자회, 일일 찻집 티켓 구입 등, ② 구세군, 길거리 적선, 부랑인, 노숙인 등을 위한 기부, ③ 그리고 종교단체에서 모금하는 특별 · 구제헌금, 학교발전기금, 적십자회비 등이 그것이다. 하지만 아래의 내용은 제외된다. ① 친구 · 친척 · 직장동료 등에 대한 경조사비, 각종 회비, ② 종교단체 운영 목적인 헌금, 십일조, 보시, 시주 및 성당 신축 후원, 교회 건축 헌금, 사찰 건축 헌금 등, 헌혈, 장기기부 등 생명나눔, 촌지, ③ 선거, 정치단체, 정치인을 위한 정치후원금, 온라인상으로 이루어지는 포인트 기부, ④ 대형마트에서 제품 구입 후 영수증을 함에 넣은 경우 등이 그것이다(경기지방통계청, 2015).

2) 나눔활동의 활성화 배경

나눔활동은 1990년대 이후 전 세계적으로 활성화되고 있는 동향이다. 국가사회적으로 사회복지 재원의 부족으로 인하여 민간복지자원을 활성화한다는 측면에서 나눔활동을 민간자원의 한 영역으로 파악하여 전문적으로 개발하고 정책적으로 활용하려는 입장에서 각국은 많은 노력을 경주하고 있는 추세이다. 따라서 나눔활동을 국가사회적으로 그 총량을 파악하고 개발하고 효율적으로 사용하려는 정책적 · 제도적 노력이 강화되고 있다.

오늘날 국가 중심 복지서비스 제공의 한계를 극복하고자 하는 차원에서 자원 활용의 효율성을 극대화하는 과제가 논의되고 있고, 동시에 다양하고 복잡해진 복지 수요에 적합한 대응성을 제고하기 위해 민간복지자원 활용 및 확대의 필요성이 부각되고 있다. 이러한 점에서 미루어 볼 때, 민간 부문에서 나눔자원은 사회의 안정적 발전을 위한 정부의 중요 파트너로서 사회의 복지체계 발전의 의미 있는 토대를 제공한다(최경구 · 김욱, 2003). 이런 시각에서 UN 연구보고서(Volunteering and Social Activism, 2009) 역시 한 사회의 지속가능한 성장과 사회 변화에 요구되는 시민의 사회참여를 촉진시키는 주요 기제가 바로 기부와 자원봉사임을 제시하고 있다. 즉, 민간영역에서의 나눔자원의 활성화는 민간 부문으로부터 복지에 활용할 수 있는 자원을 최대한으로 그리고 효율적으로 확보하는 기능을 함과 동시에 참여의 활성화를 제고시킬 수 있다(한국보건사회연구원, 2009). 또한, 나눔을 통해 조성된 민간복지자원은 공적 서비스가 미치지 못하는 특수한 대상을 위한 서비스로 활용되면서 다양하고 전문적 서비스를 통해 매우 의미 있는 정부의 보완적 기제가 될 수 있다(최경구 · 김욱, 2003).

민간 영역에서의 이러한 기부와 자원봉사 등의 나눔자원은 자발적 참여의 형태에서 다양한 사회적 역할을 수행하면서 사회의 안정적 발전을 위해 크게 기여하고 있다. 정리하면, 사회문제에 대한 민간 영역에서의 접근을 보다 완활하게 하면서 공공적 성격의 재화 · 서비스를 공급할 수 있게 한다. 이를 통해 국가의 개입이 미진한 다양한 영역의 문제들을 시민 스스로가 참여를 통해 해결하도록 도움을 주는 역할을 한다(김지찬, 2012). 이러한 기능을 통해 지역사회에서의 사회적 자본(social capital)의 구축 및 시민사회 역량의 제고를 가능하게 한다(박병일 외, 2009). 또한, 사회적 욕구의 일부분을 민간의 자발적 참여를 통해 충족시킴으로써 정부의 재정 팽창 현상을 완화시키는 데도 기여한다(Australian Government, 2006). 마지막으로는 혁신적 접근을 통해 사회 발전을 촉진하기 위한 새로운 기회 창출의 통로가 되어 궁극적으로는 사회 전반의 생산성을 증진시키는 데 기여하기도 한다(통계청, 2011).

02 나눔활동의 현황

위에서 나눔활동을 언급한 바와 같이, 기부(현금, 물품), 자원봉사(노동력), 생명나눔(혈액, 장기)으로 구분할 수 있는데, 여기서는 자원봉사 부문은 이미 논의를 해왔으므로 기부와 생명나눔을 중심으로 통계청에서 제작한 2013년도 나눔실태(통계청, 2014)를 근거로 우리나라의 나눔활동 현황을 알아보자.

1) 기부

(1) 기부총액

국세청에 신고된 개인과 법인의 기부총액은 2012년 11조 8천 4백억 원으로 2006년(8조 1천 4백억 원) 대비로 약 1.5배 증가하였다. 이는 우리나라 GDP의 약 0.9% 수준으로, 미국(약 1.8%, 「Giving USA」)보다는 낮은 것으로 나타났다.

개인기부의 경우 근로소득자와 종합소득자의 기부금을 합산한 7조 7천 3백억 원으로 전체의 65.3%를 차지하였고, 법인의 기부금은 4조 1천 1백억 원으로 전체의 34.7%를 차지하였다. 연도별 기부금 현황은 아래 표와 같다.

〈표 18-2〉 연도별 기부금 신고현황

(단위: 조 원, %)

	2006	2007	2008	2009	2010	2011	2012	
								비중
기부금[1] 총액	8.14	8.76	9.05	9.61	10.03	11.15	11.84	100.0
개인 기부금	5.35	5.44	5.67	6.15	6.53	7.09	7.73	65.3
근로소득자[2]	4.20	4.15	4.27	4.64	4.86	5.18	5.54	46.8
종합소득자	1.14	1.28	1.40	1.51	1.67	1.90	2.19	18.5
법인 기부금	2.80	3.33	3.38	3.46	3.50	4.07	4.11	34.7

주: 1) 기부금은 세법상 기부금영수증 발행이 가능한 '종교적 헌금(십일조, 보시)'과 '정치후원금', '노조비' 등도 포함함.

2) 근로소득자의 기부금액은 연말정산 시 신고한 기부금액 중 소득공제를 실제로 받은 금액으로 신고금액과는 차이가 있음.

출처: 국세청, 국세통계연보, 각 년도.

(2) 기부 참여율

기부활동의 참여율을 살펴보면, 현금 또는 물품 기부에 참여한 비율(15세 이상)은 2013년의 경우 34.5%로 2011년(36.0%)보다는 낮아졌으나 2006년(31.6%)보다는 2.9%p 증가한 것으로 조사되었다.

일반적으로 기부활동 참여자는 물품보다는 주로 현금을 기부하는 것으로 나타났다. 2013년 현금기부 참여율은 32.4%, 물품기부 참여율은 5.9% 수준으로 2011년(34.4%, 8.6%)에 비하여 감소하였다. 보다 상세한 내용은 다음 표와 같다.

〈표 18-3〉 현금 및 물품 기부 참여율

(단위: %)

		기부 참여율	정기 참여율	기부 주기별 응답 비중			
				월단위 이하	분기단위	반기단위	기타
현금 기부	2011	34.4	11.1	64.2	14.7	20.6	0.5
	2013	32.4	16.9	67.0	13.4	18.9	0.6
물품 기부	2011	8.6	3.0	15.8	28.1	54.8	1.4
	2013	5.9	3.0	12.7	32.2	53.6	1.5

주: 1) 2011년 「사회조사」부터 기부형태에 따라 현금과 물품기부로 세분화하여 조사함.
2) 표에 제시된 '정기 참여율'은 15세 이상 전체 응답자를 분모로 하여 산출한 것으로, 현금기부와 물품기부 각각의 참여자를 분모로 한 값과 차이가 있음.
3) 기부주기가 여러 개일 경우, 가장 짧은 주기를 기준으로 집계함.

출처: 통계청, 사회조사 원자료, 각 년도.

(3) 성별 및 연령대별 참여율

기부활동에 참여하는 성별 및 연령대별 비율은 약간의 차이를 보인다. 일반적으로 남성이 여성에 비해 기부 참여율이 3~5%p 정도 지속적으로 높다. 예컨대, 2013년 남자의 기부 참여율은 37.3%인 반면, 여자의 참여율은 31.9% 수준이었다. 한편, 연령대별 참여율을 살펴보면, 2013년 40, 50대의 기부 참여율(44.9%, 40.9%)은 2011년(45.7%, 41.1%)에 이어 40%를 상회하였다. 반면에 2013년 10대(15~19세) 및 20대 기부 참여율은 2006년에 비해 비교적 큰 폭(12.2%p, 5.6%p)으로 증가하였다.

〈표 18-4〉 성별 및 연령대별 기부 참여율

(단위: %)

	2006	2009	2011	2013
전체	31.6	32.3	36.0	34.5
남자	34.3	34.2	38.3	37.3
여자	29.1	30.4	33.7	31.9
15~19세	15.3	19.4	37.8	27.5
20~29세	19.2	23.2	25.5	24.8
30~39세	36.3	38.4	40.2	38.0
40~49세	42.2	42.9	45.7	44.9
50~59세	39.3	38.9	41.1	40.9
60세 이상	26.7	21.5	24.0	25.4

출처: 통계청, 사회조사 원자료, 각 년도.

청년층(15~29세)에서는 여성의 기부 참여율이 남성보다 높은 반면, 30대 이상의 연령층에서는 남성의 기부 참여율이 여성보다 더 높게 조사되었다. 2013년의 경우 40대 남성의 기부 참여율(48.1%)이 가장 높은 것으로 나타났다.

(4) 소득규모별 및 지역별 참여율

기부 참여의 특징 중 하나는 월평균 가구소득이 클수록 기부 참여율도 높은 경향을 보인다는 사실이다. 예컨대, 월평균 '600만 원 이상' 고소득층의 2013년 기부 참여율은 57.7%인 반면, 월평균 '200만 원 미만' 소득계층의 경우 30%보다 낮은 수준을 보였다. 즉, 소득계층별 기부 참여율 격차는 2006년 26.6%p(최대 48.7%~최저 22.1%)에서 2013년 39.0%p(최대 57.7%~최저 18.7%)로 확대되었다.

지역별 기부 참여율을 살펴보면, 2013년 기부 참여율은 대전(47.1%), 부산(44.8%), 충북(40.0%) 순으로 높았으며, 경북(26.0%)과 제주(29.2%)는 상대적으로 낮은 수준으로 나타났다.

(5) 기부 동기

기부활동에 참여하는 이유로, 남자는 '기부단체/직장 등의 요청'(30.0%)의 비중이, 여자는 '어려운 사람을 돕고 싶어서'(43.4%)와 '종교적 신념'(9.6%)의 비중이 상대적으로 더 높았다.

기부활동에 참여하지 못하는 이유로는 '경제적 여유가 없어서'와 '기부에 관심이 없어서'를 많이 응답하였다. 2013년 기부 미참여 이유에 대해 연령대가 높아질수록 '경제적 여유가 없어서'의 응답 비중이 크며, 30~40대는 '기부단체 등의 불신'의 응답 비중이 다른 연령대에 비해 상대적으로 컸다.

〈표 18-5〉 기부 참여 이유 응답 비중

(단위: %)

	어려운 사람을 돕고 싶어서	기부단체/직장 요청	개인적 신념	종교적 신념	지역사회/국가기여	기타
2011	43.9	27.1	15.1	8.2	3.9	1.7
2013	40.6	26.8	17.8	8.1	4.5	2.2
남자	38.1	30.0	17.0	6.8	5.4	2.7
여자	43.4	23.2	18.7	9.6	3.4	1.6

출처: 통계청, 사회조사 원자료, 각 년도.

(6) 기부 경로

기부를 할 경우 어떤 경로를 통하여 기부하는지를 조사하였는데, 2013년 현금기부자(복수응답)는 기부 경로로 '모금단체'(57.8%)를 가장 많이 이용하였으며, '종교단체'(18.4%), '직장(기업)'(17.3%)도 많이 이용한 것으로 조사되었다. 일반적으로 남자는 '모금단체'와 '직장(기업)'을, 여자는 '언론기관'과 '종교단체'를 기부 경로로 상대적으로 더 많이 이용하는 것으로 드러났다.

연령대별로 기부 경로가 어떠한지를 조사하였는데, 20~40대는 '직장(기업)'을, 50대 이상은 '모금단체'와 '종교단체'를 다른 연령대에 비해 상대적으로 더 많이 이용하는 것으로 발견되었다.

〈표 18-6〉 현금기부 경로 (복수응답)

(단위: %)

	현금기부 참여율	현금기부 경로별 응답 비중					
		대상자에게 직접	언론기관	모금단체	종교단체	직장(기업)	기타
2011	34.4	12.5	22.6	47.6	21.9	14.3	5.9
2013	32.4	12.9	12.2	57.8	18.4	17.3	2.1
남자	35.9	12.6	10.8	59.9	14.9	21.7	2.0
여자	29.0	13.3	14.0	55.3	22.7	12.1	2.2
15~19세	25.6	11.4	9.7	55.6	8.3	2.1	20.0
20~29세	23.1	11.0	14.5	47.3	14.4	26.5	1.7
30~39세	35.6	11.3	10.7	54.5	15.4	25.8	0.8
40~49세	41.9	14.4	12.9	57.8	18.8	20.8	0.8
50~59세	38.7	14.4	12.6	60.2	22.2	14.9	0.9
60세 이상	24.0	12.3	12.0	67.4	23.5	2.4	0.8

주: '대상자에게 직접'은 다른 경로를 거치지 않고 개인이나 보육원, 양로원, 의료기관, 환경단체, 소비자 보호단체 등 공익사업 단체에 직접 후원하는 것임.

출처: 통계청, 사회조사 원자료, 각 년도.

물품기부의 경우 2013년 물품기부자(복수응답)는 기부 경로로 '물품후원단체'(36.2%)를 가장 많이 이용하였고, '대상자에게 직접'(32.3%)과 '종교단체'(24.5%)도 많이 이용한 것으로 조사되었다.

〈표 18-7〉 물품기부 경로 (복수응답)

(단위: %)

	물품기부 참여율	물품기부 경로별 응답 비중					
		대상자에게 직접	언론기관	물품 후원단체	종교단체	직장(기업)	기타
2011	8.6	30.4	4.6	23.6	35.8	12.9	3.9
2013	5.9	32.3	2.3	36.2	24.5	8.8	3.3

출처: 통계청, 「사회조사」 원자료, 각 년도.

2) 생명나눔

(1) 헌혈

우리나라의 2013년 헌혈실적은 291만 4천 건으로 2006년(230만 3천 건)보다 61만 1천 건이 증가하였다. 여자의 헌혈실적이 늘어나면서 남자의 헌혈 비중은 2006년 77.8%에서 2013년 69.9%로 줄어들었으나, 여자의 헌혈 비중은 22.2%에서 30.1%로 7.9%p 증가하였다.

총인구 대비 헌혈실적인 헌혈률은 2013년 5.80%로 2006년(4.76%)에 비해 1.04%p 증가하였다. 우리나라 헌혈률(2011년 기준, 약 5.3%)은 호주(5.9%)보다는 낮으나, 일본(4.1%), 프랑스(2012년, 4.9%), 캐나다(4.9%)보다는 높은 수준이다.

그러나 10대(16~19세)와 20대의 헌혈실적이 대부분을 차지하고 있으며, 30~40대의 2013년 헌혈실적은 18.8% 수준에 지나지 않는다. 10~20대의 헌혈 비중은 2013년 78.6%로 2006년(82.4%)에 비해 3.8%p 감소하였지만, 20대의 헌혈 비중은 2011년 이후 증가 추세이다. 40대 이상의 헌혈 비중은 2006년 5.9%에서 꾸준히 늘어나 2013년 9.0%로 증가하였다.

헌혈과정을 보면, 헌혈의 집, 가두, 원내 등을 통한 개인적인 헌혈 비중은 늘어나고 있는 반면, 학교 등을 통한 단체헌혈 비중은 작아지는 추세이다. 2006년에는 개인과 단체의 헌혈이 거의 절반씩 차지하였으나, 이후 개인적인 헌혈이 늘어나면서 2013년에는 개인헌혈이 단체헌혈의 2배 수준에 이른다.

(2) 장기기증 및 이식

우리나라 장기기증자 수는 2013년 2,375명으로 2012년(2,525명)보다 150명 줄었으나, 2006년(1,775명)보다는 600명(약 1.3배)이 증가하였다.

장기기증자는 기증 시점에 따라 '생존 시', '뇌사', '사후' 기증자로 구분하는데, '생존 시' 기증자(2013년 79.2%)가 대부분을 차지하였다. '뇌사' 장기기증자는 2013년 17.5%를 차지하여 2006년(7.9%)과 비교하여 2배 이상 증가하였다. 인구 백만 명당

'뇌사' 장기기증자는 2013년 8.4명으로 일본보다는 많으나 스페인, 미국, 호주 등과 비교하면 현저히 적다.

〈표 18-8〉 2013년 국내외 뇌사 장기기증자 수

	한국	일본	미국	스페인	독일	노르웨이	호주
뇌사 장기기증자 수(명)	416	84	8,267	1,655	376	111	391
인구 백만 명당 기증자 수(명)	8.4	0.7	26.0	35.1	10.9	22.0	16.9

장기이식 건수는 2013년 3,740건으로 2012년(3,959건)에 비해 219건 줄었으나, 2006년(2,344건)에 비해 1,396건(약 1.6배) 증가하였다. '뇌사' 기증자로부터 장기를 이식받은 건수의 비중은 2013년 45.9%(1,716건)로 2006년 25.4%(596건)에 비해 20.5%p 증가하였다. 2013년 이식된 장기를 살펴보면, 신장(47.0%)과 간장(31.0%)이 대부분을 차지하였으며, 이어서 각막(13.5%)과 심장(3.4%)의 순으로 많았다.

03 나눔활동의 미래

1) 21세기 지구촌 나눔활동의 중요성 대두

앞에서도 언급한 바와 같이, 나눔활동은 1980년대 복지국가의 재정 파탄과 함께 국가복지 중심의 복지제도를 민간복지 부문으로 활성화시킴으로써 새롭게 하려는 노력과 맞물려 세계 각국에서 다양한 노력이 이루어지고 있다. 특히, 21세기로 들어오면서 세계화와 탈산업사회의 진전으로 새로운 사회적 위험(new social risks)이 발생하면서 전통적 복지국가를 변화시키고 현대화하려는 복지국가, 복지정책 패러다임의 변화가 시도되고 있다.

21세기 지구촌의 나눔활동은 이러한 배경에서 다양한 형태의 정책과 운동을 통하여 나눔활동을 진작하려고 노력하고 있다.

첫째, 신자유주의 복지정책을 바탕으로 한 작은 정부와 민간복지 부문의 도입을 통한 혼합복지정책이 주류를 이루고 있다. 신자유주의 복지국가, 복지정책의 핵심은 민간의 시장이나 비영리 복지영역을 활성화하여 총복지를 제고시키려는 전략이다. 따라서 민간의 자원봉사, 기부나 모금 등을 바탕으로 한 나눔활동을 진작시키려는 노력을 경주하고 있다.

둘째, 탈산업사회의 도래와 이로 인한 새로운 사회적 위험의 발생, 그리고 새로운 복지국가의 전환이다. 오늘날의 복지국가는 제2차 세계대전 이후 1970년대 중반까지 발전된 복지국가의 모습은 아니다. 물론, 복지국가의 변혁을 1970년대 중반 복지국가의 위기와 재편 이후에서 찾을 수 있으나, 한편으로는 1990년대 이후 국내외적 변화의 결과 새로운 사회적 위험이 발생하고, 이들에 대응한 새로운 형태의 복지국가를 만들려는 이른바 '복지국가의 현대화'란 이름으로 복지국가의 변화를 논의하는 학자들도 있다.

1980년대를 거치면서 세계화와 탈산업사회로의 진전 등에 따라 사회경제적 변화가 생겨났다. 인구고령화, 여성의 사회진출로 인한 가족구조와 기능의 변화, 노동시장의 변화, 그리고 복지제도의 성숙과 복지국가의 변화 등이 주요 사회경제적 변화로 손꼽을 수 있다.

피어슨은 1990년대 이후 성숙한 복지국가에 새로운 변화를 요구하는 압력은 탈산업사회에서 발생하는 제반 특성에서 찾을 수 있다고 결론지으면서 이를 4가지로 요약하였다(Pierson, 2001; 김태성 외, 2005). ① 생산성 향상의 둔화와 서비스산업의 성장, ② 복지국가의 성숙으로 인한 국가 개입의 팽창, ③ 인구고령화, ④ 가족구조의 변화 등이 그것이다.

생산성이 지속적으로 향상되지 못하면 임금상승을 막고 이는 결국 사회보장비용의 재원조달을 어렵게 하는 요인이 된다. 한편, 생산성 향상의 둔화는 실업률을 높이고, 이는 사회복지급여를 높이도록 자극하는데, 국가는 복지재원을 마련하는 데 이중의 부담을 느끼게 된다. 또한, 서비스 산업의 성장은 저임금 노동자를 양산하여 임금의 불평등을 야기시킨다.

사회경제적 변화	새로운 사회적 위험	새로운 복지국가의 역할
인구고령화	• 취약한 노인 보살피기 • 스스로 취약한 노인이 되는 것	• 노인서비스
가족 내 성역할의 변화	• 일과 가족 내 책임의 균형 잡기, 특히 보육	• 보육서비스
노동시장 변화	• 입직의 어려움 • 적절한 일자리의 확보와 유지의 어려움 • 적절한 일자리를 확보할 만한 숙련기술의 결여 • 확보한 숙련기술의 빠른 부식	• 교육, 훈련 • 적극적 노동시장정책
복지국가의 변화 (민영화)	• 부적절한 급여(특히 연금) • 불만족스러운 서비스	• 적절한 급여와 서비스체계의 직접 제공(특히 취약층) • 민간복지에 대한 적절한 규제

출처: Taylor Gooby(2004); Huber & Stephens(1999); 김영순(2007, 재인용).

복지국가의 성숙으로 각종 복지제도의 수급자가 늘어난 정부는 사회복지지출 부담을 갖는다. 정부 예산이나 GDP 중에서 차지하는 사회복지비용이 커질수록 경제성장에 투자하는 지출이 줄어들고, 반면에 일반 시민의 조세 부담이 늘어나 정치적 저항에 직면한다. 이러한 상황에서 늘어나는 복지비용을 정부가 감당하기 쉽지 않고, 급여대상자는 사회복지 급여를 요구하게 되어 상충적인 요구에 직면하여 국가는 손쉬운 적자재정을 선택하게 된다. 그 결과 정부의 재정적자는 지속적으로 불어난다.

인구고령화는 사회복지급여 대상자를 넓히고 노동인구가 줄어들게 되어 고령자 부양부담을 늘이는 결과를 가져온다. 또한, 여성의 사회진출이나 여권의 신장 등으로 핵가족, 한부모가족 및 독신가족이 점차 늘어난다. 이로 인하여 가족 고유의 보육과 부양기능을 대신할 사회복지정책이 더욱 요청된다(현외성, 2011).

이상과 같은 사회 변화와 새로운 사회적 위험의 발생에 대응한 전통적 복지국가의 현대화 작업을 여러 가지 복지정책과 패러다임의 전환으로 시도하려고 한다. 그 중에서 자원봉사와 나눔활동이 중요한 내용이 되고 있다.

셋째, 특히 탈산업사회에서 요구되는 개인의 사회적 책임과 윤리의 강조는, 기존의 사회복지를 '주는 복지', 혹은 '권리로서의 복지'라는 개념에서 '책무로서의 복지 의식'을 강조하는 한편 '시민의 연대의식', '개인적 신뢰'와 네트워크를 강조하는 '성찰적 사회', '성찰적 시민'를 강조하는 복지사회를 지향하는 경향을 보인다. 과거의 전통적 복지국가와 복지정책이 가졌던 관료제와 시혜성, 집합주의와 몰개성 경향에서 벗어난 현대 복지국가는 개인의 책임과 윤리를 강조하는 새로운 사회로 진전해 가기를 시도하고 있다. 자원봉사와 나눔활동은 21세기 복지사회의 중요한 바탕이 된다.

2) 한국 나눔활동의 과제와 미래

지구촌의 나눔활동은 위와 같은 배경에서 각국의 여건과 상황에 따라 다양하게 전개된다. 한국의 나눔활동도 선진복지국가에 못지않게 중시되고 있으며, 국가사회적으로 활성화를 위해 노력을 경주하고 있다. 우리나라의 나눔활동이 가진 특성을 후발주자로서 낮은 기부 수준, 취약한 제도적 인프라 등으로 논의하고 있는 학자도 있다(이혜경, 2015). 따라서 우리나라의 나눔활동을 진작시키기 위해서는 낮은 기부 수준을 향상시키고 취약한 제도적 장치를 보완하는 한편 나눔활동에 대한 국민의 인식을 변화시키는 노력이 필요하다.

첫째, 우리나라의 나눔활동 혹은 기부 수준을 향상시켜야 한다. 영국 자선지원재단에서는 2010년부터 갤럽조사에 의뢰하여 전 세계 160개국을 대상으로 나눔활동을 기부, 자원봉사, 이웃돕기 3개 문항으로 나누어 조사 발표하고 있다. 2014년에는 145개국을 대상으로 세계기부지수를 조사한 결과, 한국은 2012년 45위에서 2014년 60위로 하락하였다(이혜경, 2015, 재인용).

2014년 공동모금회 나눔연구소에서 국내 나눔자원 추계를 2013년에 시도하였는데, 나눔자원 총량추계는 GDP의 0.56%이었고, 아름다운 재단의 Giving Index 2010

년의 보고서에서는 GDP 대비 1.3%, 그리고 2013년 국세청 자료는 GDP의 0.8%였다. 반면에 해외 각국의 GDP 대비 개인기부금 비율만 하더라도 2006년을 기준으로 미국 1.67%, 영국 0.73%, 캐나다 0.72%, 호주 0.69% 등으로 나타났다(손원익 · 박태규, 2006).

둘째, 나눔활동 관련 법률적 · 제도적 장치를 보완해야 할 것이다. 우리나라의 나눔활동에 대한 현행 제도적 장치와 관련하여 몇 가지 법률이 있다. 먼저 기부금품 관련 법률과 「사회복지공동모금회법」 등이 있다. 기부금품 관련 법률의 경우는 1951년 11월에 제정된 「기부금품모집금지법」이 1996년 7월에는 「기부금품모집규제법」으로 개정되고, 2006년 9월에는 「기부금품의 모집 및 사용에 관한 법률」로 개정되어 2017년 2월에 타법개정으로 오늘에 이르고 있다. 이러한 법률의 명칭 변경에서 보는 바와 같이, 한 때 기부금품의 모집을 금지하였다가 차츰 규제로, 현재는 모집 및 사용에 관한 법률로 전환하고 있다. 이는 국가사회적으로 기부금품을 긍정적인 측면에서 모집하고 적절하게 사용할 수 있도록 법률을 규정하는 것으로 정책적 · 제도적 전환이 이루어지고 있는 것이다. 그만큼 국가사회의 성숙도를 짐작할 수 있는 한편 나눔활동을 권장하는 것으로 이해할 수 있다. 그러나 나눔활동을 민간비영리조직에서 좀 더 활성화할 수 있도록 지속적인 법률 개정과 보완이 요구된다.

나눔활동의 주된 영역인 사회복지 분야에서는 사회복지공동모금과 연관된 법률이 있다. 사회복지공동모금 관련 법률은 1998년 7월에 제정된 「사회복지공동모금법」이 1999년 4월에 「사회복지공동모금회법」으로 개정되고 2016년 8월에 일부 개정되어 오늘에 이른다. 그러나 앞으로 현행 「사회복지공동모금회법」이 가진 한계를 보완하여 나눔활동을 한층 다양하고 활발하게 할 수 있는 방안을 강구해야 할 것이다.

다음으로 나눔과 기부 관련 조세제도의 개선이다. 우리나라 정부는 세입기반 확충 및 과세형평제고를 위해 2013년 「소득세법」을 개정하여 기부금 소득공제를 포함한 특별공제의 대부분과 연금보험료공제가 소득공제에서 세액공제로 전환하였다. 기존에는 법정기부금은 전액, 지정기부금은 소득액의 30%까지 소득공제를 하도록 하였으나, 소득세법의 개정으로 15%의 세액공제로 전환하게 된 것이다. 기존 소득공제방식은 소득이 높을수록 소득공제에 따른 세 부담의 감소 폭이 크기 때문에 저소득층에 비하여 고소득층에 유리하다는 비판이 있었다. 소득공제방식과는 달리 세액공제방식은 소득과 관계없이 법정기부금 및 지정기부금 각각의 지출한도 내에서 지출한 기부금의 15%에 대해서 세액공제를 하고 있기 때문에 한계세율이 15%보다 낮은 소득층은 소득공제방식에 비해 세 부담이 감소하는 한편, 한계세율이 15%보다 높은 고소득층은 저소득층에 비하여 세 부담이 증가하게 된다. 소득공제 방식에서 세액공제 방식으로의 전환은 역진성을 완화하여 과세형평을 제고한다는 점에서는 그 취지를 충분히 이해할 수 있다. 그러나 기부금의 경우 소득이 낮은 경우에는 지출하기 어렵고 그 규모 또한 소규모라는 점을 감안하면, 기부금 소득공제의 세액공제 전환은 기부금 지출이 거의 없는 저소득층에게는 큰 영향이 없는 반면, 기부금 지출비중이 높은 고소득층의 세 부담이 급격히 증가하게 되어 기부가 위축될 수 있다는 문제점이 있다. 정부는 기부금 세액공제 전환 이전에는 지정기부에 대한 소득공제 비율을 2007년부터 계속 증가시켜 왔었다. 과세 대상 소득의 10%에서 15%(2008년), 20%(2010년)로 늘어나다가 2012년엔 30%까지 상승하였다. 이렇게 소득공제 혜택을 지속적으로 확대 추진해 온 것은 기부문화를 활성화한다는 취지에서였으나 기부금 소득공제의 세액공제 전환으로 그동안 기부문화의 활성화와 정착을 위하여 지원해 온 정부정책의 방향이 2013년 세법개정으로 약화될 우려가 있게 된 것이다. 여러 연구를 통해 알려진 바와 같이, 기부금 모집 규모가 실제적으로 축소되었고 현실적인 상황으로 이어지고 있다. 기부는 객관적 필요경비도 아니고 의무적으로 지출해야 하는 금액은 아닌 특성이 있다. 그렇기 때문에 기부 활성화 및 기부문화 확대라는 효과를 감안하고, 고소득층의 기부문화 조성이 전반적인 기부확대로 이어질 가능성이 크다는 차원에서 비추어 볼 때 기부금 소득공제의 세액공제 전환으로 고소득층의 기부에 대한 혜택을 축소시켜 기부를 위축시킬 수 있는 것이다(김수성·문성훈, 2015). 그러므로 기부금에 대한 조세제도를 과거의 소득공제방식으로 다시 전환하거나 기부금 세액공제 제도를 개선하여 기부금에 대한 세액공제율을 대폭 확대할 필요가 있다.

셋째, 나눔활동과 관련된 비영리조직의 활성화를 위한 정책을 개선하고 그들 활동의 투명성과 신뢰성을 확보하여야 한다. 현재 우리나라의 나눔활동을 수행하는 민간기관의 설립과 운영에 관한 법률 역시 현재 정부의 관련 부서별 소관 법률로 각기 규정되어 있다. 예를 들어, 「보건복지부 소관 비영리법인의 설립 및 감독에 관한 규칙」은 1972년 11월에 「부건사회부 소관 비영리법인의 설립 및 감독에 관한 규칙」으로 제정되었다가 수많은 개정을 거쳐 현재에 이르고 있다. 각 부처 소관의 비영리법인의 설립에 관한 법률은 나눔활동과 같은 공익활동의 순기능을 촉진하고 권장하는 내용보다는 부정적인 폐해를 방지하고 규제하는 데 초점을 둔 허가주의가 지속적으로 이루어지고 있다.

그러므로 우리나라의 나눔활동을 촉진시키고 활성화하기 위해서는 비영리법인 관련 법률 역시 규제보다는 시대적 상황과 요구에 맞추어 나눔활동에 도움이 될 수 있도록 법 개정을 시도하여야 할 것이다.

동시에 나눔활동을 수행하는 민간 비영리법인과 조직이 투명하고 신뢰성을 유지할 수 있도록 해야 한다. 이를 위해서는 정부에서 법률적 · 제도적 장치를 통해 지원하는 한편 관련 조직과 법인 스스로 지역주민들과 시민들에게 신뢰성을 확보하고 투명하게 운영하는 노력을 경주하여야 할 것이다.

종장

성공적인 자원봉사와 관리

01 성공적인 자원봉사

1) 개관

무엇이 성공적인 자원봉사활동인가? 어떤 자원봉사를 성공적이라 할 수 있는가? 이에 대한 해답은 '성공적'이란 말이 의미하는 바를 어떤 기준, 수준으로 규정하느냐에 달려 있다. 또 어떤 것에 초점을 맞추느냐에도 관련이 있다. 또한, 자원봉사에 관여하고 있는 구성체계의 요소들과 환경에 관련하여서도 성공적이라는 의미를 살펴보아야 한다. 결국, 성공적인 자원봉사란 다차원적이고 복합적인 의미를 지닌 것이라 볼 수 있다. 어떤 것이라 할지라도 성공적인 자원봉사라 할 수 있기 위해 필수적으로 검토되어야 할 내용은 다음과 같다.

2) 자원봉사 대상

자원봉사 대상(자)에 관한 것으로, 그 대상이 사람이건 사물이건 간에 자원봉사가 목적으로 삼은 것을 어느 정도 달성하였느냐에 대한 논의다. 즉, 자원봉사 대상자의 문제를 해결하거나 문제해결을 지원하거나 혹은 대상자가 가진 다양한 욕구를 충족시켜 주는 목표를 이루는 데 어느 정도로 기여하였는지에 대한 물음이다. 경우에 따라서는 문제해결을 하지 못하였으나 문제를 인식하고 바라보는 관점을 변화시켜 문제해결의 계기를 만들게 되고, 또 문제해결을 위해 힘을 낼 수 있도록 지지하며 결단할 수 있는 마음과 준비를 가지게 하였다면, 그것 역시 성공적인 자원봉사라고 할 수 있다.

이처럼 성공적인 자원봉사란 그 측정도구가 추상적일 수도, 구체적일 수도 있다. 문제는 자원봉사기관이나 조정자 및 관리자가 자원봉사 대상자의 변화를 적절하게 파악하였는가 하는 것이다. 자원봉사기관, 조정자 및 관리자는 자원봉사활동 이전과 활동 이후 자원봉사 대상자가 어떻게 변화되었는지에 대해 올바른 판단을 할 수 있어야 한다. 관리자와 조정자는 경제적 측면, 심리적 · 정서적 측면, 신체적 측면, 인간관계 및 가족관계의 측면, 그리고 더 나아가 영적인 측면까지 그 변화의 내용과 정도를 적절하게 파악하여 자원봉사의 효과, 즉 성공 여부를 판단하여야 한다. 그리고 그것을 자원봉사자와 함께 논의하고 다른 자원봉사자에게 교육하거나 관리 · 조정 과정에 반영해야 한다.

3) 자원봉사자

자원봉사자에 대한 것으로, 자원봉사자가 자원봉사활동을 통해 획득한 것이 무엇이며, 그 정도는 어떠한가를 알아보는 것이다. 이는 자원봉사자의 동기 혹은 참여 목적과 연관된 사항이다. 이미 다루었듯이, 자원봉사자가 자원봉사활동에 참여할 때 가지고 있었던 동기와 목표는 눈에 드러나는 것이 아니다. 다만, 조정자 및 관리자가 개개인별 혹은 집단별, 팀별로 그것을 파악하고 적절하게 활용하고 충족시켜야 하는 것이다.

자원봉사자는 아동 · 청소년, 청장년, 노년층에 이르기까지, 그리고 다른 측면에서 초중고등학생, 대학생, 직장인, 주부, 은퇴자, 전문인 등 다양하다. 이러한 자원봉사자가 가진 특성과 동기를 적절하게 감안하여 자원봉사활동 현장에 배치하고 관리하여 성공적인 자원봉사활동을 이루게 하는 것 역시 조정자와 관리자의 몫이다.

자원봉사 활동과정 중 종종 자원봉사자 사이에 혹은 자원봉사자와 대상자, 기관 사이에 갈등이 생기고 이에 따라 중도 탈락과 부정적인 일이 발생하기도 하는 현실에서 자원봉사활동을 일정 기간 수행하고 종료하였다면, 이미 어느 정도 성공적이라 할 수 있다. 일정 기간 자원봉사활동이 지속되었다는 것은 자원봉사자가 그 활동에 대해 지속할 만한 매력을 느꼈다는 것이고, 의미를 찾을 수 있었다는 것이기 때문이다.

그러나 제대로 된 평가는 자원봉사활동을 종료한 후에 해야 한다. 설문지 방식, 심층면접 방식, 집단토의 방식 등으로 자원봉사자 활동과정을 통해 느끼고 획득한 결과를 조사 · 분석해야 한다. 이러한 작업은 매우 전문적이고 어렵지만, 그 결과물은 자원봉사활동의 성공 여부를 보여주는 것이며, 앞으로 다른 자원봉사자의 관리와 조정에 활용할 수 있는 자료가 된다.

4) 자원봉사기관 및 사회복지조직

자원봉사기관 혹은 사회복지조직에 대한 것으로, 자원봉사기관이나 사회복지조직이 자원봉사활동을 통해 어떤 유익을 획득하였는가에 대한 것이다. 전문 유급 직원의 수적 부족에 따라 여러 가지 필요한 서비스를 제공하지 못한 조직이 자원봉사자들로 말미암아 보다 전문적인 서비스를 개발하고 제공할 수 있었다든지, 경제적으로 인력 보충 효과를 제공하여 업무량을 확장할 수 있었다든지, 지역사회의 자원동원에 자원봉사자들이 일정 부분 지원하게 되었다든지, 그동안 인원 부족으로 사각지대에 놓여 있던 분야에 대하여 관심을 가지고 서비스를 전달하고 사회복지 개입을 하게 되는 계기가 되었다든지 등 여러 가지 유익이 있다. 결국, 어떤 것이건 간에 자원봉사활동은 자원봉사기관이나 사회복지조직에 유용성을 가져다주는 것으로 평가된다. 문제는 자원봉사활동을 자원봉사기관이나 사회복지기관에 얼마나 어느 정도로 적극적으로 유용하게 활용하느냐 것이 보다 중요하다.

그러나 자원봉사기관이나 사회복지조직이 경계해야 할 사항은 종종 자원봉사자와 유급 직원 사이에 갈등이 발생할 수 있는데, 이를 조정자나 관리자가 적절하게 해결하고 갈등이 발생하지 않도록 하는 노력이 중요하다는 점이다. 이는 조정자, 관리자 및 자원봉사조직의 지도자가 함께 고민하고 나누어야 하는 문제다. 이들 사이의 좋은 리더십이 형성될 때 갈등이 발생하지 않고, 조직, 기관 및 자원봉사팀이나 자원봉사자가 함께 성장하고 성숙해 가는 성공적인 자원봉사가 이루어진다.

02 성공적인 자원봉사 관리

1) 개관

성공적인 자원봉사를 만드는 요소 중에 성공적인 관리는 필수적 요소일 것이다. 성공적인 자원봉사자 관리는 자원봉사 대상자, 자원봉사자, 자원봉사기관이나 사회복지조직을 적절하게 연결시켜 상호 성장하고 발전하는 관계를 가지게 하는 작업과 연관되어 있다. 즉, 이미 논의하였듯이, 자원봉사 조정자 및 관리자가 맡은 관리의 과업을 제대로 수행하는 것을 말한다.

우리나라의 경우, 자원봉사의 활성화는 여러 학자가 제시한 과제인데, 자원봉사 활성화와 연관을 가지면서 구체적으로 자원봉사 조정자 및 관리자가 수행하여야 하는 직간접적 활동을 성공적인 자원봉사 관리라 할 수 있다. 먼저 자원봉사 활성화 과제에 대하여 살펴보자.

2) 자원봉사 활성화 과제

최덕경 등(2006)은 자원봉사의 개선방안으로 ① 자원봉사 관련 기관의 연계 방안(자원봉사 관련 기관단체들의 통합 운영, 민관협력 전산시스템 구축, 자원봉사기관

연계를 위한 인센티브 제도 도입), ② 자원봉사 지원체계의 정비(행정 지원체계의 통합화 추진, 주민참여제도 방안 마련, 민관 협력체계 구축, 재정지원 체계화, 자원봉사활동 수요처의 개발과 프로그램의 개발, 자원봉사활동에 대한 사회적 인식제고 및 홍보 강화), ③ 자원봉사 관리자 육성 방안(자원봉사 관리자 전문 육성 기관 설치, 자원봉사 전담 조정관리 기구 마련) 등을 제시하였다.

구혜영(2008)은 자원봉사 활성화의 과제로 ① 자원봉사 관련 전담기구의 설치, ② 자원봉사활동 지원을 위한 재원 마련, ③ 관리 시스템 구축(유비쿼터스 자원봉사관리 시스템), ④ 자원봉사기관의 환경 개선, ⑤ 자원봉사활동 인정시스템 마련, ⑥ 자원봉사 관리 전문인력의 양성, ⑦ 자원봉사자, 자원봉사 수요처, 자원봉사활동 프로그램 개발 등을 제시하였다.

이러한 활성화 과제는 정부와 민간이 함께 노력해야 한다. 특히, 국가가 정책적으로 자원봉사에 대해 법적 · 행정적 · 정책적으로 관심을 가지고 장단기적으로 개입해야 한다. 이미 우리나라에서는 '2007년 자원봉사활동 진흥을 위한 국가기본계획수립을 위한 연구용역'을 발표하고, 당시 행정자치부에서 '자원봉사활동 진흥을 위한 제1차 국가기본계획'을 2007년 9월 20일에 발표하였다. 당시 국가기본계획의 정책과제 내역을 살펴보면 〈표 종-1〉과 같다. 5개의 정책 영역에 세부 정책과제를 만들어 전체 35개의 과제를 제시하였다. ① 자원봉사활동 가치 증진과 참여촉진, ② 자원봉사활동 지원 인프라의 효율화 증진, ③ 자원봉사활동 관리 및 핵심인력 양성, ④ 자원봉사활동 연구기반 조성, ⑤ 자원봉사활동 국제교류 활성화 등이다.

〈표 종-1〉 국가기본계획 정책과제 내역

<table>
<tr><th>정책영역</th><th>정책 · 세부과제</th><th colspan="2">세부 과제 수</th></tr>
<tr><td rowspan="3">Ⅰ.
자원봉사활동 가치 증진과 참여 촉진</td><td>Ⅰ-1 자원봉사 문화 확산
Ⅰ-1-(1) 자원봉사 범국민 홍보의 활성화
Ⅰ-1-(2) 자원봉사 행사 지원 확대</td><td>2</td><td rowspan="3">7</td></tr>
<tr><td>Ⅰ-2 자원봉사 평생교육체계 확립 및 지원
Ⅰ-2-(1) 학교 교육체계의 자원봉사교육 확립 및 지원
Ⅰ-2-(2) 청소년 자원봉사활동 및 참여 활성화
Ⅰ-2-(3) 성인 자원봉사교육 및 참여 활성화</td><td>3</td></tr>
<tr><td>Ⅰ-3 바람직한 자원봉사 인정·보상 문화 및 제도 확립
Ⅰ-3-(1) 자원봉사 인정·보상 실태조사 및 모형개발
Ⅰ-3-(2) 바람직한 인정·보상 문화의 확산</td><td>2</td></tr>
<tr><td rowspan="3">Ⅱ.
자원봉사활동 지원 인프라의 효율화 증진</td><td>Ⅱ-1 법령 및 조례의 정비
Ⅱ-1-(1) 「자원봉사활동기본법」 개정
Ⅱ-1-(2) 자원봉사활동관계 법령 및 조례의 정비</td><td>2</td><td rowspan="3">10</td></tr>
<tr><td>Ⅱ-2 조직적 측면의 인프라 및 네트워크 활성화
Ⅱ-2-(1) 한국자원봉사협의회의 육성 지원
Ⅱ-2-(2) 지역 자원봉사센터의 육성
Ⅱ-2-(3) 가칭 전국자원봉사센터의 설립 추진
Ⅱ-2-(4) 자원봉사 전문조직의 육성
Ⅱ-2-(5) 풀뿌리 자원봉사 단체 및 네트워크 사업 지원</td><td>5</td></tr>
<tr><td>Ⅱ-3 물적 인프라의 구축
Ⅱ-3-(1) 자원봉사 종합 정보시스템의 구축
Ⅱ-3-(2) 자원봉사 진흥기금의 조성
Ⅱ-3-(3) 자원봉사 회관 건립 추진</td><td>3</td></tr>
<tr><td rowspan="3">Ⅲ.
자원봉사활동관리 및 핵심인력 양성</td><td>Ⅲ-1 자원봉사활동 관리체계 표준화
Ⅲ-1-(1) 자원봉사활동 관리체계 현황 조사
Ⅲ-1-(2) 자원봉사활동 관리 표준 매뉴얼 제작 배포</td><td>2</td><td rowspan="3">7</td></tr>
<tr><td>Ⅲ-2 자원봉사 관리자 양성
Ⅲ-2-(1) 전문 자원봉사 관리자 자격과정 표준모형 개발
Ⅲ-2-(2) 전문자원봉사 관리자 교육기관 인증제 도입
Ⅲ-2-(3) 자원봉사 관리자 교육 및 훈련 프로그램 지원</td><td>3</td></tr>
<tr><td>Ⅲ-3 자원봉사 리더 및 분야별 전문 자원봉사자 육성
Ⅲ-3-(1) 자원봉사 리더 및 분야별 전문교육 매뉴얼 개발
Ⅲ-3-(2) 자원봉사 리더 교육 및 훈련 프로그램 지원</td><td>2</td></tr>
</table>

<table>
<tr><th>정책영역</th><th>정책 · 세부과제</th><th colspan="2">세부
과제 수</th></tr>
<tr><td rowspan="3">Ⅳ.
자원봉사활동연구
기반 조성</td><td>Ⅳ-1 자원봉사활동 조사·연구
Ⅳ-1-(1) 전국적인 자원봉사활동 실태조사
Ⅳ-1-(2) 자원봉사센터 및 단체 운영 실태조사
Ⅳ-1-(3) 자원봉사 연구활동 지원</td><td>3</td><td rowspan="3">8</td></tr>
<tr><td>Ⅳ-2 자원봉사 프로그램 개발
Ⅳ-2-(1) 부처별 자원봉사 특성화 프로그램 개발 및 지원
Ⅳ-2-(2) 주체별·분야별 자원봉사활동 표준 매뉴얼 개발
Ⅳ-2-(3) 한국형 국가자원봉사단 설립모형 연구</td><td>3</td></tr>
<tr><td>Ⅳ-3 자원봉사 평가체계 개발 및 평가 시행
Ⅳ-3-(1) 자원봉사센터 평가
Ⅳ-3-(2) 정부 자원봉사정책 추진 평가</td><td>2</td></tr>
<tr><td>Ⅴ.
자원봉사활동
국제교류활성화</td><td>Ⅴ-1 국제협력 및 교류 강화
Ⅴ-1-(1) 국제행사 개최 및 참가 지원
Ⅴ-1-(2) 해외봉사사업 지원
Ⅴ-1-(3) 해외 자원봉사 교류 협력</td><td>3</td><td>3</td></tr>
<tr><td>5대</td><td>13개</td><td colspan="2">35개</td></tr>
</table>

2010년 3월 27일 정부는 자원봉사진흥위원회를 개최하여 2010년도 자원봉사 진흥계획을 심의 확정하였는데, 부처별 시행계획의 주요 내용을 살펴보면 다음과 같다.

교육과학기술부에서는 첫째, 교육공동체가 함께 하는 자원봉사활동을 추진하는데, '가족봉사단' 운영을 확대하여 학생 사회봉사활동 추진체의 전환(개인 → 가족 단위)으로 학생봉사활동의 형식화 문제를 해소하고 유관기관 · 단체와의 협력체제 강화로 '가족봉사단' 활동을 확대한다(2009년 1,152개교, 99,543명, 2010년 2,000개교, 200,000명). 둘째, 대학생 자원봉사활동 지원을 육성한다. 이를 위해 대학생 해외 및 국내 자원봉사활동을 지원한다.

법무부에서는 첫째, 범죄예방 민간 자원봉사자의 전문성을 강화하기 위해 매분기별 신규위원 공개모집 및 전문화 교육을 강화한다. 둘째, 보호관찰 실효성 강화를 위한 범죄 예방위원의 참여를 확대하여, 봉사활동 수요가 많은 보호관찰 대상자 지도 감독 보조, 벌금 미납자의 사회봉사 집행감독을 지원한다. 셋째, 법교육 출장과 강연제를 운영한다. 대한변호사협회, 각 대학 등과 협조하여 변호사, 교수 등 법률

전문가들로 자원봉사 강사진을 구축하여 학생, 시민, 특수·소외계층 등을 대상으로 한 대국민 법교육 강연을 실시한다.

문화체육관광부에서는 첫째, 한국 BBB 운동(언어·문화 통역자원봉사단 운영)으로서, 'BBB 통역서비스 제공'을 통해 한국 방문 외국인 및 주한 외국인의 언어 소통의 어려움을 해소한다. 둘째, 문화관광해설사 육성사업으로서, 우리나라를 방문하는 국내외 관광객에게 그 지역의 문화와 관광자원에 대한 올바른 이해와 인식을 제공한다.

보건복지부는 첫째, 자원봉사 참여경로의 온-오프라인을 통한 다양화를 추진하는데, 네이버 해피빈·사회복지 자원봉사시스템(VMS)을 연동하고 사회복지자원봉사인증센터(6,200여 개소)를 통한 저소득 소외계층 및 사각지대의 봉사 일감 발굴을 촉진한다. 둘째, 수요-봉사자 간 연계 강화 및 체계화를 추진하는 것으로, 지방자치단체 사회복지전담공무원, 지역사회협의체 등이 사회복지통합관리망 및 방문·상담을 통해 수요자를 발굴해 지역봉사단과 연계하도록 한다.

여성가족부는 첫째, 여성자원봉사활동 활성화를 추진하는데, 여대생 자원활동 프로그램 지원(90개 프로그램), 여성자원봉사자와 함께하는 e-희망날개 교육 프로그램 지원(재가 여성장애인 210명)을 시행한다. 둘째, 청소년자원봉사활동 및 참여 활성화로서, 청소년 해외봉사단 파견 및 자원봉사 동아리활동 지원(200개), 청소년 자원봉사활동 전문인력 Pool제 운영(1,000명)을 추진한다.

기타 부·처·청의 경우 첫째, 해외봉사 사업지원(외교통상부)으로서, KOICA 봉사단 1,000명을 신규 파견(일반봉사단 820명, NGO 단원 180명)한다. 둘째, 민관협력을 통한 재난관리 활성화(소방방재청)로서, 재난안전네트워크 단체 등을 대상으로 재난 분야 자원봉사 실천 모범사례 발표대회개최 및 우수사례 전파를 시행한다. 셋째, 한 문화재 한 지킴이 운동 전개(문화재청)로서, 전국의 문화재 지킴이 활동 지원을 통한 문화재 보호활동에 민간 참여를 확대한다.

이와 같이 국가는 정책적으로 자원봉사활동의 활성화와 진작을 위해 연차적으로 범정부 차원에서 나름대로 사업을 추진하고 있는 것으로 보인다. 다음에서는 이러한 정책과 환경을 바탕으로 성공적인 자원봉사자 관리에 대해 살펴보고자 한다.

3) 성공적인 자원봉사 관리

성공적인 자원봉사 관리란 주어진 자원봉사활동 관리 전반을 성공적으로 이끌어 낸 것을 말한다. 즉, 조정자 및 관리자가 주도적으로 성공적인 자원봉사활동을 이끌어 내도록 한 것으로 풀이할 수 있다. 성공적인 자원봉사가 가능하도록 하는 관리 자체를 성공적인 자원봉사 관리라고 할 수 있다. 결국, 성공적인 자원봉사는 여러 가지 요소에 의해 영향을 받고 좌우되는데, 여기서는 조정자나 관리자의 리더십으로 혹은 관리로 결정적으로 성공적인 자원봉사가 이루어졌다는 뜻이다.

여기서는 자원봉사 조정자 및 관리자가 자원봉사 관리를 성공적으로 수행하기 필요한 최소한의 요소 혹은 내용들에 대해 살펴보고자 한다.

(1) 관리자 및 조정자의 자질과 역량

아무리 좋은 환경과 여건을 가졌다 하더라도, 또 아무리 좋은 자산과 자료를 가지고 있다고 할지라도, 정작 자원봉사활동 전체를 이해하고 필요한 요소들을 적절하게 활용하여 성공적인 프로그램을 만들고 지도 감독을 제대로 하는 것은 조정자 및 관리자의 능력이다. 반대로 아무리 열악한 환경과 자원을 가지고 있다고 하더라도 훌륭한 프로그램과 활동을 전개할 수 있는 것 또한 자원봉사 관리자 및 조정자의 역량에 달려 있다.

훌륭한 관리자 및 조정자의 자질과 역량은 무엇인가? 성공적인 관리조정자의 적성으로서 보야치스(Boyatzis)는 사기업과 공공조직을 대상으로 연구한 결과, 동기, 특성, 기술, 자아의식, 지식 등을 포괄하는 개념으로 대략 9가지를 예시하였다. 즉, 효율성 지향, 영향력에 대한 관심, 적극성, 자기확신감, 구두발표 기술, 개념화 능력, 개념의 진단적 사용, 사회화된 권력, 집단과정의 관리 등이다(이성록 편역, 1995, 재인용).

이성록(1995)은 사기업, 공공조직상의 관리조정자의 적성을 자원봉사에 적용하였을 때, 관리조정자가 갖추어야 할 자질로 다음의 5가지를 제안하였다.

- **포용력과 리더십**

원만한 성품과 리더십이 있어야 한다. 우선 자신에게는 엄격하면서도 타인에게는 너그러운 포용력이 필요하다. 업무 자체가 대인관계를 바탕으로 하므로 철저한 자기 절제와 관리능력이 있어야 하며, 동시에 친화력을 가지고 수용하고 이끌어 가는 원만한 성품이 요구된다.

- **인간에 대한 이해와 지식**

인간에 대한 이해와 지식을 갖고 있어야 한다. 인간을 탐구하는 기회를 많이 가지고 편견과 차별 없이 클라이언트나 자원봉사자와 동등한 위치에서 인간관계를 유지해 나갈 수 있어야 한다. 즉, 인간행동의 유형을 이해하고, 특히 조직 속에서의 인간행위에 대한 지식과 조정능력이 있어야 한다.

- **행복에 관한 직관력**

인간의 행복이 무엇인지 깊이 이해할 수 있는 직관력을 갖추어야 한다. 개개인의 행복에 대해 깊이 생각하는 것이 효과적인 자원봉사서비스를 수행하기 위한 원점이다. 따라서 서비스를 필요로 하는 사람의 자주성과 존엄성이 제고되는 자원봉사 서비스가 되도록 그들의 욕구를 보다 사려 깊게 파악할 수 있는 능력이 있어야 한다.

- **사업추진력**

사회복지에 대한 인식과 실천할 수 있는 추진력이 있어야 한다. 지역에서는 지역복지의 필요성을 완전히 이해하고 자원봉사자의 특성을 살려 보다 충실한 서비스를 추진해 나가는 유연성은 물론 자원봉사자의 활동의 입장을 고집하지 않고 지역복지 활동을 추진할 수 있는 추진력이 있어야 한다. 즉, 대국적 견지에서 자원봉사자의 활동이 지역복지의 생생한 원동력이 되도록 조정해 나갈 수 있어야 한다. 시설의 경우는 시설에서의 자원봉사자 활동이 단순히 부족한 인력을 보충하는 것으로 볼 것이 아니라 진정한 자원봉사자의 활동의 의의와 가치를 자원봉사자나 시설에 인식시켜 조정해 나갈 수 있어야 한다.

- **통찰력**

통찰력이 있어야 한다. 관리조정자는 자원봉사자의 적정 배치와 자원봉사자 서비스의 문제점을 타개하기도 하고, 조언자의 역할이 필요할 때 등 여러 가지 상황에서 적절히 대처해 나갈 수 있는 통찰력을 필요로 하기 때문이다.

다음은 장애인복지기관으로서 오랫동안 많은 자원봉사자를 활용하였던 경험을 가진 은평천사원의 사회사업실습교재에서 바람직한 자원봉사 관리자의 특성을 열거한 것이다. 이는 성공적인 자원봉사 관리에 필수요소일 것이다.

① 적극적인 태도: 소극적인 태도는 실패를 자초한다. 도전적이고 개척적인 태도를 가진다.
② 공정성 유지: 선입견이나 편견은 금물이다.
③ 새로운 사고에 대한 수용력: 완전한 사람은 없다. 항상 배우려는 자세를 가진다.
④ 경청과 이해: 자신의 주장을 펴기보다는 상대방의 느낌 · 의도 · 신념 등을 이해하려고 노력한다.
⑤ 능숙한 의사소통: 명료한 대화와 서류작성을 한다.
⑥ 재치 있는 유머: 긍정적이고 지지적인 유머를 구사한다.

승금희는 자원봉사 관리과정에 핵심적 역할을 하는 사람은 자원봉사 관리자라 할 수 있다고 보고 이런 자원봉사 관리자로서의 역할을 잘 수행할 수 있도록 갖추어야 할 자질로 다음의 4가지를 제시하였다(승금희, 2005 : 110-112).

● 사명감

지속적인 참여의 격려와 공유 가치를 진작하고, 낙관적인 견해와 유머감각이 있어야 하며, 모든 사람에게 열린 마음의 진솔한 신뢰감을 획득하여야 하고, 모든 일에 솔선수범하는 실천성과 업무의 융통성을 갖고 더불어 사는 인간공동체를 구현하는 일에 앞장서며, 타인에 대한 존경과 예의 등이 있어야 한다.

● 지도력

자원봉사 관리자로서 지도력은 조직의 활동과 프로그램의 방향을 바르게 제시하고 교육하는 일이다. 이를 위해서는 관찰력과 인내력이 필요하며, 좋은 언어구사력과 문장력, 창조적으로 이끌어 가려는 의지와 능력, 판단력과 용기, 의사결정력, 기획 · 감독 · 평가할 수 있는 총괄적 조직력이 필요하다.

● 능력

계획 추진 및 집행의 융통성과 조직원과 봉사자 사이에 좋은 관계로 협조하도록 업무환경을 조성하고, 봉사자를 적절한 교육을 통해 적합한 프로그램에 배치하며, 각종 서류 및 보고서 작성 · 보관 · 개발, 인쇄물이나 홍보물의 제작 · 편집 · 광고할 수 있는 능력이 있어야 한다.

● 자원봉사자 통솔력

생산적 업무환경을 만들고, 규범에 따른 업무수행을 하며, 관리감독자와의 접근을 용이하게 함으로써 자원봉사자와 자주 접촉할 수 있는 기회를 마련하며, 무상으로 맡겨진 자원봉사자의 시간을 현명하게 사용하려고 노력해야 한다. '감사합니다'라는 말은 자원봉사자가 받는 보수와 같다고 생각하므로 늘 그 표시를 진지하게 함으로써 자원봉사에 대한 인정을 끊임없이 해야 한다.

저자는 자원봉사 관리자나 조정자가 성공적인 자원봉사 관리를 위한 필수요건으로써 갖추어야 하는 자질로 다음의 사항을 제시하고자 한다.

● 인간과 사회에 대한 깊은 이해와 사명감

조정자 및 관리자는 인간의 본질, 내면세계, 동기, 인간관계 등에 대한 지식과 이해력을 가지고 있어야 한다. 특히, 인간의 욕구와 문제, 고통에 대한 원인과 해결책에 지식과 전문기술을 가져야 한다.

여기에 더하여 사회의 구성원리, 사회 변화와 사회문제의 원인과 해결책 등에 대한 광범위한 지식을 기반으로 하면서, 자신이 속한 조직과 기관의 이해, 자원봉사자들의 동기와 집단의 특성과 변화 모습 등을 알고 있어야 한다.

인간과 사회에 대한 깊은 이해를 바탕으로 자원봉사활동이 목적하는 바를 이해하고 그 목적달성에 대한 사명감을 가져야 한다. 인간의 고통과 행복, 사회의 구성 원리, 자원봉사 대상으로서 문제와 문제집단을 이해하고 대처할 수 있는 역량은 조정자 및 관리자의 내면세계의 가치적 · 철학적 지향점과 지능 및 경험에 좌우되기 때문에 인간과 사회에 대한 깊은 이해와 사명감은 성공적인 자원봉사 관리의 첫 번째 요소다.

● 열린 사고와 지속적인 성장과 성숙을 지향

자원봉사 관리자 및 조정자는 사람들 사이에서 함께 일하는 전문가이며, 휴먼서비스를 제공하는 데 결정적으로 중요한 역할을 수행한다. 그러므로 이들에게는 열린 사고를 갖추는 것이 매우 중요하다. 서로 다른 사람을 존중하고 인정할 수 있는 자질, 이들을 결집시켜 특정의 목적으로 나아가도록 하는 능력은 우선 열린 사고에서 나온다.

한편, 집단이나 조직을 지속적으로 성장시키고 성숙시킬 수 있는 역량 또한 중요한 관리자의 자질이다. 세상과 사회는 변화하고, 자원봉사활동이 관심을 가지고 있는 인간의 욕구와 문제도 변화한다. 그리고 자원봉사 단체나 개인도 변화하고 자신이 속해 있는 기관도 변화한다. 변화하는 환경 속에서 개혁과 갱신, 성장과 성숙은 필수적이고, 이러한 긍정적인 변화를 가져오지 못하는 조직이나 개인은 정체하고 결국은 쇠락의 길을 걷게 된다.

따라서 성공적인 자원봉사 관리자 및 조정자는 열린 사고로 자신이 속한 조직이나 기관, 자원봉사 단체나 집단을 지속적으로 성장시키고 성숙시킬 수 있어야 한다. 자원봉사자는 이 과정에서 매력을 느끼고 성취감을 맛볼 수 있다.

● 지도력과 업무 추진 역량

관리자 및 조정자는 업무과정에서 예상하지 못한 숱한 어려움과 장애물에 직면한다. 다양한 특성과 모습을 가진 사람을 하나의 목적으로 이끌어가고, 자신이 속한 기관과 자원봉사조직을 연계하는 일, 자원과 욕구를 조합하여 프로그램화하고 이를 추진하는 일 등은 지도력을 필요로 한다. 지도력은 동기를 부여하고 새 힘을 불어넣어 주며, 장애물을 넘어갈 수 있게 한다. 무엇보다 목적달성에 효과적이고 효율적이도록 조직을 이끄는 능력을 가지고 있다.

기획력, 인사, 재무, 소통능력 등 관리자가 수행해야 하는 기본적인 업무추진을 제대로 할 수 있는 능력을 갖추어야 한다. 특히, 지역사회나 국가사회적으로 변화하는 과정 속에서 미래 비전을 제시하고, 새로운 욕구 발생과 문제에 대처할 수 있는 창의력을 갖춘 업무 추진 역량을 갖추어야 한다.

(2) 조직 내 적절한 인적 · 물적 자원체계

자원봉사 관리가 성공적으로 이루어지기 위해서는 일차적으로 관리자 및 조정자의 역할이 중요하다. 또한, 자원봉사 관리자를 둘러싸고 있는 여러 가지 요인도 성공적인 자원봉사 관리를 위해서 필요하다. 그중 하나가 관리자가 속한 사회복지기관이나 자원봉사단체에서 함께 일하고 있는 인적 · 물적 자원체계라 할 수 있다.

먼저 조직 내 인적 자원은 대표자 혹은 이사장, 이사, 기관장 혹은 시설장, 그리고 자원봉사 관리자를 직접 지도 감독하는 상급자 등이 성공적인 자원봉사 관리에 영향을 끼칠 수 있는 인적 자원 체계다. 이 중에서 기관장이나 이사장의 영향력이 중요하고, 특히 바로 위 상급자 역시 결정적으로 영향을 끼칠 수 있다. 이들이 가진 자원봉사와 관련한 이해의 정도, 비전, 이념, 리더십의 특성, 관심 등이 성공적인 자원봉사 관리에 중요한 영향요소다.

반대로 자원봉사 관리자 및 조정자는 이들과 긴밀한 협력체계를 이루면서 업무를 처리해야 하는데, 자원봉사 관리에 대하여 적극적으로 이들을 이해시키고 설득하며, 전문적인 관계를 유지할 수 있어야 한다. 이들의 지원이 바로 성공적인 자원봉사 관리의 중요 요인이기 때문이다. 자원봉사 관리자는 조직의 분위기를 자원봉사활동에 친화적이고 협력적으로 만들어갈 수 있도록 노력해야 한다.

(3) 적절한 자원봉사 정책과 제도

성공적인 자원봉사 관리를 위한 세 번째 요소는 자원봉사자나 자원봉사조직, 자원봉사활동과 관련한 국가의 법적 · 정책적 장치에 관한 것이다. 이미 언급하였듯이, 자원봉사 관련 법적 행정체계는 자원봉사를 활성화시키고, 국민이 자원봉사활동에 대해 손쉽게 관심을 가질 수 있는 환경체계(자원봉사 전산망)를 조성한다. 경우에 따라서는 보상과 예우, 안전장치, 적절한 지원체계 등이 어느 정도 잘 정비되어 있을 때 성공적인 자원봉사 관리도 이루어질 수 있다.

자원봉사자에 대한 교육훈련과 지속적인 활동을 유도하는 사회적 · 정책적 환경 수립, 매력을 제공할 수 있는 제도적 장치들은 자원봉사활동에 대한 시민의 관심을 가져올 수 있고, 성공적인 자원봉사 관리에 유익한 지원체계가 될 수 있다.

(4) 자원봉사자 집단의 규모와 역량

성공적인 자원봉사는 자원봉사자의 역량과 그 집단의 특성에서도 좌우될 수 있다. 또한, 자원봉사자 집단의 리더들이 어떤 능력을 가진 사람들이냐 하는 것도 중요한 성공요인 중의 하나다.

자원봉사자 관리 차원에서 자원봉사자를 체계적으로 교육, 훈련하는 한편, 관심을 가지고 상담, 지도 감독하는 과정에서 자연스럽게 자원봉사자의 역량이 높아질 것이다. 또한, 그들 중에서 리더가 탄생하고, 조정자 및 관리자와 협조적인 관계를 유지하면서, 결과적으로 성공적인 자원봉사 관리로 연결될 것이다. 관리자는 자원봉사자와 리더와 함께 성공적인 자원봉사로 발전시켜 나아가는 능력을 가져야 한다. 자원봉사자의 역량은 성공적인 자원봉사 관리의 요소로서 주어진 것이기도 하며, 경우에 따라서는 성공적인 자원봉사 관리가 가능하도록 훈련되기도 한다.

(5) 지역사회의 협력과 네트워크

성공적인 자원봉사 관리의 또 하나의 요소는 지역사회와의 적절한 협력 혹은 네트워크 구성이다. 성공적인 관리자는 주어진 현상과 자원을 적절하고 효과적인 자원으로 변화시키고 연결시키는 힘이 있다. 자원봉사기관이 지역사회와 관련 기관이 협력자로서 적극적으로 참여하도록 동기를 부여하는 것도 조정자 및 관리자의 몫이다. 성공적인 자원봉사 관리는 지역사회의 협력 없이는 불가능에 가깝다. 결국, 자원봉사활동의 대상과 자원은 바로 지역사회이기 때문이다. 또 유사한 역할을 수행하는 지역사회 내 다른 기관이나 조직과 때로는 연계, 교류하면서 자원봉사활동을 관리해야 성공적인 관리가 이루어진다. 이러한 배경에서 자원봉사 관리자 및 조정자는 지역사회 내 각종 조직과 자원의 흐름을 잘 파악하고 있어야 하며, 경우에 따라 적절하게 활용할 수 있어야 한다.

보론

대학의 자원봉사

01 대학의 본질과 사회봉사

1) 대학의 본질과 기능

많은 사람이 "대학이란 무엇인가?"라는 질문에 여러 가지로 대답한다. 대학의 역사적 기원을 살펴보면 고대 그리스 시대부터 순수학문과 심미적인 교양인을 가르치는 것으로 시작되었다. 그러므로 대학은 상아탑으로 현실과 다소 유리된 이상적인 지식과 이론을 연구하는 곳으로 생각하여 왔다. 하지만 근대 이후로 대학은 복잡하고 변화하는 사회를 선도하고, 때로는 올바른 방향으로 변화할 수 있도록 지도적인 역할을 요청받았다. 이러한 점에서 대학은 점차 사회로부터의 분리에서 사회에의 개입과 실용주의적 경향으로 전환하는 양상을 보인다.

통상 현대사회에서 대학의 본질과 기능은 진리탐구, 교육, 사회봉사로 요약된다. 이를 간략하게 설명하면 다음과 같다.

(1) 진리탐구와 연구

대학은 사람이 지닌 최고의 지성을 대표하고 있으며, 지성의 기능 중 가장 중요한 것은 바로 진리탐구다. 그래서 대학은 오랫동안 진리탐구에 필요한 목적과 의미에 관한 것부터 삶의 방식과 기술 그리고 생활의 전 영역에 대한 현상과 문제에까지 확대하여 다루고 있다.

현대 산업사회에서 진리는 종교적 · 철학적 영역부터 자연과학과 사회과학, 심지어 인문과학에 이르기까지 다양한 모습과 특성을 지닌 채 그 존재 방식과 내용이 변모하고 있다. 여기서 진리를 일반법칙과 원리와 유사한 개념으로 본다면, 모든 학문 분야에서 보다 깊고 오묘한 일반법칙과 원리를 추구하는 모든 행위와 노력이 진리탐구에 포함될 수 있다. 따라서 진리탐구활동은 곧 연구와 학문하는 활동 그 자체다.

대학은 변화무쌍한 현대사회에서 변화하지 않는, 또는 덜 변화하는 어떤 현상, 곧 진리 혹은 일반법칙을 찾는 현장이다. 이 진리와 일반법칙 혹은 원리는 보이는 세계와 현상을 설명하고 예측함으로써 궁극적으로는 사람에게 유익한 결과를 준다. 또한, 근본원리를 알게 됨으로써 누리는 개인적 · 집단적 만족과 즐거움도 준다.

대학은 이러한 측면에서 인간과 사회를 이끌어가는 중요한 역할을 수행한다고 말할 수 있다. 전문지식을 가지고 일반 사회인이 볼 수 없는 현실과 문제를 바라볼 수 있음으로써, 특정 분야에 유익한 도움을 제공할 수 있는 힘을 가지게 된다. 바로 이러한 학문적 진리탐구는 그 자체로서 의미가 있다고 할지라도, 궁극적으로는 사회와 사람들에게 유익한 결과를 가져다준다는 사실에서 항상 실용적인 의미도 내포하고 있다.

아무리 사회와 떨어진 순수학문과 진리라고 할지라도, 직간접으로 자신이 존재하는 사회와 지역주민의 삶에 무관한 것은 있을 수 없다. 만일, 자신이 살고 있는 지역사회와 전연 무관한 것으로 보인다고 할지라도, 결과적으로 사회에 나름대로의 의미와 영향력을 끼친다. 그리고 학문을 하는 사람 중에 자신의 사회에 관심이 없는 사람이 있겠는가? 다만, 직접적이냐 간접적이냐 하는 것의 문제일 뿐이다.

반면에 최근 대학이 현실 적용에 필요한 지식개발 위주로 변모되고 있고, 대학생 역시 장래 취업을 위해 필요한 과정으로 인식되고 있는 상황에서, 대학의 진리탐구는 상아탑이라 생각되었을 때와는 다른 의미로 사회봉사와 무관하고 더욱 개인적 이익을 위해 봉사한다는 논의도 있다. 어떤 측면에서는 이러한 주장이 설득력을 가질 수 있지만, 개인의 이익과 사회의 이익이 배치되지 않는다는 맥락에서 살펴보면, 대학의 진리탐구는 개인과 가정 더 나아가 사회 전체의 이익을 위해 봉사하는 기능을 가진다.

이러한 시대의 대학에서, 더욱 필요한 사실은 진리를 탐구하는 데 개인의 이익과 사회적 이익을 연계시키는 사회적 책임의식과 공동체 의식이 절실히 요구된다는 점이다. 지식에 윤리와 철학이 요망되는 것도 여기에 있다.

(2) 학문의 전수와 교육

대학이 가진 두 번째 기능은 전문지식과 기술을 다른 사람에게 전수하는 일이다. 흔히 사회화라는 말은 한 시대의 전통과 문화라고 일컫는 모든 축적된 지식을 다른 세대로 전수하는 활동이다. 사회화는 과거 전통사회에서는 가정에서 주로 부모를 통해 이루어졌으나, 산업사회로 오면서 공식적인 교육제도가 이를 맡게 되었다.

대학은 교육제도 중 가장 상위에 존재하면서 고도의 전문지식과 기술을 다음 세대로 전달하는 기능이 있다. 진리탐구와 학문활동을 통해 발견되고 만들어진 기술과 지식을 보다 많은 사람에게 교육함으로써 확산과 전달이 이루어진다.

사람은 언어와 도구를 사용하여 자신이 발견하고 만들어 낸 기술과 지식을 표현하고 다른 사람에게 전달한다. 이러한 전달과정과 교육과정은 지식과 기술을 깊고 세련되게 만드는 계기가 된다. 그리하여 결과적으로 사회를 발전시키는 기회로 작용한다.

(3) 사회봉사

대학의 세 번째 기능은 지역사회를 위한 사회봉사다. 대학의 사회봉사는 학문탐구와 교육활동 자체를 통해 이루어지는 것이기도 하지만, 자신이 가진 지식과 기술을 사용하여 지역사회의 문제해결과 지역 주민의 삶의 질 향상을 위해 직접 노력할 수도 있다.

그동안 대학의 사회봉사는 다른 두 가지 기능보다 상대적으로 간과되어 온 것이 사실이다. 하지만 현대사회에서는 대학과 국가 혹은 지역사회의 공동운명체적인 환경이 조성되면서 점차 대학의 사회봉사 기능이 강조되고 있다. 오늘날 전 세계적으로 대학의 사회봉사 기능을 강조하여 대학 구성원 모두가 지역사회를 위한 봉사활동에 직간접으로 관여하고 있다. 교수는 말할 것도 없고, 대학생과 직원까지도 지역사회 봉사활동에 참여하는 시대에 살고 있다. 우리나라는 1980년대 후반부터 전국 각 대학에서 사회봉사활동에 관심을 가지고 있다.

2) 대학의 사회봉사활동

(1) 사회활동 배경

대학이 사회봉사활동에 관심을 가져야 하는 필요성 혹은 배경은 몇 가지로 요약할 수 있다.

첫째, 사회와 국가의 요청 및 대학의 존립과 연관된 배경이다. 대학의 본질이 앞의 세 가지로 요약된다고 한다면, 궁극적으로 대학은 국가와 지역사회에 대해 지도적인 위치에 있음을 전제한 것이라고 볼 수 있다. 대학이 아무리 상아탑으로서 진리탐구에 열중하여 지금 당장의 사회현실에서 유리되고 현실의 문제를 해결하기 위해 노력하지 않을지라도 보다 장기적이고 근원적으로는 국가와 사회에 기여하는 면이 있다. 대학은 그 존재 자체가 이미 국가와 사회에 상징적인 위치를 떠나 중요한 역할을 수행한다. 즉, 대학은 직간접적으로 국가나 지역사회에 영향력을 미치는 것을 배제할 수 없다.

그러므로 이념적으로 현실사회에 깊이 개입하지 않으려고 해도 이미 사회나 국가는 인재양성이나 사회적 지도계층의 육성을 위해 많은 요청을 하고 있다. 또 대학은 이미 이러한 국가와 사회, 특히 기업의 요청에 부응할 수밖에 없는 실정이다. 더욱이 국가 간 경쟁이 날로 치열해지고 있으므로, 대학이 지금 당장의 문제해결에 유익한 기능을 하지 않는다 하더라도 사회 전체에 다양한 영향력을 미치고 있다.

우리나라 현실상 대학이 경쟁력을 가지고 살아남기 위해서라도 사회가 요청하는 인재를 배출해야 한다는 점에서, 대학은 그 어느 때보다도 현대사회와 밀접하게 연관을 가져야 하며, 또 현대사회의 요구에 발 빠르게 대응해야 하는 시기에 살고 있다.

최근 우리나라에 대학 설립이 손쉽게 이루어지고 있고 외국 대학이 자유롭게 들어올 수 있는 상황에서 대학 간 경쟁은 더욱 치열할 수밖에 없다. 특히, 지방대학일수록 당해 지역사회 주민들의 욕구와 문제에 함께 관심을 가지고 공동체적인 관점에서 개입해야 하는 상황에 접어들고 있다. 동시에 지방자치제도가 정착되어 가면서 지방대학은 각기 지역사회에 자율적이고 독특한 개입을 모색해야 하는 처지에 놓여 있다.

따라서 대학은 이제 단순히 교육하고 학문을 연구하는 데 그치는 것이 아니라, 보다 적극적으로 지역사회 전반에 개입하는 사회봉사적인 측면을 강화해야 하는 상황에 직면하고 있다. 그만큼 지역사회와 대학, 국가와 대학이 공동운명체로 연결되고 있음을 말한다.

더욱이 이러한 추세를 반영하여 대학평가제도에서도 대학의 지역사회에 대한 사회봉사를 측정 평가하는 항목이 있을 정도이므로, 대학의 사회봉사는 기본이고 필수사항으로 부각되고 있다. 국가 정책적으로도 대학의 사회봉사활동 기능을 높이고 적극 개입하도록 권장 유도하고 있다.

한국대학교육협의회에서 내놓은 대학평가 중 사회봉사 항목은 크게 사회봉사 영역과 대외협동 영역으로 이루어져 있다. 이 중 사회봉사 영역의 평가 기준은 다음과 같다. 즉, 대학은 대학 특성에 맞는 사회교육 프로그램을 개설 · 운영하여야 하고, 교수와 학생은 사회봉사활동에 적극적으로 참여해야 하고, 대학은 이를 지원하기 위한 적절한 사회봉사행정 체계를 갖추어야 한다(한국대학교육협의회, 1996: 54).

이러한 지침의 하위에 있는 평가항목은 사회봉사 프로그램, 교수와 학생의 사회봉사활동 실적 그리고 대학의 행정지원체계 등으로 구성되어 있다. 그러므로 교육정책으로도 대학이 지역사회에 대한 사회봉사활동을 적극적으로 권장하고 있다고 해석해도 무방하다. 이러한 기준에 따라 우리나라의 거의 대부분의 대학이 사회봉사에 참여하거나 관심을 가지고 있다.

둘째, 대학 스스로의 미래 지향적인 관점에서 사회봉사활동의 중요성을 인식하게 된 점이다. 그동안 우리나라는 성장과 개발 위주의 국가 경영과 정책이 우선시되어 왔으나, 성장의 부작용으로 각종 사회문제는 말할 것도 없고 외환위기와 경제위기로 IMF 구제금융을 받는 상황에 이르기도 하였다. 물론, 성장과 개발은 필요하였고 성공적이었다고 평가할 수 있으나, 다른 한편으로는 개인주의, 물량주의, 업적주의, 경쟁주의 등으로 사회적 불평등과 이기주의적 양상을 드러내게 되어 그동안의 성장 과실을 저해하는 걸림돌이 되고 있다.

이러한 상황에서 경제적으로 구조조정을 착실하게 진행하면서 정치, 사회 전반에 걸친 새로운 구조개혁이 이루어져야 함을 국민 모두가 인식하고 있다. 특히, 사회변화는 국민 개개인의 의식 변화에서 비롯되기 때문에 이러한 의식의 개혁이 시급한 실정이다. 많은 학자가 지적한 것과 같이, 성숙한 사회, 21세기의 통일한국을 이루기 위해서는 성숙한 시민의식과 (민족)공동체 의식, 그리고 복지의식이 요청된다(어명하, 1997).

의식개혁은 단순히 교실이나 강의실에서 학습을 통해 배울 수 있기보다는 삶의 현장에서 실천을 통한 경험으로부터, 그리고 주위의 고통당하고 어려움을 겪는 이웃들과의 나눔으로부터 가능하다. 이미 중고등학교 학생을 21세기 다원사회, 정보화사회의 새로운 사회상을 맞는 인간상과 인성을 갖춘 사람으로 형성시키기 위해 사회봉사활동을 시행하게 되었다. 물론, 이점에 대하여 부정적인 시각이 많으나, 중고등학생이 올바른 자원봉사활동 지도자와 프로그램의 지원을 받게 되면 바람직한 현장체험을 통해 목적하는 인격의 성숙과 사회공동체 의식을 갖게 되리라 생각한다. 이 점에 대해 몇몇 연구가 실증적으로 중고등학생을 상대로 사회봉사활동의 유익한 점을 조사연구한 것이 발표되고 있다. 그 예로 김동배의 1995년 연구를 들 수 있다.

(2) 사회봉사활동의 필요성

대학의 구성원 중 대학생이 사회봉사활동에 참여해야 하는 이유는 몇 가지로 요약된다. 여기서 언급하는 내용은 대학생이 자원봉사활동을 통해 스스로 획득할 수 있는 유익한 점이라고 할 수 있다. 즉, 앞서 언급한 중고등학생 봉사활동의 유익한 점은 바로 대학생에게 적용될 수 있는 것이지만, 여기서는 대학생이 사회봉사활동에 참여함으로써 얻을 수 있는 이점을 요약하고자 한다(현외성 외, 1998: 39-48).

❶ 장래 사회지도자로서 자질 형성

학생은 장차 우리 사회의 각 분야에서 선도적인 역할을 담당하게 될 위치에 있다. 그들은 학문적 · 전문적 기술은 물론 인격적 역량에서도 다른 사람을 이끌 수 있는 자질을 갖추어야 한다. 대학 시절 사회봉사활동은 다양한 경험을 통해 인생과 사회의 문제와 의미를 생각하고 자신의 전공을 연결시킬 수 있는 좋은 계기가 된다.

❷ 전문기술의 적용과 연마

대학은 전문기술과 학문을 연마하는 곳이다. 학생은 각자가 자기 전공을 학습한 전문지식과 기술을 지역사회현장에 사회봉사활동에 적용하여 지역주민을 돕고 자신의 기술과 지식을 보완하는 학습의 연장으로 삼을 수 있다. 가능하면 자신의 전공과 관련된 분야에서 자원봉사활동을 실천하면 더욱 유익할 것이다.

❸ 사회문제에 대한 새로운 인식과 사회적 책임감의 체득

자신의 전공을 살리거나 혹은 가치관에 따라 사회봉사활동을 수행하는 과정에서 여러 가지 사회문제에 직면할 수 있다. 그러나 이러한 사회문제를 해결하는 과정에서 학생은 문제해결능력을 배양할 수 있고 문제의 배경에 대한 시야를 갖출 수 있다. 이 상황에서 학생은 학교에서 학습할 수 없는 복잡하고 다양한 의미를 갖는 문제에 대처하여 자신과 사회를 돌아보는 계기를 얻게 된다. 경우에 따라서는 사회 전반의 상황에 대한 새로운 인식을 갖게 되고 사회구성원으로서의 책임감을 통감할 수 있다.

❹ 인간의 존엄성과 가치에 대한 인식

학생이 봉사활동을 수행하는 과정에서 사회봉사 대상자를 만나 그들이 처한 어려움을 이해할 수 있다. 그들의 처지와 형편을 알고 사회적 약자에 대한 가치와 인간의 존엄성을 생각하는 계기가 된다.

❺ 성숙한 자아의 형성

사회봉사활동 과정에서 여러 사람과 협력하게 되고 사람이 직면한 다양한 문제를 발견함으로써 자신과 가정과 사회를 새롭게 볼 수 있는 눈을 갖춘다. 또한, 타인에 대한 배려와 이해심을 넓게 가질 수 있는 경험을 하게 된다.

02 대학 사회봉사교육의 의미와 유형

1) 봉사학습의 의미

(1) 개념

봉사학습의 개념에 대해 그린글과 해처(Gringle & Hatcher)는 다음과 같이 말하였다. "봉사학습이란 발견된 지역사회의 욕구를 충족시키기 위하여 조직화된 봉사활동에 학생이 참여할 수 있도록 하는 학점과 연계된 교육적 경험으로서, 학생은 봉사활동을 통해 주어진 학습과정을 보다 심도 있게 이해하고 그 교과목에 대한 보다 넓은 이해를 획득하며, 시민으로서 책임감을 증진시키려는 일종의 교육적 활동이다." 여기서 강조점은 봉사학습은 교육적 활동에서 시작되며, 학생은 봉사활동을 통해 관련 교과목에 대한 이해를 깊게 하여 시민으로서 책임감을 증진시키려는 데 목적이 있다는 것이다. 동시에 봉사학습은 전통적인 봉사활동과 마찬가지로 봉사활동을 통해 지역사회의 욕구를 충족시키려는 데에도 동일한 목표를 지니고 있음을 지적하고 있다.

미국고등교육협회(AAHE)에서는, “봉사학습이란 학생들이 면밀하게 조직화된 봉사를 통해서 학습하고 성장하는 방법으로서, 봉사활동은 지역사회의 욕구를 충족시키고 교육기관과 지역사회를 연계시키며, 시민으로서 책임의식을 증진시키도록 도움을 주며, 학생들이 신청한 교과목 학습능력을 배양하며, 학생들이 봉사활동의 경험을 가질 수 있도록 시간을 구조화시키는 작업”임을 강조하고 있다.

한편, 지역대학을 위한 봉사협의회(Campus Compact National Center for Community College)에서도, “봉사학습이란 지역사회봉사와 비판적이고 반영적 사고 그리고 시민적 책임감에 초점을 맞춘 학습지도를 연결한 하나의 지도방법이다. 봉사학습은 지역적 욕구를 해결하는 데 필요한 조직화된 지역사회의 봉사에 학생들을 관여하게 하여, 그들이 가진 학문적인 기술, 시민적 책임감 및 지역사회에의 헌신을 개발하려는 것”임을 지적하고 있음을 발견할 수 있다.

이상의 개념정의에서 발견할 수 있는 점은 봉사학습은 기존의 사회봉사활동이라는 활동에 교육적 목적을 연계시켜 학습활동의 하나로 발전시킨 개념으로 이해된다는 것이다. 그러므로 봉사학습은 봉사활동을 통해 도움을 받는 대상에 대한 관심은 물론 봉사활동에 참여하는 학생이 관련된 다양한 교과목을 사회봉사에 연계시켜 학습의 연장선상에서 교육과정의 하나로서 실행하는 것이며, 그 결과로 교과목에 대한 깊은 이해와 시민으로서 책임감을 기르는 교육활동으로 볼 수 있다.

대학에서는 이러한 봉사학습을 대학의 입장에서 나름대로 수용하여 대학의 특성과 지역사회의 특수성에 맞추어서 적절하게 활용함으로써 대학생, 대학 및 지역사회가 상호 유익하며, 특히 교과목을 보다 깊이 있게 발전시킬 수 있는 기회를 획득할 수 있게 된다.

(2) 효과적인 봉사학습

봉사학습이 효과적으로 실현되기 위해 몇 가지 구성요소를 갖추어야 한다는 것은 여러 학자에 의해 주장되었다. 그중에서 몇 가지를 예거해 보면 아래와 같다.

① 봉사학습은 단순한 봉사활동이 아닌 경험학습, 체험학습의 연장선상에 있다.

② 따라서 봉사학습은 체계화되고 구조화된 학습과정이 있어야 한다.
③ 봉사학습은 도움을 받는 사람이나 대상에만 초점을 두기보다는 상호연계가 중요하다.
④ 봉사학습은 봉사자의 학습목표를 분명히 해야 하며, 이는 봉사자의 종류에 따라 다양하다.
⑤ 봉사학습은 지도자, 관리자 및 조정자의 역할이 중요하다.

이상과 같은 구성요소를 특히 감안하면서 몇 가지 측면에서 봉사학습 프로그램을 구상하고 기획해야 한다. 적어도 아래와 같이 3가지 측면에서 봉사학습 프로그램을 만들 때 효과적인 봉사학습이 가능한데, 이것을 효과적인 봉사학습 프로그램의 원리라고 할 수 있다.

첫째, 협동적 측면에서의 프로그램 원리로서, 효과적인 프로그램은 봉사활동에 참여하는 사람으로 하여금 공동선을 위해 책임 있고 도전적인 행동을 할 수 있도록 참여하게 한다. 또한, 효과적인 프로그램은 봉사활동에 참여하는 사람이 봉사경험에 대하여 비판적으로 생각할 수 있도록 구조적인 기회를 제공한다. 마지막으로 효과적인 프로그램은 관여한 모든 사람에게 봉사활동과 목적을 명확하게 밝힌다.

둘째, 상호성의 측면에서의 원리로서, 효과적인 프로그램은 모든 사람에게 자신이 가진 욕구를 스스로 밝힐 수 있도록 도움을 제공한다. 다음으로 효과적인 프로그램은 관여하고 있는 각각의 사람에게 그리고 조직에 그들의 책임성을 밝히게 한다. 더욱이 효과적인 프로그램은 변화하는 환경을 인식케 하는 과정을 통하여 봉사자와 대상자 사이를 매치시킨다. 그리고 효과적인 프로그램은 순수하고, 활동적이며, 지속적인 조직화된 헌신을 기대한다.

셋째, 다양성의 측면에서의 원리로서, 효과적인 프로그램은 봉사활동과 학습활동의 목적을 충족시키기 위하여 훈련, 지도 감독, 모니터링, 지원, 인식, 평가를 포함한다. 또한, 효과적인 프로그램은 봉사와 학습이 유연하고 적절하며, 대상자의 욕구에 맞도록 시간적 연결에 관심을 가진다. 마지막으로 효과적인 프로그램은 다양한 인구계층이 참여하고 이들과 함께 이끌어 가도록 노력한다.

(3) 봉사학습의 유용성

봉사학습의 유용성은 여러 가지 특성을 가지고 있다. 학생, 학교 및 지역사회와 관련하여 몇 가지로 유용성을 살펴보면 다음과 같다(Wade, 1997: 27-29).

❶ 학생

초중고등학생 및 대학생 등에 따라 봉사학습이 목적하는 바는 다를 것이다. 즉, 참여하는 학생의 정신적 · 신체적 발달 정도와 그들이 관심을 가지는 영역이라든지, 학생이 처해 있는 상황 등에 따라 미치는 영향과 유용성이 다르다.

첫째, 사회성의 발달과 관련하여 문제해결능력, 윤리성(의식), 도덕적 합리성 역량, 사회적 책임성, 시민의식, 정치적 이해력의 발달, 절제와 다양성의 인정, 봉사활동 과업과 연관된 특수한 기술역량 등의 제반 역량을 강화하고 높일 수 있는 이점이 있다.

둘째, 학생의 심리적 발달과 관련하여 자아존중감, 적극성, 감정이입, 심리발달 등을 심화시키고 제고시킬 수 있는 유용성이 있다.

셋째, 학습발달 · 지능발달과 관련하여 학습능력, 비판적 사고, 경력과 지식이 성장의 촉진이 가능하여 학습발달과 지능발달에 유익한 영향을 끼친다.

❷ 학교

학생과 마찬가지로 학교 측에도 많은 유익한 점이 봉사학습을 통해서 획득될 수 있다고 보고되고 있다. 예를 들어, 교사-학생 간의 관계 증진, 교사 간 동료의식 증대, 학교 전체의 분위기 신장, 학교와 지역사회 사이의 파트너십 발전 등에 봉사학습이 기여한다. 다만, 봉사학습이 제대로 된 프로그램에 따라서 이루어질 때 소기의 성과를 거둘 수 있다.

❸ 지역사회

마지막으로 지역사회에도 봉사학습이 여러 가지 유익한 효과를 가져올 수 있다. 아무래도 봉사학습을 통해 학생이 직간접으로 실천활동을 수행하여 궁극적으로는 지역사회 발전에 공헌하게 되는 결과를 가져오는 것이다. 예를 들어, 취약계층의 복지증진, 지역사회 전체의 복지증진(외부 효과), 봉사자는 지역사회의 귀중한 자원으로 지역사회 복지증진, 사회복지기관 및 봉사기관의 쇄신에 도움을 제공함 등이 지역사회에 대한 봉사학습의 유용성으로 지적될 수 있다.

2) 대학 사회봉사교육의 정의

대학에서의 사회봉사활동은 일반인이 전개하는 사회봉사활동과 공통점과 차이점이 있다. 먼저 일반인의 활동과 같은 점은 사회봉사활동을 통해 직간접적으로 도움이 필요한 대상에게 여러 가지 도움을 제공하는 활동이라는 점이다. 즉, 이는 사회봉사활동을 통해 도움을 제공받는 자의 입장에서 동일한 활동으로 수용될 수 있다.

그러나 사회봉사의 두 번째 측면인 도움을 제공하는 활동과 과정을 통해 도움을 제공하는 자의 변화와 성장 등의 유익에서는 매우 다른 의미를 가진다. 물론, 모든 사회봉사활동은 도움을 제공하는 자에게도 어느 정도 유사한 효과를 가져다주는 것으로 볼 수 있으나, 특히 초중고등학교 학생이나 대학생의 사회봉사활동은 일반인의 사회봉사활동과는 매우 다른 의미와 기능을 가진다. 그것은 사회봉사활동을 수행하는 사람의 성장과 변화를 도모하는 학습과정의 하나로서 또는 학습활동의 한 유형으로서 사회봉사활동을 이해하는 것이다. 학교에서 배움의 과정에 있는 학생의 봉사활동은 교실에서 학습하기보다는 삶의 현장에 직접 체험을 하면서 배우는 학습 유형으로서 사회봉사활동이 의미 있는 것으로 평가되고 있다.

이는 본래 봉사학습(service learning)이라는 용어로 사용되는 기존의 학습과 유사한 것으로, 대학생이 자신이 살고 있는 지역사회의 삶의 현장에 뛰어들어 사회봉사활동 과정을 통해, 여러 가지 사회문제에 접촉하면서 새로운 인식과 체험을 갖게 되는 교육의 연장선에서 사회봉사활동을 정의하는 것이다. 따라서 대학생의 사회봉사활동은 서비스의 제공이라는 차원을 넘어 서비스 제공자의 변화와 성숙을 도모하는 교육활동의 하나로 인식하는 점에서 일반인의 사회봉사활동과 구별된다.

다만, 초중고등학생의 사회봉사활동과 대학생의 사회봉사활동은 각각 학생이 가진 지식과 역량의 차이뿐만 아니라 생애 주기 혹은 성격의 발달 수준이 다르기 때문에, 사회봉사활동을 통해 획득하려는 봉사학습의 목표가 조금씩 다를 수 있다. 하지만 넓은 관점에서 볼 때 봉사학습이라는 점에서는 이들의 사회봉사는 일반인의 사회봉사와는 구별된다.

사회봉사활동을 통해 성장하고 변화된 사람이 세상에 살면서 주위의 이웃이나 지역사회에서 선한 생각과 활동을 계속해서 확산시켜 나갈 수 있도록 하는 것 역시 사회봉사활동의 목표다. 이 목표는 일반 사회봉사활동과 동일한 것이지만, 차이점도 있다. 그것은 대학생이 장차 세상에 나아가서 생활할 때 어느 집단이나 조직 속에 있다고 할지라도, 지도자로서 역할을 수행할 가능성이 크다는 것에서 비롯된다. 따라서 대학 사회봉사활동에서는 새로운 시대에 필요한 지도자를 기른다는 보다 거시적인 입장에서 사회봉사활동을 교육적으로 활용해야 한다. 바로 이 점이 봉사학습 혹은 사회봉사교육에서 강조되어야 할 사항이다.

다가오는 시대의 사회상은 매우 빠른 사회 변화와 다원사회로 집약된다. 또 사회경제적 진전과 국제화 등으로 지식사회 · 정보사회가 예견되고 있다. 이러한 시대에 사회적 지도자는 과거의 권위주의적 지도자가 아닌 섬기는 지도자, 앞장서서 일하는 지도자, 조정하고 중재하는 지도자로서의 역할이 요구된다. 따라서 다양한 사회 구성원과 복합적인 이해관계를 조정, 중재하기 위해서는 현장 경험이 많고 다양한 입장을 수용할 수 있는 유연한 사고와 다른 사람의 생활을 이해할 수 있고, 사회 변화를 포괄적으로 이해할 수 있는 넓고 깊은 사고력을 가진 인격적 지도자여야 한다. 이러한 지도자의 역량은 열린교육 활동을 통해 습득되고 체득될 수 있다. 대학의 사회봉사활동은 바로 이러한 점에서 새로운 시대에 맞는 새로운 지도자를 기르는 훌륭한 교육방법이다. 이미 선진국에서는 초중고등학교 및 대학에서 이미 사회봉사학습을 강화하고 있는 것을 발견할 수 있다.

요약하면, 봉사학습을 대학에 적용하여 전공별 · 교과목별로 사회봉사와 봉사학습을 연계하여 대학생에게 성장의 경험을 제공하려는 교육의 연장선에서 이루어지는 봉사활동이 바로 대학의 사회봉사교육이라고 할 수 있다.

3) 대학 사회봉사교육의 배경

(1) 미국

이미 살펴보았듯이, 선진국가들은 다양한 모습으로 사회봉사학습을 전개하고 있다. 오늘날 사회봉사활동이 활발하게 전개되고 있는 미국의 경우, 사회봉사 역사는 건국 이전으로 거슬러 올라간다. 초기 이민자들은 자유를 찾아 신천지를 향해 떠난 후 메이플라워호 선상에서 신천지에서의 공동체 생활을 위한 자치규정(Social Compact of 1620)을 만들고 '모든 사람의 이익과 안전을 위해서 서로 돕는다'라는 서약을 한 후 신세계에서의 새로운 생활을 시작하였다. 이들의 자치 이념과 신조는 후에 이민 오는 사람들에게도 전해졌고, 마을 행정을 비롯한 치안, 소방, 우편, 사법, 구휼 등의 영역은 모두 자원봉사로 이루어졌다(자치형태인 마을회의는 오늘날에도 많은 지역에서 시행되고 있다).

이들에게 자원봉사가 중요한 이유는 생존과 더불어 그들이 그토록 갈구하던 자유와 민주주의에 대한 신념 때문이다. 그래서 벨라(Bellah)와 같은 사회학자는 '자유'를 미국인의 가장 높은 가치덕목으로 보았다. 토크빌(Tocqueville)은 미국 민주주의의 특징으로 주민자치와 자원봉사 정신을 들고 그것을 높이 평가하였으며, 시민의 지속적인 참여가 민주주의의 생존에 결정적 역할을 할 것이라고 예측하였다. 또한, 그는 민주시민이 되고자 하는 미국인에게 '자유의 견습'이 얼마나 어려운 것인가도 경고하였다.

이처럼 미국인에게 '자원봉사'는 과거 또는 구세계(유럽)에 있었던 단순한 '자선'이 아니다. 그것은 생존을 위한 몸부림이었고, 그들이 누리고 있는 '자유에 대한 대가'이며, 민주주의를 지키기 위한 시민의 의무로 간주되고 있다. 따라서 그들은 자유롭기 위해서 배우고, 자유를 가르친다.

17세기부터 생겨난 미국의 대학은 애초부터 '봉사(service)의 이념(idea)'을 가지고 태어났다. 교회에 대한 봉사(많은 학교-하버드, 프린스턴, 예일-가 목회를 하기 위한 목회자 양성기관으로 출발했다), 지역사회공동체봉사〔예, 퀸스 칼리지(러트거스 대학교의 전신)는 '공동체의 이익을 위한 배움'을 증진시키는 것을 목적으로 하였다], 그리고 이제 태동하기 시작한 신생 국가를 위한 봉사를 자신의 설립가치와 배경으로 삼았다.

러트거스 대학교의 바버(Barber)는 "미국에 자유가 무엇인지 가르쳐 주는 기관이 있는가?"를 묻고 "대학이 시민정신을 양성하는 기관이 될 수 있는가?"라는 쟁점에 대하여 강의실에서 그치는 교육이 아닌, 실생활과 연결되는 교육과 훈련이 필요함을 강조하였다. 그는 'An Aristocracy of Everyone'에서, 미국 교육의 위기가 평등을 부르짖는 진보주의와 급진주의 교수들의 책임이라는 전 교육부 장관인 베넷(Bennett)과 철학자 블룸(Bloom)의 주장을 일축하고, 대학교육의 목표는 진리탐구와 실용기술 습득에서 한 걸음 더 나아가 '교양교육(liberal education)'이라는 말 자체가 '자유에 대한 교육', 즉 '민주시민교육'임을 상기시켰다. 그리고 토크빌의 지적처럼 미국 민주주의의 장래는 '민주정부'에 있는 것이 아니라 '민주시민사회'에 있으며, 그것에 이르는 길은 오직 '교육'뿐이며 교육은 바로 '자유를 가르치는 것'이라고 하였다.

미국에서 대학의 사회봉사가 학생들에 의해 조직적으로 시작된 것은 뉴헤이번 시의 YMCA가 예일 대학교 안에 처음으로(1886년) 대학Y를 설립하고 지역사회 봉사활동을 시작한 데서 연유한다(현재의 명칭은 Dwight Hall, 70여 자원봉사 프로그램에서 2,200여 명의 학생이 참여, 예산은 연 50만 달러이며 10%는 대학에서 지원받고 자치적으로 운영되고 있다). 그 후 하버드 대학교의 '필립스 브룩스 하우스' 등 여러 대학에 지역사회를 위한 자원봉사기관이 대학 내에 설치되어 왔지만, 지금과 같이 널리 확산된 것은 최근의 일이다.

미국 대학생의 지역사회 봉사활동은 1980년대 초반부터 급격히 증가하였다. 1970년대 초반 베트남전의 종전과 더불어 마땅한 사회적 이슈를 찾지 못한 학생은 자신의 문제로 돌아가 '자기이익'을 위한 활동에 몰두하여 'Me Generation'이라는 별명을 얻을 정도로 사회문제로부터 멀어져 갔으나, 1970년대 후반부터는 드디어 사회지식층과 언론으로부터 호된 비판을 받게 되었다. 신보수주의 부상과 함께 1980년 집권한 레이건 대통령의 '작은 정부' 실천에 따른 복지 예산의 삭감은 사회복지계의 커다란 우려를 낳았고, 이를 해결하기 위한 노력으로 레이건은 미국민에게 전통적 자원봉사정신을 발휘할 것을 요청하였다. 'Independent Sector'가 창립되고 'Give 5'운동을 시작한 것과, 자원봉사 관리전문가협회(Association for Volunteer Administration : AVA)가 결성된 것도 바로 이때다.

1970년대 말부터 도시의 빈곤문제에 눈을 돌리기 시작한 학생들의 관심은 드디어 뉴잉글랜드 지역에서 도시의 빈곤문제해결에 대한 조직적인 대응으로 나타나 대학생의 자원봉사연합회 격인 COOL(Campus Outreach Opportunity League)이 결성되었다(1984년). 현재 1,200여 대학이 가입하여 전국적 조직을 갖춘 COOL은 나라를 튼튼히 하기 위해 지역사회봉사를 통해 대학생을 교육하고 능력을 부여함을 목적으로 하며, 학생의 사회의식 양성과 의사표시, 양질의 지역사회봉사, 사회개혁, 관용과 통합이라는 4가지 가치를 모든 프로그램의 지침으로 삼고 있다.

미국 대학 당국이 관심을 가지기 시작한 것은 Campus Compact(약칭:Compact)라는 대학 총장들의 모임이 'The Education Commission of the States'의 도움을 받아 결성된(1985년) 이후부터다. 대학생이 지역사회봉사활동을 통해 가치를 배우고 시민참여라는 기술을 습득하도록 돕는 것을 목적으로 삼는 이 단체는 현재 520여 대학이 가입되어 있다. 주요활동은 회원 대학을 위해 정보제공, 연구 용역, 기술제공, 포럼과 세미나 개최, 봉사와 학문의 통합을 위한 교과과정개발 등이다.

Compact의 설립 취지가 "자유에 대한 교육이 은유적인 것으로부터 실질적 교육으로 전환되어야 한다."라는 주장에서 한 걸음 더 나아가 "자유에 대한 교육은 바로 시민의식 교육이며, 이것이 교육의 중심 목표가 되어야 한다."라는 바버의 주장과 크게 다르지 않음을 주목해야 한다. 이러한 취지에서 Compact 운영위원들인 스탠퍼드 대학교 총장 케네디(Kennedy)와 오하이오 웨슬리언 대학교 총장 워렌(Warren)의 공동제안으로 1988년 학생들의 봉사노력과 시민기술개발에 교수들의 역할을 조사할 위원회가 결성되고, 그 결과로 「공공봉사와 학습의 통합: 교수의 역할」이라는 보고서가 나왔다. 조사결과에 따르면, 많은 교수들이 '봉사활동을 단순히 이타적 행위로서 또는 의무적 연습이라는 점에서만 중요한 것이라기보다는, 학부학생활동의 본질적인 요소'로 간주하고 있으며, 그러한 본질적 요소를 실천에 옮기는데 교수들에게 여러 종류의 제도적 장애가 있음도 밝혀졌다.

Compact는 봉사학습 통합을 추진하고 교과과정을 교수들이 개발하도록 1991년부터 3년 동안 44개 대학에 전문가를 파견하여 봉사학습 교과과정 개발과 사회봉사 센터 설립을 도왔다. 그 결과로 1994년 출판된 『*Service Matters*』에 500여 모델이 수록되어 있다. Compact는 『*Service Matters*』의 모델들에서 주제와 사상들을 깊이 있게 탐구한 『*Service Counts: Lessons from the Field of Service and Higher Education*』(1995)을 출판하여, 미국 대학의 사회봉사학습과 연관된 교과과정의 개발은 물론 봉사활동의 실천에 주도적인 역할을 수행하고 있다.

(2) 우리나라

우리나라의 사회봉사교육은 매우 최근에 시작되었다. 물론, 그동안 도덕과 윤리 차원에서 규범적으로 봉사활동에 대해 가르쳐 왔으나, 미국과 같은 의미를 부여한 봉사교육이 시작된 것은 최근으로 볼 수 있다. 아마도 결정적인 계기는 지난 1995년 5월 13일 발표된 신교육체계 수립을 위한 교육개혁 방안으로 제시되었던 일련의 내용 중 사회봉사 관련 부분이 제안되면서부터였을 것이다. 당시 중고등학생 봉사활동과 더불어 대학의 사회봉사활동을 강조한 내용이 교육개혁의 한 방안으로 제시되었다.

교육개혁 방안은 대학의 사회봉사활동을 활성화하기 위해 ① 대학의 교육시설, 설비, 정보, 자료 및 교육 프로그램을 일반에게 개방하고, ② 현장경험자의 입학기회를 확대하여 평생교육에 이바지하도록 하며, ③ 시민교양 강좌, 직장인을 위한 재교육 프로그램, 여성 및 노인을 위한 복지 프로그램 운영 등 다양한 사회교육 기능을 수행하도록 권장하고 있다.

이러한 내용은 대학의 지역사회에 대한 봉사 기능을 강조한 내용이지만, 궁극적으로는 대학생에게 대학에서 사회봉사활동을 교육하고 실천할 수 있는 계기를 마련해 주었다고 볼 수 있다.

또한, 정부에서 새로운 시대적 요청에 부응하기 위해 대학평가와 관련하여 대학의 사회봉사 영역을 두고 이를 평가항목으로 넣은 것은 각 대학의 사회봉사실천과 함께 사회봉사교육을 진작시키는 결정적인 계기가 되었으며(한국대학교육협의회,

1996: 54), 이에 대해서는 이미 다루었다.

이러한 사회적 분위기로 몇몇 사립대학에서 사회봉사교육과 활동을 선도적으로 전개하기 시작하였다. 예를 들어, 한양대학교와 성공회대학교 등이 선도적인 학교로 손꼽힌다. 그 후 여러 대학에서 대학의 경쟁력을 높이고 대학 본연의 역할인 사회봉사활동과 교육을 강화하기 시작하였다. 특히, 사단법인 한국대학사회봉사협의회가 1996년 9월 17일 창립된 이래 각 대학이 사회봉사교육과 실천을 수행할 수 있도록 활발한 역할을 하게 된 것은 우리나라 대학의 사회봉사교육과 실천에 획기적인 역할을 하였다고 여겨진다.

이 조직은 미국의 Compact와 같은 역할과 취지를 가지고 설립된 것으로서, 앞으로 우리나라에서도 대학의 사회봉사와 연관하여 대학의 교과과정 개발, 사회봉사활동 관련 세미나, 연구활동 및 사회봉사 실천을 진척시키는 다양한 계획을 가지고 있는 것으로 알고 있다. 설립 이후 몇 차례의 세미나와 미국 대학의 견학, 소식지 『대학봉사』의 출간, 대학생 해외봉사활동 파견, 대학생 사회봉사활동지원 등 나름대로 노력을 다해 오고 있어, 앞으로 대학의 사회봉사에 중요한 역할을 수행할 것으로 기대된다.

그러나 우리나라 대학의 사회봉사교육과 활동이 국가적으로나 대학생 개인적인 차원에서 요청된다고 할지라도, 대학 당국의 이해와 지원이 뒤따르지 않으면 성과는 기대할 수 없다. 그러므로 각 대학의 최고 결정권자가 대학의 사회봉사에 대해 어떠한 이해와 인식을 가지고 있느냐 하는 것이 대학의 사회봉사를 활성화시키고, 대학을 지역사회에 기여하게 하고, 더 나아가 대학과 대학생이 함께 성장할 수 있는 기반이 된다는 사실을 지적하고자 한다.

4) 대학 사회봉사교육의 모형

대학에서 사회봉사교육은 각 대학이 지향하는 목적과 이념에 따라 다양한 형태로 존재할 수 있다. 경우에 따라서는 대학이 위치한 지역사회의 여건과 특성에 따라, 그곳에 적합한 사회봉사교육과정과 활동형태가 있을 수 있다.

미국의 대학에서 이루어지는 사회봉사교육모형을 예를 들면 다음과 같다. 전국청소년리더십협회는 1991년 자체 발간한 책자를 통해 9가지 모형을 제시했는데, 이를 바탕으로 [그림 보-1]처럼 대학의 사회봉사교육 모형을 정리할 수 있다. 그림 왼편에서 오른편으로 이동할수록 대학의 관여와 책임의 폭이 점차 넓어진다. 이미 서술했듯이, 대부분의 대학이 이런 방향으로 사회봉사교육을 강화시키는 추세다.

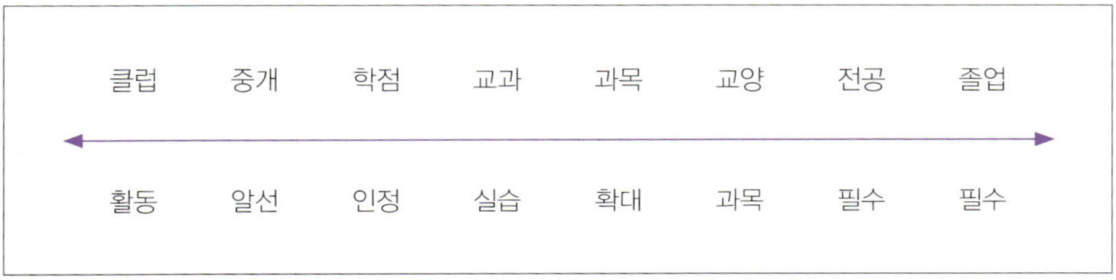

[그림 보-1] 대학의 사회봉사교육 모형

① 먼저 기존의 학생회, 동아리 차원의 사회봉사활동을 대학이 지원하고 보조하는 역할로 그칠 수 있다. 특히, 많은 대학이 학생회 활동을 사회봉사활동으로 유도하기 위한 각종 지원방안을 활용하고 있다.

② 중개 알선은 대학의 일부 행정부서에서 '자원봉사중개센터'와 같은 운영 책임을 맡아 학생이 사회봉사활동을 지원하는 모형이다. 이를 전담 부서로 마련하는 경우도 있고, 기존의 학생업무 지원 부서에서 외부 단체로부터 모집광고 등을 전달해 주는 중개 역할을 하는 경우도 많다.

③ 이사의 자치적인 활동에 대해 학과 혹은 특정 교과목의 차원에서 학점을 인정해 주는 제도가 도입되고 있다. Compact 가맹 대학의 53%에 이르는 대학이 이 제도를 활용하고 있다.

④ 교과 실습은 기존의 전공 혹은 교과의 일부로 사회봉사활동을 포함시키는 경우다. 교수 개인이 선택하는 경우도 있고, 단과대학 혹은 범대학 차원에서 장려되는 경우도 있다. 예를 들어, 사회학의 '도시빈곤문제' 과목의 실습을 도시빈민지역에 자원봉사로 나가 실태를 파악하고 경험을 통해 학습하는 것이다.

⑤ 과목 확대는 사회봉사성 교과 실습을 학과 차원에서 혹은 단과대학 차원에서 확대하는 정책을 실시하는 경우다. 예를 들어, 법과대학에서 모든 법대생이 교도소에 가서 전공 실습 겸 사회봉사 경험을 할 수 있도록 교과 개편을 결정하는 경우다.

⑥ 교양과목은 특정 학과 혹은 단과대학에서 사회봉사와 같은 독립과목을 개설해서 자원봉사이론과 실습을 겸할 수 있도록 하는 교육을 실시하는 경우다. 대부분의 사회복지, 사회사업 계열의 학부에서 전체 대학생을 대상으로 일종의 교양과목을 개설하는 경우다.

⑦ 적극적인 방법은 학과 혹은 단과대학에서 해당 전공의 필수과목으로 사회봉사를 교과에 포함시키는 경우다. 예를 들어, 미시간 주립대학교에서 인간생태학(human ecology) 전공 학생은 '지역사회 휴먼서비스' 과목을 반드시 이수해야 한다.

⑧ 대학의 교육정책상 사회봉사를 '졸업필수'로 요구하는 경우다. Compact 가맹대학 중 8%에 이르는 대학이 이러한 강력한 정책을 펴고 있다.

최근 우리나라의 대학도 1990년대 중반 이후 거의 모든 대학에서 사회봉사교육을 한두 강좌씩 하고 있으며, 점차 교육과 활동의 폭도 넓어지고 다양화되는 추세다.

교과과정의 개설과 운영은 교양과목에서부터 전공과목에 이르기까지, 그리고 교양선택필수, 졸업필수 등에 이르기까지 다양하다. 학점은 1학점에서부터 2학점, 경우에 따라서는 3학점 이상인 학교도 있다. 대략 사회봉사 교육형태는 강의와 현장학습으로서 견학과 실습 혹은 실천 등으로 이루어지고 있다.

대학의 사회봉사교육은 특정 학과가 주도하는 경우가 있는가 하면, 대학 당국에서 정책적으로 추진하는 경우도 있다. 그리고 이와 함께 대학 사회봉사단이 대학 당국의 지원으로 독립적인 조직을 갖추고 있기도 하고, 때로는 학생 중심으로 자발적으로 이루어지는 경우도 있다. 따라서 사회봉사교육은 대학 당국이 체계적으로 개입할 때 보다 효과적인 결과를 거둘 수 있다.

5) 대학 사회봉사교육의 원칙

미국의 사회봉사교육은 우리보다 오래되고 그만큼 시행착오를 거친 결과로 나온 것이므로, 우리나라의 대학이 참고할 만한 것으로 볼 수 있다고 생각한다. 미국의 전국경험교육협회(National Society for Experiential Education)의 연구진은 사회봉사교육이 지향하는 교육적 목표와 이를 바탕으로 프로그램 내용이 추구해야 하는 10대 기본원칙을 다음과 같이 정리하였다.

첫째, 사회봉사 프로그램은 공동선을 추구하기 위한 책임 있고 진취적인 인물들을 참여시킨다. 사회봉사교육 프로그램 참여자는 그 자신과 사회가 중요하다고 인식하는 과제를 선정하는데, 이러한 행동을 취하기 위해서는 개인의 선험적 지식이나 경험의 수준을 넘어서야 한다. 소극적 관찰자가 아닌 적극적 참여자가 되기 위해서는 개인의 선험적인 지식이나 경험의 수준을 넘어서야 한다. 적극적인 참여자가 되기 위해서는 개인의 행동에 대한 책임감이 필요하며, 과제를 수행할 권한을 지니고, 과제의 수행이 참여자에게 자신과 다른 사람에게 미치는 영향을 경험할 수 있는 기회가 부여되어야 한다.

둘째, 사회봉사 프로그램은 개인에게 자신의 사회봉사 경험을 비평할 수 있는 조직화된 기회를 부여한다. 참여자는 도덕적인 문제와 관련되는 문제들에 관해 다른 사람과의 토론, 개인적인 반성을 통해 사회적 책임감, 옹호 및 적극적인 시민의식에 관한 보다 바람직한 태도를 갖출 수 있다. 이러한 반성을 통해 지적 성장과 비평적 사고의 기술을 터득할 수 있으며, 이는 의도적인 경험을 통해 피드백 기회가 주어질 때 가장 효과적이다.

셋째, 사회봉사 프로그램은 참여자 모두에게 사회봉사와 학습의 분명한 목표를 구체화시켜야 한다. 프로젝트의 시작 단계에서 참여자와 수혜자 모두 어떤 일을 달성해야 하며, 무엇을 배울 것인가에 관해 확고한 의식을 갖추어야 한다. 참여자와 수혜자 모두가 이 점에 대해 창의적인 의견교환을 하여 분명한 타협점을 찾아야 한다.

넷째, 사회봉사 프로그램은 사회봉사 수혜자에게 봉사의 필요성을 인식할 수 있는 욕구를 갖도록 해야 한다. 봉사의 필요성에 대한 명확한 정의는 일차적으로 수혜자가 되며, 그 밖에 프로그램 담당자, 정부관리 등의 공동노력으로 이루어진다.

다섯째, 사회봉사 프로그램은 해당 개인 및 조직의 책임을 분명히 하여야 한다. 학생과 교사, 지역사회 지도자 · 감독관, 후원 조직, 프로그램 수혜 개인과 집단 등 모든 참여자의 역할과 책임이 프로그램 초기 단계부터 세심한 협상과정을 통해 규명되어야 한다.

여섯째, 사회봉사 프로그램은 상황의 변화를 감안하는 준비과정을 통해 서비스 제공자와 서비스 욕구를 연계해야 한다. 사회봉사 프로그램이 제공하는 서비스와 학습을 통해 변화되는 지속적인 피드백의 기회를 제공해야 한다. 사회봉사교육에 참여함으로써 지성, 윤리, 타 문화권에 대한 이해, 리더십, 시민의식 면에서 진전이 이루어지는 이상적인 변화가 기대되어야 한다.

일곱째, 사회봉사 프로그램은 조직의 진지하며 적극적이고 일관된 실천을 기대해야 한다. 프로그램의 효과성을 높이기 위해서는 후원 조직과 수혜 조직 모두로부터 강력한 지속적인 실천이 뒷받침되어야 한다. 특히, 해당 조직의 행정적 · 재정적 지원과 함께 적절한 물리적인 공간, 시설, 수송 등이 제공되어야 한다.

여덟째, 사회봉사 프로그램은 목표 달성을 위해 훈련, 감독, 모니터링, 지원, 인정 및 평가가 뒤따라야 한다. 이는 프로그램 제공자 측과 수혜자 측 모두의 쌍방적인 책임과 긴밀한 의사소통에 달려 있는 문제다.

아홉째, 사회봉사 프로그램은 시간적인 여유를 지녀야 하고, 이는 관계자 모두의 이해에 부합되어야 한다. 해당 프로그램마다 경험의 기관과 시간의 양이 융통성 있게 결정되어야 한다.

열째, 사회봉사 프로그램은 보다 다양한 계층의 참여와 역할을 기획하여야 한다. 연령별, 성별, 경제, 계층별 다양성뿐 아니라 민족적, 인종적, 종교적 배경의 다양성이 반영될 수 있게 기획되면 바람직하다.

부록

자원봉사관리 조정자 직무분석표

1. 작업/지식 · 기능 · 도구 행렬표

1) 작업/지식 행렬표

핵심 작업 \ 지식*	1 자원봉사개론	2 조직이론 및 조직행동이론	3 인간행동과 사회환경	4 사회문제이론	5 사회조사방법론	6 사회계획이론	7 프로그램 개발과 평가	8 사회마케팅론	9 상담이론과 실제	10 지역사회조직 네트워크 이론	11 사회복지방법론	12 인사관리이론	13 성인교육이론	14 지도감독론	15 안전관리이론
A-1 사명 수립하기	•	•	•	•											
A-2 사회 환경 파악하기			•	•	•										
A-3 정책 수립하기		•				•									
A-4 계획서 작성하기		•				•	•								
B-1 홍보·모집 내용 작성하기		•			•			•							
B-2 홍보·모집 방법 선정하기		•			•			•							
B-3 홍보·모집 실행하기		•			•			•							
B-4 접수하기								•	•						
C-1 욕구 조사하기		•		•	•										
C-2 수요·공급 조정하기		•			•					•					
C-3 프로그램 기획하기			•				•				•				
C-4 프로그램 실행 및 보급하기		•			•					•					
D-1 직무설계하기		•										•			
D-2 자원봉사자 상담하기			•						•						
D-3 계약 및 배치하기		•							•						
E-1 교육과정 개발하기			•		•								•		
E-2 교육 방법 및 환경 구성하기													•		
E-3 교육 진행 및 평가하기					•								•		
F-1 기대 욕구 파악하기		•			•				•						
F-2 인정·보상 방법 개발하기		•													
F-3 활동 경력 관리하기	•											•			
F-4 인정·보상 실행하기		•													
G-1 활동 모니터링과 슈퍼비전하기		•												•	
G-2 위험 관리하기		•													•
G-3 갈등관리하기		•	•									•			
G-4 평가하기		•													
H-1 조직화 작업하기							•								
H-2 직업 사회 네트워킹하기										•					
H-3 조직운영 컨설 팅하기									•						

핵심 작업 \ 지식*	16	17	18	19											
	지역사회적 조직의 유형과 속성에 대한 이해	지역사회조직	인간자원개발이론	지역사회조직이론											
A-1 사명 수립하기															
A-2 사회 환경 파악하기															
A-3 정책 수립하기															
A-4 계획서 작성하기															
B-1 홍보·모집 내용 작성하기				●											
B-2 홍보·모집 방법 선정하기				●											
B-3 홍보·모집 실행하기															
B-4 접수하기															
C-1 욕구 조사하기															
C-2 수요·공급 조정하기															
C-3 프로그램 기획하기															
C-4 프로그램 실행 및 보급하기															
D-1 직무설계하기															
D-2 자원봉사자 상담하기															
D-3 계약 및 배치하기															
E-1 교육과정 개발하기															
E-2 교육 방법 및 환경 구성하기															
E-3 교육 진행 및 평가하기															
F-1 기대 욕구 파악하기															
F-2 인정 ·보상 방법 개발하기															
F-3 활동 경력 관리하기															
F-4 인정·보상 실행하기															
G-1 활동 모니터링과 슈퍼비전하기															
G-2 위험 관리하기															
G-3 갈등관리하기															
G-4 평가하기															
H-1 조직화 작업하기															
H-2 직업 사회 네트워킹하기	●	●													
H-3 조직운영 컨설팅하기			●	●											

출처: 한국직업능력개발원(2004).

2) 작업/기능 행렬표

핵심 작업 \ 기능*	1 조직목표와 개인목표 조정	2 조직목표 달성에 필요한 기술수준분석	3 사명진술	4 사회동향분석	5 자원봉사 경험 분석	6 통계처리 및 자료분석	7 조직이해관계자의 욕구 분석	8 개인목표 달성에 필요한 교환자원 개발	9 비용과 이익 산출	10 문제진단 및 개입	11 목표에 따른 실천방안 개발	12 계획서 작성기술	13 지역사회자원 동원	14 모집대상자 분석	15 홍보방법에 따른 효율성 분석
A-1 사명 수립하기	●	●	●												
A-2 사회 환경 파악하기				●	●	●									
A-3 정책 수립하기							●	●							
A-4 계획서 작성하기										●	●	●			
B-1 홍보·모집 내용 작성하기						●							●	●	●
B-2 홍보·모집 방법 선정하기															
B-3 홍보·모집 실행하기															
B-4 접수하기															
C-1 욕구 조사하기						●									
C-2 수요·공급 조정하기															
C-3 프로그램 기획하기															
C-4 프로그램 실행 및 보급하기															
D-1 직무설계하기															
D-2 자원봉사자 상담하기															
D-3 계약 및 배치하기															
E-1 교육과정 개발하기															
E-2 교육 방법 및 환경 구성하기															
E-3 교육 진행 및 평가하기						●									
F-1 기대 욕구 파악하기						●									
F-2 인정·보상 방법 개발하기															
F-3 활동 경력 관리하기															
F-4 인정·보상 실행하기															
G-1 활동 모니터링과 슈퍼비전하기															
G-2 위험 관리하기															
G-3 갈등관리하기															
G-4 평가하기															
H-1 조직화 작업하기															
H-2 직업 사회 네트워킹하기															
H-3 조직운영 컨설팅하기															

핵심 작업 \ 기능*	16 예상성과 측정분석	17 홍보모집 사례분석	18 홍보 및 모집기술	19 의사소통기술	20 사회문제 분석기술	21 자원봉사 전산 시스템 운용기술	22 지역사회 조직화기술	23 서비스 대상 인구집단 설정방법	24 목표 설정방법	25 아이디어 회의기법	26 과정평가기술	27 업무분석능력	28 작업요소구분능력	29 직무기술서 작성능력	30 상담기술
A-1 사명 수립하기															
A-2 사회 환경 파악하기															
A-3 정책 수립하기															
A-4 계획서 작성하기															
B-1 홍보·모집 내용 작성하기															
B-2 홍보·모집 방법 선정하기	●	●													
B-3 홍보·모집 실행하기			●												
B-4 접수하기				●											
C-1 욕구 조사하기					●	●	●								
C-2 수요·공급 조정하기						●	●								
C-3 프로그램 기획하기								●	●						
C-4 프로그램 실행 및 보급하기										●	●				
D-1 직무설계하기												●	●	●	
D-2 자원봉사자 상담하기															●
D-3 계약 및 배치하기															
E-1 교육과정 개발하기															
E-2 교육 방법 및 환경 구성하기															
E-3 교육 진행 및 평가하기															
F-1 기대 욕구 파악하기				●											
F-2 인정·보상 방법 개발하기															
F-3 활동 경력 관리하기															
F-4 인정·보상 실행하기															
G-1 활동 모니터링과 슈퍼비전하기															●
G-2 위험 관리하기															
G-3 갈등관리하기															●
G-4 평가하기															
H-1 조직화 작업하기															
H-2 직업 사회 네트워킹하기															
H-3 조직운영 컨설팅하기															

기능* / 핵심 작업	31 협약기술	32 설득협상기술	33 설문지 작성 방법	34 프리젠테이션 방법	35 대상집단에 따른 교육법	36 관계형성방법	37 자원봉사자 간 봉사를 위한 실습방법	38 동기부여기술	39 자원동원능력	40 규정문서 작성기술	41 경력분석기술	42 위험요소분석능력	43 적절한 안전장치 선택능력	44 갈등상황 분석 및 관리기술	45 자원봉사평가모델 개발능력
A–1 사명 수립하기															
A–2 사회 환경 파악하기															
A–3 정책 수립하기															
A–4 계획서 작성하기															
B–1 홍보·모집 내용 작성하기															
B–2 홍보·모집 방법 선정하기															
B–3 홍보·모집 실행하기															
B–4 접수하기															
C–1 욕구 조사하기															
C–2 수요·공급 조정하기															
C–3 프로그램 기획하기															
C–4 프로그램 실행 및 보급하기															
D–1 직무설계하기															
D–2 자원봉사자 상담하기															
D–3 계약 및 배치하기	•	•													
E–1 교육과정 개발하기			•												
E–2 교육 방법 및 환경 구성하기				•	•										
E–3 교육 진행 및 평가하기						•	•								
F–1 기대 욕구 파악하기															
F–2 인정·보상 방법 개발하기								•	•	•					
F–3 활동 경력 관리하기											•				
F–4 인정·보상 실행하기								•	•						
G–1 활동 모니터링과 슈퍼비전하기															
G–2 위험 관리하기												•	•		
G–3 갈등관리하기														•	
G–4 평가하기															•
H–1 조직화 작업하기															
H–2 직업 사회 네트워킹하기															
H–3 조직운영 컨설팅하기															

기능* / 핵심 작업	46 평가지표에 따른 측정기술	47 평가결과 활용능력	48 옹호자 역할	49 중개자 역할	50 조력자 역할	51 상담 및 컨설팅	52 인재 및 자원정보 제공								
A-1 사명 수립하기															
A-2 사회 환경 파악하기															
A-3 정책 수립하기															
A-4 계획서 작성하기															
B-1 홍보·모집 내용 작성하기															
B-2 홍보·모집 방법 선정하기															
B-3 홍보·모집 실행하기															
B-4 접수하기															
C-1 욕구 조사하기															
C-2 수요·공급 조정하기															
C-3 프로그램 기획하기															
C-4 프로그램 실행 및 보급하기															
D-1 직무설계하기															
D-2 자원봉사자 상담하기															
D-3 계약 및 배치하기															
E-1 교육과정 개발하기															
E-2 교육 방법 및 환경 구성하기															
E-3 교육 진행 및 평가하기															
F-1 기대 욕구 과악하기															
F-2 인정·보상 방법 개발하기															
F-3 활동 경 력 관리하기															
F-4 인정·보상 실행하기															
G-1 활동 모니터링과 슈퍼비전하기															
G-2 위험 관리하기															
G-3 갈등관리하기															
G-4 평가하기	●	●													
H-1 조직화 작업하기															
H-2 직업 사회 네트워킹하기			●	●	●										
H-3 조직운영 컨설팅하기					●	●	●								

출처: 한국직업능력개발원(2004).

3) 작업/도구 행렬표

핵심 작업 \ 도구*	1 컴퓨터	2 프린터	3 복사기	4 팸플릿	5 현수막	6 포스터	7 홍보비디오	8 영상기	9 인쇄기	10 접수카드	11 안내판	12 전화기	13 빔프로젝터	14 디지털카메라	15 워드프로세서
A-1 사명 수립하기	●	●	●												●
A-2 사회 환경 파악하기	●	●	●												●
A-3 정책 수립하기	●	●	●												●
A-4 계획서 작성하기	●	●	●												●
B-1 홍보·모집 내용 작성하기	●	●	●												●
B-2 홍보·모집 방법 선정하기	●	●	●												●
B-3 홍보·모집 실행하기	●	●	●	●	●	●	●	●	●						
B-4 접수하기										●	●				
C-1 욕구 조사하기	●	●	●									●			
C-2 수요 . 공급 조정하기	●	●										●			
C-3 프로그램 기획하기	●	●	●												●
C-4 프로그램 실행 및 보급하기	●	●	●												●
D-1 직무설계하기	●	●	●												●
D-2 자원봉사자 상담하기	●	●	●	●											●
D-3 계약 및 배치하기	●	●	●												●
E-1 교육과정 개발하기	●	●	●												●
E-2 교육 방법 및 환경 구성하기	●	●	●										●	●	●
E-3 교육 진행 및 평가하기	●	●	●										●	●	●
F-1 기대 욕구 파악하기	●	●	●												●
F-2 인정·보상 방법 개발하기	●	●	●												●
F-3 활동 경력 관리하기	●	●	●												●
F-4 인정·보상 실행하기	●	●	●												●
G-1 활동 모니터 링과 슈퍼비전하기	●	●													●
G-2 위험 관리하기	●	●													●
G-3 갈등관리하기	●	●													●
G-4 평가하기	●	●													●
H-1 조직화 작업하기	●	●	●												●
H-2 직업 사회 네트워킹하기	●	●	●												●
H-3 조직운영 컨설팅하기	●	●	●												●

도구* / 핵심 작업	16 파워포인트	17 홈페이지 구축프로그램	18 전화접수 및 상담양식	19 수요처기관 및 관리데이터베이스프로그램	20 자원봉사관리데이터베이스프로그램	21 구조화 설문지	22 스프레드시트	23 직무기술서	24 상담기록서식	25 통계프로그램	26 포토샵	27 봉사실적관리데이터베이스			
A-1 사명 수립하기	●														
A-2 사회 환경 파악하기	●														
A-3 정책 수립하기	●														
A-4 계획서 작성하기	●														
B-1 홍보·모집 내용 작성하기	●														
B-2 홍보·모집 방법 선정하기															
B-3 홍보·모집 실행하기		●													
B-4 접수하기			●												
C-1 욕구 조사하기				●	●	●									
C-2 수요·공급 조정하기				●	●										
C-3 프로그램 기획하기	●														
C-4 프로그램 실행 및 보급하기	●														
D-1 직무설계하기							●	●							
D-2 자원봉사자 상담하기							●		●						
D-3 계약 및 배치하기							●	●	●						
E-1 교육과정 개발하기										●					
E-2 교육 방법 및 환경 구성하기											●				
E-3 교육 진행 및 평가하기										●					
F-1 기대 욕구 파악하기															
F-2 인정·보상 방법 개발하기															
F-3 활동 경력 관리하기												●			
F-4 인정·보상 실행하기															
G-1 활동 모니터링과 슈퍼비전하기															
G-2 위험 관리하기															
G-3 갈등관리하기															
G-4 평가하기															
H-1 조직화 작업하기	●														
H-2 직업 사회 네트워킹하기	●														
H-3 조직운영 컨설팅하기	●														

출처: 한국직업능력개발원(2004).

2. 작업/코스 행렬표

핵심 작업 \ 코스*	1 계획수립	2 홍보모집	3 프로그램 개발	4 교육훈련	5 활동관리 및 평가
A-1 사명 수립하기	•				
A-2 사회 환경 파악하기	•				
A-3 정책 수립하기	•				
A-4 계획서 작성하기	•				
B-1 홍보·모집 내용 작성하기		•			
B-2 홍보·모집 방법 선정하기		•			
B-3 홍보·모집 실행하기		•			
B-4 접수하기		•			
C-1 욕구 조사하기			•		
C-2 수요·공급 조정하기			•		
C-3 프로그램 기획하기			•		
C-4 프로그램 실행 및 보급하기			•		
D-1 직무설계하기					
D-2 자원봉사자 상담하기		•			
D-3 계약 및 배치하기		•			
E-1 교육과정 개발하기				•	
E-2 교육 방법 및 환경 구성하기				•	
E-3 교육 진행 및 평가하기				•	
F-1 기대 욕구 파악하기					•
F-2 인정·보상 방법 개발하기					•
F-3 활동 경력 관리하기					•
F-4 인정·보상 실행하기					•
G-1 활동 모니터 링과 슈퍼비전하기					•
G-2 위험 관리하기					•
G-3 갈등관리하기					•
G-4 평가하기					•
H-1 조직화 작업하기			•		
H-2 직업 사회 네트워킹하기			•		
H-3 조직운영 컨설팅하기			•		

출처: 한국직업능력개발원(2004).

찾아보기

ㄱ

가상(fiction) … 13
가정방문봉사 … 275
가정폭력범죄의 처벌 등에 관한 특례법 … 38
가정폭력특별법 … 38
가족봉사단 … 328
갈등 … 205
갈등관리 … 212
갈등관리방법 … 212
갈등의 결정요인(determinants of conflict) … 208
감성(feeling) … 13
감성 마케팅 … 13
감성지능 … 13
고도 경제성장 … 10
고령사회 … 12
고령화 쇼크 … 12
공감 … 70
공감에의 책임 … 70
공동으로 기획하는 곳 … 89
공동으로 기획하는 작업 … 88
공민적(civil) … 16
공사역할분담 … 17
공익재단 … 192
과업의 상호의존성 … 211
곽재성 … 298
관료조직 … 48
관찰법 … 143
교양교육(liberal education) … 351
교육학 … 45
구혜영 … 326
국고보조사업 … 196
권리로서의 복지 … 318
그린글과 해처(Gringle & Hatcher) … 74
기금관리 … 191
기능전환훈련(transition training) … 120
기대성 … 151
기록분석법 … 142
기부금 세액공제 제도 … 320
기부문화 … 320
기부활동 … 294
기아 … 266
기업의 자원봉사활동 … 249
기업출연재단 … 294
긴축의 시대 … 17
김동배 … 342
김미숙 … 64
김성이 … 152
김영호 … 114
김욱 … 308
김지찬 … 308
김태성 … 316
김해동 … 292
김형구 … 292, 298

ㄴ

나눔경영 … 194
나눔활동 … 18, 294, 305
남기민 … 216
노블레스 오빌리주 … 194
노인가정봉사원파견사업 … 48
노인자원봉사 … 271

ㄷ

다빌과 먼데이(Darvil & Munday) … 32
대학생 자원봉사활동 … 49
대학의 사회봉사교육 모형 … 355
던(Dunn) … 93, 163
도노반과 잭슨(Donovan & Jackson) … 209
동기부여 … 216
두브린 … 209

ㄹ

레인맨과 리피트(Rainman & Lippitt) … 120

로빈스(Robbins) … 209, 215
루탄스(Luthans) … 205
류기형 … 56
리더십 … 215

ㅁ

마샬(Marshall) … 16
매개체계 … 85
맥컬리와 빈야드(McCurley & Vineyard) … 160
면접법 … 141
무보수성(absence of financial remuneration) … 41
물질적 보상 … 67
미국고등교육협회(AAHE) … 74, 345
미국의 지역대학을 위한 봉사협의회 … 75
미국자원봉사관리협회(AVA) … 93
미네소타 워크어바웃 프로그램 … 169
미래학자 … 13
민간비영리단체(NPO) … 15
민주시민교육 … 351
민주시민사회 … 351

ㅂ

바버(Barber) … 351
박병일 … 308
박애주의 … 27
박연호 … 205
박태규 … 319
박태영 … 88
발독(Baldock) … 32
배기효 … 189
배치상담 … 133
베넷(Bennett) … 351
벨라(Bellah) … 350
보야치스(Boyatzis) … 330
복지국가 … 11
복지국가의 위기 … 15
복지국가의 재조정 … 12
복지국가의 현대화 … 316
복지국가의 황금시대 … 16
복지혼합 … 17
봉사경영 … 194
봉사학습 … 36, 74, 344
봉사학습(service learning) … 50
분권교부세 … 196
브루드니(Brudney) … 93
블룸(Bloom) … 351
비공식적 의사소통 채널 … 213
비밀보장의 책임 … 70
비영리민간단체지원법 … 180
비정규직 … 11
비정부기구(NGO) … 15
비정형적인 직업 경력 … 11
비행청소년 … 267

ㅅ

사업제안서(proposal) … 199
사회공동체의 약화 … 49
사회공헌 … 291
사회공헌백서 … 293
사회공헌을 위한 경영 … 194
사회공헌활동 … 17, 291
사회문제 … 53
사회복지공동모금회 … 192
사회복지기관 … 229
사회복지봉사활동 실적인증서 … 232
사회복지봉사활동 인증관리사업 … 230
사회복지사업법 … 181
사회복지서비스 … 216
사회복지실천 … 45
사회복지 실천가 … 209
사회복지 자원봉사관리센터 … 233
사회복지 자원봉사시스템(VMS) … 329
사회복지 전문가 … 44, 46
사회복지정책 … 43
사회복지조직 … 98, 198
사회복지 취약계층 … 294
사회복지학과 … 45
사회봉사교육과정 … 354
사회봉사명령이 … 37
사회봉사명령제 … 39

사회봉사활동 … 33
사회사업사전 … 32
사회적(social) … 16
사회적 자본(social capital) … 308
사회적 학대 … 266
사회통합 … 244
산타클로스운동 … 247
상담자원봉사자 … 57
새로운 사회적 위험(new social risks) … 11, 315
생명나눔 … 314
샤이어(Scheier) … 91
서울가톨릭사회복지회 … 247
서클형 … 168
선호도 … 150
성공적인 자원봉사활동 … 322
성규탁 … 215
성찰적 사회 … 318
성찰적 시민 … 318
성폭력범죄의 처벌 등에 관한 특례법 … 38
세계자원봉사의 해 … 9
세계화 … 9
세대 간 교량 프로그램 … 49
소득공제방식 … 320
소득세법 … 319
소진(bum out) … 53
손원익 … 319
수단성 … 151
수요체계 … 86
수용의 태도 … 133
순환형 … 170
슈퍼바이저 … 220
스미스(Smith) … 33, 56
스텐젤과 피니(Stenzel & Feeney) … 104
스토그딜(Stogdil) … 215
승금희 … 332
시민권 … 16
시민권운동 … 61
시민사회 … 14
시민사회단체 … 258
시민의 연대의식 … 318
시장의 실패 … 15
신뢰받을 책임 … 70
신복기 … 216
신유근 … 292
신자유주의 복지정책 … 316
신철우 … 213
심리적 보상 … 67
심리적 보상(psycholcgical benefit) … 42

ㅇ

아름다운 재단 … 195
안부전화 … 275
앱드너(Abdennur) … 59
양소득자(dual-earner) 모델 … 11
어명하 … 342
업무설계(job design) … 105
업무설명(job descripticn) … 106
여성(female) … 13
예산(budget) … 200
오스틴(Austin) … 207
오영근 … 37
오오모리 … 88
오일쇼크 … 46
운영 회계감사(operational audit) … 204
유기아동 … 266
유성호 … 93
윤성호 … 298
이강현 … 96
이규영 … 298
이상적 모형(ideal type) … 51
이성록 … 206, 330
이찬희 … 282
이타주의(altruism) … 40
이혜경 … 318
인간서비스(human service)영역 … 51
인구고령화 … 317
인정과 보상 … 157
인증센터 … 231
인증요원 … 231
일즈리(Ilsley) … 40, 60
일즈리와 니에미(Ilsley & Niemi) … 92

ㅈ

자원봉사 관리 … 90
자원봉사 관리자 … 85, 93
자원봉사 관리전문가협회(AVA) … 352
자원봉사 관리조정자(volunteer manager) … 99
자원봉사 관리조정자 직무분석표 … 99
자원봉사교육 … 18, 27
자원봉사 구성체계 … 84
자원봉사기관 … 85, 103
자원봉사단체 … 179
자원봉사센터 … 23, 95, 180
자원봉사센터 정보망 … 189
자원봉사업무 설명 … 106
자원봉사의 공급체계 … 85
자원봉사자 교육 … 115
자원봉사자의 날 … 180
자원봉사자의 모집 … 103
자원봉사자의 배치 … 129
자원봉사자의 역할 … 55
자원봉사자의 이득 및 혜택 목록 … 160
자원봉사자의 참여 동기 … 153
자원봉사자의 파견 … 118
자원봉사자 회장단 … 217
자원봉사 전문가 … 94
자원봉사 정보망 … 187
자원봉사정보안내센터 … 166
자원봉사 정보은행 … 187
자원봉사 조정 … 87
자원봉사 조정자 … 44, 85, 91
자원봉사조직의 관리자(manager) … 92
자원봉사 종합관리 시스템 … 189
자원봉사 평가방법 … 141
자원봉사 프로그램의 개발 … 171
자원봉사활동 기본법 … 177
자원봉사활동 법인체 … 60
자원봉사활동의 평가 … 136
자원봉사활동 조정자 … 132
자원봉사활동 지속동기 … 150
자원봉사활동 프로그램 … 166
자유의지(free will) … 41
자조활동 … 16
작은 정부 … 351
장규원 … 39
장기기증 … 305, 314
장기기증운동 … 196
장현 … 80
재가복지시설 … 229
재가복지활동 … 57
재능기부 … 305
재정관리 … 198
전국경제인연합회 … 252
전국경험교육협회(National Society for Experiential Education) … 357
전미사회사업가협회(NASW) … 32
정무성 … 171
정보 지식사회 … 13
정부의 보조금 … 196
정상화 … 277
정진모 … 277
정체감의 위기(identity crisis) … 50
정치적(political) … 16
제3섹터 … 27
제3의 길 … 17
제이콥슨(Jacobson) … 110
조계종 … 249
조정(coordination) … 87
조직(organization) … 42
조휘일 … 109
중고등학생 자원봉사활동 … 240
중년여성 … 52
중도탈락 … 149
중복과 배제 … 83
지방청소년활동진흥센터 … 183
지용(Zhiyong) … 212
직무갈등(Job conflict) … 209
직무분석 … 99
직위 … 215
질라기와 왈라스(Szilagyi & Wallace) … 208
질문지법 … 141
쯔쯔이노리꼬 … 91

ㅊ

청소년학 … 45
청소년활동 진흥법 … 182
총복지 수준 … 18
최경구 … 308
최덕경 … 325
최성재 … 216
최종윤 … 292, 298
추진체계 … 85

ㅋ

캘리포니아 대학교 … 72
커뮤니티케어 … 277
콘라드와 헤딘(Conrad & Hedin) … 79
클라이언트 … 59

ㅌ

탈산업사회 … 10
테리(Terry) … 215
테일러-구비(Taylor-Gooby) … 11
토마스(Thomas) … 205
토크빌(Tocqueville) … 350
통계청 … 308
통합자(integrator) … 213
트렉터(Trecter) … 215

ㅍ

평균수명 … 52
평화운동 … 61
폰디(Pondy) … 206
표갑수 … 64
플레처(Fletcher) … 158
피라미드형 … 169
피어슨 … 316

ㅎ

하센펠드(Hasenfeld) … 198
학대아동 … 266
학생봉사활동 … 36, 241
학습(learning) … 41
한국대학교육협의회 … 341
한국보건사회연구원 … 308
한국복지연구회 … 106
한국사회복지행정학회 … 205
한국사회복지협의회 … 64, 230
한국여성개발원 … 263
한국자원봉사단체협의회 … 22, 226
한국직업능력개발원 … 99
한국청소년활동진흥원 … 182
한양대학교 사회봉사단 … 166
한정화 … 292
헌신(commitment) … 41
현광희 … 298
현외성 … 12, 166
현직훈련(maintenance of effort training) … 120
형법 … 37
호스피스 … 275
호제트(Hodgetts) … 213
확산형 … 167
환경체계 … 86
황성철 … 198, 200
회계(accounting) … 20[illegible]
회계감사(audit) … 203
효과적인 봉사학습 프로그램 … 76
희생(sacrifice) … 42

Campus Compact(약칭 Compact) … 352
COOL(Campus Outreach Opportunity League) … 352
Give 5 … 352
Impact Online … 64
Lohmann … 198
McGregor … 66
Pierson … 316
volunteerism(자원봉사활동) … 32
volunteer(자원봉사자) … 32
Wade … 77
Wilson … 105

참고문헌

가톨릭대학교 사회복지연구소(1996). 대학의 사회봉사.
경기지방통계청(2015). 경기도 나눔실태 결과(기부, 자원봉사, 생명나눔).
_____________(2015). 서울특별시 나눔실태 결과(기부, 자원봉사, 생명나눔).
경남대학교(1998). 21세기 지방대학 모델구축을 위한 신대학발전계획 1998-2010.
_________(1998,1999, 2000, 2001). 경남대학교 내부 자료.
고양곤 · 모선희 · 원영희 · 이금룡(2003). 노인과 자원봉사활동. 서울: 학지사.
구혜영(2008). 자원봉사실천론. 서울: 신정.
김광식(1999). 한국 NGO: 시민사회단체 21세기의 희망인가?. 서울: 동명사.
김남순(1997). 자원봉사활동의 이론과 실제. 서울: 교육과학사.
김동배 · 조학래(1997). 청소년 자원봉사활동의 효과성에 관한 연구. 한국사회복지학, 31.
김동배(1995). 자원봉사활동이 고등학생의 인성발달에 미치는 영향에 관한 연구. 사회복지, 127.
_____(2005). 시민사회와 자원봉사. 서울: 학지사.
김명철 외(1995). 대학생 사회봉사 핸드북. 서울: 성공회대학교 출판부.
김미숙(2000). 교회의 사회복지활동에 영향을 미치는 요인에 관한 연구. 보건사회연구.
김범수 외(2001). 자원봉사의 이해. 서울: 학지사.
김상욱(1990). 자원봉사활동의 만족도에 영향을 미치는 제 요인. 서울대학교 대학원석사학위논문.
김성이 · 박영희(2003). 자원봉사총론. 서울: 양서원.
김수성 · 문성훈(2015). 기부문화 활성화를 위한 제도 및 세제지원 방안. 세무와 회계, 16(4), 63-93.
김영호(1989). 자원봉사 이론과 실제. 서울: 홍익재.
김철주 · 박보영(2006). 새로운 사회적 위험의 도래와 복지국가의 현대화. 한국사회복지정책학회 사회복지정책, 24, 317-336.
김통원 · 김혜란(2001). 대학생 봉사학습에 관한 실증적 사례연구. 한국사회복지학, 47(4).
김통원(2003). 사회복지 프로그램 개발과 평가. 서울: 학지사.
남미애(1997). 우리나라 자원봉사활동 체계모형개발에 관한 연구. 부산대학교 대학원 석사학위논문.
류기형 · 남미애 · 박경일 · 홍봉선 · 강대선(1999). 자원봉사론. 서울: 양서원.
___________________________________(2015). 자원봉사론(개정증보). 서울: 양서원.
박연호(1994). 현대인간관계론. 서울: 박영사.
박태영 · 최경익 역(1995). 자원봉사활동의 조정자: 이론과 실제(원저: 쯔쯔이노리꼬). 서울: 해와 달.
박태영(2004). 자원봉사론. 서울: 백산출판사.
박태영 · 채현탁 · 정진석 · 조미정(2015). 자원봉사론. 경기: 공동체.

배기효 · 김한양 · 김현수 · 남연희 · 도기봉 · 오현숙 · 이미영 · 전영록 · 조당호(2007). 자원봉사론. 경기: 공동체.

배영복(1997). 자원봉사활동. 서울: 청아출판사.

법무부(2007). 2006년 사회봉사명령 · 수강명령 집행분석집.

보건복지부(2010). 2009 사회복지 자원봉사 통계연보.

볼런티어21(2000). 풀뿌리 조직 자원봉사의 시작과 성공.

사회복지공동모금회(2014). 2014 민간나눔자원 총량 추계.

________________(2014). 기부 사회이슈 트렌드 분석.

삼성사회봉사단(1996). 자원봉사의 이해와 활동방법.

서울대학교 사회복지 연구소(1997). 서울대학교 사회봉사활동 추진방안.

서울시정개발연구원 (1995). 서울시 자원봉사자 활용증진방안에 관한 연구.

서울특별시교육청(2017). 2017학년도 학생 봉사활동 운영 계획.

손원익 · 박태규(2008). 한국의 민간 기부에 관한 연구. 한국조세연구원.

승금희(2005). 자원봉사론. 서울: 대왕사.

신기철 · 신용철(1990). (새우리말)큰사전. 서울: 삼성출판사.

신복기 외(2002). 사회복지행정론. 서울: 양서원.

신은주(1995). 노인 자원봉사인력의 활용방안에 관한 연구-정년퇴직 교원을 중심으로-. 부산대학교 대학원 석사학위논문.

안선영(1997). 청소년 자원봉사활동 실태에 관한 실증적 연구-부산지역 중등학교를중심으로-. 부산대학교 대학원 석사학위논문.

어명하(1997). 통일한국의 사회복지의식 정립방안-통일한국의 사회복지 비전과 과제-.

오영근(2007). 사회봉사명령의 신동향. 교정연구, 35.

유성호 역(1997). 자원봉사 프로그램의 관리와 리더쉽(원저: K. M. Cole, &Fisher, J. C.). 서울: 아시아미디어리서치.

은평천사원(1995). 자원봉사 백서.

이만식(2000). 교회의 사회봉사-그 실태와 대안-. 서울: 대한예수교장로회 총회 사회부.

이만식 · 김성호 · 오단이 · 전구훈 · 원도연(2017). 뉴패러다임 시대의 자원봉사론. 서울: 학지사.

이상안(2003). 현대사회봉사론. 서울: 박영사.

이성록 편역(1995). 자원봉사활동 관리조정론(원저: M. Wilson). 서울: 학문사.

이찬희(1997). 병원자원봉사활동의 발전방안. 부산대학교 대학원 석사학위논문.

이현청(1996). 한국대학의 사회봉사 사례. 대학과 사회봉사 학술세미나.

이혜경(2015). 한국의 나눔문화 확산을 위한 국가, 시장, 시민의 역할, 사회복지공동모금회, 2015(6).

임종열 편저 (1986). 인간관계론. 서울: 한국사회개발연구원출판부.

자원봉사정보안내센터(1996). 자원봉사 이렇게 합니다.

________________(1996). 자원봉사의 효율적 관리 .

장현(1998). 대학 사회봉사론. 서울: 형설출판사.

장규원(2003). 사회봉사명령제도의 발전방안에 관한 고찰. 교정연구, 20.
장인협 · 오정수(1993). 아동청소년복지론. 서울: 서울대학교 출판부.
전경련(2009). 2008 기업 사회공헌백서.
정무성 · 정진모(2001). 사회복지 프로그램 개발과 평가. 서울: 양서원.
제진수 역(2000). 지속 가능한 사회를 위한 시민경영학 NPO(원저: 電通總研). 서울: 삼인.
조용하(2002). 대학생 자원봉사활동의 이론적 고찰. 청소년학연구, 9(3).
조휘일(1994). 한국 대학생 자원봉사 활성화에 관한 연구. 우계 어윤배 박사 회갑기념논문.
______(1998). 자아실현과 지역사회공동체 형성을 위한 현대사회와 자원봉사. 서울: 홍익재.
______(2002). 자원봉사프로그램 관리: 이론과 실제. 서울: 학지사.
종교사회복지포럼 편(2003). 시민사회와 종교사회복지. 서울: 학지사.
주성수(2000). 글로벌 가버넌스와 NGO. 서울: 아르케.
최덕경(2006). 자원봉사론. 경기: 공동체.
최성재 · 남기민(1993). 사회복지행정론. 서울: 나남.
통계청(2013, 2014). 국내 나눔실태.
한국대학교육협의회(1996). 대학종합평가 편람.
한국대학사회봉사협의회(1996). 대학과 사회봉사.
____________________(1996). 대학의 봉사학습 현황.
____________________(1997). 대학교육과 사회봉사 .
____________________(1997). 미국대학과 사회봉사 .
____________________(1998). 1997~1998 대학별 사회봉사활동 현황.
한국법제연구원(1994). 자원봉사활동의 활성화를 위한 입법 방안.
한국복지연구회(1997). 현대사회의 자원봉사론. 서울: 유풍출판사.
한국사회복지관협회 편(1997). 일본의 자원봉사 유래와 현황. 서울: 도서출판 동인.
한국사회복지행정학회 편(2003). 한국의 사회복지행정. 서울: 현학사.
한국사회복지협의회 사회복지정보센터(2003). 사회복지 봉사활동 인증관리 사업을 통한 전국 사회복지 자원봉사활동 현황분석과 경제적 가치평가연구.
한국사회복지협의회(1993). 지역복지봉사의 이론과 실제.
________________(1997). 자원봉사의 기초: 자원봉사 프로그램 백과 2.
________________(1998). 사회복지시설 표준운영체계.
한국여성개발원(1986). 자원활동과 사회발전.
____________(1990). 현대사회와 자원활동.
____________(1994). 청소년 자원봉사활동.
한국자원봉사단체협의회(2002). 한국자원봉사단체 현황.
한국자원봉사연합회 부산광역시 자원봉사센터(1998). 자원봉사 핸드북.
한국자원봉사협의회(2003). 2003 자원봉사 교육과정 표준화연구.
한국직 업능력개발원(2004). 자원봉사관리조정자 직무분석.

한양대학교 사회봉사단(1997). 대학의 사회봉사. 서울: 한양대학교출판원.

행정안전부(2009a). 2008년 지원봉사센터 현황.

_________(2009b). 2008 행정안전백서.

현외성 외(1994). 사회복지학의 이해. 서울: 유풍출판사.

현외성 외(1998). 대학사회봉사론. 서울: 유풍출판사.

현외성 외(1998). 대학생과 사회봉사. 경남대학교 사회복지학과. 미간행.

현외성 외(2001). 노인케어론(공저). 서울: 양서원.

현외성 외(2003). 경남대학교 학문별 사회봉사프로그램 개발연구. 경남대학교 사회봉사센터.

현외성(1991). 사회복지와 사회봉사. 강의계획서 .

______(1991). 주민의 복지의식 개혁의 과제와 전망: 2000년대 사회복지의 과제와 전망. 한국사회복지협의회 제9회 전국사회복지대회 자료집.

______(1996). 중고등학생 자원봉사활동. 서울: 유풍출판사.

______(1998). 대학생과 봉사활동. 강의자료(미출판).

______(2002). 노인목회로서교회노인자원봉사의실천방향연구. 지역둔제연구, 7.

______(2003). 사회복지정책강론(개정판). 서울: 양서원.

______(2008). 사회복지정책강론. 파주: 양서원.

______(2010). 노인복지학 신론. 파주: 양서원.

______(2011). 사회복지정책 강론. 파주: 양서원.

황성철 외(2003). 재가노인복지 정책과 실천. 서울: 현학사.

SK(2009). 2008 SK사회공헌활동백서.

Aves, G. M. (1969). *The Voluntary Worker in the Social Services*. Great Britain.

Campus Compact. (1996, 1998). *Service Matters*.

Campus Compact. (1997). *Service Counts*.

Campus Compact. (1997). *Service Counts-Revitalizing Literacy Efforts in American Higher Education*.

Campus Compact. (1998). *Guidelines for Developing a State Campus Compact*.

Dunn, W. N. (1995). *Public Ploicy Analysis*. Englewood Cliffs, N. J.: Prentice-Hall. Inc.

Holme, A., & Maizels, J. (1978). *Social Workers and Volunteers*. The British Association of Social Workers.

Ilsley, P. J. (1990). *Enhancing the Volunteer Exprience*. Jossey-Bass Publishers.

Ilsley, P. J., & Niemi, J. A. (1981). *Recruiting and Training Volunteers*. McGraw-Hill Book Company.

Lauffer, A., & Gorodenzky, S. (1997). *Volunteers*. Sage Publications. NY.

Stanton, T. K. (1999). Service Learning: *A Movement's Pioneers Reflect on itsOrigins*. Practice, and Future,

Jossey-Bass Publishers, San Francisco.

Stenzel, A. K., & Feeney, H. M. (1976). *Volunteer Trainning and Development: A Manual*. The Seabury Press.

Wade, R. C. (Eds.) (1997). *Community Service-Learning. State University of New York Press*. New York.

Wilson, M. (1976). *The Effective Management of Volunteer Programs*. Volunteer Management Associates.

http://caritasseoul.or.kr

http ://enc.daum.net/dic100/contents.do?query1=10XX285909

http://volunteer.seoul.go.kr/

http://www.chest.or.kr

http://www.communityservice.ucr.edu/mvp/rights.html

http ://www.gne.go.kr

http ://www.hvc.hanyang.ac.kr

http://www.kavc.or.kr

http://www.kcv.or.kr

http://www.kmcweb.or.kr

http://www.kncsw.or.kr

http://www.kyci.or.kr

http://www.mohw.go.kr

http://www.moi.go.kr

http://www.molab.go.kr

http ://www.samsungwelfare.org

http://www.sen.go.kr/k_index.html

http://www.vms.or.kr

http://www.volunteer.Seoul.go.kr

http://www.welfarevoters.or.kr

http://www.women-net.net

저자소개

현외성(Oye Sung, HYUN)
– hyunos0210@hanmail.net

〈학력 및 경력〉

- 서울대학교 대학원 사회복지학과 졸업(문학박사)
- 미국 University of South Carolina의 객원교수
- 보사부 사회복지장기발전위원회 위원
- 총무처 행정고등고시 출제 및 채점위원
- 경남신문 논설위원
- 국가고시 사회복지사 1급 1회, 2회, 8회 및 12회 출제위원
- 경남대학교 행정대학원장
- 한국노인복지학회 회장
- 한국연구재단 전문위원
- 한국사회복지교육협의회 회장
- 서울세계사회복지대회 공동조직위원장
- 경남대학교 사회복지학과 교수
- 창신대학교 사회복지학과 석좌교수 역임
- 현재) 경남복지정책연구원 설립자 및 이사
  평화생명복지연구원 원장

〈저서 및 역서〉

- 비교사회정책과 제3세계(역서), 성은출판사, 1989.
- 비교사회복지정책연구(저서), 성은출판사, 1991.
- 복지국가의 위기와 신보수주의적 재편(공저), 대학출판사, 1992.
- 사회복지학의 이해(공저), 유풍출판사, 1993.
- 한국과 일본의 노인복지정책 형성과정(저서), 유풍출판사, 1993.
- 전환기의 복지국가(공역), 경남대학교 출판부, 1999.
- 사회복지정책강론(저서), 양서원, 2000.
- 한국사회복지법제론(저서), 양서원, 2001.
- 자원봉사론 강해(저서), 학지사, 2004.
- 사회복지운동론(저서), 집문당, 2006.
- 실버타운 설립과 운영(공저), 창지사, 2007.
- 사회복지법제개설(저서), 공동체, 2007.
- 활동적 성인은퇴휴양시설 개발전략 (공역), 양서원, 2009.
- 노인복지학 신론(저서), 양서원, 2010.
- 사회복지학의 이해(공저), 양서원, 2011.
- 고령친화산업론(공저), 정민사, 2011.
- 핵심 사회복지정책론(저서), 양서원, 2014.

위 저작들과 함께 역저서 40여 권과 논문 130여 편 집필.

자원봉사, 사회공헌 및 나눔활동의 이론과 실제
현대 자원봉사론

초판 1쇄 인쇄 2017년 7월 5일
초판 1쇄 발행 2017년 7월 10일

지 은 이 | 현외성
펴 낸 이 | 김기섭
편 집 인 | 이혜란
펴 낸 곳 | 창지사 www.changjisa.com
08589 서울시 금천구 가산디지털 1로 83 파트너스타워 1차 9층
전화 (02)719-2211~3
팩스 (02)701-9386
등 록 | 1977년 4월 28일 · 제1-421호

ISBN 978-89-426-2357-0 (93330)

값 22,000원

「이 도서의 국립중앙도서관 출판예정도서목록(CIP)은 서지정보유통지원시스템 홈페이지(http://seoji.nl.go.kr)와 국가자료공동목록시스템(http://www.nl.go.kr/kolisnet)에서 이용하실 수 있습니다.(CIP 제어번호 : CIP2017016260)」